論語思想史

松川健二 編
林慶彰 金培懿
陳靜慧 楊菁 合譯

萬卷樓圖書股份有限公司 印行

中文版序

◎松川健二 著
◎金培懿 譯

歲月如梭，世紀改元，業已時過五年，然道義之頹喪一向不可收拾，毋寧說是往惡化一途發展。針對如此之世道，通常會引發所謂力挽狂瀾、復興古典之類的話題。例如在日本學界，筆者身邊周圍，長久以來便有所謂：宜重新對澀澤榮一先生之《論語と算盤》一書進行再評價等呼聲。但此種呼籲亦僅如口頭禪一般，僅止於闡說道德與經濟之合一，並未論及諸如人類之本來性如何等問題。既然對問題之思維僅止於皮相，當然也就無法期待個人之身家安危、國家之存亡、乃至國際社會之和平的到來。因此，現今除依據每個人所謂由拔本塞源所支撐的仁慈禮讓之外無他，吾人實必須寄望此類個別德行之確立。

筆者時常被問及：「作為世界性聖人之一的孔子，其思想之真意為何？」針對此一提問，筆者總是奉勸對方要返回持續流傳於各個時代的《論語》歷史脈絡中，基於該發展史之經緯，深入理解各個《論語》讀者。生存於春秋末年的孔子，其言論因後人的智慧而被加以輻射、深化。另一方面，彼等後人之作為當然也經常遭受淘汰。總而言之，欲檢證孔子思想之真意，只有當每個人直接面對這些與《論語》相關的多彩多姿的歷史遺產，以確立自我為目標而進行摸索才方有可能。蓋優越的古典必然有優越的注釋，而在鑽研古典以求確立自我時，後人優越的注釋也必須學習。筆者此番想法，始終不渝。

十幾年前，承蒙林慶彰教授關愛拙編《論語の思想史》一書，此次，中譯本即將呈現於新讀者眼前，實不勝感激。對十七位文章收錄於該書中的學者而言，歷經十餘年歲月之後，其文章如今看來，想必亦多有新見解。對筆者個人而言，該書中所收錄之日本儒學相關文章份量較少一事，筆者便甚為介意。然即便如此，筆者仍想將此份喜悅，與曾在《論語の思想史》一書發行問世時鼎力相助的，以北海道大學之伊東倫厚教授、佐藤錬太郎教授為代表的諸多同志友人，共同分享。同時，對於老早便欣然爽快允諾中文版《論語の思想史》之出版事宜的汲古書院之坂本健彥先生，筆者在此亦一併深表謝意。

而誠如眾所皆知的，我等日本人在閱讀漢籍時，多依據直接翻譯法，亦即所謂「漢文訓讀法」，而試圖表現其微妙奧秘之處。然對我等日本人而言，此種祖先代代相傳而來的方便漢籍閱讀手法，其對漢籍之正宗的人們而言，很容易想見其或許多有難以處理之處。對於撥出其寶貴時間來從事此等折損骨氣之工作的各位譯者，謹以此序文，奉上筆者甚深之敬謝心意。

二〇〇六年二月十二日　松川健二書於日本常州汲上溫菘廬

譯序

如果要票選影響西方文明最重要的書，大家一定毫不遲疑的，把票投給《聖經》。那如果要票投影響東方文明最深的書呢？我將毫不猶豫的投給《論語》。

《論語》一書，是孔子和時人、弟子相問答的紀錄。問答的主題，是一套的內聖外王之學。《論語》也成了儒家最根本的經典。早在三世紀時《論語》已通過韓國傳至日本。此後，《論語》一書成為韓、日兩國政治、經濟、社會和人生修養的指導原則，相關的著作源源而出，形成有自己系統的《論語》注釋史。即使在當今西化思想濃厚的日、韓社會裡，每年出版《論語》研究著作十餘種，也是平常的事。日、韓兩國所受《論語》的影響之大，可見一斑。

《論語》在東亞的廣泛流傳，也形成所謂的東亞儒家文化圈。何以能形成儒家文化圈，本因《論語》中所蘊含的普世價值。此一價值不但是東亞人共有的遺產，也是全人類所擁有的無形財富。《論語》既有如此重要，其在東亞流傳二千年的過程中，有哪些注釋書？產生怎樣的影響?很可惜，坊間並沒有關於此一論題的通俗性著作。這是想探究《論語》一書在東亞的傳播，最感美中不足的事。

一九九四年（平成六年）二月，松川健二教授主編的《論語の思想史》，由東京汲古書院出版。這可說是論述《論語》一書在東北亞傳播的通論性學術著作。書前有〈緒言〉和〈序章〉，正文分四部：第一部，漢魏、六朝、唐之部，有六章，分別論述揚雄、王充、何晏、王弼、皇侃、韓愈、李s等七位經學家研究《論語》的成就。第二部，宋元之部，有七章，分別討論張載、二程、謝良佐、陳祥道、張九成、朱熹、陳天祥等八位學者研究《論語》的成就。第三部，明清之部，有九章，分別研究王守仁、林兆恩、李贄、王夫之、毛奇齡、焦循、宋翔鳳、黃式三、劉寶楠等九位學者的《論語》著作。第四部朝鮮、日本之部，有四章，分別論述李退溪、林羅山、伊藤仁齋、荻生徂徠四人研究《論語》的成就。書末有〈論語思想史年表〉。雖然論述韓國、日本的部分篇幅稍嫌單薄，但以五百多頁的篇幅，能呈現《論語》一書在中國及其周邊的傳播過程的，本書為最重要的一本。松川健二教授及十七位撰稿學者所花費的苦心，實令人敬佩。

筆者在得知有此一書後，迅速託當時在九州大學文學部攻讀博士學位的金培懿女弟購得一冊，隨即奉函當時在北海道大學文學部任教的松川健二教授，請求准予譯為中文。一週間得到松川先生的同意，並告知已代為連絡出版者汲古書院。為求慎重，除筆者外，又邀請陳靜慧、金培懿、楊菁三位女弟一起合譯，依個人專長，陳靜慧譯漢魏、六朝、唐之部；楊菁譯宋、元之部；筆者譯明清之部；金培懿譯朝鮮、日本之部。筆者由於其他研究工作太繁重，有部分章節改由楊菁翻譯。全書於二〇〇三年底全部譯就，但已經過十年歲月，翻譯工作之難，於此可見一斑。為求全書翻譯體例一致，先請楊菁通讀一遍，再請金培懿作最後修訂。全書三校後，頁數不再更動，再由楊菁編輯〈論語章別索引〉。從譯完到修訂出版，又匆匆兩年有餘。十二年間才譯完一書，工作效率不佳，顯而易見。謹向松川先生和出版者汲古書院表示萬分的歉意。有這次的經驗，他日如另有譯事，應會依約努力完成。

於本書出版之際，謹向松川先生、汲古書院和譯者陳靜慧、金培懿、楊菁三位學弟表達最誠摯的謝意。

二〇〇五年十二月

林慶彰誌於台北南港中央研究院中國文哲研究所

目次

第二部　宋元之部

第三部 明清之部

第四部 朝鮮、日本之部

緒言

◎松川健二　著
◎陳靜慧　譯

本書之目的乃為究明後世對於孔丘及其眾弟子之言行錄的《論語》，如何解釋之？如何運用之？《論語》成書甚早，淵源流長，不管在任何時代，皆可見其思想流貫，人們透過《論語》之語，表達出自己的思想。在漢字文化圈裡，解讀與活用該書的歷史，即構成了一部分思想史之橫切面與縱切面。

而後人對《論語》內容的解讀，如何與思想史的軌道重疊？又，此一事實如何地不為人知，以下我舉一例說明。有一次，孔丘被問及仲由（子路）之「死」，答曰：「未知生，焉知死」（〈先進篇〉），這是眾人皆知的。然而，又有多少人想過這個「知」字的主詞到底是誰？我們姑且不問生於春秋末年的孔丘其真意為何？事實上自漢代以後，對逐日被聖人化的孔丘，儒家之徒豈能接受聖人不知「死」的說法？「知」字的主詞自然就是仲由了。總之，把這句話解釋為「你生都不知，如何知死？」這麼一來，保障了聖人孔丘必然是知生的了，這是歷史的事實。然而，時至今日，有必要將孔丘穿以新裝，使之從原始的咒術信仰中脫胎為開明的合理主義者，於是，「知」的主語一轉而為孔丘。為證明他是強調現世主義者，「未知生，焉知死」一語，變成為孔丘自己率直地吐露心情之語，這裡，不可不知的是截至這裡為止，「知」的主詞一直都是仲由的。

像這樣子，「知」的主詞長久以來都被解釋為是仲由，就這點而言，本書所觸及的後世思想家之間，都是如此。不過另一方面，這約近二千年間，一切也非一成不變，這裡就有個饒富趣味的問題，亦即對「死」字的掌握，就有「死後」、「所以死」、「死生一如」、「處於死」等，玄學、理學、心學、考證學上的解釋，分別反映出各個時代思潮的不同面貌。這樣的變化，在思想史上是可以很清楚地觀察到的。至於詳細，請參考拙文〈近世中國思想に於ける生死觀——《論語》季路問事鬼神章の解釋をあぐって——〉（北海道印度哲學傳教學會《印度哲學傳教學》四號，一九八九年）。

以上是對「死」一字如何掌握的問題，順道我們也看看〈里仁篇〉的「朝聞夕死」這章。在戰前國定版的小學校國語教科書卷十一（相當於六年前期）裡，介紹孔子時說：「孔子……極熱心學問，其好學之念甚切，說：『朝聞道，夕死可也。』」但是，大家也都知道，在古注裡面，這章解釋作孔丘站在為政者的立場說應訓為：「朝聞有道」。對於「死」一字，新注不像古注一樣用假設性的比喻，而是採「生順死安」的說法，這個事實幾乎都已經被大家遺忘。

新注成立之前的狀況，我們稍作了解便可知對於「死」字，程頤提出了「雖死可」、「不虛生」、「死得是」；亦即「死也可」（比喻說）、「可死」（殉死說）、「死可」（處死說）三種訓解。（請參考本書第二部第六章第三節。其他，「殉死說」之例在本書的第三部第八章「前言」部分，「處死說」之例在本書第二部第五章第一節亦可見到。）然而，朱熹（朱子）則是承襲張載《西銘》「存順沒寧」之說，雖然也採用程頤的「雖死可」，但又新樹了「生順死安」之說。（請參考本書第二部第一章「結語」部分）朱熹新注的特色，就是這「夕死可也」的地方。接著是明代，心學盛行，釋老的「無生死」說，其與「生順死安」說之別，當時的人們心裡也是很清楚的。清初的陸隴其這麼說：「無生死說以知言者，生順死安說兼行言者。無生死說以體言者，生順死安說兼用言者。」其意是，朱熹之說兼言「行」、「用」，比釋、老的解釋更具包容力。又，我國學者荻生徂徠，對「生順死安」之說也有其強烈主張，他說：「朱註以道為事物當然之理，以聞為真知，以生順死安為說，遂流於老佛，不可從。」這裡，他指責此說有釋、老的傾向。像這樣子，以新注即是「生順死安」說的想法，中、日是一致的。順道一提，值得注意的是，這個新注的解釋，甚至到清朝，對劉寶楠的《論語正義》都有產生影響。他說：「聞道而不遽死，則循習諷誦，將為德性之助。若不幸而朝聞夕死，是雖中道而廢，其賢於無聞也遠甚。故曰可矣。」正是所謂的「夕死可」也，此為宋學與清學並非全然相反的一個例證。

從以上，我們了解在戰前小學的國定教科書裡，對這章的解釋採的是少數派的說法。同時，我們也由此看出透過對「聞」、「道」、「死」字的解釋，可以很敏感地反映出不同的時代思潮及思想家的特性之一端。

如上，在探討這充其量不過兩章的注釋史之中，我們得以窺得孔丘權威的持續與士人們生死觀的變遷。在此，我們就把剛才的「季路問事鬼神」章、「朝聞夕死」章兩章的注釋史分別比喻成一條經線，此外還有眾多其他的經線，亦即對《論語》諸章注解之研究，業經先學努力而不乏有佳作一一問世，不肖如筆者亦為努力不輟之一人。這為數眾多的經線，透過與豐富精采的緯線交織結合之後，便能達到補強與潤色，自然在此所謂的緯線是多多益善的了。總之，對於《論語》一書，後世的諸多思想家出入各章所依的注解之特徵，及其加以活用的概況等，這些都仍有待探究。

本書第一篇是序章，目的是在考察《論語》一書成書的經過及其傳承的概況，是為吾人研究古典的基本手續；接著是本論（第一部～第四部），內容可概分為二：一是後世的思想家們，以《論語》的注解者自居，透過注釋來表達自己思想的部分；另外一類則是在自己的著作當中，以春秋末，孔丘如是言一類的話，倚其權威，活用其詞，作為自己的發言憑藉的部分。

屬於前者的，共有十九家，十九種注解：

詞。

△《論語集解》，魏晉清談之祖何晏編，是為漢、魏《論語》學之大成。

△《論語釋疑》，魏王弼編，是老莊式《論語》注解之典型。

△《論語集解義疏》，語帶老莊，由梁皇侃所作，是為《論語集解》之疏。

△《論語筆解》，是由唐代韓愈、李翱師生所作的對話集，內容在批判《論語集解》。

△〈橫渠論語說〉，乃宋代理學之祖張載的《論語》釋讀。

△〈謝顯道論語解〉，宋代以心學釋《論語》的先聲之人謝良佐所作。

△《論語全解》，為宋代以老莊解《論語》一類的著作陳祥道作。

△《論語百篇詩》，宋代張九成所作，為禪學式《論語》之活用例。

△《論語集注》，朱熹所作，為宋學《論語》之大成。

△《論語辨疑》，陳天祥作，是元代對《論語集注》作一省思的作品之一。

△《四書標摘正義》，明代三教融合論者林兆恩活用《論語》之作。

△《讀四書大全說》，乃明朝遺老王夫之讀《論語》所思。

△《論語稽求篇》，清朝考證學開山祖師之一的毛奇齡所作。

△《論語古義》，伊藤仁齋所作，為研究日本古學的基礎之書。

△《論語徵》，荻生徂徠作，從古文辭學派角度處理《論語》，書中充滿批判先學之

△《論語通釋》，從經學角度發揚《論語》，清朝焦循作。

△《論語說義》，宋翔鳳作，是清朝公羊學者的《論語》解。

△《論語後案》，黃式三作，內容在補古注、新注之遺，頗富創見。

△《論語正義》，劉寶楠作，集考證學派研究《論語》之大成。

另外，屬於後者的共有七家，七本著作。以下，分別作不同的視野考察。

△考察前漢末文人學者揚雄的《法言》，其模仿《論語》的程度如何。

△由後漢異端思想家王充的《論衡》中，看他實際上是如何讀解《論語》。

△從宋代道學之祖程顥、程頤的《二程遺書》中找出例子，看其如何為《論語》之語賦予新意。

△從《傳習錄》一書所引諸多《論語》的章句中，看王守仁是如何運用它們的。

△從《退溪全書》中，一窺身處朝鮮儒學的最高峰的李滉是如何消化理解《論語》的。

△從《李溫陵集》中，可以找尋名教批判者李贄解讀《論語》一書時的特色。

△在《春鑑抄》中，可以探得日本宋學重鎮之林羅山，實際上是如何運用《論語》一書的。

又，當我們把鏡頭拉遠，用宏觀的角度遠眺上述所橫列二十六條緯線之全體時，我們期待能夠做到下述的四個要點，也期待它們周邊因光環交集，而能更清楚顯現。

一、所謂古注系統，特別是許多包含有老莊思想注解部分之再檢討。

二、構成所謂新注之基礎，亦即北宋諸家注解，其結構及其思想內容之考察。

三、關於宋明心學對於《論語》一書，實際活用情況之解明。

四、推究站在反宋明學立場的清朝考證學，及日本古學對於《論語》書理解之實況。

附帶一提的是，關於上述與《論語》一書有關的人名、著作等，本書是如何取捨的問題。有關《論語》之注解史，乃至跨時代地羅列中國思想史上人物的先人著作之中，我們從本世紀的作品中選出如下的五種：

甲、高田直治：《論語の文獻、註釋書》（春陽堂，《論語講座》，一九三七）。

乙、程樹德：《論語集釋》，卷四十，〈徵引書目表〉（藝文印書館，一九三九。中華書局，一九九〇）。

丙、嚴靈峰：《無求備齋論語集成》（藝文印書館，一九六六）。

丁、日原利國：《中國思想辭典》（研文出版，一九八四）。

戊、戶川、蜂屋、溝口：《儒教史》付載〈主な儒教關係者一覽，（五代～民國）〉（山川出版社，一九八七）。

不同的著作之間，對於人物取捨的問題當然會有差異，若把本書所舉出的人物與上述作一對照，將發現對於下述六人的取捨顯然有異。總之，陳祥道在丁、戊中沒有出現，張九成在乙、丙中看不到。陳天祥在乙、丙裡未被採用，林兆恩則僅在戊中列舉其名而已。又如宋翔鳳不在戊中，黃式三不在丁、戊中。這些顯而易見的事實雖令人在意，但更重要的是我們採用了這些未獲一定評價的作者，期待藉此表達本書立場獨特之處。

此外，仍有許多值得注意的人物與著作，所以在「年表」裡，我們以中國的部分為主，收列了其中重要的著作。一方面還把本應為本書採用，因限於篇幅不得不放棄，而只列在候補書目的著作打上「※」記號，一補不足。

最後，是關於本書中《論語》原文章別序號的問題，本書就便以《論語引得》（哈佛燕京學社引得特刊、十六）所載為準，這也是一般學者所共同採用的。結果，在我們處理新注系統時，又免不了有一些礙手，在製作章句別「索引」的問題上，不能取得統一。又，在採用的字體方面，依本書之立場採常用漢字（譯者按：指一九八一年由日本國語審議會所指定頒布，一般生活範圍內經常使用之漢字一九四五個字，並製定其字體及音訓），至於「藝」、「辨」、「餘」等字，則視其需要採用正字（譯者按：指繁體字）。

綜合以上，題名本書為《論語の思想史》，對歷來的《論語》研究或有絲毫的幫助，則屬望外。另一方面，惟恐思慮必有許多不周之處，還望諸方博雅指正。

另外，本書出版之際，承蒙汲古書院、坂本健彥社長多方照顧，深感銘謝。又，很幸運地於平成五年獲文部省科學研究費補助金「研究成果公開促進費」之補助，於此一併記明。

序章

序章 《論語》之成立與傳承

◎伊東倫厚 著
◎陳靜慧 譯

前言

本書的重點，在於針對歷代主要之《論語》注解，看其如何反映該作者之立場，及注入了該作者怎樣的思想。因之，像是從文獻學的角度來探討《論語》，亦即研究《論語》一書是如何成書？如何傳承？在歷代書目中，它居於何種地位？諸版本與抄本間文字的異同如何等等的問題，原非本書研究範圍之所在。

然而，若是將《論語》的本質、性格等的問題都置之腦後，而直接進入注解部分，又恐有見樹不見林之虞。雖然受限篇幅，不容評論，不過於進入各章之前，仍願提供本文作為基本，以下，首先要對《論語》成立之相關問題，其次是有關該書傳承的問題，提供個人一點卑見。

一、《論語》之成立

要取得眾人之共識，清楚交代《論語》成書之經過，即該書於何時？由何人在怎樣的情況下整理成書等的問題，是一件很困難的事。因為足以為據的資料實在太少了，即使有了已被公認的史實、記錄等，一旦進入解釋的階段，又常難有定論。

關於論及《論語》成書經緯的最初資料，見於《漢書・藝文志》，簡略引述如左：

《論語》者，孔子應答弟子、時人及弟子相與言而接聞夫子之語也。當時弟子各有所記。夫子既卒，門人相與輯而論纂，故謂之《論語》。

上述以「論語」之「論」字有編輯、撰次之意，類似上文之見解者，還有後漢劉熙《釋名・釋典藝》及作者未詳的《論語通》（皇侃《論語義疏》序所引）。關於這點，容後再述。

總之，以《論語》的編者為孔子弟子及再傳弟子的這種想法，是根據《論語》內容十之八九都是孔子之自言、弟子之自言，及與弟子、同時代人間的問答，還有孔子的事跡，日常之態度、容止等相關的記事，但一切仍不過為臆測。

中唐之柳宗元提出，《論語．泰伯篇》中，記有弟子中最年輕，比孔子少四十六歲的曾子易簀之際的話。又《論語》中除自稱或稱人外，對諸弟子大多只記其字，而有若（字不詳）、曾參（字子輿）的情況卻以有子、曾子稱之，加上尊稱之「子」字。他以這三點為由，認定該書之編纂是曾子弟子樂正子春、子思之徒所為。（《柳河東集》卷四，〈論語辯〉）。

稍後，北宋之程伊川贊同此一見解，說：

《論語》，曾子有子弟子論譔，所以知者，唯曾子、有子不名。（《二程全書》，卷三十四）

探討包括孔子及《論語》書中登場人物的稱述方法，這當然是一件有意義的事。然而，誠如所措，不只是《論語》，在古籍之中，以有子稱有若，以曾子稱曾參是一通例，況且，《論語》中閔子（名損，字子騫）、冉子（名求，字子有）等稱法也散見書中，從上述諸點去考量的話，很遺憾地，柳氏、程氏的見解不可謂適切。

此外，本國學者荻生徂徠依伊藤仁齋之說，以《論語》可區分為《上論》（自〈學而〉至〈鄉黨〉共十篇）、《下論》（自〈先進〉至〈堯曰〉共十篇），他又參考高弟太宰春台的見解，實際上是春台首先提出（《論語古訓外傳》卷一），他進一步也提出說：〈子罕篇〉中（九－七）有「牢曰……」這章，其中的「牢」字是孔子弟子琴張之名①；又說〈憲問篇〉首章（一四－一）「憲問恥。子云……」的「憲」字是孔子弟子原思之名。根據以上，他認為《上論》是琴牢所編，《下論》是原憲所編（《論語徵》甲）。

然而，安井息軒卻說②：

今案，一部《論語》只此（指〈子罕篇〉「牢曰」章）及「憲問恥」章舉門人之名。蓋此乃因二章爲二人所自記，故自書其名，乃異於他章。徂徠因之而謂：《上論》成於琴張，《下論》成於原思，此失之也。（《論語集說》，卷三，〈子罕〉第九）

很遺憾地，徂徠之說，如息軒所道破，仍不免是以斑窺豹。

因為文獻不足徵，自然而然地，不只是上述弟子稱謂的問題，其他如《論語》全書的寫作風格，或是著眼於內容，探究其各篇章的特色，或其資料上的價值等的問題，都常被提出討論。

例如早一點，有伊藤仁齋之說，以《論語》前半十篇的《上論》和後半十篇的《下論》

成書有別，（《論語古義》總論，〈敘由〉），同樣地，太宰春台也把《論語》區分為《前論》、《後論》（《論語古訓外傳》附錄，〈論語先後編說〉），大致與春台所見相符。此外清儒崔述則是特別強調《下論》後半五篇雜亂不一（《崔東壁遺書》所收，《論語餘說》《洙泗考信錄》卷四）近人方面則有武內義雄，他參考仁齋、崔述之說，進一步展開他個人所特有的、精密的文獻考證（《論語之研究》——《全集》第一卷所收），還有津田左右吉氏，他除了對周漢諸書中所出現的孔子言談，以及有關他的傳說有所注目外，全書思想內容先後次序及其變化，更是他始終思索的問題（《論語と孔子の思想》——《全集》第十四卷所收），以上都是這方面具代表性的著作。③

在這裡不遑一一具體介紹，僅容一言，那就是上述先人引例雖各有出入，論證方式或有深淺，所下結論也互有逕庭，這自不待言；其論述所共通之處是剔羅事例，指出這二十篇的記述，不論是體裁上，或是內容上所參差、不一貫之處；時而指出錯簡與脫字，在在都明示了《論語》各篇章之成立決非均質篩選的事實。先人們的成就各有所示，在《論語》研究史上，皆有劃時代之業績，這應是不容置疑的。

以下仿效仁齋以後的諸先學，列舉幾個明顯表現出二十篇的記述中不一之處的例子。

首先，是有關記述的方法：

記述孔子的發言時，通例是以「子曰」為開頭，而〈季氏篇〉除了末尾三章外，全都是用「孔子曰」。又〈微子篇〉中也散見「孔子曰」（及「孔子……」、「……孔子」）等的寫法。

有人向孔子發問時，很多地方只簡單以「……問」記述，而在〈顏淵篇〉和〈衛靈公篇〉中則是作「……問於孔子」。

如果稍加注意各篇所收章數，先且不論斷章異同及〈鄉黨篇〉究竟是否應視為一章長文（在朱注中是分作十七節）的問題，相較於各篇大約都是二、三十章左右，只有〈堯曰篇〉怎麼計算都不過只有數章，應該說是很特異的一章。

各章的字數有其相當之差異，此事本身，雖或無須視為異例，然話雖如此，〈先進篇〉最末章（一一—二四），〈子路篇〉第三章（一三—三），〈季氏篇〉首章（一六—一）則都出現了壓倒性的長文。

另外有關用字方面，第一人稱時全篇大多採用「吾」字，然而不限特定篇章，仍有「予」、「我」混用的情形。又，第二人稱的「女」（汝）與「爾」字，也是各見所用。而「有」的反義字出現有「無」、「莫」、「未」三種，表禁止的助詞則有「無」、「毋」、「勿」三種。動詞之後，用於表場所、方向的助詞，使用極為頻繁的是「於」字，不過有時也用「于」及「乎」字。

接下來是有關記述內容：

例如，「巧言令色，鮮矣仁」這章，同時見於〈學而〉、〈陽貨〉二篇之中；「博學於文，約之以禮，亦可以弗畔矣夫」這章，則同時見於〈雍也〉、〈顏淵〉二篇之中；「主忠信，無友不如己者，過則勿憚改」這章，同時見於〈學而〉、〈子罕〉二篇。像這樣子，有些章句或全文或部分，重覆出現於他章之中。

〈公冶長篇〉的「顏淵季路侍」章（五—二六）與〈先進篇〉的「子路曾皙冉有公西華侍坐」章（一一—二四），出場人物雖有出入，字句的分量也大有差異，然而文章結構卻極為類似。④

九思（一六—一〇）、三戒（一六—七）、三畏（一六—八）、益者三友（一六—四）、損者三樂（一六—五）、六言六蔽（一七—七），上述都是關於某事，用數字整合，除了「子絕四」（九—四）一章外，都沒有出現在前半的諸篇之中。

〈八佾篇〉全篇都是孔子有關禮樂的發言。不待贅言，孔子類似的發言也散見其他篇章。

〈公冶長篇〉諸章，大半都是孔子對弟子及古今人物的評語。

雖然說在其他篇並非沒有若干類似的文章，但是〈鄉黨篇〉中除了最後一章外，與其說是記錄孔子日常舉動，因看法不同，其只記錄了猶如某種禮經的一個篇章之應對進退儀容。

〈子張篇〉全都是記錄孔子弟子的獨言。如果是一種單純的個別式的發言，其他也散見各篇。

記錄孔子有關孝、仁、政等某一主題的發言，有些是連續出現在某一篇的各章，不過也有不是這樣的。

〈季氏篇〉的「齊景公有馬千駟」章（一六－一二），「邦君之妻」章（一六－一四），〈微子篇〉的「大師摯適齊」章（一八－九），「周有八士」章（一八－一一）等，與孔子或者是孔門言行並無直接關係。〈鄉黨篇〉末尾的「色斯舉矣」（一〇－二〇）及「山梁雌雉」二章（一〇－二一），或是引用《尚書》文辭長篇大論的〈堯曰篇〉首章（二〇－一）等也有類似的問題。

以上，不過是隨意列舉《論語》二十篇中，其記述的方法及內容上較為特異的地方，而這些事實，背後又代表著什麼意義呢？

我想，這二十篇在有些情況下，同一篇中各章的來源，必不限於來自一、二種或數種簡冊或帛書的記錄，一定是來源眾多的。而這眾多的記錄，不論是其文辭、內容、精粗、新舊等，必然不是千篇一律。而蒐集抄寫及整理這些資料的人，當然也不可能是特定時期、特定派別的特定人物了。

反過來說，蒐集、整理進而增補、修訂這些不同內容，又能夠傳達孔子言行、風采及孔門風氣的種種資料的工作，是一複雜的編輯作業，《論語》它可能是這樣歷經數十年，乃至更長的歲月，幾經修正而後才集結成書的。

以上，勿下結論，不免只為臆見。只是，當我們對《論語》成書經過作這樣的推測時，與上述有關《論語》一書的記述形式、內容等等所列舉的事實並互相矛盾之處便是。

不過，在同為儒家書籍的《孟子》與《荀子》中，當然也記載了種種孔子及其弟子的言行，類似的句子或見於《論語》，或者沒有。特別是前者，沒有看到以「論語曰」來引述文句之處。

又，《韓非子》、《呂氏春秋》、《莊子》、《晏子春秋》等所謂先秦諸子書中，多少也記載了孔子的發言或逸事等，卻完全看不到《論語》書名的引述。

這些事實，暗示著名為《論語》的這本書，很有可能在戰國中、末期時仍未出書；或者說，且不論當時是否就已叫作《論語》，或者相當於所謂祖本的書已經成立，不管如何，在當時它還未被視為是一本權威的著作。

以「論語曰」明示書名的較早例子有《禮記．坊記篇》中的一章及《韓詩外傳》卷二、卷五、卷六的三章。不過，〈坊記篇〉中的「論語曰」也許是後人的補筆。保守來說，從文獻資料看來，與〈中庸〉、〈表記〉、〈緇衣〉三篇關連匪淺的〈坊記篇〉，其成立應可推定到漢代以後。《韓詩外傳》的作者韓嬰，則是活躍於文帝、景帝、武帝時候的《詩》學大家。

武帝時代大儒董仲舒的對策（《漢書．董仲舒傳》）中，以「孔子曰」的形式揭載了許多《論語》中孔子的發言，甚至也有以「論語曰」記載子夏發言（一九－一二）的地方。《史記》〈孔子世家〉及〈仲尼弟子列傳〉，二篇很顯然地都是取材自《論語》。又，事實上，司馬遷在〈仲尼弟子列傳〉的贊中說：

余以弟子名姓、文字悉取《論語》弟子問並次爲篇，疑者闕焉。

值得注意的是，把《史記》所引用的《論語》語句，跟現今的版本作一對照，似乎找不到特別值得一提的出入之處。

與前述那些有關《論語》引用時的一些事例相對照，可以知道在武帝之時或者稍前，就有質、量上都與現今差異應不大的《論語》書存在，而且可能已經是一本權威的讀物。稍微換個角度說，《論語》這本書，在武帝的時代已經流傳並確實存在。這點立論是不容否定的，把這與上述有關《論語》文章內容所作的推測綜合來看，不管當時《論語》的書名是否已經定著，與我們今日所讀的《論語》，在形式、內容上都無太大出入的《論語》書，最後成書的時期應該就是在秦代、秦漢之際，或者是漢初左右了。如果進一步也把當時的思想狀況，儒者活動消長的情形也列入考量，那麼很有可能就是在漢初，即高祖、惠帝、文帝的時候了。

附帶一提的是《論語》書名的字義問題。「論」字與「倫」、「輪」字同音，「倫」者人之集也；「輪」者輻也，是眾輻之集，從這裡看來，言語之集或有所集之言，應該是「論」字的基本義。⑤前引《漢書・藝文志》的記載中，解《論語》的「論」字作「輯而論篹」，其言正是。《論語》之書名，與內容極為相應，是指集成之（孔子或其弟子）語及編輯（孔子及其弟子）言語的意思。⑥

還要順道一提的是，遠隔其後的清儒孫星衍，編了一本極為便利的《孔子集語》，而「集語」與「論語」可說是同義詞。

二、《論語》之傳承

《論語》一書，在武帝或稍前之時開始受到注目，而之後它是如何為後人傳承與注解的呢？事實上，這也是一道難題。首先依慣例，要看看《漢書・藝文志》怎麼記載？

〈藝文志〉六藝部的《論語》項中，列舉《古（論語）》二十一篇、《齊（論語）》二十二篇、《魯（論語）》二十篇及《論語》解說書及與孔子有相關的書籍等共十二冊。接著在題解裡，有一段類似前言的文章，主要在說明《論語》的字義，接著又說：

漢興，有齊、魯之說。傳《齊論》者，昌邑中尉王吉、少府宋畸，御史大夫貢禹、尚書令五鹿充宗、膠東庸生，唯王陽（字子陽，即王吉也）名家。傳《魯論語》者，常山都尉龔奮、長信少府夏侯勝、承相韋賢、魯扶卿、前將軍蕭望之、安昌侯張禹，皆名家。張氏最後而行於世。

根據上述《漢志》的記載，從前漢之時，就有《古論（語）》、《齊論（語）》、《魯論（語）》所謂的三《論》鼎立。同時，先且不論題解部分未被提及的《古論》如何，上述所列舉傳《齊論》、《魯論》的學者，除了可能可以上溯到漢武帝末年的魯扶卿一人外，全部都是活躍於其後的人物。⑦

若欲再究其根本，可以確認的是武帝治世以後，原本主要由齊地之學者所主講的《論語》及其教本，被稱之為《齊論》；而原本主要由魯地之學者主講的《論語》及其教本，被稱之為《魯論》。《齊論》、《魯論》之稱，與三家詩中的「齊詩」、「魯詩」之稱是完全一樣的意思。若把《齊論》、《魯論》假設為是早在漢興以前，由齊、魯之學者所編撰、傳承之文獻，將是一個重大的錯誤。

還有就是關於三《論》異同的問題，以魏人何晏為首所編之《論語集解》序文中，內容與上述《漢書・藝文志》所記有若干重覆，其說如下：

漢中壘校尉劉向言，《魯論語》二十篇，皆孔子弟子記諸善言也。太子太傅夏侯勝、前將軍蕭望之、丞相韋賢及子玄成等傳之。《齊魯論》二十二篇，其二十篇中，章句頗多於《魯論》。瑯琊王卿及膠東庸生、昌邑中尉王吉，皆以教授之。故有《魯論》、有《齊論》。魯恭王時，嘗欲以孔子宅爲宮，壞得《古文論語》。《齊論》有〈問王〉、〈知道〉，多於《魯論》二篇，《古論》亦無此二篇分。〈堯曰〉下章〈子張問〉以爲一篇，有兩〈子張〉，凡二十一篇。篇次不與齊、魯《論》同。

以下，試整理所謂三《論》異同，其實事情已漸明朗，《魯論》二十篇，在體裁、內容上，與平日我們所見的《論語》二十篇相當接近，這可能性很高。《齊論》較《魯論》多出〈問王〉、〈知道〉二篇。而二十篇與這二篇的關係，或與《孟子》七篇與外書四篇的關係雷同也說不定。

《古論》將〈堯曰篇〉的「子張問於孔子」章（二〇─二）獨立，又立了一篇〈子張篇〉⑧，而其二十一篇的實際內容，與《魯論》似乎並無不同。又，根據六朝梁人皇侃之《論語義疏》序，說《古論》篇次，以今本第十篇的〈鄉黨篇〉作第二篇，今本第六篇的〈雍也篇〉作第三篇。

何晏之《集解》序還說：

安昌侯張禹，本受《魯論》，兼講齊說，善者從之，號曰張侯論，爲世所貴。

包氏、周氏章句出焉。

此說，應是參考了左述《漢書．張禹傳》的記事：

始魯扶卿及夏侯勝、王陽、蕭望之、韋玄成，皆說《論語》，篇第或異。禹先事王陽，後從庸生，采獲所安，最後出而尊貴。諸儒爲之語曰：「欲爲《論》，念張文」。由是學者多從張氏，餘家寖微。

從上述二件記事看來，可以說於元帝、成帝之時，說張禹是因《論語》之學而顯榮貴也不為過，其所裁定之《張侯論》，是以《魯論》為主，《齊論》為從，折衷二者而成。其功罪難定，本收於《齊論》的〈問王〉、〈知道〉二篇，就是因《張侯論》之訂定與流行才遭亡佚的。又，《集解》序裡，依《張侯論》而作章句者，舉了包氏、周氏之名。包氏者，是指活躍於光武帝之時的包咸，其事跡見《後漢書・儒林傳》。周氏，名不詳。

《集解》序中，接著又說：

> 《古論》唯博士孔安國爲之訓說，而世不傳。至順帝時，南郡太守馬融亦爲之訓說。漢末，大司農鄭玄就《魯論》篇章，考之《齊》、《古》，以爲之注。

依此，後漢大儒鄭玄為《論語》施注之際，與其他經書同，是今古本並校。鄭玄將之與《齊論》、《古論》對校的《魯論》，很有可能就是前述折衷《魯論》、《齊論》的《張侯論》。

不管如何，《論語》之文獻校訂工作，大致終於鄭玄。其後，如何晏《集解》等，皆只作訓詁與注釋之工作。因此，包括為何晏《集解》作疏的皇侃的《義疏》、邢昺的《正義》，以及之後的各通行本，總之，說現存《論語》的諸注疏本，皆是出自鄭玄的校訂本也不為過。

還有，敦煌文書《孔氏本鄭氏注論語》殘卷，及吐魯蕃出土的《孔氏本鄭氏注論語》殘卷（卜天壽本），似乎是魏晉之際所偽造之《（鄭玄注）古文論語》的抄本，不可視為是鄭玄校注本。[9]

歸結上述，可以說最早是三《論》並存，而後有了《張侯論》，最後才有了鄭注本。之後，《論語》的各種著作，總體來說，都是出自鄭注本。反過來說，相當於今本《論語》之祖本的鄭注本，是以《魯論》（實際上可能是以《張侯論》）為底，再參考《齊論》、《古論》而成的。《張侯論》則是以《魯論》為中心，而後再折衷《魯論》、《齊論》之說而寫成的。果真如此，那麼，有可能今本《論語》的二十篇教材，及其在篇章、分章、措辭、用字等方面，與其說是《齊論》、《古論》，不如說是以《魯論》為濫觴的。

那麼，寫到這兒，也應來談談截至目前為止，我們所刻意避開的《古論》了。眾所周知，《古論》，即所謂的《古論語》，是以古文寫成的《論語》之意；而所謂的古文則與今文相對，指從漢代人角度而言的古代文字（實際上，指篆書之前的周代文字）。其例在其他經書亦同，即以「古」稱之者，一般說來只是指原本是以古文寫成，而後漢儒者手中的《古論》，大致都是隸書化的教本了。⑩

從這《古論》之名，與上述《魯論》、《齊論》之名去比較推敲，可知三《論》中，《古論》是最早的教本。從而，韓嬰、司馬遷等所見到的《論語》應就是《古論》。再深入一點說，既有《古論》之存在，《論語》成書時段當然就是先秦或秦代了，這樣的推論，於理似乎並無不合。⑪事實上，也有相當多的學者持此論見的。

究竟《古論》之字體在當初是否真的是古文？這先且不問，以古文為稱的《論語》，從前漢末期左右確已存在，這是任何人都不能否認的事實。然而，唯一令人不解的是，這被稱作《古論》之書的由來，亦即有關《古論》一書被發現的經過。

《漢書・藝文志》《論語》類所載《古》二十一篇的班固自注中，說：「出孔子壁中」。其根據，應就是左述〈藝文志〉《書經》類題解的這段記載⑫：

《古文尚書》者出孔子壁中。武帝末，魯恭王壞孔子宅，欲以廣其宮，而得《古文尚書》及《禮記》、《論語》、《孝經》，凡數十篇，皆古字也。共王往入其宅，聞鼓琴瑟、鐘磬之音。懼此，乃止不壞。孔安國，孔子後也，悉得其書，考以二十九篇，得多十六篇。安國獻之。遭巫蠱事，未列于學官。

上述是說，第一、武帝（或前代的景帝）之際，魯恭王為了擴張宮殿，在拆除孔子舊宅之時，從壁中發現了以古文寫成的典籍多冊。第二、孔安國得到這些壁中書，且在武帝末年，獻上《古文尚書》。對後漢及之後的人來說，第一個關於魯恭王的故事，及第二個關於孔安國的故事，已耳熟能詳，幾近常識。或者該說，即使是現在，一般也好像是把這二個故事的大概內容視為歷史事實。

原來這是因為《史記・五宗世家》裡，有魯恭王（逝於武帝治世之初）好修宮室及晚年熱中音樂的記載。不過，對於壞孔子宅，或者發現壁中古文書二事，卻是隻字未提。

又，司馬遷之〈仲尼弟子列傳〉、〈儒林傳〉中，對於孔安國描述說他乃武帝末年的博士（但早逝），將《古文尚書》與伏生之《今文尚書》作一校對，確認《逸書》十數篇。然而，對若有其事的壁中古文書及是否獻上《古文尚書》一事之有無，或者類似話題，卻全未觸及。

當然，對某一事件之記載，只因其不見於早期文獻，就據以為由，排除其為史實之可能，這樣的態度也非常識。不過，司馬遷通曉六藝與諸子百家，據說又與孔安國有過學問上之交流，而從他所述及的文章考之，很難想像於景帝或武帝之時，實際存在過所謂壁中古文書。更不用說《古文尚書》是出自壁中的看法是為定論的這種想法了。

按，在最初之際，或許只是一則無他意的單純誤會所引起，乃有《古文尚書》出自孔家壁中所藏的傳聞出現。

到了第二階段，再把這原本或為單純的傳聞合理化，乃向《史記》裡原本互不相干的魯恭王事跡與孔安國之事跡尋求根據（雖如此，但事實上仍有時代錯誤），巧妙接合首尾，結果才有了魯恭王發現《古文尚書》，孔安國為之作解並獻上的說法。

然後是第三階段，不只是《古文尚書》，還有《禮記》（實際上可能是指《儀禮》）、《論語》、《孝經》等，甚至其他的書，都喧騰說是出自壁中古文。又，這裡所說的第二、第三階段，其想法之開始與擴張的時期，最有可能是在漢末至新莽之間劉歆標榜古文學之前。

以上所說，事實上稍早是清末今文學派大家康有為⑬所說，近人則有津田左右吉氏之說⑭的啟發，再由筆者簡要地試為推論。

限於紙幅，話題就在古文《論語》的問題上打住。若上述推論大致無誤，則所謂《古論》之書，其存在不得不說是一件極為怪異之事。總之，我個人臆測，這樣一本書其作成與流行，最多不會超過新莽成立之前。那麼這以《古論》之名流傳一時的，並非什麼，只是昭帝、宣帝之頃，把像是被稱為《魯論》一類的今文本的其中一本，變更篇數、篇章等，作了小部分的修飾，並將字體改為古文，或者當初就以隸書寫成，而號稱是隸定本的可能性相當大，《古論》很有可能就是這樣的一本書。

如果所謂《古論》之真面目，與上述所假設相去不遠的話，那可以說孔安國為《古論》作訓；馬融以《古論》為本，施以注解；及前引《漢書．藝文志》所載或何晏的《集解》序等等，種種關於《古論》之說，都不足為信了。⑮

結語

本文所論述，是以《論語》二十篇之形式與內容、《論語》書名之出現、三《論》之傳承與書名、所謂《古論》的真正面目等為論點所在。有關《論語》之成書與傳承等，其應考察者，當然不盡於此。然而，如前言所述，闡明《論語》注解中所反映之思想、哲學問題等的事，非本文目的之所在，再進一步的深入探討就敬謝不敏了。

注釋

①朱注有「牢，孔子弟子。姓琴，字子開，一字子張。」然而，以牢就是琴張其人的，不過是根據王肅偽撰的《孔子家語．七十二弟子解篇》的記載罷了。劉寶楠說：「《漢書．古今人物表》有琴牢。王氏念孫《讀書雜誌》，以琴牢為琴張之誤。……琴牢，字張，始見《家語》，乃王肅偽撰。後人據《家語》以改《漢書》，其說良然。」（《論語正義》，卷十，〈子罕〉第九）安井息軒也說：「王肅知其非，偽撰《家語》，因以牢為琴張之名，蓋亦無稽之言耳。」（《論語集說》，卷三，〈子罕〉第九）

②同旨也見《論語集說》，卷五，〈憲問〉第十四章。

③又，除去注解、翻譯的著作之外，國人的《論語》研究、孔子研究中，成績斐然的還有蟹江義丸《孔子研究》、藤塚鄰：《論語總說》、木村英一：《孔子と論語》、木村英一：〈論語と孔門〉（《中國哲學の探究》）、渡邊卓：〈孔子傳の形成〉（《古代中國思想の研究》）等。

④又，《韓詩外傳》卷七與卷九，出現有與《論語》的這二章有異曲同工之妙的文章。

⑤或者，將「論」字解釋作有集合之意的「侖」字之假借字，這樣更為簡明易懂。

⑥《論語》之章句，常有以「論曰」或「語曰」的方式被引用的，其「論」字或「語」字，不過是已然定形的「論語」之書的簡稱罷了。

⑦傳《齊論》、《魯論》之學者的相關事跡及其大致活躍的時期，請參考《論語之研究》第二章第一節。

⑧《隋書．經籍志》中說：「又有《古論語》，與《古文尚書》同出。章句煩省，與《魯論》不異。唯分〈子張〉為二篇，故有二十一篇。」將〈子張篇〉一分為二，比起從〈堯曰篇〉的第二章中另立一篇出來，至少從表面看來，似乎較為自然。然而《隋志》的這段記載是否有特別的根據，無以為知。

⑨《隋書．經籍志》的鄭玄注《論語》十卷的夾注中，有「梁有《古文論語》十卷，鄭玄注。……亡。」鄭玄是以《魯論》為本而作注解，不可能又另外對《古論》施注。所謂的《古文論語》，定是偽書。

⑩《說文解字》敘中說：「及亡新居攝，……頗改定古文。時有六書。一曰古文，孔子壁中書也。……壁中書者，魯恭王壞孔子宅，而得《禮記》、《尚書》、《春秋》、《論語》、《孝經》……。」許慎所看到的古文經書，全部或者部分可能是用總之稱之為古文的字體，所寫成的教本。

⑪《說文解字》玉部，引《逸論語》之章句二條。與《逸書》、《逸禮》書名類似，然其與三《論》

的關係，無從得知。

⑫與此處《漢書・藝文志》所記類似的文章，在《漢書・楚元王傳》所引劉歆給太常博士的信中也有。只是，信中舉壁中古文之例時，只言及《逸禮》三十九篇和《書》十六篇。

⑬參考《新學偽經考・漢書藝文志辨偽》第三上、第三下，及〈漢書河間獻王魯恭王傳辨偽〉第四。

⑭參考《左傳の思想史的研究》（《全集》第十五卷）第一篇第一章，及《論語と孔子の思想》第二篇第一章。

⑮清儒沈濤、丁晏等，已指出何晏《論語集解》所引的孔安國注是偽撰的。然而，這偽撰之考證，其發端是因為把《論語》孔安國注放在《尚書》偽孔傳的延長線上思考的緣故，這並無不可。然而，回想本文所述壁中古文的真義，可知《論語》的孔安國注原本就是偽造，這不言自明。又，卜天壽本的《論語》等，自言是「孔氏本」的作法，自是荒唐無稽之說。

第一部

漢魏、六朝、唐之部

第一章 揚雄《法言》與《論語》

——模倣的意圖

◎弥和順 著
◎楊菁 譯

前言

揚雄（前五三—後一八），是活躍於前漢末至新莽的文學家、思想家。其著作以〈甘泉賦〉、〈羽獵賦〉、〈長楊賦〉等辭賦為始，後有《太玄》、《法言》、《訓纂》、《州箴》、《方言》等等，涉及的範圍實為複雜；若以一句話概括其特徵，則《太玄》是模擬《易》、《法言》是模擬《論語》，及《訓纂》是模擬《倉頡》之作，其現有著作中可以列舉很多模倣的著述。然而，關於其著述，《漢書．揚雄傳．贊》評曰：「皆斟酌其本，相與放依而馳騁云。用心於內，不求於外，於時人皆曶之，唯劉歆及范逡敬焉，而桓譚以為絕倫。」於當時，除去少部分人，大部分學者批評其作品缺乏創造性。

不過，揚雄的這些著作，由今日的我們看來，因為這一特性，當我們在進行揚雄其人的研究時，以及探究揚雄其所依據之作品時，自不待言，反而成為重要的資料。特別是就《法言》而言，透過此書，在評價揚雄的《論語》是怎樣的面向?或解釋、理解《論語》中的字句為何時，即使為部分也可能得到明瞭。又如果也考慮進《法言》編纂的背景，不只是揚雄個人的《論語》觀，也可了解當時學者對《論語》的看法。

然而，若看看向來論述考察的文章，《法言》一書再三被作為探究揚雄思想側面的材料；然許多遺留下來的優秀研究作品中，幾乎看不到考究此書和《論語》之關係的專論。①在此，本小論希望試著就《法言》和《論語》之間的關聯性這一側面來加以考察。

一、揚雄的《論語》評價

最初提到《法言》之書名的，一般認為是依據《孝經．卿大夫章》「非先王之法言，不敢道」這一句子而被命名。果然在《法言》的末尾，是以彰顯孝為主的〈孝至篇〉作結，但是一般不認為這一點中有揚雄的意圖存在。若通覽同書，這部分不是倣效《孝經》，而是以《論語》為基礎所編輯的書，是一目瞭然的。

然而，在《法言》中，不只是直接提及和《論語》相關的文章，甚至連「論語」這類的字都看不到。例如，即使在援引《論語》的字句時，也只有「吾聞諸傳」之類的表現一例被確認（〈孝至篇〉）；除此以外，《論語》的書名幾乎都沒有被提示。又，卷末雖附有揚雄的自序，可是關於這件事並沒有任何的記錄。②追根究柢，這件事開始被明確說出，不得不等到見於《漢書．揚雄傳》「象《論語》，號曰《法言》」之班固的話了！

之所以如此，首先可推想出在當時可能尚未有所謂「論語」這類的固定稱呼！例如，秦末漢初時，儘管是在《論語》裏的文章，但是如果說那些是傳達孔子之言的，則以「孔子曰」、「仲尼曰」等，以名字為其表示方法的慣例；若為孔子以外的人物之言論，則以「傳曰」、「語曰」等類的表現方法仍是通用的。但如見於《禮記．坊記篇》引用〈學而篇〉孔子之言，已有「《論語》曰：三年無改於父之道，可謂之孝矣」這類的表達方式；甚至在《韓詩外傳》、《鹽鐵論》、《列女傳》也散見著「論語曰」等類的表現。③因此最遲到揚雄執筆《法言》之時，提示著像「論語曰」這樣的出典，說起來應該不是特別特異的例子吧！

又在其他的方面，揚雄援引《論語》的文章時，並不是如實地抄寫原文，而是斟酌其大意，以他自己獨特風格的表現加以修改編輯的可能性也並非不可能。例如，在《孟子》中被引用的孔子之語，將之與通行的《論語》對照，其中存在著不一致之處④；而同樣的事也可能在《法言》中見到吧！從以下揚雄和門人的問答所示，試著考察之。

孟子疾過我門而不入我室，或曰：亦有疾乎？曰：摭我華而不食我實。⑤

（〈問明篇〉）

此問答的內容是門人在質問揚雄是否也有討厭的人物時，揚雄答以「華」即僅摭拾辭賦；「實」即無法理解《太玄》的人才應該嫌惡⑥；但是先不談其內容，應該特別注意的是最開始一文的引用形式。也就是說，自問自答體是沿襲《孟子》的文章而進行的，要注意的是，在《法言》中也敘述了「孟子云云」的這點上，決不是以如「孔子曰」、「論語曰」等方式被記下來。

這也就是說，此文章根據《孟子．盡心篇下》，孔子本來說了「過我門而不入我室，我不憾焉者，其惟鄉原乎。鄉原，德之賊也」這樣的話，被孟子的弟子萬章所引用而記錄下來。在《論語》書中後半部的「鄉原，德之賊也」的部分被收於〈陽貨篇〉；這裏，由《法言》中所援引的，可以說明前半部分失傳的情況。也就是說，《法言》所引的該句是當初孔子所說的話，現在卻只在《孟子》書萬章所引之言中發現這一文章。

如以上所舉之文，在文獻上當然存在著許多煩瑣的問題；但是在《法言》中，卻明記著確實出自於《孟子》。由這些判斷可以推定，揚雄知悉那些相關的文章本是來自孔子之言，而在《孟子》中被傳承。也就是說，揚雄在引用時仔細地考量著《論語》、《孟子》的文章，以忠於原文的方式來進行援引吧！

由揚雄《法言》這樣的成書背景可見，我們可再次確認：其書產於「論語」之名正被固定地稱呼之際，而揚雄由熟悉《論語》文章，倣照《論語》來改編其書。然而，在《法言》中無論哪一回也沒有用到《論語》之書的表現，這應是揚雄有意識地避開那類的使用吧！要言之，這是揚雄《法言》因為是借用《論語》作為其書的架構，假使其中有使用《論語》的語句，其書本身也會成為極不自然之物，可推定此書是經過揚雄所判斷的作品。換言之，因為是意識《論語》、模仿《論語》之書，所以在《法言》中並沒有使用《論語》之書的表現。

那麼，透過如上所述，在《法言》中無法認定《論語》的表現；儘管如此，揚雄對《論語》的批評並非不可見。例如，亦包括《論語》，對於一般所說的傳記，進行如下的論評：

> 或曰：「書與經同，而世不尚治之可乎？」曰：「可。」或人啞爾笑曰：「須以發策決科。」曰：「大人之學也爲道，小人之學也爲利。」（〈學行篇〉）

以上的問答中，門人所說的「書」，根據汪榮寶的《法言義疏》所言，乃《論語》、《孝經》之屬，亦即指漢代的傳記類。若根據其說，則知道揚雄如五經般同樣獎勵《論語》、《孝經》

的修學。在漢代，五經當然是最被尊崇的，又《法言》中也保存了記載其旨的文章⑦；如果把這些也放進考慮的話，可以預想揚雄把《論語》和五經並列，給予極高的評價。

而這裏必須注意的是，揚雄自己決不以孔子為準則的這點。在《法言》中，提到議論最多對象的人物，不用說，孔子是無法置之其外的；不過其重點在於繼承宣揚孔子之教的這點上。因此，對揚雄來說，孔子固然是一特別的存在，然關於其人生觀，毋寧可以感受到他對孟子的共鳴。

古者楊墨塞路，孟子辭而闢之廓如也。後之塞路者有矣，竊自比於孟子。

（〈吾子篇〉）

最後一文，見於《論語．述而篇》襲用「竊比於我老彭」的表現方式。此文章傳達了揚雄試圖將孟子強烈批判楊朱、墨翟異說的態度，與自己的人生也有著相同的熱情。也就是，揚雄將自己比擬為繼承孔子之道的孟子；正因為如此，仿照《論語》執筆寫下了《法言》一書。⑧

二、《法言》和《論語》的關係

被稱為所謂「傳」的作品中，並沒有足以凌駕過《論語》的這樣的想法，從揚雄模仿《論語》執筆寫了《法言》的這件事，藉由以上的考察大約便可以明瞭。那麼，在揚雄的《法言》中，受到《論語》的影響實際上到達什麼程度呢？

首先，希望試著考察《法言》全書的組織結構。

現在的《法言》由〈學行〉、〈吾子〉、〈修身〉、〈問道〉、〈問神〉、〈問明〉、〈寡見〉、〈五百〉、〈先知〉、〈重黎〉、〈淵騫〉、〈君子〉、〈至孝〉十三篇構成。然而，其篇名的稱呼並不是考量每篇的內容而定，而是以見於開頭文章的二個字取其方便附加上去的。其命名的方法，確確實實是模仿《論語》篇名的例子。又，在卷頭放置〈學行篇〉，這也是意識到《論語》始於〈學而篇〉而配置的。

而且，《法言》的各篇內部，遵照汪榮寶《法言義疏》的分類，從二十一條到三十四條短章句的成立，那些章句只傳達揚雄個人的言論，而其中大半是採用揚雄和門人問答的形式。

關於此問答的形式，在《漢書・揚雄傳》記有「故人時有問雄者，常用法應之，譔以為十三卷」，這樣的制作原委；實際進行的問答如實地收錄在《法言》中，正好給予這樣的印象。不過，在問答之餘，如「未達」（〈問神篇〉、〈至孝篇〉）「或人不諭」等（〈問明篇〉），以揚雄的立場被記載，存有部分敘述的文章，並不是一貫地採用會話方式。相反的，也有全部是揚雄自問自答的可能性。實際上，是交替著和門人間的問答？或者是自問自答？並無法很快地判斷這一點，但是從自始自終多採用問答形式的這點來說，我認為揚雄應該是有意圖地採用那樣的形式。要言之，現在的《法言》，在其編輯的最後階段，應該模倣了《論語》的形式，並加上大量的揚雄個人的方法，這大約是確實的。

那麼，這一回欲試著考察有關《法言》的文章表現及和《論語》間的關聯性。

關於《法言》的文章，古來認為是「象」《論語》呢？「襲」《論語》呢？或者是所謂的「模倣」？這類的批評是眾所皆知的。本小論中既已屢屢使用這樣的說法，對於那些說法一點也不打算大唱異調；但是，其所謂「象」、「襲」、「模倣」實際上在《法言》的文章中並未指述是怎樣的特質，關於其意義的內容因為不怎麼被提及，因此這裏將先行論究《法言》和《論語》的文章表現的類似性，首先欲將那些作一整理。

關於《法言》，一般下以「象」、「襲」、「模倣」《論語》這類的評語，分析其意指的內容，一般認為大約包含兩個側面。其一，姑且不論其主張內容，只是就模倣《論語》的文章體裁這點來敘述；另外一點是，就其思想的內容面，指出其受到《論語》的影響，並繼承、發揮之的這點來說。

首先，作為首要襲用《論語》文章體裁的顯著例子是〈學行篇〉開頭的如下之文：

> 學行之，上也。言之，次也。教人，又其次也。咸無焉，爲眾人。

此則揚雄將學問的內容分為「上」以下四等，四等中以實踐最重要，亦即主張實踐者為「上」；此則明顯地借用《論語・季氏篇》孔子之言「生而知之者，上也。學而知之者，次也。困而學者，又其次也。困而不學，民斯為下矣」。但是，揚雄利用的只是其體裁。此《論語》的文章是把焦點放置在將人的資質分類為四等這點上；《法言》則是將學問的內容分為四種，內容說的應是自身上的差別。

這只是襲用《論語》的文章體裁之例，在《法言》中各處都可窺見，在此可以舉出相同的三例。

(1) 君子之所慎，言禮書。（〈修身篇〉）

(2) 民可使覿德，不可使覿刑。（〈先知篇〉）

(3) 妄譽，仁之賊也。妄毀，義之賊也。（〈淵騫篇〉）

以上的出典，若求於《論語》中的文章，則⑴是〈述而篇〉的「子之所慎，齊戰疾」；⑵是〈泰伯篇〉的「民可使由之，不可使知之」；⑶是〈陽貨篇〉的「鄉原，德之賊也」。以上所見的這些例子，確實是巧妙地利用了《論語》的文體；不過，說起來那些文體幾乎只是奪其目而已，似乎感到其中揚雄之自我主張未能表現出來。

另一方面，襲用《論語》思想內容的例子，有如下的問答。

或問，子曰：「死生盡禮，可謂能子乎？」（〈孝至篇〉）

此一話題是有關於孝道的。門人詢問身為人子應有的態度，揚雄根據《論語．為政篇》孔子之語「生事之以禮，死事之以禮」，以親人的生前或死後都要以禮服事為要點來回答。如前所述，問答實際上是怎麼進行的並無法了解；但是，揚雄在此說孝的實踐，根據的字句見於《論語》是很明白的。

顯然地，《法言》一書在思想面受到《論語》的影響，這裏欲進一步採用揚雄的性說，試著探尋和《論語》的關聯性。

人之性也善惡混，修其善則爲善人，修其惡則爲惡人。（〈修身篇〉）

這是提到揚雄的性善惡混說的著名文章，此說至唐代以降為韓愈所稱譽而成為一契機，以後在論到《法言》之時，說這段話必然會被引用也不為過。然而《法言》中稱得上為揚雄性說的內容，除了上文以外，其他的地方並沒有看到。當然，性說是當時重要的思想問題，揚雄對於這點採取如此沈默的態度；若加以推察，在《法言》內部，性說並沒有被展開，這件事難道沒有襲用《論語》來編纂《法言》這樣的意思嗎？也就是說，若以揚雄看來，應該根據的所謂本家之《論語》中，因為孔子的性說並未被傳達，所以就發揮《論語》的《法言》來說，也就毫無展開性說的必要。

揚雄如此的態度，可以說同樣也見於對神祕事象的處理方法。我們來看看有關他和門人問答之二例。

(1)先知，其幾於神乎？敢問先知，曰：「不知。」知其道者其如視，忽眇綿作昞。

(2)或問：「趙世多神，何也？」曰：「神怪茫茫，若存若亡，聖人曼云。」

這裏，對於門人問(1)關於預知未來的能力；(2)關於趙國的神祕事象，揚雄以「不知」或「聖人曼云」之類的話一開始便避開論及該二事。揚雄這樣的態度見於《論語》「敬鬼神而遠之，可謂知矣」（〈雍也篇〉）、「子不語，怪力亂神」（〈述而篇〉），和孔子的態度應是相呼應的。總而言之，在企圖排除神祕的事象這點上，揚雄也發揮了《論語》中孔子的態度。

以上，《法言》不只在文章體裁方面，即使在內容主張方面也受到《論語》的影響，可見這是一部模倣的著作。如果說《法言》這部書的特徵，存在著以上兩個面向的話，那麼向來對《法言》進行的評價，採以襲用《論語》的內容主張為主，其中之重點為找出《法言》的思想意義；關於其襲用文章的體裁方面，多被批評為缺乏創造性，大概不怎麼被關心。例如，見於如前所舉《漢書．揚雄傳．贊》的《法言》評論是顯著的代表；又朱子評「如《法言》一卷，議論不明快、不了決，如其為人，他見識全低、語言極獃，甚好笑」（《朱子語類》卷一三七），也是由同樣的觀點出發來說的。⑪

的確，若將揚雄看作思想家，以上的評論也許未必是錯的。若從思想的觀點來說，揚雄為了彰顯發揮孔子之道，所以著作了模仿《論語》的《法言》是很明白的。但是為了達成他唯一的目的，而有模倣《論語》的必要嗎？既然故意運用文章而襲用《論語》的文體，這當中看不到揚雄的其他意圖嗎？在此想再次重新評估只是襲用《論語》文體的例子。

(1)魯仲連傷而不制，藺相如制而不傷。（〈淵騫篇〉）

(2)美行，園公、綺里季、夏黃公、角里先生。言辭，婁敬、陸賈。執正，王

> 陵、申屠嘉。折節，周昌、汲黯。守儒，轅固、申公。災異，董相、夏侯勝、京房。（〈淵騫篇〉）

在此所舉的⑴是借用《論語．憲問篇》「晉文公譎而不正，齊桓公正而不譎」的文體⑫，其中，是就戰國時代的齊人魯仲連和趙人藺相如的生活態度進行批評。又⑵見於〈先進篇〉，襲用所謂的孔門四科十哲，即「德行，顏淵、閔子騫、冉伯牛、仲弓。言語，宰我、子貢。政事，冉有、季路。文學，子游、子夏」之文章，是稱讚漢代六部門十五人的功績。若說此二例有共通的地方，則是揚雄一面利用《論語》的文章體裁，一面自己進行人物批評的這點。在《法言》中的人物批評，仍然和意識到《論語》〈憲問〉、〈微子〉等篇所展開的人物評論沒有差別，而其中的文章表現方法，便因此有很多是特別借用《論語》的字句。而且，不只是《論語》，也有《孟子》的文章被利用的情況。

> 周公以來，未有漢公之懿也。（〈孝至篇〉）

這一則見於《孟子．公孫丑上篇》，借用孟子之語「自有生民以來，未有孔子也」或「自生民以來，未有盛於孔子也」，其中的漢公，即是稱讚王莽的功績。⑬

那麼，揚雄不但一面襲用《論語》的文體或《孟子》的文章，也一面進行人物批評，這是什麼原因呢？一般認為是，揚雄若在《法言》中進行人物批評，必然會吐露出他個人的好惡，依情況不同，也可能會引起其所批評人物之不悅感情或誤解。同時代的人物，特別是包含王莽時期的有權力者，更是有可能如此。因此，揚雄在進行人物批評之時，模倣《論語》、《孟子》的文章，大概是藉此來緩和直接的表現方式吧！換言之，一般認為揚雄是為了保護自己，而借用《論》、《孟》的字句來作為其道具。

總結以上所說，《法言》不僅是文章的體裁，甚至思想內容上，都是模倣《論語》的產物，關於其襲用《論語》文章體裁的部分，常常有被批評為缺乏創造性等傾向；然而在那些地方，揚雄個人的主張，特別是其獨自的人物評論卻被隱藏。揚雄依仿《論語》作《法言》的目的，自不待言一方面是為了彰顯孔子之道，同時亦把重點放在繼承孔子之上。還有一點可以說是考慮保身之儒家意圖一直發生作用著，也是明確的吧！

三、揚雄的《論語》解釋

如以上所述，一般認為揚雄模倣《論語》作《法言》，不只是宣揚、發揮《論語》的思想內容，也借用文章的體裁，依此來避開直接的人物評論，也有保護自己的意思在。作為揚雄個人的意識，與其說借用《論語》的文章體裁企圖保身，不如說揚雄將重點放置在襲用其內容的思想意義上；然姑且不論此點，《法言》都是仿照《論語》而記錄的這件事是難以改變的事實。而且因為《法言》有其特徵，依今日的我們來看，才能了解揚雄自己是怎樣理解、解釋《論語》中的文章？在此，利用其特徵，希望探究《論語》解釋的一斑。⑭

那麼，若說《論語．子罕篇》的最終章，根據古注指出以下的文章。

子曰：可與共學，未可與適道。可與適道，未可與立。可與立，未可與權。唐棣之華，偏其反而。豈不爾思，室是遠而。子曰，未之思也，夫何遠之有。

不過，若依從新注，則將上文分斷為二章，「唐棣之華」以下別為一章。現在，說起來支持新注的傾向應是較多的。這些暫且不說，如此分章之不同，將最後孔子所說「未之思也，夫何遠之有」，當作是前半部的「權」，即以自身見識來判斷、處理事物的輕重，而感嘆其困難度呢（古注）？或者是視為對眼前的逸詩「豈不爾思，室是遠而」，所發表的感想呢（新注）？都是因解釋上的不同而產生的問題。

要言之，若從古注，相應譯出的語句為「對於學問的努力沒有盡全力，如果努力了，以自己的見識來判斷、處理事物的輕重不是不可能的」；若根據新注，則變成「感到家的遙遠，是因為熱情不足：若一心一意左思右想，則家的距離是會遠嗎？」這樣的意思。

然若將關注點移至《法言》，其承繼《論語》「未之思也」句，是被再三確認的。現在若將之全部列舉，則如下所列。

(1)或曰：「學無益也，如質何？」曰：「未之思矣。」夫有刀者礲諸，有玉者錯諸，不礲不錯焉攸用。礲而錯諸，質在其中矣，否則輟。」（〈學行篇〉）

(2)曰：「有教立道，無止仲尼；有學術業，無止顏淵。」或曰：「立道仲尼，不可爲思矣；術業顏淵，不可爲力矣。」曰：「未之思也，孰禦焉。」（〈學行篇〉）

(3)或問君子在治，曰「若鳳」；在亂，曰：「若鳳」。或人不諭，曰：「未之思矣。」曰：「治則見亂則隱，鴻飛冥冥，弋人何慕焉。鷦明遴集，食其絜者矣。鳳鳥蹌蹌，匪堯之庭。」（〈問明篇〉）

若通覽這三例，該句全部使用了揚雄的反覆問答，取用的每一個都是對沒有盡全力於學問的努力這點所發的警戒之語。因此，對在上文所說的狀況下使用「未之思矣」句的揚雄而言，應是將《論語》的該句理解為孔子感嘆「權」之事的困難。也就是說，關於〈子罕篇〉的最後一章，也可以考慮和古注一樣將其合併的一章。⑮

結語

在本小論中，採用揚雄的主要著作《法言》，將此書和《論語》的關聯性進行若干考察。現在反過來看，若說到《法言》全書的構造，在每一篇的文章體裁、思想內容上都明顯地受到《論語》的影響，再次可以確認是模仿《論語》所編的著作。然而揚雄在模倣《論語》之時，說到宣揚發揮《論語》的內容，也有很大的思想意義；且除此之外，特別在進行人物評論之時，借用《論語》的文體，藉此應也包含著使其含蓄地表現的意圖，這些事已經很明白了。若如此思考，在《法言》中，說起來，或許正只有在甚少被顧及的所謂襲用《論語》文章體裁的文章中，才隱藏了揚雄的另一個真意。

而且，若詳細檢討襲用《論語》文章體裁的《法言》的文章，探討揚雄如何地解釋《論語》的字句也是可能的，為了求證其事，最後以附記來提示其一端。

注釋

①由思想的側面來考究有關《法言》的代表性論著，如以下所說：

．狩野直喜：〈揚雄と《法言》〉（《支那學》三—六）。

・町田三郎：〈揚雄について（二）〉（《秦漢思想史的研究》，創文社所收）。

・田中麻紗巳：〈揚雄と王莽・新〉〈《法言》と春秋學〉（《兩漢思想の研究》，研文出版所收）。

・池田秀三：〈《法言》の思想〉（《日本中國學會報》二九）。

・徐復觀：〈揚雄論究〉（《增訂兩漢思想史》卷二，學生書局所收）。

又處理《法言》和《論語》的關係的論著列舉二書：

・鈴木喜一：〈《法言》と《論語》〉（《中國古典新書―法言》解說，明德出版社所收）。

・藍秀隆：〈揚子《法言》象式《論語》之體例、句法與文意者〉（《揚子法言研究》第四章，文津出版社所收）。

但是，《法言》模仿《論語》的例證，前者舉一例，後者所舉不會超過十四例。

②《法言》序將各篇的大意簡潔地連綴在一起，但此序果真是揚雄所記呢？還是從一開始就附在《法言》末尾的？存在著這樣的問題。現在，因為同文見於《漢書・揚雄傳》，所以也有把這些視為出典根據的看法；然本小論因為以汪榮寶的《法言義疏》為底本，故遵從其書的體裁。又，關於汪榮寶的《法言義疏》參照注⑤。

③「論語」這類的表現使用最早的例子是引用《禮記・坊記篇》的文章，從藤塚鄰《論語總說》（弘文堂，八頁）。又同樣的表現方法確認有《韓詩外傳》卷二、卷五、卷六三例；《鹽鐵論・論儒篇》一例；《列女傳》卷五、卷八五例。

④現在的《孟子》，在孟子展開論說之時，引用孔子之語可見者合二十九條，使其對照現今通行的《論語》，字句相合的僅有八條。

⑤以下，由《法言》引用原文時，以汪榮寶的《法言義疏》（新編諸子集成第一輯所收，中華書局）為底本。但是，即使標點也有模仿的地方。又，現在此書被視為最詳細的注釋已是定評，然有關揚雄襲用文章體裁的地方，其出典根據的標示似乎不太足夠。

⑥從李軌注「華者，美麗之賦；實者，《法言》、《太玄》」。

⑦若以一例示之：「或問，聖人之經不可使易知與！曰：不可。天俄而可度，則其履物也淺矣。地俄而可測，則其載物也薄矣。大哉！天地之為萬物郭，五經之為眾說郛。」（〈問神篇〉）

⑧《宋史．藝文志》（儒家類）如「四注《孟子》十四卷。揚雄、韓愈、李翱、熙時子四家注」，著錄了揚雄的《孟子》注。姑且不論其真偽，可以說是說明揚雄通曉《孟子》的資料。

⑨《韓昌黎文集》，卷一，〈原性〉、〈讀荀〉。

⑩其他在《法言》中使用「性」字的，只有以下五個地方。

・學者，所以修性也。視聽言貌思，性所有也。（〈學行篇〉）

・群鳥之於鳳也，群獸之於麟也，形性。（〈問明篇〉）

・如夷俟倨肆，羈角之哺果而啗之，奚其彊。或性或彊，及其名，一也。（〈五百篇〉）

・曰，人可壽乎。曰，物以其性，人以其仁。（〈君子篇〉）

⑪同樣的見解，例如狩野直喜《中國哲學史》（岩波書店）有「甚模倣其外形，而內容淺薄。公平論之，到底不比荀子等先秦諸子，……《法言》其行文枉擬《論語》，頗滑稽，猶不得不以格言取。」（二七九頁）

⑫〈憲問篇〉的文章應為其直接的用典根據，具其相同構造的文章有〈為政篇〉「君子周而不比，小人比而不周」；〈子路篇〉「君子和而不同，小人同而不和」、「君子泰而不驕，小人驕而不泰」。

⑬關於此文章，有不單只是稱讚王莽，亦有取媚王莽之語，和諷刺王莽之語等類的見解。（汪榮寶：《法言義疏》、狩野直喜：〈揚雄と法言〉）在此，從田中麻紗巳：〈揚雄と王莽・新〉（八八頁），其為想要進行王莽之人物評論的文章。

⑭鈴木喜一〈《法言》と《論語》〉和本小論有相同觀點，《論語・憲問篇》「問管仲，曰人也」之「人」的意思，揚雄是如何地解釋的呢?乃根據《法言・淵騫篇》的文章來推論。

⑮附帶一提，《春秋繁露・竹林篇》也有引用和《論語》相同的地方，有「詩云，棠棣之華，偏其反而，豈不爾思，室是遠而。孔子曰，未之思也，夫何遠之有。由是觀之，見其指者，不任其辭，然後可與適道矣。」見此文章，可以推知董仲舒及揚雄都是和古注一樣併為一章。一般認為，這恐怕也是當時一般的解釋。

第二章 王充《論衡》與《論語》的關係
——論後漢的批判精神

◎鬼丸 紀著
◎陳靜慧 譯

王充的生涯見於《後漢書．王充傳》及《論衡．自紀篇》中。根據二書，王充乃會稽上虞人，生於後漢光武帝建武三年（二十七）。自幼聰慧，有讀書人的氣質，長大後曾到京師受業太學，師事班固之父班彪。曾數任地方官，但都不得志；常依理諫爭，卻不為採用，乃辭官。著《論衡》、《譏俗節義》、《政務》，晚年有《養性書》等書，卒於和帝永元年間（八九—一〇四），享年七十。著作之中，今只存《論衡》八十五篇。

究竟《論衡》是怎樣的一本書？對於這點，相當於《論衡》序篇的〈對作篇〉中有如下的記載：

> 是故《論衡》之造也，起眾書並失實，虛妄之言勝眞美也。

上述說出了《論衡》作者執筆時的強烈動機。漢代自董仲舒以來，天人感應之說盛行，假借聖人之名預言吉凶的緯讖之書充斥，神秘主義是時代的潮流，不過，另一方面也有學者從理性論證的角度出發反駁眾說，王充便是其中的一人。王充批評的對象不只限於緯讖災異等天人感應之說的思想，還包括《論語》、《孟子》等儒家經典及《韓非子》一類的諸子書，乃至於時人的迷信、風俗等多方面。他論證的方法極為科學、合理，而其博學多識理性論證之風則令人讚嘆。然而，一般認為他提倡宿命論，看輕人為努力的結果，對一個思想家而言，這給他帶來了學問的極限。

《論衡》中出現的〈問孔篇〉、〈刺孟篇〉，不只是對獨尊儒術，把孔子神格化的漢代思想界而言，即使是對自前漢武帝以後，一直是以佛學為官學的中國思想界來說，它都是個異數。所以，《四庫提要》中就批評說：

> 〈刺孟〉、〈問孔〉二篇，至於奮其筆端以與聖賢相軋，可謂誖矣。

其實，王充基本上最尊崇的聖賢還是孔子，這從他的「可效放者，莫過孔子」（〈自紀篇〉）、「材鴻莫過於孔子」（同上）可以看出。尊孔往往是他思想的依據所在，而〈問孔篇〉與他的這種思想傾向究竟有何關連？王充作〈問孔篇〉的用意為何？關於這點，佐藤匡玄氏在其

《論衡的研究》（創文社東洋學叢書）一書中有詳細的說明。以下引自該書第三六〇頁，他說：

> 後漢初頃，當時的儒學家把孔子神格化，對孔子的言行施以神秘色彩的解釋，孔子被偶像化的傾向益形顯著。面對這樣的時代風潮，王充竟膽敢著〈問孔〉一篇，也許他的用意是在痛下針砭。他批評的矛頭，與其說是對準了孔子，不如說是對準了好談神秘思想（緯讖思想）的孔學末流。雖然王充在〈問孔篇〉裡有極其嚴格的對孔批判，不過，綜觀《論衡》全書，基本上王充的態度既不是非孔也不是刺孔，更不用說是反孔的了。他徹頭徹尾都是站在儒家的立場批評儒家，在這點上，他與傳統儒學家之間有一線之隔，立場不盡不同，我們應該把他的〈問孔篇〉視爲漢代儒學家所展開的自我反省。

本文是把〈問孔篇〉視為《論語》的注釋書之一類，姑且不論其對《論語》的注解是否恰當，我想把重點放在注釋中所透露出的，王充個人思想的特色上。如果我們能夠找到他的依據及根本思想，也許能夠從新的角度發現王充作〈問孔篇〉時的真正用意。

一、運命論

眾所周知，《論衡》全書中有關「命」說的部分極多，它是一個很重要的看法，與全書其他思想都有關連，當然〈問孔篇〉也不例外。以下就來看看〈問孔篇〉裡的運命論呈現的是怎樣的論調。

〈問孔篇〉第九章①，引用了《論語．雍也篇》第二十八章的話，說孔子會見素有惡名的衛靈公夫人南子後，受到子路的質疑，他辯解道：「予所鄙者，天厭之！天厭之！」王充卻以為：天殺之類的事既不存在於過去，也不可能發生在未來。接著他說：

孔子稱曰：「死生有命，富貴在天。」若此者，人之死生自有長短，不在操行善惡也。成事：顏淵蚤死，孔子謂之「短命」，由此知短命夭死之人，未必有邪行也。②

是說，人的生死禍福由運命決定，與行為的善惡無關。這裡，他用顏淵的早逝作為例證，指出天殺的事過去從不曾發生。歷史的事實與否是他判斷事情的基準，他的運命論可以說是在一種實證的、理性的思考模式下展開辯證思考的。

〈問孔篇〉第十章則引用了「鳳凰不至，河不出圖，吾已矣夫」（《論語・子罕篇》第九章），並作了二種解釋，後者的解釋是：

> 或曰：「孔子不自傷不得王也；傷時無明王，故己不用也。鳳凰河圖，明王之瑞也。瑞應不至，時無明王；明王不存，己遂不用矣。」夫致瑞應，何以致之？任賢使能，治定功成。治定功成，則瑞應至矣。瑞應至後，亦不須孔子；孔子所望，何其末也！不思其本而望其末也；不相其主而名其物。治有未定，物有不至，以至而效明王，必失之矣。孝文皇帝可謂明矣，案其本紀，不見鳳凰與河圖。使孔子在孝文之世，猶曰：「吾已矣夫？」

「鳳凰」、「河圖」者，是有明君出現時的瑞兆。原文是孔子自嘆不遇明君，上文則是王充對孔子之嘆所作的批評。王充以為能夠任賢使能，政治便能上軌道，政治一上軌道，瑞兆自然出現。上述，這是因為除了「瑞兆」的出現是一不切實際的想法外，基本上是一種非常合理的解釋。他很科學的、一刀見血地指出：不從根本的政治問題著手，一味期待符瑞是本末倒置，又引用史實指出明君之世也不一定會有符瑞相應。又說，即使瑞兆顯世，孔子也不會受到重用。因為，孔子的用世與否與符瑞無關，也與時君不相干。這裡，不容忽視的是：聖君明主之世，聖人也不一定受重用的宿命論觀才是他思想的根本。所以，孔子雖貴為聖人卻命中注定仕途多舛的看法，不只在〈問孔篇〉，幾乎是充斥《論衡》全書之中。

〈問孔篇〉第十二章引述了「賜不受命而貨殖焉」（《論語．先進篇》第十八章）一句。在此，「命」一般有「孔門的禮教之命」（古注）和「天命」（新注）二種解釋，王充採用了後者，並批評道：

夫人之富貴在天命乎？在人知也？如在天命，知術求之不能得；如在人，孔子何為言「死生有命，富貴在天」？夫謂富不受命而自以知③術得之，貴亦可不受命而自以努力求之。世無不受貴命而自得貴，亦知無不受富命而自得富者。成事：孔子不得富貴矣，周流應聘，行說諸侯，智窮策困，還定《詩》《書》，望絕無冀，稱「已矣夫」！自知無貴命，周流無補益也，孔子知已不受貴命，周流求之不能得，而謂賜不受富命而以術知得富，言行相違，未曉其故。

依王充之見，命中若不注定富貴，則再如何努力都是枉然。這是他從自己不得志的官場經驗中所歸納出的結論。從而若把「命」解作「天命」的話，原文的意思就是「賜不受富裕之命，卻貨殖財產」，這與他的運命論思想是相矛盾的。「死生有命，富貴在天」（《論語．顏淵篇》）是王充論及天命時經常引用的一句話。這裡王充再一次引以為據，作為孔子無富貴之命之說的證明。像這樣子，在論述時不忘列舉事例說明的實證主義風格，是《論衡》一書的一大特色。

〈問孔篇〉的第十三章引述了顏回去世時孔子的「噫！天喪予」（《論語．先進篇》第九章），接著說：

此言人將起，天與之輔；人將廢，天奪其祐。孔子有四友，欲因而起，顏淵早天，故曰：「天喪予」。問曰：顏淵之死，孔子不王，天奪之邪？不幸短命自爲死也？如短命不幸，不得不死，孔子雖王，猶不得生。輔之於人，猶杖之扶疾也。人有病，須杖而行；如斬杖本得短，可謂天使病人不得行乎？如能起行，杖短，能使之長乎？夫顏淵之短命，猶杖之短度也。

對於顏淵的死，孔子因為極度悲傷乃不禁感嘆「天喪予」！這本是極其自然的想法④，王充卻解釋作孔子本欲藉顏淵之力，得其輔佐為王，所以感嘆天挫我也。在這樣的解釋之下，又說顏淵夭折短命與孔子能否為王並無關連，他用病人與枴杖之間的關係來作比喻。他說：孔子失去顏淵不得為王，這與幫助病人的枴杖原本就太短，不足以用來輔行是一樣的道理，顏淵他從一開始就注定要短命夭折的了。⑤像這樣子，在論證時運用比喻的手法，是《論衡》書中的另一特色。

緊接著對於個人才能與地位的問題，他說道：

且孔子言「天喪予」者，以顏淵賢也。案賢者在世，未必爲輔也。夫賢者未必爲輔，猶聖人未必受命也。爲帝有不聖，爲輔有不賢。何者？祿命、骨法，與才異也。由此言之，顏淵生未必爲輔，其死未必有喪，孔子云「天喪予」，何據見哉？

是說，賢者未必為王輔，而聖人也不必定身受天命而能為王。怎麼說呢？因為上天賦與人的命運與個人的才能是分開行事的。所以，顏淵生也不一定為孔子之輔佐，其死也稱不上是「天喪」的了。⑥這裡，我們看到王充獨特的天命觀，他以為上天賦予每個人的命運是互不干涉，個個獨立的。

接著，他還說：

且天不使孔子王者，本意如何？本稟性命之時不使之王邪？將使之王復中悔之也？如本不使之王，顏淵死，何喪？如本使之王，復中悔之，此王無骨法，便宜自在天也。且本何善所見而使之王？後何惡所聞中悔不命？天神論議，誤不諦也。

意思是如果天意本不欲孔子為王，那麼顏淵之死對孔子而言就不構成「天喪」。如果上蒼屬意孔子為王，又中途反悔，那就是孔子命中本注定不能為王的了。

《論衡》的〈命義篇〉、〈無形篇〉裡，說人的壽命由出生時所稟受的氣的厚薄決定，人一旦稟氣而生，一切便成定局不能再更改。〈自然篇〉裡則說，天是無為自然，無意識的存在。以上這些都是他立說時的根本。「天喪予」一章，王充所引述的是當時一般的解釋，王充似乎也同意那就是孔子的本意。而不管是時人的看法，或者是引述時人之說再加以批評的王充之說，二者都是立論在運命論的立場上的。只不過，王充的想法可以說是一種較為徹底實證主義的運命論觀罷了。

綜合上述，第九至十三章中，除了十一章之外，內容都是王充引用《論語》的不同篇章，表達了他自己的運命論，且所引各章都側重在孔子、顏淵雖貴為聖人，賢德出眾，卻都有能而不能有其位，一生多波折的論點上，王充並由此導引出他自家說的宿命論觀。

二、仕官論

〈問孔篇〉另外一個大特色是對官場去留時，所應有的態度論述頗多。下面我們循序來看：

〈問孔篇〉第七章引述《論語．公冶篇》第十九章後，解釋說：

子張問：「令尹子文三仕爲令尹，無喜色；三已之，無慍色。舊令尹之政，必以告新令尹，何如？」子曰：「忠矣！」。曰：「仁矣乎？」曰：「未知，焉得仁？」子文曾舉楚子玉代己位而伐宋，以有乘敗而傷其眾，不知如此，安得爲仁？」

上述，「焉得仁」一句為止，是引用《論語》的原文，之下才是王充的解釋。他說子文這個人，三為令尹又三次被罷官，態度自在無喜無憂，孔子說他稱得上是「忠」，但還不算是「仁」，這是因為他不是一個智者。王充接著說：

> 問曰：子文舉子玉，不知人也。智與仁，不相干也。有不知之性，何妨爲仁之行？五常之道，仁義禮智信也；五者各別，不相須而成。故有智人，有仁人者；有禮人，有義人者。人有信者未必智；智者未必仁；仁者未必禮，禮者未必義。子文智蔽於子玉，其仁何毀？謂仁，焉得不可？

他說智者不必定是仁者，仁者不必定是智者。從而，子文非智者一說，不構成他不是仁者的理由。他最後的結論說：

> 且忠者，厚也。厚人，仁矣！孔子曰：「觀過，斯知仁矣！」子文有仁之實矣。孔子謂忠非仁，是謂父母非二親，配匹非夫婦也。

先且不論王充對「仁」與「忠」的定義如何?在這裡，對於官場進退無喜無憂的子文的態度，其實與《論衡．自律篇》中王充對自己官場態度的描述幾乎一致。從這裡，我們可以看出王充雖然沒有把握住仁的真義，但從他認同子文是為仁者的觀點看來，他對子文是予以肯定的。

〈問孔篇〉第十一章有如下的描述：

子欲居九夷，或曰：「陋，如之何？」子曰：「君子居之，何陋之有？」孔子疾道不行於中國，恚恨失意，故欲之九夷也。或人難之曰：「夷狄之鄙陋無禮義，如之何？」孔子曰：「君子居之，何陋之有？」言以君子之道，居而教之，何爲陋乎？

是說孔子因為道不行於中國，所以想移居夷狄之地，原文見《論語．子罕篇》第十四章。這裡，「孔子疾道不行於中國」一句以下是王充的論述。接著，王充對孔子想要捨中國，移居到粗鄙不談禮義的夷狄之地，實行教化的想法有一番批評，以下省略此部分，只引述其後半：

或曰⑦：「孔子實不欲往，患道不行，動發此言。或人難之，孔子知其陋，然而猶曰：『何陋之有？』者；欲遂已然，距或人之諫也。」實不欲往，志動發言，是僞言也。「君子於言，無所苟矣」。如知其陋，苟欲自遂，此子路對孔子以子羔也。子路使子羔爲費宰，子曰：「賊夫人之子。」子路曰：「有社稷焉，有民人焉，何必讀書，然後爲學？」子曰：「是故惡夫佞者。」子路知其不可，苟欲自遂，孔子惡之，比夫佞者。孔子亦知其不可，苟應或人。孔子、子路皆以佞也。

這裡，王充先引述一段「或人」的話，說孔子欲往夷狄之說只不過是一時興來之語，接著他又引用〈先進篇〉第二十三章，子路推薦學問人格尚未成熟的子羔掌位主政，受到孔子的指責，他巧辯反駁，招惹孔子不悅的一段，說二人都是「偽言」也。這段文章的主要目的是批評「偽言」，不過從文中可以看出他對主政者的道德要求是基本的重點所在。

〈問孔篇〉第十四章引述《禮記．檀公篇》上篇，孔子到衛國遇見昔日館人的喪禮，乃解馬作為奠儀，對此王充不以為然，因為《論語．先進篇》第八章裡顏淵和孔子之子鯉去世時孔子都沒有賣車為二人製棺椁，此事見《論語．先進篇》第八章，原文是：

顏淵死，顏路請子之車以爲之椁，子曰：「才不才，亦各言其子也，鯉也死，有棺而無椁，吾不徒行以爲之椁，以吾從大夫之後，不可徒行也。」

以上，是孔子說明自己兒子鯉去世時，他都沒有賣車去替兒子製椁厚葬，因為他是大夫的身分，於禮出門時不宜徒步而行。對此，王充批評道：

> 孔子重副⑧舊人之恩，輕廢葬子之禮，此禮得於他人，制失親子也。然則孔子不鬻車以爲鯉槨，何以解於貪官好仕恐無車？而云「君子殺身以成仁」，何難退位以成禮。

他責難孔子對他人解馬相贈，卻不肯賣車為自己的兒子製椁，原因是因為他怕失去官位，而身為君子，應該是不惜捨官職以成就「禮」的。這裡，他不諱直言地表達了他對官場進退的道德標準的看法。

〈問孔篇〉第十七章，是有關《論語．陽貨篇》孔子欲應佛肸之聘前往出仕的一段記事。王充批評說連名為「盜泉」之水也不肯喝的孔子，不應該去奉仕一個有惡名的人。接著對孔子的「吾豈匏瓜也哉？焉能繫而不食」，他又批評道：

> 「吾豈匏瓜也哉？焉能繫而不食？」自比以匏瓜者，言「人當仕而食祿，我非匏瓜繫而不食。」非子路也。孔子之言，不解子路之難。子路難孔子，豈孔子不當仕也哉？當擇善國而入之也。孔子自比匏瓜，孔子欲安食也。且孔子之言，何其鄙也！何徒仕爲食哉⑨？君子不宜言也。匏瓜繫而不食，亦繫而不仕等也。距子路可云：「吾豈匏瓜也哉？繫而不仕也？今言繫而不食。⑩」孔子

之仕，不爲行道，徒求食也。

對於這章，漢代一般的解釋是孔子比喻自己不像是那個懸掛在半空中無須進食的瓠瓜，以作為他出仕的正當藉口。古注也大多因循此說，這點黃暉在其《論衡校釋》中業已指出。王充也採用這個說法，指責孔子所言不是為了求道，是為了求俸祿，而這種話不應出自一個君子的口中。瓠瓜本是一種食物，原文的「繫而不食」的「食」字應該是被動詞，是孔子害怕自己不為所用，不能貢獻己力發揮理想的比喻，這種讀法才較為自然合理，這也是現在一般的解釋。上文裡，王充把「食」解作「食祿」，並引以為「鄙」。前面，我們談過王充的孔子觀及其所遭遇的官場經驗，由此來看，上述，與其說王充是詆毀孔子，倒不如說這是他的官場道德觀還較為恰當。

此外，還有第十八章是針對《論語．陽貨篇》第四章，孔子應公山弗擾之招一事所作的批評。

從以上種種，我們知道「仕官論」在〈問孔篇〉中所占篇幅極多，另外如前所述王充的「運命論」也多與他的「仕官論」有所關連，可見得「仕官論」是王充問「孔」時的問題意識之所在。

《論衡》的〈自紀篇〉裡，有王充對官場的拔擢貶黜毫不動心並引以自豪一類的記述；

又說他作《譏俗節義》十二篇諷刺世人，在他或高官在位或貶居窮地時態度前後不一。〈問孔篇〉之所以對官場進退提出了嚴格的道德標準，就是因為王充自身的境遇使然，他不想隨波逐流，他相信自己這種強烈的執著與生命的抉擇是正確的，所以才選擇最具權威的聖人孔子作為他發問的對象。

三、表現論

我們所看到〈問孔篇〉的幾項特色之中，唯一王充在序文中便開宗明義講明意圖的，是所謂的「難其不解之文」。〈問孔篇〉中共有五章是就孔子說理不清，易招致聽者誤會等提出質疑，以下逐章敘述。

〈問孔篇〉的第二章，先是就《論語·為政篇》第五章的內容說：

> 孟懿子問孝，子曰：「毋違」。樊遲御，子告之曰：「孟孫問孝於我，我對曰：『毋違』」。樊遲曰：「何謂也？」子曰：「生，事之以禮，死，葬之以禮，祭之以禮。」問曰：孔子之言「毋違」者，「毋違」禮也。[11]孝子亦當先意承志，不當違親之意。孔子言「毋違」，不言「違禮」，懿子聽孔子之言，獨

不爲嫌於「毋違」志乎？樊遲問：「何謂？」孔子乃言「生事之以禮，死葬之以禮，祭之以禮。」使樊遲不問，「毋違」之說遂不可知也。懿子之才，不過樊遲，故《論語》篇中，不見言行。樊遲不曉，懿子必能曉哉？

孟懿子是魯國大夫，也是政治實力家。依梁皇侃之說，有違禮之行，所以在他問「孝」時，孔子故意告誡他「毋違」。其後，才向弟子樊遲說明他所謂的「毋違」是指不要違禮。這裡針對孔子回答孟懿子的話，王充以為孔子的說明不足，很可能招致孟懿子的誤解，對旁人而言更是一頭霧水。王充又說，樊遲都不能解的問題，才智不過樊遲的孟懿子又如何能解？為何如此粗略地教示孟懿子呢？王充這個單純原始的質疑，其實是不無道理的。那麼對於這章，諸注又如何作解呢？

古注、新注都以為孟懿子應該是不懂得「毋違」的真正意思的，所以孔子才故意解釋給樊遲聽，這點上新、舊注是一致的。而王充想知道的就是孔子為什麼不直接告訴孟懿子？關於這點，朱熹說：

是時，三家僭禮。故夫子以是警之。然語意渾然，又若不專爲三家發者，所以爲聖人之言也。

朱子以為聖人之意在教禮於萬世，至於孟懿子個人是否能夠領悟是無關緊要的。王充之所以針對這點而發難，是基於他「告小材敕，大材略」（〈問孔篇〉本文）的想法。

〈問孔篇〉第三章，引述《論語．里仁篇》第五章說：

孔子曰：「富與貴，是人之所欲也，不以其道得之，不居也；貧與賤，是人之所惡也，不以其道得之，不去也。」此言人當由道義得，不當苟取也。當守節安貧，不當妄去也。夫言不以其道得富貴，不居，可也；不以其道得貧賤，如何？富貴顧可去，去貧賤何之？去貧賤，得富貴也；不得富貴，不去貧賤。如謂得富貴不以其道，則不去貧賤邪？則所得富貴，不得貧賤也。貧賤何故當言得之，顧當言貧與賤，是人之所惡也，不以其道去之，則不去也。當言去，不當言得，得者，施於得之也。今去之，安得言得乎？獨富貴當言得耳，何者？得富貴乃去貧賤也。

王充以為「不以其道得之」這句話文意不通而加以批評。這個部分，眾說紛紛，王充認為孔子的「其道」指的是「正道」，而「之」字指的是貧賤。所以，如果說得到富貴的手段不正當的話，終究還是脫不了貧賤的。那麼，下一句就應該是「不以其道去之，則不去也」才說得通。《論語》的這章，諸注之中，王充把「道」解作「正道」，這點與新注相同，而後半部分他把「得」改作「去」之後，文章變得較為自然暢快，上下文也成了對句了。

最後他說：

> 七十子既不問，世之學者亦不知難。使此言意結不解[12]而文不分，是謂孔子不能吐辭也；使此言意結，文又不解，是孔子相示，未形悉也。弟子不問，世俗不難，何哉？

從所謂的「是謂孔子不能吐辭」一句，可以看出王充認為孔子有許多用語不當的地方。最後他懷疑為什麼弟子們及世之學者都不曾質疑呢？一方面也指出他認為孔子在表達能力上，或有不足之處。

〈問孔篇〉第四章則引述《論語．公冶長篇》的第一章，說：

> 孔子曰：「公冶長可妻也，雖在縲紲之中，非其罪也。」以其子妻之。問曰：孔子妻公冶長者，何據見哉？（中略）案孔子之稱公冶長，有非辜之言，無行能之文。實不賢，孔子妻之，非也；實賢，孔子稱之不具，亦非也。

《論語》中對公治長之為人，除了說「可妻也」之外，全無述及。針對這點，王充以為只提到他曾遭冤罪，對其為人品性則不及一言的作法是錯誤的。到底遭冤罪是「可妻」的原因？亦或是他沒有想到「可妻」之理由？不管是那個原因，孔子都是難辭其咎的。對於這點，朱子以為「長之為人，無所考，而夫子稱其可妻，其必有以取之矣。」便不再追究，他酌量孔子的用心後，很自然地把焦點放在人間寵辱的名譽問題上。相對於此，王充則是一個徹底的理性主義者，他要求一個清楚明白的交代。

〈問孔篇〉第八章引述了《論語．雍也篇》第三章孔子說的：「有顏回者，不遷怒，不貳過，不幸短命死矣！今也則亡，未聞好學者也。」接著說：

> 夫顏淵所以死者，審何用哉？令自以短命，猶伯牛之有疾也。人生受命，皆當全潔⑬，今有惡疾，故曰無命。人生皆當受天長命，今得短命，亦宜曰無命，如命⑭有短長，則亦有善惡矣！言顏淵短命，則宜言伯牛惡命；言伯牛無命，則宜言顏淵無命。一死一病，皆痛云命，所稟不異，文語不同，未曉其故也。

王充把這裡的「不幸短命死矣」與〈雍也篇〉伯牛染上惡疾，孔子探病時說的「無命」（原文是「亡之命矣夫」）作一比對，指出孔子在用語上有欠統一。他說：如果說伯牛是「無命」

的話，那麼也應該說顏淵是「無命」；如果說顏淵是「短命」的話，那麼伯牛就應該說是「惡命」。總之，在描述天命問題時應該修辭統一，或用「有、無」一組，或用「善惡、長短」一組去形容才對。這裡，同樣是無關內容的修辭上的問題。

〈問孔篇〉第十六章，討論的是《論語．憲問篇》第二十五章的例子，他說：

> 蘧伯玉使人於孔子。孔子曰：「夫子何爲乎？」對曰：「夫子欲寡其過而未能也。」使者出，孔子曰：「使乎！使乎！」非之也。（中略）且實孔子何以非使者？非其代人謙之乎？非其對失指也？⑮所非猶有一實，不明其過，而徒云「使乎使乎」。後世疑惑，不知使者所以爲過。韓子曰：「書約則弟子辨。」（《韓非子．八說篇》）孔子之言「使乎」，何其約也！

上述，對蘧伯玉的使者孔子評曰：「使乎！使乎！」古注、新注都以為這是稱譽之詞，不過〈問孔篇〉卻認為這是孔子不滿使者的回答，所以貶之之詞。所以貶之的理由，王充列出了「代人謙之」、「對失指」的二種推測，不管是什麼理由，他認為孔子的措詞太過精簡，已有失真之嫌了。

以上五章所指出的都是孔子在用語上的疑點。其不同於常的是，他強調簡明平暢的論理方式，他要談的不是內容，而是在內容之前的敘事方法論了。

《論衡．自紀篇》裡有一段話說：

夫口論以分明爲公，筆辯以荴露爲通，吏文以昭察爲良。深覆典雅，指意難睹，唯賦頌耳！經傳之文，賢聖之語，古今言殊，四方談異也。當言事時，非務難知，使指閉隱也。後人不曉，世相離遠，此名曰語異，不名曰材鴻。淺文讀之難曉，名曰不巧，不名曰知明。

他認為好文章的條件是通暢易懂，而如經傳一類艱澀難解的不見得是好文章，他甚至語帶辛辣，用「淺文」來形容這一類的文章。這樣的寫作態度貫穿《論衡》全書，站在這裡「文章貴明」的立場上，王充的結論是〈問孔篇〉第三章所謂的「孔子不能吐辭」，而上述五章所批評的內容就是對此而發的。誠如許多前人所指，孔子並不是個擅於雄辯的人，而最早提出這個看法的人可以說就是王充了。

〈問孔篇〉的第九章繼這種文主暢快的主張，進一步地強調服人以「理」的論證方法。如前所述，第九章裡孔子見南子後，對子路辯稱說：「予所鄙者，天厭之！天厭之！」王充就其宿命論的觀點批評，之外，還提出論證的方法論。他說：

《尚書》曰：「毋若丹朱敖，惟慢游是好。」謂帝舜勅禹毋子不孝子也。重天命，恐禹私其子，故引丹朱以勅戒之。禹曰：「予娶，若時辛壬；癸甲，聞呱呱而泣，予弗子。」陳己行事，以往推來，以見卜隱，效己不敢私不肖子也。不曰「天厭之」者，知俗人誓好引天也。

《尚書．益稷篇》裡的這段是舜告誡禹不要「子不肖之子」，禹回答說：從前自己的孩子哭了也不曾特別寵愛他，以表白自己不縱私情。王充認為禹回答的話，能夠「以往推來」，即根據過去發生的事實論斷未來，以說服對方，不像孔子只說了個「天罰」。

剛才我們已經提到在文章表現的方法上，王充主張思考嚴密，論理暢快，而這裡所強調的以理服人，就是站在這樣的基本線上所衍伸出來的想法。這種重視歷史證據的想法在《論衡》中隨處可見，不過像這樣在文中直接闡述理論的例子倒是罕見。而王充選擇了《論語》作為他下筆的對象，我們後人也得以從此窺見他的「孔子觀」。《論衡》與《論語》間最大的差異就是這種論理性的有無，他選擇以《論語》作為批評的對象，用一種較為尖銳的表達方式說出了自己的主張。

結語

以上我們從王充的運命論、仕官論、表現論三方面探討了〈問孔篇〉在思想上的特色，而這三者在王充來說又是密不可分的。例如王充在觸及他運命論的篇章裡，問題的核心常圍繞著仕官進退的問題，而論述的方法大多是講求實證與論理暢快的。當然，〈問孔篇〉不只有上述三項特色，例如第十五章裡就可以看到他的唯物思想，不過整體而言仍是以這三點特色為主。這也可以說是他思想的主幹，這樣的傾向瀰漫在《論衡》的各個篇章之中。

有關於他的運命論及仕官論，在逢遇、累害、命祿、幸偶、命義等篇章敘述較多，至於他的表現論述較完整的只有〈自紀篇〉一章，因為它是一種方法論，事實上在《論衡》著作的過程中它已被充分地隨機運用，可見其重要性，甚至可以說王充從一開始就注意到這個問題，所以像第八章乍看之下像似在討論無關緊要的問題，事實上其背後的重點還是在表現論上的。王充是這麼地在乎文章是否論理清楚，所以對孔子言簡意賅的諸多發言有許多疑問，他的質疑也使得《論語》、《論衡》二者的對比更加明顯了。王充生在安定而集權的時代，學問的體系逐漸形成，重視條理是必然的時代潮流，所以有《春秋繁露》、《白虎通》一類的書出現。在這樣的趨勢之下，〈問孔篇〉的出現也許不算是意外吧！

注釋

①〈問孔篇〉的章別，從世界書局新編諸子集成。

②原文無「未」字，從黃暉《論衡校釋》補之。

③原文無「以」字，從黃暉《論衡校釋》補之。

④朱子注曰：「悼道無傳，若天喪己也。」

⑤《論衡．氣壽篇》以為，人之壽命由出生時從天而稟之氣決定。

⑥《論衡．偶會篇》引《論語》中的這段記載說：顏淵死，子曰：「天喪予！」子路死，子曰：「天祝予！」孔子自傷之辭，非實然之道也。孔子命不王，二子壽不長也。不王不長，所稟不同，度數並放，適相應也。

⑦原文無「曰」字，從黃暉《論衡校釋》補之。

⑧原文「副」作「賻」字，從黃暉《論衡校釋》改之。

⑨原文「徒」作「彼」字，從黃暉《論衡校釋》改之。

⑩原文「言」作「吾」字，從黃暉《論衡校釋》改之。

⑪原文作「毋違，毋違者禮也」，從黃暉《論衡校釋》改作「毋違者，毋違禮也」。

⑫原文無「結」字，從黃暉《論衡校釋》補之。

⑬原文作「皆全當潔」，從黃暉《論衡校釋》改作「皆當全潔」。

⑭原文無「命」字，從黃暉《論衡校釋》補之。

⑮原文作「非其代人謙之乎，其非乎對失指也」，從黃暉《論衡校釋》改作「非其代人謙乎，非其對失指也」。

第三章 何晏《論語集解》
——魏晉的時代精神

◎室谷邦行著
◎陳靜慧 譯

前言

掀開《論語集解》的扉頁，我們可以看到魏晉時代的學者一一登場，彷彿是場輪番大公演。但是它既不是由特定的人依一貫的立場寫成的著作，注解各章句時，也沒有並採眾說，作一客觀公正的分析，除了少數幾個例子以外，它幾乎都是一章舉一人之說。①問題是各家學者學派既異，思想亦有別，甚至所參照的版本也各不相同，在這種情況下，一般人可能都會懷疑究竟這種作法寫成的注釋，如何自圓其說呢？

的確，從嚴格的學術角度來看，這本書的完成是否稱得上成功還是一個大問題。然而，在大部分的《論語》注解都已亡佚後，它卻是唯一被完整保留下來的，其中必定有它得以存續的理由。另外，今日我們有緣得以一窺魏晉大家之說的端倪，事實上得力於此書之處甚多。

《集解》的編者是魏人何晏（字平叔，一九〇頃—二四九），有濃厚的老莊思想傾向，是當時盛行的「玄學」談座會——即「清談」之祖，好道家式的思辯方式。其思想以「無」為本，即一切根源與現象的本體，總稱曰「道」。一般思想史上，他與王弼都是貴「無」，所以被稱作「貴無派」。也許是受到當時世人好談逸聞的影響，關於何晏也有各種的傳說。有人說他風流自負，手不離白粉②；也有人說他好服用「五石散」，因他之故，當時的風流雅士一時也爭相流行。③可惜，傳聞卻未必限於美談，他為官似乎稱不上清廉，同時有許多接受賄賂、侵佔公物的不良風評。④

何晏是後漢大將軍何進（靈帝后之兄）之孫，其母尹氏被曹操納入後宮，何晏也一併被曹家收養。長大後娶曹操之女為妻，一生都離不開權力核心，後來在一場政變中（高平陵事件），曹爽為反對派領袖司馬懿（仲達）所殺，何晏也同時遇害結束一生。

一、不得多學，以一知之——《論語集解》與何晏的立場

何晏是玄談會場上的主角，著述頗多，除了《集解》⑤以外，還有《道德論》、《道德二論》⑥、《孝經注》及《周易說》和數部與《易》相關的著作等，可惜都只剩斷簡殘篇。《論語集解》並不是一本個人著作，在《晉書．鄭沖列傳》的篇尾，說鄭沖與何晏、孫邕、曹羲、荀顗四人合力，集各家的《論語》注解而後編纂成書，並獻與朝廷。《集解》序文裡也是同列五人之名，最後的部分有「尚書駙馬都尉關內侯臣何晏等上」一句。這裡，只冠上何晏之名，可能是因為他在朝廷中勢力最大，又有清談家的美名之故吧！而在解的部分，五人之中也只舉出何晏之名，可以推測出他可能是編纂工作的主要負責人。

序文中，說明了《論語》書的傳承經過，又列舉了幾位注釋者的姓名，最後說：

> 所見不同，互有得失。今集諸家之善說，記其姓名，有不安者頗爲改易，名曰《論語集解》。

上述，與《晉書》的記載大致相同，說《集解》的著作態度主要是集各家之注補其不足。而

且，因為各家「所見不同」，《集解》的作法是允許其相異，原則上不太作修正或予以統合。

收入《集解》的諸家注中，以孔安國說⑦佔篇幅最多（約四成），其次是包咸；再其次是何晏、馬融、鄭玄之說；接著是王肅之說，但分量極少；最後是周生烈、陳群⑧等。從以上看來，「何晏說⑨」的部分占全體比例並不算多，加上是五個人共同作業，其中必定還摻雜了其他四人之說，這麼一來，純「何晏說」的部分一定少之又少了。

即使如此，現在一般人談到《集解》一書的特色，首先閃入腦中的不外是其老莊式的理解。

何晏到底是根據什麼原則，在《論語》中注入道家式的注解的呢？關於這點，我想就從《集解》中舉幾個「何晏說」的例子來作為說明。

首先是：

德不可以億（憶）中，故必有言也。（〈憲問篇〉第四章「子曰：有德者必有言。」注）

是說，「德」的意思不宜隨便揣測，必有賴言語而後清楚。他認為像這種有關高層次的精神問題，可以而且必須借助言語，清楚表白。這裡是以孔子為「有德者」，因此，《論語》中有關他的種種發言也是有其必要的。之外，追求聖人的真意則是自己（作為一個注釋者）所應有的責任。這裡何晏找到了他發言的正當性，甚至他認為自己也列身有德者之列（何晏曾有類似的發言⑩），乃有所「言」也。另外一個例子，他說：

善有元，事有會。天下殊途而同歸，百慮而一致。知其元則眾善舉矣。故不待多學，一以知之也。（〈衛靈公〉第三章「予一以貫之」注）

意思是「殊途」、「百慮」最後都可以「同歸」、「一致」（見《易經．繫辭傳》），也暗示著儒、道表面雖異，源頭則一。⑪因之，只要能夠「一以知之」，即抓住一個根本原理，至於其他的手段或方法不同是無所謂的。總之，這意味著何晏他不需要改變自己玄學的立場，直接就可以詮釋儒家聖師孔子的思想。他還不諱言地說「不待多學」，意思是精密的考證、研究工作是可有可無的，說得更壞一點，這是一種以為一切憑著自己的主觀直覺就可以作注解的馬虎態度。他又說：

善道有統，故殊途而同歸，異端不同歸者也。（〈爲政篇〉第十六章「攻乎異

端，斯害也已。」注）

如上所述，「殊途而同歸」是出自《易經》，「善道有統」與剛才的「知其元」、「一以知之」意思雷同，都是強調要把握住根本的道，至於小差異是無所謂的。特別值得一提的是，在這裡他指出「異端」是不可能同歸於大道的。何晏既然為《論語》作注，就表示他不認為自己是「異端」，同樣地，從這裡我們也可以看出他認為自己和儒家是可以同歸合流的。基於這種信念，他的儒、道折衷，即所謂的「以道解儒」的假設就可以成立了。他還說：

尋繹故者，又知新者，可以爲人師也。（〈爲政篇〉第十一章「溫故而知新，可以爲師矣。」注）

對於這章，一般的解釋是溫故可以知新，意即從舊的經驗中，可以找到啟發新事物的鎖鑰，然而何晏並不如此作解，他認為「溫故」和「知新」並不是種因果關係，而是並列或重疊關係了。「又」字的本意是先有某物，之後再有某物，恐怕他的意思是指先修習古典思想，另一方面又能發現新事物的話，才有資格稱之為「師」。而對他而言，所謂的新事物，不外就是玄學思想了，這麼一來玄學家跟古典學家就能夠齊頭並立了。

這樣的結果也許是時代的風氣使然，總之，何晏雖然是道家人物，但對儒家的那種反抗意識也已經相當薄弱，已經完全沒有先秦道家那種戰鬥式的尖銳氣氛了。

二、「唯道是從」——道家的理論

下面，我們再從《集解》裡何晏說的部分舉一些較具有特色的例子。

在「子絕四：毋意、毋必、毋固、毋我」（〈子罕篇〉第四章）的注裡，他說：

> 以道爲度，故不任意也。
> 用之則行，捨之則藏，故無專必也。
> 無可無不可，故無固行也。
> 述古不自作，處群萃而不自異，唯道是從，故不有其身也。

他對孔子的四「毋」，一一作了說明。第一句的「以道為度，故不任意」，單看這句的話似乎說的是以正道為規，不任意恣行的意思，但是對最後一句的「毋我」，何晏用了道家味濃厚的「唯道是從」作解，這裡的「道」指的應該就是作為萬物根源的道了，如果是這樣的話，這裡的解釋就大有問題了。

所謂的「唯道是從」出自《老子》二十一章的「孔德之容，唯道是從」。「孔德」指的是大德、盛德，即有德之人的意思，這裡何晏用來影射孔子，說孔子以精深奧妙的大道為依，所以無「我」。另外，所謂的「不有其身」，應該就是《老子》的「及吾無身，吾何有患」（十三章）、「生而不有」（十、五十一章）了。如此一來，所謂的「毋我」就不單只是不堅持自我，去除自我了，而是一種超越自我的廣大層次了。

接著，「無可無不可」一句，從句子來看似乎是出自《論語．微子篇》第八章的「我則異於是，無可無不可」，但是如果從整體的文意來看，似乎應該解釋為依歸於超越「可」、「不可」的層次的大道，所以能夠無所固執，或者是《莊子．齊物論篇》的「惡乎可？可乎可，不可乎不可……」的意境了。還有文中的「述古不自作」一句雖然類似《論語》的「述而不作，信而好古」（〈述而篇〉第一章），但在這裡，「不自作」一句卻給人一種無為的印象，原文那種貼近現實的親切感已經不見了，取而代之的是一種被昇華過的，縹緲虛無的精神境界。

下面，我們再舉一個有關「道」的例子。

志，慕也。道不可體，故志之而已。（〈述而篇〉第六章「志於道，據於德，

依於仁，游於藝。」首句注）

孔子這章的本意談的應該是君子之道⑫，所謂的「志於道」，我們直接聯想到的是儒家理想中的君子應有的基本修養，然而，上文中何晏的解釋卻不如此。何晏把「志」解釋作「慕」，他說因為道是「不可體」的，其形體是難以掌握的⑬，從而對於這種高度的精神境界我們只能思慕、景仰之。這與一般立志向（正）道的解釋大有徑庭。我們把這章拿來與「子以四教，文行忠信」（〈述而篇〉第二十五章）的注「四者有形質，可舉以教」作一比較，可以得到一個更清楚的對照。他說「文行忠信」四者是有「形體」的，所以可以舉以教人；相對的「道」則是沒有形體的，是非具象的、超越感官的，所以只能「志」之。

接著，對第二句的「據於德」，他說：

德有成形，故可據也。

他認為德與道不同，它是具象的。這可能是受到先秦以來道家思想的影響，把道視作是萬物根源的無，把德視作是個別的、具體的現象。

最後是末二句的「依於仁」、「游於藝」，他說：

依倚也。仁者功施於人，故可倚之也。
藝六藝也。不足據依，故曰游也。

他不採取一般君子立身於仁的簡單說法，而說：因為仁者施惠予人，所以值得託付信賴，也許這是一種政治面的考量，視仁者為超越於一般的存在。這種具有超越地位的政治統治者有點類似《老子》裡的「聖人」，不過老子說的是「聖人不仁，以百姓為芻狗」（第五章），與上述施惠予人的仁者又有不同。這裡所解釋的「仁」雖然帶有幾分儒家的味道，可是，整體來講何晏對於「仁」的解釋還是帶濃厚的道家色彩，話從何說起呢？例如〈雍也篇〉第二十三章「子曰：知者樂水，仁者樂山。……」，對「仁者」，何晏注及所引的他家注中，用了「無欲」、「靜者」、「安固」、「自然不動」、「萬物生」等道家味極重的句子去解釋。如此看來，這裡的例子，也是不宜用儒家思想一語涵蓋之的，從整個文章的脈絡來看，它還是很明顯的道家傾向的。

另外，對於儒家為學時所重視的基本技能「六藝」（禮樂射御書數），他認為是不足為恃的，稱不上是什麼高級的學問，所以孔子很輕鬆地用了一個「游」字。「游」當然不是個嚴肅的字眼，但因此說孔子有輕視「藝」的想法恐怕也未必，何晏卻簡單地作此結論，由此我們也可窺見何晏性格之一斑。

三、「聖人與天地合其德」——孔子與顏回

知者知意之知也。言知者，言未必盡也，今我誠盡也。（〈子罕篇〉第八章「吾有知乎哉，無知也」⑭）

上述，一般解作孔子謙稱自己談不上「博學多識」，然而對這樣的解釋何晏並不滿意，因為，孔子是聖人，既然是聖人就應該洞悉一切，擁有最高度的智慧，所以，原文的「無知」，何晏認為不可能是指單純的「無知」。為了解決這個矛盾，唯一的辦法就是把這裡的「知」設定為低層次的世俗之知了。所以他說知是「知意之知」。「知意」不是常用的語詞，意思也不明，總之，它與「意」字有密切的關係。我們來看看他對「意」字的解釋，剛才說對於「毋意」一句，何晏注裡說「以道為度」，可見得「意」是與此相反，即不能夠「以道為度」的意思了。那麼「知意」的「知」字，應該指的就是非「道」的、自我的，從形而上掉入低層次的形而下的世俗之知了。當然，擁有這種世俗之知的語詞是不可能把握住真理的。所以這裡解釋本文時說這章是孔子自言已超越俗知，所以能了然一切。

綜合上述這幾個例子，我們發現對於孔子，何晏以為他能夠體會「無之道」，並因此而

到達一種超越狹隘的個人意識的高度精神層次了。與此有關的，又例如：

聖人與天地合其德（〈憲問篇〉第三十五章「知我者其天乎」注）

他說的與天地合其德的聖人是孔子。同樣的話也出現在〈季氏篇〉第八章「孔子曰：君子有三畏……」的注中，他說：「大人，即聖人，與天地合其德者也」。很明顯地這句話是套用《易．文言傳》（乾）的「夫大人者，與天地合其德，與日月合其明」，上述這幾章何晏經常引用《易》的思想，不過如果用道家思想去解釋，那麼所謂的「天地」應該就是「自然之道」了，意即孔子有一顆「自然的心」了。例如剛才我們舉過的例子，「仁者樂山」（〈雍也篇〉第二十三章）的注裡，所謂：

仁者樂如山之安固，自然不動，而萬物生焉。

這「安固」、「不動」與「自然」、「生萬物」連接起來，不就是《老子》所說的道了嗎？「自然」原是老子對道的形容（例如：二十五章說：「道法自然」），所以何晏用法自然，逼近造物者等形容聖人孔子的存在。對同一章的「仁者靜」、「仁者壽」，他則分別引了「無欲，故靜」（孔安國），「性靜者多壽考」（包咸）的注作說明，這可能也正是何晏想要說的話，只是已被先人說去罷了。

又，〈子罕篇〉第十一章有「顏淵喟然嘆曰：仰之彌高，鑽之彌堅，瞻之在前，忽焉在後……」一段，是顏淵讚嘆老師——孔子的話，對此何晏說：

言不可窮盡。
言忽怳不可爲形象也。

這裡的「不可窮盡」，還是叫人想起《老子》書中經常出現的種種對「道之無窮」的形容，至於「忽怳」（同惚恍、恍惚）一詞也是出自《老子》書中，被用以形容道之難以言喻。上述二者都是強調孔子身為聖人，所具有的一種超越與神秘的性格。

像這樣子，何晏是用《老子》的道來詮釋聖人孔子的，他把孔子的精神境界與道的不可形容、無窮無盡視作一體。他站在這樣的觀點上繼續發展，結果把一般人所具有的常人之情也從孔子身上去掉，從文章前後的脈絡來看，這也並非是不可思議的事了。

之所以這麼說，是因為何晏有「聖人無情論」之說傳世。所謂「何晏以為聖人無喜怒哀樂，其論甚精，鍾會等述之」（見《魏志．鍾會傳》注所引何劭的「王弼傳」），上述在當時也極為有名，是何晏的代表論之一，王弼對此曾提出反駁（見《魏志》，同上）。不過可惜的是對於此說沒有何晏自述的文章留下，可惜歸可惜，今日我們從《集解》裡可以找到相關的例子，他說凡人溺於情，賢者之情合乎理，依此推論的話，那麼最高層次的聖人就應該超乎人情了。

我們先來看看對於人稱「亞聖」的孔門優等生顏回，何晏他怎麼說？

凡人任情，喜怒違理；顏回任道，怒不過分。遷，移也，怒當其理，不移易也。不貳過者，有不善，未嘗復行也。（〈雍也篇〉第三章「哀公問：弟子孰爲好學？孔子對曰：有顏回者好學，不遷怒，不貳過……」注）

上述說凡人為情所左右，喜怒常不合於理，而顏回依道行事，即使發怒也從不越界，犯了過錯絕不再重蹈覆轍。反過來說，顏回雖不二過但不能避免犯錯；行為雖不越軌但仍有喜怒，這與已經超脫喜怒哀樂情緒作用的孔子相比，即使是高徒顏回與老師之間仍有一步距離，師徒境界明顯不同。

我們再舉一個顏回的例子。在〈先進篇〉第十八章「回也其庶乎，屢空」的注裡，他說：

言回庶幾聖道，雖屢空匱，而樂在其中矣。

是說顏回雖然過著家徒四壁的窮日子，但熱衷學問樂在其中。接著，他又有「一曰」之說：

屢，猶每也，空，猶虛中也。以聖人之善道，教數子之庶幾，猶不至於知道者，各內有此害⑮。其於庶幾每能虛中者，唯回懷道深遠，不虛心不能知道。

當然這「一曰」所說的，才是何晏的真心話。孔門中雖出了不少優秀的人才，但仍是各有缺點，未臻於體道的境界，真正得道的只有顏回一人，原因是因為他領悟了「虛心」、「虛中」的體道方法。這讓人想起了《老子》的「虛其心」（三章）「致虛」（十六章）及《莊子》〈人間世篇〉的「唯道集虛」。

對於「空」字，何晏先是解釋作物質上的「空匱」，後來又說是虛心之「空」。何晏認為這個「空」字正是體會「聖道」的必要條件，實際上也是顏回所以能夠緊追孔子之後的原因，只不過比起顏回的「懷道不遠」，孔子的「唯道是從」似乎在道的把握上要略勝一籌。綜合上述種種，這些注解正足以說明，何晏並非只是表面上引用《老子》等的道家言，至少在這裡我們看到的是，他的思想徹頭徹尾地都是架構在這上面的。

四、「已不與求天下」——儒、道折衷

上面我們提到了何晏有用道家語言，道家式的思考為《論語》作注的傾向。我提出了這樣一個重點，並且特別去強調它，在論文的寫作上，這是不可避免的，但是對於沒有閱讀過該書的讀者而言，很可能就此誤以為《集解》全書都是用這種論調完成。事實上，即使是何晏也無意要盡棄儒家思想，塗上清一色的道家色彩的。前文中也已提過，到了何晏時，先秦道家式的尖銳的反儒意識已不復存在，儒、道的界限被模糊化之後逐漸融合在一起了。

不論誰都清楚，既然是要為儒家最重要的經典——《論語》作注的話，大量引用「非儒家說」是不可能的事。所以，《集解》中不論是引述他家注的部分，或者是以何晏之名為注的部分，大多是理所當然的儒家思想，反而是有強烈道家風格的篇章為數不少。舉例而言，像是：

> 孝弟之人，必有恭順，好欲犯其上者少也。（〈學而篇〉第二章「有子曰：其爲人也孝弟，而好犯上者鮮矣」注）
>
> 喪者哀戚，飽食於其側，是無惻隱之心。（〈述而篇〉第九章「食於有喪者之

側，未嘗飽也」注）

仁者愛人，三人行各異而同稱仁，以其俱在憂亂寧民也。（〈微子篇〉第一章「微子去之……孔子曰：殷有三仁焉」注）

大寒之歲，眾木皆死，然後知松柏之小彫（凋）傷。平歲則眾木亦有不死者，故須歲寒而後別之。喻凡人處治世，亦能自修整，與君子同。在濁世然後知君子之正，不苟容也。（〈子罕篇〉第二十八章「歲寒然後知松柏之後凋也」注）

以上，或談孝，或說禮，或言及仁愛、信義，其口吻甚至給人一種純儒家的感覺。或者，這些部分反映的是編輯群裡其他作者的意見也說不定。不管怎麼樣，從廣義來說這堪稱是一種權通的解釋法，前面提過，何晏注帶有折衷的性格，我想這種說法原則上還是穩當的。

另外，像「無為」一語在解釋上也不見得完全都是站在道家立場的，例如：

言任官得其人，故無爲而治也。（〈衛靈公篇〉第五章「無爲而治者，其舜也與……」注）

原文是孔子稱讚聖君舜行無為之治。儒家未必喜歡談「無為」，但是政治則是儒家極為關心的話題。政治上儒家主張尊德重禮，其基本態度為戒煩令，以及一味地多用政治技術。最有名的一章是「導之以政，齊之以刑，民免而無恥。導之以德，齊之以禮，有恥且格」（〈為政篇〉第三章）。因而從這一方面來說，儒家也是贊成無為的，亦即國君（或君子）以其自身所具有的道德節操，在不知覺中發揮了化育周遭的力量，引人向善；另外在外在規範的禮方面，則勸人服從客觀傳統文化的紀律，以避免獨善其身、我行我素。

不過就其本質而言，「有為」（作為）仍是根本條件。無庸置言，要求政治人物要有學問及道德的修養，基本上就是以人為的努力為前提條件，而體恤百姓也是一種積極的有為，至於「禮」更是一種人為度極高的秩序或規律。在這點上，它與道家所主張的徹底無為性質不同，而是一種片面的，枝生的無為思想。

這裡《論語》原文中的「無為」，當然指的是儒家尺度的無為，而何晏所說的無為既然是「任官得其人」，即一般人盡其材的觀念的話，原則上他的注釋並沒有超越本文的界線。所以對「為政以德，譬如北辰，居其所，而眾星拱之也」（〈為政篇〉第一章）一章，他引了包咸注說：「德者無為，猶北辰之不移，而眾星共之也」，雖然這裡的「無為」一語多少帶有道家味，但沒有必要把它與道家複雜的無為理論直接聯想在一起，其中的道理是一樣的。

唯一比較特別的例子是對「巍巍乎，舜禹之有天下也，而不與焉」（〈泰伯篇〉第十八章）這章，漢代各家注（《漢書．王莽傳》顏師古注及《論衡．語增篇》等）多是以選賢任材的王者無為說解之，何晏獨不採眾說，他說：

美舜禹，己不與求天下，而得之也。

與其說他談的是政治，不如說他是把焦點放在對政權名利的淡泊與否上。另有一說，是說他是假借古代禪讓之美德暗諷曹氏一族篡奪政權。（劉寶楠《論語正義》）不管如何，它還是一種無為說。

最後我想舉一個有關《易》的例子。

對於〈子罕篇〉第一章，歷代有各種讀法，這裡我們姑且斷句作「子罕言，利與命與仁」。這裡產生了一個矛盾，上述「子罕言」的三件事之中的「仁」，實際上在《論語》裡經常述及，而利與、命及仁又似乎是不同範疇的問題。不過何晏卻說：

罕者，希也。利者，義之和也。命者，天之命也。

他打破常識給「利」字一個特殊的、正面的解釋，把利與命、仁並列。他所謂的「利者，義之和也」引用自《易經．文言傳》（乾）。這裡他把利、命、仁三者並列，想由此來解決這章在解釋上的難點，我們也藉此可以得知何晏他好讀並熟讀《易經》的程度了。

何晏好《易》一事，我們還可以從以下幾件事看出。據說他有幾部有關《易經》的著作，只可惜已經亡佚，又有說「晏少有異才，善談老莊」（《世說新語．文學篇》劉孝標注引《魏氏春秋》），還有「吾（裴徽）數與平叔（何晏字）共說《老》《莊》及《易》，常覺其辭理之妙，不能折之」（《魏志．方技傳》、管輅項注引《輅別傳》⑯）等。在《集解》裡，何晏大量引用《易經》的話，前面我們也提到幾個例子，幾乎是舉不勝舉。由此可見，《易》與《老子》才是他學問的基礎。

結語

一般以為，在思想的表達上，何晏似乎不如王弼來得徹底清楚，實際上這裡我們所看到的《集解》，姑且不論其思想的深淺，整體來說，甚至就何晏自己的發言來看都時常有前後不一之處。例如，我們舉過的「道不可體，故志之而已」的例子裡，對「道」字他用了特殊的解釋，但是在「士當志道不求安」（〈憲問篇〉第二章「士而懷居，不足以為士矣」注）的例子裡，他又用了一般的（或有說接近《論語》本義的）解釋。另外，對於所謂的「言」，他說「德以不可億中，故必有言」（見前文）、「以其言可反覆，故曰近於義也」（〈學而篇〉

第十三章「信近於義，言可復也」注），也許因為他是個清談家，好玩言辭，所以在這裡對「言」表達了肯定的態度。問題是，他又說「言之為益少，故欲無言也」（〈陽貨篇〉第十七章「予欲無言」注），表現出否定的態度。還有對於聖人，原則上他主張聖人無喜怒（〈哀樂〉），可是當孔子因痛失顏回而大嘆「噫！天喪予！天喪予！」（〈先進篇〉第九章）時，他又說「再言之者，痛惜之甚也」，承認孔子有激動之情，不再作任何評述。

從這幾個例子我們可以看出何晏在注解《論語》時，立場的確有欠統一，因為《集解》本就是集諸家注之大成而寫成的，全書之所以不能貫徹同一立場，與它成書的背景有關。

從歷史的角度來看，他這種立場不一、態度曖昧的編輯方針，卻反而是該書成功的原因。而這種模稜兩可、雜亂無章的大集合，卻產生一種特殊效果，很意外地平衡自成統一，在漢、魏諸注相繼失傳之中，得以保留其命脈，漸漸成為「古注」中的權威。打個小比喻的話，其就像麻雀雖小五臟俱全的便利商店，雖沒有百貨店厚重感，卻因為方便而生意不絕。

——這是筆者收筆前的一點感想。

注釋

①唯一的例外是「子曰：導千乘之國……」(〈學而篇〉第五章)章中，並記馬融說及包咸說。另外，「子曰：道不行……」(〈公冶長篇〉第七章)、「子曰：回也其庶乎，屢空……」(〈先進篇〉第十八章)、「子曰：鄉愿德之賊也」(〈陽貨篇〉第十一章)、「子曰：君子不重則不威」(〈學而篇〉第八章)等四章則是注解後，又有「一曰」。上述二者，何晏都未表明何者為正。

②見《魏志．何晏傳注》所引《魏略》及《世說新語．容止篇》。又《三國志》的《魏志》或稱《魏書》，為了與裴松注所引王沈的《魏書》區別，本文以《魏志》稱之。

③一般都知道魯迅曾為文述及此事(見其〈魏晉風度及文章及藥與酒之關係〉)，較早的話，《世說新語．言語篇》劉孝標注中也有此說。

④《魏志．曹爽傳》。

⑤一般稱作《論語集解》，《隋書．經籍志》中則記作《集解論語十卷何晏集》。

⑥《道德論》與《道德二論》恐怕是同一著作。(二者都見於《世說．文學篇》。此外，前者還見於《魏志．何晏傳》)可能是受到《老子》書分道論、德論二部分的影響，所以也用「二論」稱之。

⑦清代的考證學家認為以孔安國之名所引的注實際上是偽說。例如，序文中明明記載孔安國因「古論」而作「訓說」，但不傳於世，為何何晏還能一再引用？所以後世有「何晏偽作說」、「王肅偽作說」等的看法。根據武內義雄的考證，這裡的孔注，其實是王肅門人孔洸，字安國的人所撰，因為

同名所以被後人混淆了。(《論語の研究》,《全集》第一,卷三二,三三頁)。

⑧《集解》的諸家注究竟所占比例為何?其算法因人而異,本文是以漢文大系為參考,計算的結果每人所占條數如下,提供作為參考——孔安國四七七、包咸一九六、何晏一三九、馬融一三四、鄭玄一〇五、王肅四一、周生烈十三、陳群三。

⑨《集解》有數種版本,對何晏注的表示方式有明示「何晏說」及不明示的二種。

⑩依《魏氏春秋》(《魏志・何晏傳注》所引)說何晏分別批評了夏侯玄、司馬師之後,說「惟神也,故不疾而速,不行而至。吾聞其語,未見其人」(出典為《易經・繫辭傳上》),據說那是他的自述。

⑪《世說新語・文學篇》注引《文章敘錄》曰:「自儒者論之,以老子非聖人,絕禮棄學。晏說與聖人同,著論行於世也。」也多少反映出這種想法。

⑫據《魏志・崔光傳》所引,則開頭有「士」字。又《禮記・少儀篇》有「士依於德,游於藝」一句。

⑬這裡的「體」字,依王弼注裡類似的說明或皇侃疏來看,它不是本體或體得的意思,而是指形體。

⑭關於這章的各家見解,何晏注以及皇侃、邢昺二人看法異同等,詳見松川健二:〈《論語》吾有知章について〉(《漢文教室》,第一六四號)。

⑮《論語》本文中「回也其庶乎」章前一章的「柴也愚,參也魯,師也僻,由也喭」是孔子分別指出

弟子們的缺點，何晏把它們視作同一章，於此乃有批評之說。

⑯又，〈管輅傳〉及其注中都有管輅與何晏二人談《易》的記載。

第四章　王弼的《論語釋疑》——玄學思想

◎福田　忍著
◎陳靜慧　譯

前言

王弼字輔嗣，三國時魏人。①在他手上完成的《老子》注及《易》注，二書分別是目前保存最完整的古注之一，至今仍是吾人研究這二部書時所不可或缺的重要參考文獻。特別是他的《易》注，自唐代《五經正義》正式收錄以後，它的地位已經凌駕諸注之上，變成注解《易》時的標準範本了。

王弼生於魏文帝（曹丕）黃初七年（二二六），是所謂三國鼎立的時代。諸葛亮獻上有名的〈出師表〉，出兵魏國，就是在其翌年。如果把鏡頭移轉到日本，當時耶馬台國的卑彌呼曾派遣使者到魏，時間是景初二年（二三八），這年王弼十二歲。

王氏一族是後漢以來的名門，以魏初詩文大家王粲為始，其後出了許多文人、學者。王弼一家也因王粲之故得以收藏有後漢大儒蔡邕的藏書②，無疑地這對王弼學問思想的形成有相當的影響。

在這種優渥的先天條件下，王弼從小就發揮他的天分。《魏書》裴注所引何邵的〈王弼傳〉中說他：「年十餘，好老氏，通辨能言」，「未弱冠」即與當時名士裴徽、何晏等展開辯議，驚嘆世人。六朝劉義慶所著《世說新語》中，記載有魏晉名士的言行，其中有一段關於王弼的逸話：

何晏爲吏部尚書，有位望。時談客盈坐，王弼未弱冠，往見之。晏聞弼名，因條向者勝理，語弼曰：「此理，僕以爲極，可得復難不」，弼便作難，一坐人便以爲屈，於是弼自爲客主數番，皆一坐所不及。（〈文學篇〉）

從上文的描述，我們得以窺見魏晉間所盛行的「清談」之一斑。另外，也可以想見年未弱冠的青年王弼，是如何以流利的辯才，在清談界裡擁有一席之地的。其後，因何晏的推薦入朝為官，不過他是個不長進的官僚，罔顧職務，終日遊宴享樂。王弼不只有巧辯之才，據說他還「解音律，善投壺（比賽以矢投壺的一種遊戲）」，在何晏家中所召開的宴會場上，想必王弼都是獨領風騷的。後世的清談家於是把王弼、何晏所活躍的正始年間（二四〇—二四八）視作清談風氣之濫觴，同時也是清談風氣的黃金時代。《世說新語．文學篇》的劉孝標注所引的《續晉春秋》中有：「正始中，王弼、何晏好莊老玄勝之談，而世遂貴焉。」一段話。只可惜好景不常，嘉平元年（二四九）當權派最高領袖曹爽一族在權力爭奪戰中為司馬懿（「死諸葛，走生仲達」的故事主角司馬仲達）所殺，曾為曹爽心腹的何晏也一同遭難。王弼雖然保住了性命，但被罷官，隔年秋天，鬱鬱而終，年僅二十四歲。

據《隋書．經籍志》所載，王弼留下的著作計有：

《周易》十卷　魏尚書郎王弼注六十四卦六卷。……王弼又撰《易略例》一卷。

《論語釋疑》三卷　王弼撰。

《老子道德經》二卷　王弼注。

等四種，另外，據說還有《王弼集》五卷，其中《易經》、《易略例》、《老子注》等現仍傳世，本文所要探討的《論語釋疑》則已經亡佚了。該書在《新唐書．藝文志》及《舊唐書．

經籍志》中仍見其名，到了宋代已經不再出現在書目上了，依此推算亡佚的年代大概是在唐代到北宋之間。幸好在梁人皇侃的《論語義疏》及宋人邢昺的《論語正義》（二書都是以王弼友人何晏的《論語集解》為底來的）中共引用了五十條左右的王弼注，這對了解王弼的《論語釋疑》不無小補。

以上簡單地介紹王弼的生平及著作。下一章裡，我想就《論語釋疑》的內容來探討王弼的《論語》注的特色。

一、〈里仁篇〉「曾子一貫」章——「一貫」的眞義——

如前所述，《論語釋疑》今已亡佚，僅存的是在其它書中被引用的五十多條注釋。所殘存的這些篇章，其中又包括了名物訓詁一類的文章，而這些並不能夠表達王弼思想的特質。相對於此，而圍繞著「一貫」一語，自古以來，歷代思想家們莫不提出各種頗具代表性的解釋。種種解釋，旨趣各異，加起來幾乎就是一部概略的《論語》注釋史③了。而王弼對曾子一貫章的解釋，恐怕是現存《論語釋疑》中，最能看出他思想特色的篇章之一了。那麼，以下就來看看《釋疑》對《論語》這章的解釋：

〔原文〕子曰：「參乎，吾道一以貫之。」曾子曰：「唯」。子出，門人問曰：「何謂也？」曾子曰：「夫子之道，忠恕而已矣。」

〔釋疑〕貫，猶統也。夫事有歸，理有會。故得其歸，事雖殷大，可以一名舉；總其會，理雖博，可以至約窮也。譬猶以君御民，執一統眾之道也。忠者，情之盡也，恕者，反情以同物者也。未有反諸其身而不得物之情，未有能全其恕而不盡理之極也。能盡理極，則無物不統。極不可二，故謂之一也。推身統物，窮類適盡，一言而可終身行者，其唯恕也。（《論語義疏》所引）

為了便於比較，下面我想引用幾則王弼以前，及其同時代的其他注釋。首先是後漢的鄭玄，他說：「知我之道雖多，一以貫之」、「告人以善道曰忠；己所不欲，勿施於人曰恕」。另外，王弼的好友何晏在《論語集解》裡只說了「孔曰，直曉不問，故答曰唯也」，之外，未多加說明。可以說鄭玄、何晏二人都只在語意上作了簡單的解釋。特別是何晏，他為什麼沒有多作說明？這表示可能在當時都是從字面上去理解該章的④，唯有王弼的注釋與時人大異其趣。

首先，值得注意的是他作注的方式，它不是一種片斷式的累積，而此正是其以「一貫」之理論而寫成的。他的理論是「夫事有歸，理有會。故得其歸，事雖殷大，可以一名舉，總其會，理雖博，可以至約窮也」。意即，他主張森羅萬象的背後一定有一個統一的原理；反過來說，如果你能把握住那一個原理，你就能夠掌握森羅萬象。用王弼的話來說，姑且把它稱作「執一統眾」的理論。王弼用他的這套理論解釋「一貫」，也用它來解釋「恕」。他已經設定好了一個理論的框框，也因為如此，不可否認，全體來說，在解釋上不免予人一種強行套用的感受了。

另外，就內容來說，由「理」這個字所透露的是一種極為思辯式的、觀念性的思考。這與鄭玄用「貫知」、「告人以善道」、「己所不欲，勿施於人」等日常行為來解釋「一貫」、「忠恕」的作法成了明顯的對比。

其中，特別是在注的結尾部分，王弼的說法與鄭注的差異明顯不同。王弼注最後是引用〈衛靈公篇〉的文章來作結，《論語》的原文：

> 子貢問曰：「有一言而可以終身行之者乎？」子曰：「其恕乎。己所不欲，勿施於人。」

讀完這章，我們就知道事實上鄭玄是用這章的後半段來解釋「恕」字的。亦即「恕」是所謂的「己所不欲，勿施於人」，它是一種道德的實踐，這種想法已經出現在《論語》裡，鄭玄只不過是照實引用罷了。

可是王弼就不然了，他只引用前半段來補充自注的不足，而割捨了後半段。當然這也是因為「一言而可以終身行之」這句話與他「執一統眾」的理論有相呼應之處的緣故。然後他認為如果對自己的理論無所裨益的時候，即使是應該列入考量的，《論語》書中就有的現成答案他都捨棄不用。從這裡可以看出王弼對自己的理論有多麼強烈的執著了。

為什麼王弼要如此地執著呢？——他的根據為何？這是以下我們要探討的。

其實關於「曾子一貫」章，他的這種「執一統眾」的思想，在《論語釋疑》的其他篇章中也看得到。例如在〈陽貨篇〉的「子曰：予欲無言」這章，王弼他說：

> 予欲無言，蓋欲明本。舉本統末，而示物於極者也。

是說，如果能夠把握住事物的根本，就能夠統合所有的枝節末葉，這與曾子一貫章的說法如出一轍。又，以「無言」為最高標準，這與他對《老子》四十章的「天下萬物生於有，有生於無」所下的注：

> 有之所始，以無爲本。將欲全有，必反於無也。

有相通之處，可以看出「無」正是王弼思想的根本。⑤

接著，我想從《論語釋疑》以外的其他著作中找出一些例子，看看對於「一」、「本」、「統」等，王弼是怎麼說的：

物無妄然，必由其理。統之有宗，會之有元。故繁而不亂，眾而不惑。故六爻相錯，可舉一以明也。剛柔相乘，可立主以定也。（《周易略例》）。故自統而尋之，物雖眾，則知可以執一御也。由本以觀之，義雖博，則知可以一名舉也。（《周易略例》）

萬物萬形，其歸一也。何由致一？由於無也。（《老子》四十二章注）

事有宗而物有主，途雖殊而同歸也。慮雖百而其致一也。道有大常，理有大致。（《老子》四十七章注）

複雜無章的事物背後，存在一個統一的原理，所以若能「舉本統末」、「舉一以明」，就能夠掌握住那個原理，進而能夠統合紛擾雜沓的事事物物了。這就是剛才我們所提過的執一統眾」的思想。由此可知，王弼在其他的著作裡也是倡導相同的主張的。我們把他對《老子》四十二章的注，及先前介紹過的〈陽貨篇〉及《老子》四十章的幾個注綜合來看，可以知道，王弼的「執一統眾」理論，最終極的根「本」其實就是「無」的思想了。

我們如果進一步看看這些注的原文，也可以知道王弼的這種思想，其實也就是《易》和《老子》的思想。例如：

> 天下殊途而同歸，百慮而一致。（《易．繫辭傳》）。
>
> 萬物並作，吾以觀復。夫物芸芸，各復歸其根。（《老子》十六章）
>
> 言有宗，事有君。（《老子》七十章）
>
> 既得其母，以知其子。（《老子》五十二章）

由以上所顯示的是，多歧的萬象背後有所謂「宗」、「君」、「根」，亦即有一個統一的根本原理存在。在《老子》五十二章裡，談的就是：若能掌握根本，自然就能處理旁生的枝節末葉的想法。可以說，王弼「執一統眾」的思想就是直接根源於此的。

《易》和《老子》是王弼的拿手學問，在他手上完成的二注，凌駕諸注之上，它能夠完整保留至今，就是一個最佳的說明。

尤其《易》是王氏一族的家傳之學，唐人孔穎達在《周易正義》卷首有「論傳《易》之人」，說：

其後漢則有馬融、荀爽、鄭玄、劉表、虞翻、陸績等。

他舉了六個《易》學家之名，其中第四位的劉表之女，就是王弼祖父王凱之妻，也就是王弼的祖母。⑥而劉表的業師王暢，就是我們剛才提過的王粲的祖父。⑦此外，王弼之兄王宏，作有《易義》一書為世人所知。⑧從上述種種，可以得知王弼一族與《易》學有很深的淵源。⑨

至於《老子》，雖說與王氏一族沒有特別的關係，不過，從《世說新語》裡的一段逸話，可以看出王弼對此書鑽研亦深。

何晏注《老子》未畢，見王弼自說注《老子》旨。何意多所短，不復得作聲，但應諾諾。遂不復注，因作道德論。（〈文學篇〉）

《易》是王弼的家傳之學。之外，年長他三十餘歲，是為當時文人翹楚的何晏，因他之故拱筆不再作《老子》注。⑩因此，王弼以二書作為思想的基礎，來解釋《論語》，這也是再自然不過的事了。

再來一點，也是許多前人所提過的，事實上在王弼的時代兼習《易》和《老子》，是常有的事情。⑪那些曾與王弼在清談會上一較長短的時人，例如上一章提到過的裴徽，傳裡說他：「每論《易》及《老》《莊》之道」（《魏書．管輅傳》注）；又如何晏，傳說中他「善談《易》、《老》」（《世說新語．文學篇》注）。另外，《魏書．荀彧傳》裴注引《荀氏家傳》中，對於荀融則有「與（王）弼、（鍾）會論《易》、《老》之義，傳於世」的記述。從這裡我們可以看出，以王弼、何晏為首的正始清談家們，都曾鑽研二書，當然清談的主題也是以二書為中心的。

這裡，把原來為儒家經典的《易》與道家經典的《老子》並列，乍看之下似乎有些不協調，欲究其原因，必須回歸到當時思想界的狀況。

王弼、何晏所活躍的魏初，是一個儒教勢力衰微的時代。《魏書．王肅傳》裴注所引的《魏略》中，有一段話描述了當時學界的狀況，說：

> 至太和、青龍中（二二七—二三六），中外多事，人懷避就。雖性非解學，多求請太學。太學諸生有千數，而諸博士率皆麤疏，無以教弟子。弟子本亦避役，竟無能習學，冬來春去，歲歲如是。又雖有精者，而臺閣舉格太高，加不念統其大義，而問字指墨法點注之間，百人同試，度者未十。是以志學之士，遂復陵遲，而末求浮虛者各競逐也。

上述我們所看到的是只為躲避戰禍的學生，及學問淺薄的太學老師，然後就是墨守後漢以來訓詁之學而逐漸走入煩瑣的學問之風了。上述種種，使得儒學慢慢失去人們的信賴，於是轉向「浮虛」即玄學世界求取精神寄託的人便愈來愈多了。如同《晉書》所載「何晏、阮籍素有高名，口談浮虛（〈裴頠傳〉）」一般，以何晏等為首的一群，才是新時代潮流的代表。

既然是「口談浮虛」，那麼當人們思緒幽遠、口談玄學之際，最適合出現的典籍又是什麼呢？那當然就是《易》和《老子》了。所謂的「形而上」現在被用來作 metaphysical 的譯語，它的出典是《周易》的〈繫辭傳〉⑫，「形而上」一語說明了《易》裡面包含了現象背後的形上學思想，而《老子》談的則是作為萬象根源，帶有神秘色彩的「道」，這些提供了清談家們「清談」的大好材料，這也是不難想像的了。

清談家們既然反對「不念統其大義而問字指、墨法、點注之間」的訓詁之學，很自然而然地便轉而追求較具有統合性的、原理性的學問了。王弼在「吾道一以貫之」的注裡，所表現的是追求一個統合的原理性的思想傾向，也是因為上述的時代背景所致。

像這樣，以何晏、王弼為代表，以追求虛遠為取向的學問風氣，後世稱之為「玄學」。玄學家們最為重視的典籍除了上述的《易》和《老子》外，另外就是《莊子》了。其中特別是《易》，誠如《南齊書．陸澄傳》中所載的陸澄書簡裡所說的：

> 元嘉（四二四～四五三）建學之始，（鄭）玄、（王）弼兩立。逮顏延之爲祭酒，黜鄭置王，意在貴玄。

王弼的注，挾世貴玄學的風氣，地位凌駕在諸注之上，而從他的《論語釋疑》卻不幸亡佚一事來看，可以推測出《釋疑》並不如《易》注那般受到肯定。這樣的一種玄學傾向，可由前述陸澄書簡的「玄不可棄，儒不可欠」來一語道盡，這句話也充分表達了魏晉以來至南北朝年間思想界的風氣之一般了。

二、〈述而篇〉「志於道」章——孔子之道與老子之道

前一章裡，我們以《論語．里仁篇》為例，探討了王弼追求一具統合性思想的傾向，而支撐在他學問背後的當然就是《易》和《老子》的思想。《易》本來就是儒家的經典之一，這裡我們姑且不談，至於《老子》它是道家的典籍，王弼用它來解釋《論語》，這就不可能不發生問題了。那是因為，《老子》的思想與《論語》的思想終究有相牴觸的地方。

舉個例子來說，很有名的《老子》第十八章「大道廢，有仁義；知慧出，有大偽；六親不和有孝慈；國家昏亂有忠臣」，這可以看作是道家試圖挑戰儒家道德教條的一段話。又如

《老子》第二十章的「絕學無憂」，是一種反文化、反人為的思想，與《論語》卷首第一章的「學而時習之」所代表的，重視文化傳承與人類智慧累積的儒家文化，剛好成了一個強烈的對比。因之，想要用《老子》的思想去詮釋《論語》，決不是一件容易的事。

這一章裡，就是要透過一些例子來看看王弼如何解決這個問題？他是如何用道家思想來詮釋《論語》的？

〔經文〕子曰：「志於道，據於德，依於仁，遊於藝。」

〔釋疑〕道者，無之稱也，無不通也，無不由也，況之曰道。寂然無體，不可爲象。是道不可體，故但志慕而已。

上述《論語釋疑》的解釋，在皇侃的《論語義疏》裡不見採用，不過邢昺的《論語正義》就引用了這段。這裡的解釋很明顯地受到老子思想的強烈影響。以下我們就摘要一些《老子》書中言及「道」的篇章來看看。

道可道，非常道。名可名，非常名。（第一章）

道之爲物，惟恍惟惚。惚兮恍兮，其中有象。恍兮惚兮，其中有物。（第二十

一章）

吾不知其名，字之曰道。（第二十五章）

道常無名。（第三十二章）

道生之，德畜之，物形之，勢成之。是以萬物莫不尊道而貴德。（第五十一章）

這裡，與其說是受到「影響」，不如說對王弼而言，《論語》之道無異就是《老子》之道了。他把儒家的「道」和道家的「道」等一視之，甚至可以說他所說的「道」，已經不是儒家式的道，而幾乎完全是道家式的道了。

王弼既然用這種方式來理解儒家的道，這種想法勢必也會影響到他對儒家最高聖人——孔子的看法。事實上，在對孔子外貌氣質有一番形容的〈述而篇〉「子溫而厲，威而不猛，恭而安」這章裡，王弼作了如下的注解：

> 溫者不厲，厲者不溫。威者心猛，猛者不威⑬。恭則不安，安者不恭。此對反之常名也。若夫溫而能厲，威而不猛，恭而能安，斯不可名之理全矣。

所謂的「常名」、「不可名之理」的說法，很明顯地是出自《老子》。另外，這裡把「溫」和

「厲」、「威」和「不猛」視為一種對立的概念，藉此說明孔子的超越性格，這讓人想起了《老子》的「知其雄，守其雌，為天下谿。……知其白，守其黑，為天下式。」（第二十八章）、「是以聖人方而不割，廉而不劌，直而不肆，光而不燿。」（第五十八章），或者是《莊子》的「道樞」、「天鈞」⑭等的觀念。對王弼來說，孔子也是一個能夠展現道家之德的人物。

此外，對〈述而篇〉開頭大家耳熟能詳的「子曰：述而不作，信而好古，竊比於我老彭」這句，王弼的注解裡以為「老彭」指的是老子和彭祖（見《莊子》書中，傳聞極為長壽）。當然這種說法也見於鄭玄注裡，不一定是王弼的獨見⑮，但是從他把這段話當作是孔子自喻為道家人物的看法這點，我們可以看出，與前面二個例子相同的是，王弼他是把「孔子」與「老莊」放在同一水平線上來考量的。

下面，我們再舉《世說新語》裡相關的一段逸話：

王輔嗣，弱冠詣裴徽。徽問曰：「夫無者，誠萬物之所資，聖人莫肯致言，而老子申之無已，何邪？」弼曰：「聖人體無，無又不可以訓，故言必及有。老莊未免於有，恒訓其所不足。」（〈文學篇〉）

上述，裴徽問王弼說：老子口不離「無」，為什麼孔子卻從來不提呢？這個發問告訴我們，基本上他認為孔子思想和老莊思想應該是有一致性的。對此王弼回答道：這是因為孔子已經把握了「無」的境界，然而「無」是不可教授的，所以必須藉「有」言「無」，而老莊則因為還沒有脫離「有」的境界，於是對望而不可及的「無」的境界口說不斷。這樣的回答有些詭辯，不過我們可以看出王弼是想要在儒家思想和道家思想之間找到一個統一平衡點的。再者，他以孔子掌握了道家之德的「無」的境界，這點告訴我們他是站在道家的立場來統一儒、道的。⑯

在一開始我就說過，這一章所要探討的問題是要看看，王弼在用道家思想來詮釋《論語》時，他如何克服疑點，亦即他是用什麼方法來統一儒、道的？

從我們所看得到的資料顯示，王弼把孔子的道和老子的道混為一談，說得更明白一點，他認為孔子之道即就是老子之道。而他這麼做不僅是混淆儒道，簡直就是硬生生地要把道家思想強行灌入儒家的系統裡。

之前我已經說過，老莊思想和《論語》之間必有不相容處，從而若要強行「統一」的話，其中必定會露出破綻的。前面我們提到〈里仁篇〉的例子，之所以不得不以抽象的觀念來解釋的原因之一，就是因為如果像鄭玄一樣，以「一貫」、「忠恕」等具實踐性的德目作解釋的話，將會與反對儒家德目的《老子》思想產生衝突，為了迴避這種結果只好如此了。

以下的結論也許稍嫌武斷，我想這種強行結合儒、道的作法，可能是為了符合獨尊玄學的時代風氣之要求，而這也正是《論語釋疑》之所以經不起時代考驗的原因之一了。

結語

最後，我想稍為討論一下《論語釋疑》對後世的《論語》注解所產生的影響，作為本文的結語。如前所述，《論語釋疑》到了唐代業已亡佚。又，文中對《論語釋疑》多有引用的《論語義疏》到了南宋初就已經失傳。（現在我們所看到的《論語義疏》是殘留在日本的版本）從而與他的《易》注和《老子》注相較的話，其實它對後世的直接影響是很有限的。話雖如此，就以剛才我們所提過〈里仁篇〉的「曾子一貫」章而言，在王弼那種對自己的主張毫不避諱的暢談態度之下，後世也果真有受其影響者。

首先是對王弼注多次引用，拜他之賜而把王弼思想傳予後代的梁人皇侃，當然他的注裡有著濃厚的《論語釋疑》的影子。舉例來說：

> 道者，孔子之道也。貫猶統也。譬如以繩穿物，有貫統也。孔子語曾子曰：吾教化之道唯用一道以貫統天下之萬理也。

忠謂盡中心也。恕，謂忖我以度於人也。言孔子之道更無他法，故用忠恕之心，以己測物，則萬物之理皆可窮驗也。（《論語義疏》）

以上，基本上還是離不開王弼「執一統眾」的說法，不過另一方面他又用了所謂的「教化之道」，來修正王弼注裡太過於抽象化，已經逐漸偏離《論語》本義的缺點。值得注意的是，皇侃明白地主張「道」是指「孔子之道」。皇侃在《論語・憲問篇》「原壤夷俟」章的疏裡曾說「原壤方外之聖人」、「孔子方內之聖人」，說他們二人是親友。⑰「方內」、「方外」之說見於《莊子》⑱，用以形容道家與儒家之別。這裡，皇侃似乎是把道家和儒家立在同一價值水平線上，雖然一樣還是以玄學為中心的思考模式，不過與從道家的角度談統一儒道的王弼則立場有別。他甚至明言「道者，孔子之道也」，這可能是刻意想要避開王弼那種儒道不分的作法。前面我們介紹過的「志於道」章裡，皇侃之所以沒有採用王弼注的原因，應該也是為了要避開注裡過分泛濫的儒道混淆說的緣故了。

接著是與王弼相隔七百多年的北宋人邢昺，他以皇侃的疏為藍本，對於「一貫」章，他說：

貫，統也。孔子語曾子言，我所行之道唯用一理以統天下萬物之理也。……忠

謂盡中心也。恕謂忖己度物也。言夫子之道唯以忠恕一理，以統天下萬事之理，更無他法，故云而已矣。（《論語正義》）

大體上邢昺沿用了皇侃疏的說法，唯一不同的是他把皇侃的「一道」改成「一理」。不過邢昺的疏裡似乎看不出有刻意排斥道家思想的味道，這從他在「志於道」章裡，採用了皇侃刻意迴避的王弼注的一點上可以看出。上述的疏裡，邢昺雖然迴避了道家味太重的「一道」這種說法，不過一方面他似乎又有意要發揚王弼那種「執一統眾」，強調統合之「理」的思想傾向。

下來，我們把年代再往後推二百年，到了南宋對於這一章的解釋有一重大的轉變。那就是朱熹《論語集注》的登場，相對於何晏的《論語集解》，它被稱為新注，是注解《論語》的新範本。

對於這章，《朱子語類》中朱熹說「此是《論語》中第一章」，可以看出他也相當重視這章。當然在注裡頭「體用」、「理一分殊」、「至誠無息」等朱子學上的重要術語也頻頻登場，全文篇幅甚長。朱子說：

貫，通也。唯者，應之速而無疑者也。聖人之心，渾然一理，而泛應曲當，用

> 各不同。曾子於其用處，蓋已隨事精察而力行之。但未知其體之一爾。夫子知其積眞力久，將有所得，是以呼而告之。曾子果能默識其指，即應之速而無疑也。
>
> 盡己之謂忠，推己之謂恕。而已矣者，竭盡而無餘之詞也。夫子之一理，渾然而泛應曲當，譬則天地之至誠無息，而萬物各得其所也。自此之外，固無餘法，而亦無待於推矣。曾子有見於此而難言之，故借學者盡己推己之目以著明之，欲人之易曉也。蓋至誠無息者，道之體也，萬殊之所以一本也。萬物各得其所者，道之用也，一本之所以萬殊也。以此觀之，一以貫之之實可見矣。

上述的朱注裡，所謂的「一理」，「萬殊」見「一本」；「一本」見「萬殊」的思想，似乎還是有點王弼「執一統眾」理論的影子，不過看不到什麼直接的影響。⑲而他訓「貫」為「通也」，又說「曾子於其用處，蓋已隨事，精察而力行之。但未知其體之一爾」等，這裡則可以看出，他意圖要排除王弼主張的，掌握了「一」就可以掌握萬事萬物，那種「執一統眾」的思想。

類似的想法在《朱子語類》中也看得到。

或問「一貫」。曰：「如一條索。曾子都將錢十十數了成百，只是未串耳。若他人則零亂錢一堆，未經數，便把一條索與之，亦無由得串得。（卷二十七）

若曾子，元不曾理會得萬殊之理，則所謂一貫者，貫箇什麼。（同）

這裡，朱子主張如果沒有可「貫」的對象，就算有了「一」也是沒有意義的。接著，他還說：

不愁不理會得「一」，只愁不理會得「貫」。理會「貫」不得便言「一」時，天資高者流爲佛老，低者只成一團鶻突物事在這裡。（卷二十七）

這裡的「言一者流為佛老」，可以說是從正面否定了玄學，而王弼的玄學思潮到了這裡則正式告一段落。

注釋

①《魏書》裡沒有單篇的王弼傳，只有一小段附記在其友人鍾會的傳後。不過我們從裴注及《世說新語》的幾則逸話裡，多少可以了解一些他的生平。至於《魏書》為什麼沒有立王弼傳？清代錢大昕

在其《潛研堂文集》卷二何晏論的部分說，《三國志》是晉朝所編，而王弼的《易》注和與晉王室有血緣關係的王肅的《易》說看法不同，所以受到排擠。又，本田濟氏認為這是因為《三國志》作者陳壽不好清談思想的緣故。（參考〈陳壽の三國志について〉，《東方學》，二十三輯，一九六二）

②蔡邕曾贈藏書給王粲一事，見《魏書．王弼傳》裴注所引的《博物記》中及《王粲傳》。又，《蒙求》有「蔡邕倒履」（蔡邕為了迎接王粲，急忙之中，倒穿履鞋也不以為意）一段膾炙人口的佳話，由此可以看出王粲在蔡邕心中的分量。

③詳見松川健二：〈《論語》曾子一貫章について〉（《中國哲學》，第二十號，一九九一年）

④不過，對於〈衛靈公篇〉的「予一以貫之」，何晏注曰：「善有元，事有會。天下殊塗而同歸，百慮而一致。知其元則眾善舉矣。故不待多學而以一知之」，與〈里仁篇〉的王弼注論調相同。又，〈衛靈公篇〉的「一貫」之王弼注今則不存。

⑤王弼的老子注裡也有「居無為之事，行不言之教」（十七章）、「以無為為君，不言為教」（二十三章）、「以無為為君，以不言為教」（六十三章）等之說，從這裡推論，王弼是把《論語》的「無言」視同與《老子》的「無為」、「不言」等義。

⑥劉表之女是為王弼的祖母一事，見《魏書．王弼傳》裴注中所引的《博物記》。

⑦劉表受學王暢一事，見《魏書．劉表傳》裴注。

⑧《經典釋文》序錄中有「王宏，字正宗。弼之兄，晉大司農，贈太常，為《易義》。」

⑨清焦循在《周易補疏》的序文中，曾述及王弼與劉表、王暢二人的關係。他說：「弼之學，蓋淵源於劉（表），而實根於（王）暢」。又對王宏作有《易義》一事則說：「王氏兄弟，皆以《易》名。可知其所受者遠矣。」

⑩以下再介紹《世說新語．文學篇》中的另一段逸話：「何平叔注《老子》。始成，詣王輔嗣，見王注精奇，迺神伏曰：若斯人，可與論天人之際矣。因以所注為道德二論。」

⑪詳見加賀榮治：〈魏晉に於ける古典解釋のかたち——王弼の《周易注》について——〉（《人文論究》，第八號，一九五三年）第三章〈所謂《老易》の立場〉。

⑫《周易．繫辭傳》作「故形而上者謂之道」。

⑬《知不足齋叢書》本的《論語義疏》中作「猛者不威」，懷德堂本作「不猛者不威」，從懷德堂本。

⑭《莊子．齊物論篇》有「彼亦一是非，此亦一是非。果且有彼是乎哉；果且無彼是乎哉，彼莫得其偶，謂之道樞」、「是以聖人和之以是非而休乎天鈞」。

⑮《經典釋文．論語音義》有「鄭云：老，老聃；彭，彭祖」。

⑯清人陳澧在其《東塾讀書記》卷十六中對這段逸話批評如下：「輔嗣談老莊而以聖人加於老莊之上，然其所言聖人體無，則仍是老莊之學也。」

⑰《論語義疏．憲問篇》有「原壤者方外之聖人也。不拘禮教，與孔子為朋友。……孔子方內聖人，恆以禮教為事。」

⑱《莊子・大宗師篇》「孔子曰：彼遊方之外者也；而丘遊方之內者也。外內不相及。」

⑲朱熹之時，《論語釋疑》已經亡佚。又，《論語義疏》雖然殘存，但朱熹應該沒有看到該書。從而，朱注中不可能受到王弼思想的直接影響。關於朱熹是否看過《論語義疏》一事，請參考拙論〈皇侃《論語義疏》と朱熹《論語集註》〉（《中國哲學》，第十八號，一九八八年）。

第五章 皇侃《論語集解義疏》

——六朝疏學的展開

◎室谷邦行 著
◎陳靜慧 譯

前言

《論語集解義疏》，書如其名，是依據何晏的《論語集解》再加以注疏而完成的。（以下，在本文中一律簡稱《義疏》）

撰者皇侃①，南朝梁人，是位篤實派的學者，原本以《禮》的研究、注釋等而享有盛名，在當時學界有舉足輕重的地位。其傳記雖然有收入正史②之中，但簡略而欠詳盡，只大約知道他出身吳郡，師事賀瑒③，嫻熟三《禮》（《禮記》、《周禮》、《儀禮》）及《孝經》、《論語》，任國子助教講學，曾著《禮記講疏》五十卷④獻與朝廷，被召入宮中講學，當時之皇帝（武帝）大悅。大同十一年（五四四）卒，享年五十八歲。依據《義疏》序文所說，其編輯方式如下：先有江熙集晉人衛瓘、繆播、欒肇、郭象、蔡謨、袁宏、江淳、蔡系、李充、孫綽、周瓌、范甯、王珉等十三人之注⑤，皇侃講學之際，先是參考何晏注，而後「若江集中諸人有可採者，亦附而申之。其又別有通儒解釋於何集無妨者，亦引取為說，以示廣聞也」，總之，這是一部規模相當龐大的注疏，除了何晏的《集解》、上述十三人及江熙之說外，還有皇侃留意到的通儒之說，當然也包括他本人之說。結果當然是成了空前的大巨冊，不用說漢代的鄭玄、馬融、包咸等人之注，就是連集諸大成的《集解》都遠及不上其規模。在《論語》的研究史上它堪稱是第一本極盡詳備的注疏。

有關《義疏》一書的傳承，有一段引人議論紛紛的過程。據說到了南宋初該書曾一度亡佚，之後與眾多的佚書一樣消沈無蹤，直到十八世紀後半乾隆年間才由日本逆向輸回中國，清朝的學者一時競相講學該書，這也是眾所皆知的。當時存在日本的版本為數不少，被帶回中國的，是一位叫根本遜志的人在寬延年間根據足利學校所藏的版本校訂而成的，今收入《知不足齋叢書》等。⑥不過，因為與本來的架構有所出入，在中國有偽書之說，今則有武內義雄氏校勘諸版本的訂正本問世。⑦

一、當是誤也

〈學而篇〉第八章中有「主忠信，無友不如己者」一句。一般很容易被解釋作：不要與不如自己的人為友。皇侃卻不作此解，他費了一番思量，最後說：

或問曰：若人皆慕勝己爲友，則勝己者豈友我耶？

是說：從全體來看所謂的朋友關係，那麼這句話是有矛盾的，依字面的意思，則朋友關係是不可能建立的。因為，如果孔子的意思是要人一定選擇比自己優秀的人為友，那麼從對方的角度來看時就變成和「不如己者」為友了，在交往時一定會受到拒絕的。該怎麼辦呢？他接著說：

或通云：擇友必以忠信者爲主，不取忠信不如己者耳。不論餘才也。

亦即，把重心放在「主忠信」一件事上，純粹只談精神問題的「忠信」，其他則不論，把人與人交往時的差異問題範圍縮到最小。他認為只談忠信問題，至於知識、學問等的差異就不必太計較，而只追求真誠的人品，這應該不會太難。他又說：

或通云：敵則爲友，不取不敵者也。

是說程度大致相同就可以相與為友，這裡把優劣上下的標準模糊化了，企圖以此解決問題。不只如此，接著皇侃又考慮到交友的目的為何？這涉及到為學的基本態度問題，所以他引了蔡謨之說：

言本同志而爲友。此章所言，謂慕其志而思與之同，不謂自然同也。夫上同乎勝己，所以進也；下同乎不如己，所以退也。……然則求友之道，固當見賢思齊，同志於勝己。所以進德修業成天下之亹亹也。今言敵則爲友，此直自論才同德等，而相親友耳。非夫子勸教之本旨也。……

他認為只與程度相近的人為友，很難激發上進心，而為學之本首重「見賢思齊」（〈里仁篇〉第十七章），藉此提昇自己，所以他認為孔子的意思應該是與志向高遠者發出共鳴，有志一同，而自己因為也擁有相同的志向，所以在志向的層次上有了共通點，而不是指從一開始就找程度相近的人結合為友。這裡的「同」，不是形容詞，而應該讀作動詞。

像這樣子，在經過一番仔細思量後，他發現孔子的這段發言中有關「交友」的問題有難解之點，他認為從所謂的為學的精神、態度的角度切入，找到了自己滿意的解答。我們知道，這是皇侃綜合各方面的資料，企圖尋求一精密度較高的論證，而把問題推到了這裡，這整個過程不光只靠皇侃一人的。

皇侃的注網羅了各家注的異同，並盡力去闡明每個問題點，也因為他鋪陳各說並從中比較，所以才成了一本大巨冊。在這點上，他與早他三百年，何晏的那種只是單純並列各家注的作法，大異其趣。

一般來說，作注時疏不破注是大原則，疏破母注，另立新解是作注時的忌諱，不過皇侃似乎沒有這層顧慮。

例如「管仲之器小哉」（〈八佾篇〉第二十二章）這章，孔子所舉的理由是「管氏有三歸」，《集解》的包咸⑧注說：「三歸，娶三姓女」，不過皇侃卻認為管仲的身分是大夫，理應從一國娶三女，結果他娶的卻是三國之女，這是諸侯之禮了。而且在這種情況下，應該是從大國娶正夫人，從二小國娶媵妾，且這三國之女應該要同姓才對，所以他說：

今雖三國，政應一姓，而云三姓者，當是誤也。

又如對「子謂韶，盡美矣，又盡善也。謂武，盡美矣，未盡善也」（〈八佾篇〉第二十五章），皇侃說：「美者，堪合當時之稱也；善者，理事不惡之名也」，而美與善（美名與善事）卻不一定相契合。他認為舜既盡美又盡善，所以兩得其名，至於武王的話，天下之民雖然樂於見武王動干戈伐紂，就這點而言他可以說得其美，但從人臣的角度來看，伐君一事卻不是善事。《集解》所引的孔安國注說：「韶，舜樂名，謂以聖德受禪，故曰盡善也」、「武，武王樂也，以征伐取天下，故曰未盡善也」。亦即，孔安國以為征伐是惡事，皇侃卻認為伐紂一事有百姓的支持，所以不必定是惡的。對於自己的疏與原注的立場不同一事，皇侃在上面這二段話後面分別追述說：

注不釋盡美而釋盡善者，釋其異也。

注亦釋其異者也。

表明注與疏有時立場有異。像這樣的例子相當的多，上述的例子是直接明言的，另外也有不少的例子，皇侃雖沒有直說，但實際上疏、注之間卻以不同的方向加以解釋，對此他似乎是不以為意的。

二、同物畏之

《論語》中有好幾段大家耳熟能詳的故事，〈陽貨篇〉的首章就是其中之一。內容是魯國的當權者陽虎（陽貨）想要脅迫孔子出仕，他先饋贈孔子豚肉，計畫在他來回禮時提出要求。沒想到孔子故意利用陽貨不在的時候前去回禮，很不巧的在回家的途中給遇上了。這一切應該是出乎孔子的意料之外，結果皇侃卻說：

> 孔子聖人，所以不計避之，而在路相逢者，其有所以也。若遂不相見，則陽虎求召不已，既得相見，則其意畢耳。但不欲久與相對，故造次在塗路也。

我們單純地從本文讀得的印象似乎不是這樣，這裡皇侃似乎設定了個前提：即孔子是不可能犯錯的。所以他替孔子辯護道：這件事，表面上看起來好像孔子失算了，實際上則是因為孔子不想正式會見陽貨，拖延太久時間，所以故意設計在路旁相見，以便隨時告別。所以他認為孔子是按照計畫行事的。

這一章的末尾，孔子敵不過陽虎的咄咄逼人，回答他說：「諾，吾將仕矣」，對此，皇侃則引述了郭象的話說道：

聖人無心，仕與不仕，隨世耳。陽虎勸仕，理無不諾。不能用我，則無自用。此直道而應者也。

言孔子身為聖人，以無心對應現實，只不過對陽虎之勸在道理上無以為拒，所以只好承諾了。（在〈子罕篇〉第四章的「子絕四，毋意、毋必、毋固、毋我」注解中，皇侃就曾用「聖人無心」形容孔子。）郭象的這段話跟皇侃針對前半段所提出的解釋，雖然表達的重點不同，不過從這上述可以看出，《義疏》一貫的立場是認為，聖人孔子是不可能犯錯的。關於這點，我們在〈公冶長篇〉第九章也可以找到同樣的例子——「子謂子貢曰：汝與回也孰愈？對曰：『賜也何敢望回，回也，聞一以知十，賜也，聞一知二。』子曰：弗如也，吾與汝弗如也。」這是很有名的一段，意思也很清楚，唯一在解釋上會稍有出入的是最後一句。這句話在解釋上爭議最大的地方是：把這句話單純的解釋作孔子自承不如弟子顏回，這種說法是否恰當？既為聖人，又為人師的孔子，在能力上若有不如弟子之處，那是很難堪的。

對於上述之事，《集解》舉了包咸注，以你我之人皆不及而來安慰子貢。這蘊涵了：並不是孔子真的認為自己不如顏回之意，結果《集解》也同樣認為孔子不可能會屈居下位。真是用心良苦哉！而皇侃則是更強烈地表達這種主張。

他先引顧歡（南齊人）之說——對孔子之問，子貢深知自己遠不如顏回，所以那麼回答。接著他說：

> 夫子嘉其有自見之明而無矜尅之貌，故判之以弗如，同之以吾與汝。此言我與爾雖異，而同言弗如，能與聖師齊見，所以爲慰也。

最後皇侃又補充說：

> 侃謂顧意是言，我與爾俱明汝不如也，非言我亦不如也。

總之，他認為「吾與汝弗如也」一句，不是說我們二人都不如顏回，而是說我們都知道你（子貢）不如顏回。這種說法其實是相當的牽強。⑨

又如〈子罕篇〉第五章「子畏於匡。曰：文王既沒，文不在茲乎……」，對此皇侃也是說：

時匡人誤以兵圍孔子，故孔子同物畏之。

說害怕的是其他人，因為大家都害怕，所以孔子也假裝跟大家一樣。這怎麼說呢？他引了孫綽的解釋：

夫體神知幾，玄定安危者，雖兵圍百重，安若太山，豈有畏也！雖然兵事險阻，常情所畏。聖人無心，故即以物畏爲畏也。

乍聽之下，這是一段很巧妙的辯白。說孔子本身即使為兵所包圍，但全然無所畏懼，而他之所以表現害怕的樣子，是反應一般人的心情。聖人是無心的（這是道家常用的形容詞），就像鏡子一樣很自然地反映出周遭的狀況，因為不得不以眾人之畏為畏，所以才有那樣的表現。這種理論是應用了《老子》的「聖人無常心，以百姓之心為心」（四十九章）的說法。因為無心，所以落到現實上便可能以各種形態（有）出現。這種思想的理論基礎來自《老子》的「無為無不為」（三十七章、四十八章），也就是無而有，不畏而畏的思想。

另外一點很重要的是，《義疏》根本就認定對孔子而言，是不可能有一般定義的「畏」的。所以即使原文中明明很清楚地寫著「畏」字，《義疏》卻不肯承認，想辦法要解決這裡的矛盾。不管是從維持道家的聖人形象，或者是從孔子身為儒家宗師所擁有的絕對性地位來說，這樣的結論似乎是必然的。另外要把「畏」字解釋作「不畏」，這需要相當的功夫才行。即使已經讀作「畏」了，但是仍然要否認。演出這一招絕活，背後是靠《老子》的理論作支撐，上述之外還有一張王牌那就是「人之所畏，不可不畏」（二十章）這一章，是說人民所畏懼的，聖人也不可以不畏，這裡皇侃可能是運用了這一章來作解釋的。

與上述類似的還有「顏淵死，子哭之慟」（〈先進篇〉第十章）這章，他引了郭象和繆協的話說：

> 人哭亦哭，人慟亦慟。蓋無情者與物化也。繆協曰：聖人體無哀樂，而能以哀樂爲體。

所謂的無情而有情；無哀樂而有哀樂，其實與「無為」而「無不為」正是同一套理論架構。

三、形器以上——聖人之所體也

接著下一章裡，所要討論的是有關孔子的多才多藝與他的聖人形象之間的矛盾。

〈子罕篇〉的第六章說：「大宰問於子貢曰：夫子聖者與，何其多能也！子貢曰：固天縱之將聖，又多能也。子聞之曰：大宰知我者乎！吾少也賤，故多能鄙事，君子多乎哉？不多也。」第一句話裡，皇侃認為大宰懷疑了孔子聖者的身分，所以說：

大宰聞孔子聖，又聞孔子多能，其心疑聖人務大不應細碎多能，故問子貢言：孔子既聖，其那復多能乎？

也就是身為聖人者不應該有太多瑣碎的才能，那些的雕蟲小技應該是屬於下層官僚們的技藝。因為事關聖師的名譽問題，所以子貢趕緊補充說聖人與多才藝是不互相衝突的：

孔子大聖。是天所固縱又使多能也。

皇侃以為，一般而言，多才多藝與聖人的形象是不相符的，子貢用「天縱之……」的說法，說孔子是為身分特殊的聖人，所以不能用一般的想法去規範他。最後，對於孔子回答子貢的一段話，皇侃又說：

孔子聞大宰之疑而云知我，則許疑我非聖是也。……江熙曰：大宰嫌多能非聖，故云知我，謙之意也。又說我非聖而所以多能之由也，言我少小貧賤，故多能爲粗鄙之事也。

更云：若聖人君子，豈多能鄙事乎，則不多能也。

上述，大致上與原文文意相去不遠，是說孔子自承因為從小出身貧賤，所以學會許多小才能，又說自己稱不上是聖人。問題是，這就傷腦筋了，因為在皇侃的想法裡，孔子必須是聖人，即使孔子自己說他不是聖人，皇侃也不得不加以否認。所以他引了江熙的話說：「謙之意也」，即孔子所說的未必是他的本意，他只是謙虛罷了。一般而言，言不由衷是不能原諒的，但是如果是因為謙虛的話，它可能反而是一種美德，從這裡皇侃為孔子造了一個完美的下台階。

接著，他又在包咸注的部分引用了繆肇之說：

周禮百工之事，皆聖人之作也。明聖人兼材備藝過人也。……明兼材者自然多能，多能者非所學。所以先道德而後伎藝耳，非謂多能必不聖也。……

欒肇的意思是說：依《周禮》所載，很多小發明小設計都是出自聖人之手，聖人本來就是多才多藝的。身為「兼材」的聖人是天生多能，而不是後天學來的，多能與聖人未必是相衝突的。意即聖人是天生多能，其條件是自然而然，他的「多能」與他的「聖」之間是不相矛盾的。這裡多少有子貢「天縱之將聖」的意思。這裡用了有道家味的「自然」一語，意思變得複雜深刻多了，也把問題解決了。他在孔子身上找到後天以前的自然，關於這個問題，皇侃在「予一以貫之」（〈衛靈公篇〉第三章）的說明中也有觸及：

……故此更答所以不多學而識之由也。言我所以多識者，我以一善之理貫穿萬物，而萬事自然可識，故得知之。故云予一以貫之也。

說孔子不是因為後天的學習而變得博學多識，他雖多識卻不多學，或者至少說他不是因為多學而後多識的。他是用「一」來貫穿萬物之道，識得自然之理的。

從以上可以知道《義疏》裡用「自然」來解釋孔子，至於他的理論基礎是什麼？我認為有必要交代，以下我們簡單說明：

在〈先進篇〉第十八章的子曰：「回也，其庶乎，屢空。」（皇侃似乎認為，「庶」是希望的意思。），對於「空」字，皇侃依《集解》的說明列舉了二種解釋，其一是說顏回因為疏於理財所以生活窮困，其二是說「空」字指的是精神上的虛靜狀態，皇侃似乎是比較贊同第二種解釋的。他說：

> 言聖人體寂而心恆虛無累，故幾動即見，而賢人不能體無，故不見幾，但庶幾慕聖，而心或時而虛，故曰屢空。其虛非一，故屢名生焉。

緊接著他又引了三人之說補充不足，總之，賢人顏回不能體無，所以就不能見「幾」⑩——即事情發生以前的徵兆（從而是一種接近有之前的無的狀態），雖然如此，但是他偶而也有體無的時候，所以說「屢空」。相對於此，孔子則是隨時能夠做到體無和虛心，而這才是孔子真正的內涵。與此類似的還有〈為政篇〉第九章的「子曰：吾與回言，終日不違如愚。」這裡皇侃說：

> 自形器以上，名之爲無，聖人所體也；自形器以還，名之爲有，賢人所體也。

上述很清楚的是「孔子＝聖人＝無」、「顏回＝賢人＝有」的一套公式。這句話原本的出典應該是《易．繫辭傳》上篇的「形而上者謂之道；形而下者謂之器」，皇侃把孔子比喻為與道一體的根源者、造物者，把顏回及不如他的，比喻作受具象制約的一般性存在，而這二者的本質是截然不同的。他認為孔子的精神狀態已經超越一般性的具象情感，由此而導引出「聖人無情」⑪說，這也是很自然的事了。之前我們舉過的例子裡，有孔子感嘆顏回之死的一章，所謂的無哀樂而有哀樂的說法，應該與這章也有相契之處。

四、孔子亦當必有王位也

對於多受具象制約的一般人而言，孔子既然是一個高高在上的體道者，立足於一切存在的根源的聖人，因之，把他視為人間政治的最佳統制者的孔子為王說，也就不那麼令人意外了。就如同道是萬物的根本，道有統括萬象的力量一樣，體得形而上之無的聖人，也應該有統制人間社會的力量。類似的論調，早在漢代已隨著讖緯說的流行而登場，皇侃之說恐怕也是受到這一類論調的影響。

〈憲問篇〉第五章「南宮适問於孔子……」裡，《集解》引述馬融注說：「禹及其身，稷及後世，皆王也。适意欲以禹稷比孔子」，是說南宮适想要用王者大禹或者是周之始祖后稷來比擬孔子，這樣的想法在漢代似乎是司空見慣的事。馬說之外，皇侃還補充說：

適所問孔子者，以孔子之德比於禹稷，則孔子亦當必有王位也。

另外，在〈堯曰篇〉的開頭，他也說：

……又下次子張問孔子章，明孔子之德同於堯舜諸聖也，上章諸聖所以能安民者，不出尊五美屏四惡，而孔子非不能爲之，而時不值耳。

又，對同一篇第二章的「子張問政於孔子曰……」及第三章的「孔子曰：不知命無以為君子也」，他說：

明孔子同於堯舜諸聖之義也。

明若不知命無以爲君子，所以更明孔子知命，故不爲政也。

基本上他認為孔子的能力、道德並不亞於堯舜，只是時不我與，而孔子也深知天「命」之義所以才不願為王。沒有成為王者但有王者之才的孔子，惟恐遭忌被當時的當權者視為危險人物，因此他必須適當地提防。所以在「鳳凰不至，河不出圖，吾已矣夫」(〈子罕篇〉第九章)

這章裡，皇侃又說：

夫時人皆願孔子有人主之事，故孔子釋己之不得以塞之也。

接著他引了孫綽之說：

蓋王德光于上，將相備乎下。當世之君咸有忌難之心，故稱此以徵己之不王，絕不達者之疑望也。

另外，孔子為什麼「述而不作」？對於這個問題，皇侃認為也與當時的政治環境有關。所以對〈述而篇〉首章「子曰：述而不作，信而好古，竊比於我老彭」，他說道：

孔子自言我但傳述舊章，而不新制禮樂也。夫得制禮樂者，必須德位兼並，德爲聖人，尊爲天子者也。所以然者，制作禮樂必使天下行之。若有德無位，既非天下之主，而天下不畏，則禮樂不行。若有位無德，雖爲天下之王，而天下不服，則禮樂不行。故必須並兼者也。孔子是有德無位，故述而不作也。

是說有聖人之德而無王者之位的話，即使制禮作樂也不能推行於天下。所以有德無位的孔子，因為不符合「作」的條件，只能專心於「述」這件事上。他還說：

老彭亦有德無位，但述而不作，信而好古。孔子欲自比之，而謙不敢灼然，故曰竊比也。

也就是說孔子的「述而不作」、「信而好古」，實際上都是效法同樣有德無位的老彭，對於先賢他不敢專美於前，所以謙虛地說「竊比」，意思很清楚，且不管事實為何，皇侃他認為孔子對所謂的隱者（或者說道家式的人生態度——彭祖是為這方面的代表性人物）抱有相當的敬意，這也是重要的原因之一。總之，在皇侃的想法裡（從某一方面來說，也許是個事實），孔子是非常在乎自己的政治意義的。

站在這樣的出發點上，皇侃接著解釋說孔子之所以嚮往周公攝政，是因為雖然不得為王，但他仍存有輔佐人君的強烈意願。所以說：

夫聖人行教，既須得德位兼並。若不爲人主，則必爲佐相。聖而君相者，周公是也。雖不九五（天子），而得制禮作樂，道化流行。孔子乃不敢期於天位，亦猶願放乎周公，故年少之日恆存慕發夢。（〈述而篇〉第五章「甚矣吾衰也，久矣吾不復夢見周公也。」）

皇侃認為孔子之所以夢見周公，是被他的人格及文化氣質所吸引，他希望自己也像周公一樣握有制禮作樂的政治權限。這裡讓人想起「顏淵死，子曰：噫！天喪予！天喪予」（〈先進篇〉第九章）這章，《論語》中記述孔子痛傷顏淵之死的有好幾章，這是其中之一。在這裡皇侃說：

夫聖人出世，必須賢輔。如天將降雨必先山澤出雲。淵未死，則孔道猶可冀，縱不爲君，則亦得爲教化。今淵既死，是孔道亦亡，故云天喪我也。

從前述一連串的說明裡可以知道，這裡的「縱不為君」是多少帶有一點政治性意味的。皇侃認為孔子之所以如此感嘆，是因為他原本想要借助顏回的力量，對他來說顏回的存在是必要的。顏回死了，對孔子而言幾乎是斷了希望之路，所以他更是悲從中來了。前面我們提到過皇侃曾引述郭象的話，說聖人是無情的，這裡他又不諱直言地說孔子是很悲傷的，原因就是在此了。

五、原壤者方外之聖人

《論語》有所謂的：「言語宰我子貢」（〈先進篇〉第三章），其中的宰我是所謂四科十哲中的一人，不過在《論語》中時而擔任挨罵的角色。「宰予晝寢」（〈公治長篇〉第十章）章就是其中之一，對於這章皇侃有「一家云」，說：

> 與孔子為教，故託跡受責也。

接著他又引了珊琳公，范甯等之說替他辯護，說他看到其他弟子們精神鬆弛，所以故意晝寢挨罵，以提醒大家振作、反省。類似的事情在〈陽貨篇〉也可以看到，該篇第十九章記述宰我認為守三年喪太長了，孔子因而很生氣地說他「不仁」。對此，皇侃先解釋為什麼有三年喪，其意義一在「抑賢」，二在「引愚」，前者怕子女太過盡孝，所以在第三年時強迫他停止；後者則是怕不肖子女偷懶，所以強迫他至少守喪三年。接著，他引述了繆播的話，說：

> 爾時禮壞樂崩，而三年不行。宰我大懼其往，以為聖人無微旨以戒將來，故假

時人之謂咎憤於夫子，義在屈己以明道也。

依繆播之說，宰我是一個唯恐禮樂廢行，深具危機意識的人，他為了要讓孔子有機會說一些罵人的重話，所以才故意那麼說的。另外，他又引了李充之說：

余謂，孔子目四科，則宰我冠言語之先，安有知言之人而發違情犯禮之問乎？將以喪禮漸衰，孝道彌薄，故起斯問以發其責，則所益者弘多也。

與上述所敘，看法雷同。

另外，〈子路篇〉第四章「樊遲請學稼……」中，說樊遲因為太過於現實主義，招來孔子不悅，皇侃在引述了李充的話之後，說：

遲之斯問，將必有由，亦如宰我問喪之謂也。

與前述還是一樣的看法。

皇侃對人物、事件常有出人意料的看法，其中最明顯的莫過於對原壤這個人的評價了。

原壤出現在〈憲問篇〉第四十三章，似乎是孔子小時候的朋友，粗魯無禮。孔子說他：「幼而不遜悌，長而無述焉，老而不死，是為賊也」，又「以杖叩其脛」。不過皇侃卻說：

> 原壤者方外之聖人也，不拘禮教，與孔子爲朋友。

相對於此：

> 孔子，方内聖人，恆以禮教爲事，見壤之不敬，故歷數之以訓門徒也。

他說孔子是「方內之聖人」，原壤是「方外之聖人」，把二人並列在聖人之列。而孔子之所以敲原壤的腳，不是因為有什麼嚴重的對立，而是他就一個方內者的立場，有必要教導門人尊重禮教罷了。

所謂的「方內——方外」之說，出自《莊子》的〈大宗師篇〉，記述孔子用「遊方之外者也」形容痛失朋友卻載歌載舞的道家人物，而說自己是「遊方之內者」。另外，原壤這個人《禮記．檀弓下篇》中說他的母親去世時，他還爬到棺木上唱歌，皇侃可能因此把原壤列入《莊子》書中經常出現的畸人畸行一類的人物。

總之，在這裡原壤所代表的是超越了禮教世界秩序的存在，是另一種理想的人間類型，由他身上展現出的是道家生命的精神，而另外一種類型是像孔子一樣，是人倫政治社會的最高理想。這麼一來，儒家的面子也保住了，儒、道二者成了一種兼容並列的局面。皇侃他很巧妙地把儒與道齊頭並立，可以說把六朝的時代精神推演到極點了。

結語

皇侃似乎對當時在中國知識份子之間，勢力逐漸擴張的佛教也有相當的了解，這從他為文不長的傳記中多少可以看出。至於他到底了解到什麼程度？由於筆者對佛學相關知識貧乏，在此不敢斷言。不過，《義疏》中經常使用「照了」、「勝業」、「平等」等的佛教用語，也經常引用在東晉佛教思想界享有盛名的孫綽，甚至佛僧慧琳等人的話，無庸置疑的皇侃本身對佛學抱有相當的好感。舉個例子來說，對《論語》中很有名的「季路問事鬼神」，子曰：「未能事人，焉能事鬼？」（〈先進篇〉第十二章）這章，皇侃說：

> 外教無三世之義，見乎此句也。周孔之教唯說現在，不明過去未來。而子路此問事鬼神，言鬼神在幽冥之中，其法云何也？此是問過去也。

其實子路本是站在儒家的立場發問，儒家原本就有敬鬼神（死者靈魂等）的想法。不過在此，皇侃認為儒家只說現在，不談過去、未來（前世、來世），子路卻偏以此為話題。又以「外教」稱儒教，幾乎是把自己歸入佛家行列中，由此可以窺見他也有寄情佛學的一面。

如上所述，皇侃的《義疏》裡有許多越超儒學界線的解釋，不過，基本上他是道家傾向的，對於這點本文中沒有特別立文一一說明，那是因為數不勝數，再者是因為在各章節裡我們已經多有觸及了，所以筆者認為無此必要。

本稿最後，我想再談一下有關於「禮」的問題。這是因為皇侃他原本是一個禮學專家，我想從他拿手的禮學，與他思想上的道家傾向這二者的關係中，也許我們可以找到《義疏》的性格特色。

在〈先進篇〉第一章的「先進於禮樂，野人也。後進於禮樂，君子也。如用之，則吾從先進。」裡，他作了充滿道家味的解釋說：

> 此孔子將欲還淳反素，重古賤今。

接著又說：

野人，質朴之稱也。君子，時會之目也。孔子言以今人文觀古，古質而今文，文則能隨時之中，此故爲當世之君子也。質則朴素而違俗，是故爲當世之野人也。

是說現在是一個「文」的時代，符合時勢潮流的稱為「君子」；而性格質樸，不符合潮流的稱之為「野人」。從而，原本是一個稱讚語的「君子」，在這裡卻行不通了。這種說辭，說得更明白一點，幾乎與《莊子．大宗師篇》的「天之小人，人之君子；天之君子，人之小人」⑫的想法如出一轍。另外，在引何晏注的部分，他說：

時淳則禮樂損，時澆則禮樂益。若以益觀損，損則爲野人，若以損行益，益則爲君子也。

意思是道德淳樸的時代裡，禮樂多派不上用場，只有在道德澆薄的時代，禮樂才會大行其道。因此，從禮樂隆盛的角度來看，過去的時代像野人一樣，而所謂的君子，就是指道德不行時，大力提倡禮樂的人。又說：

此謂以益行益，俱得時中，故謂爲君子也。以今觀昔，則有古風，以古比今，故爲野人。

總之，所謂的君子是在道德衰退，禮樂大行時應運而生的人物，決不是理想的人間類型。而「禮」也不是個值得高興的東西，要說的話它就像衰世裡必然會有的壞東西。從這裡來看，皇侃可能有《老子》「大道廢，有仁義」（第十八章）一類的想法，或者《淮南子．齊俗訓》的「仁義立則道德遷；禮樂飾則純樸散」的說法，也許更接近一點。

儘管皇侃是個禮學專家，仍然把禮定位為薄世之物，這如同是把「儒」定位在「道」之下。這裡他很明顯的有這樣的思想傾向，其他的時候不曉得他立場如何，至少我們從《義疏》裡看到的現象是如此，這有些不可思議，不過也許正反映了六朝時代的思想特色。

注釋

①「皇侃」有コウカン和オウカン二種讀法，一般習慣讀作後者。

②《梁書》卷四十八，《南史》卷七十一。

③《梁書》卷四十八及《南史》卷六十二載其傳，說他曾仕梁，為大學博士、五經博士，特精通禮學，據說也有《老子》、《莊子》的相關著述。《義疏》中幾次以「師說曰」介紹他的思想。

④《隋書．經籍志》中說是四十八卷，又說皇侃還撰《禮記義疏》九十九卷。

⑤《隋書．經籍志》中作《集解論語十卷》。（另外也載有何晏、孫綽的《集解論語》十卷）

⑥此事詳見武內義雄：《校論語義疏雜識》（收入全集第一卷中）。

⑦《論語義疏》全六卷，懷德堂記念會，大正十三年發行（《全集》第一卷中也有縮印）。不過訛字、印刷錯誤、注解脫落等的問題也不少。

⑧《義疏》作苞咸，本文從《集解》本作包咸。

⑨又，他還引秦道賓之說，說「與」，「許」也，說孔子承認子貢不及顏回，此說，朱子注中也有引述。

⑩這裡主要是引用《易．繫辭傳下》「知幾其神」的思想。

⑪眾所周知，何晏是此一論調的早期代表人物。（見《魏志．鍾會傳》的裴松注）

⑫該句後半諸本作「人之君子，天之小人也」，不過最近多改作「天之君子，人之小人也」。

第六章 韓愈、李翺的《論語筆解》

——唐代古文運動的精神

◎末岡實 著
◎陳靜慧 譯

前言

《論語筆解》是將唐韓愈、李翺二人的見解以對話、議論的形式完成的《論語》注釋書之一。

韓愈，字退之，因出身昌黎，乃取以為名，也叫韓昌黎。他生於動搖唐代國基，是為唐代國運的大轉捩點——「安史之亂」平定後的大曆三年（七六八），卒於長慶四年（八二四），享年五十七歲。後人說他「文起八代之衰」（蘇軾〈潮州韓文公廟碑〉），是唐代文人的代表，為唐宋八大家之一，反對駢文，提倡復興古文，是倡導古文運動的第一號旗手。

韓愈出身下層官吏之家，是寒門子弟，因科舉而晉身仕途。不過強硬的個性造成他官場生涯的障礙點，幾度被貶。歷任國子祭酒（今國立大學校長）、刑部侍郎（法務次官）等，最後的官職是吏部次郎，隸屬在尚書省的六部之中，是吏部中掌管百官人事，擁有實質權限的最高行政責任者。吏部可以說是門閥貴族的大本營，出身寒門的韓愈竟然能夠坐上人人稱羨的寶座，由此可以看出唐代門閥貴族社會的結構已經開始動搖。這一事實也象徵著中唐以後，科舉特別是進士科出身的舉人，勢力範圍正逐步擴張，且已有相當程度的班底了。韓愈所處的中唐在各方面都有了大的轉變，其中之一是除了家世之外，代表個人學問實力及努力成果的科舉舉人漸受重視，而學問也從訓詁之學轉向修身養性之學。

韓愈曾在一封寫給馮宿討論文學的信中說：「近李翺，從僕學文，頗有所得。」（《韓昌黎集》①卷三）之後他列舉了一些享名當代的文人，又說：「從吾遊者，李翺、張籍，其尤也」（同上，卷四〈送孟東野序〉），其中，他所贊許的李翺②，字習之，生於大曆九年（七七四），小韓愈五歲。二人的交流始於貞元十二年（七九六）。第二年，李翺考取進士，貞元十六年，娶韓愈堂兄的女兒為妻。之後，交流益密，從李翺所撰的韓愈「行狀」、「祭文」中來看，二人交往甚密，從無間斷過。開成元年（八三六），即韓愈去世後十二年，李翺出仕山南東道節度使時，死於任地襄州，與韓愈同謚為文公，著有《李文公集》十八卷。傳說他還著有《易詮》七卷、《中庸說》一卷，可惜今已不傳，不過我們約略可以從書名中窺探出他思想性格之一二。

韓愈和李翱之間原本就有親密的姻親關係，對「古文」的同好更使他們緊密結合。李翱晚年，有一次在回憶往昔時說：「翱，昔與韓吏部退之為文章盟主，同時倫輩，惟柳儀曹宗元、劉賓客夢得耳。③」古文運動到了中唐，因有韓愈、柳宗元等創作大家的出現而呈現開花結果的局面，李翱也是參與者之一，他也以此自豪。李翱曾用：「思我友韓愈，非茲世之文，古文也。非茲世之人，古人也。其詞與其意適，則孟軻既沒，亦不見有過於斯者。」（《李文公集》卷十三〈陸歙州述〉）形容韓愈。他以韓愈既是古文家，也是孔孟之道的繼承人，對韓愈抱有很深的敬意。對他們而言，極古文就等於是極孔孟之道。

本文主要的目的就是要探討韓愈、李翱二人合撰的《論語筆解》與古文運動的關連，一方面也看看當時古文運動實際運作的情形。④另外，對於該書現在有二卷本和一卷本二種版本，這個問題我們等一下還會觸及，本文是以「明、范氏（欽）二十一種奇書本（上下二卷本）」（藝文印書館發行《無求備齊論語集成》所收）為底本。

一、《論語筆解》的體裁及偽作說的背景

首先我們先來看看該書的體裁。本文用為底本的二卷本其基本結構是：先有《論語》本

文及古注，接著是表達二人意見的「韓曰」，之後有「李曰」。其中，未引用古注的有九處（含疑似古注者），只載「韓曰」或「李曰」一人見解的各有十二處及二處，相反地在「韓曰」「李曰」之後，接著又有「韓曰」的有十處。全部合計有九十二處，所觸及的內容遍及《論語》各篇。

由上述可知，《筆解》並沒有對《論語》各章全面作注，以章數來說，依哈佛燕京學社《論語引得》所作的統計，《筆解》含一章分述或多章合述等的部分，其所觸及的範圍共八十三章，佔《論語》五百零一章中的六分之一左右。另外，只收錄韓愈注的一卷本，是把二卷本中有「李曰」的部分刪除而成的。因此，原文本來是「韓曰」、「李曰」、「韓曰」的部分，因為中間的「李曰」部分被省略了，時有文意滯礙的情況發生。究竟為什麼會有刪除「李曰」的版本出現呢？

事實上，有關《論語筆解》，自宋代以後就一直有偽作說的說法。其中頗具代表性的是清代的阮元在其《論語注疏校勘記》中，乾脆直接在書名上冠上「偽」字作《偽昌黎論語筆解》。又，近人羅聯添在其《韓愈研究》（一二九頁，台北學生書局，一九七七）中說：「或以為宋人之偽託」。偽作說的理由之一是《筆解》內容本身的問題，其二是韓愈有《注論語》十卷之說。《韓昌黎集》編者，韓愈的女婿李漢在序文中說：「又有注《論語》十卷，傳學者」。另外，與李翶一樣，文才同受韓愈肯定的張籍在感嘆韓愈之死〈祭退之〉的詩作中有

「《魯論》未訖註，手跡今微茫」一句。（《張司業集》卷七），由上述可知，韓愈的確是注解過《論語》的。

此外，現存《韓昌黎集》中，韓愈遺文之一的〈答侯生問論語書〉文中有「愈，昔註解其書，而不敢過求其意。取聖人之旨而合之，則足以信後生輩耳」一段。雖然說上述等資料的可信度還有待確認，不過從這裡來看，韓愈也承認他曾為《論語》作過注。另外，為韓愈寫「行狀」的李翱在行文中也說：「（韓昌黎）有集四十卷，小集十卷」（《李文公集》卷十一），他所說的「小集十卷」有可能就是李漢所說的「注《論語》十卷」。不過不管怎麼說，上述都與《筆解》無關。除此之外，《新唐書．藝文志》裡也記載了「韓愈注《論語》十卷」，可惜今也不傳。

那麼，究竟《論語筆解》與《注論語》之間有什麼關係？關於這點，中利明氏從文獻目錄學的角度出發，考察的結果認為二書應該是同一來源⑤，是為韓愈的真筆著作。其結論簡而言之是認為該二書在內容上雖然仍留有許多疑點，不過南宋以後所流傳的《筆解》一書，大體上是繼承了《注論語》的內容，只是篡改了書名罷了。今日的《論語筆解》據說是由北宋中期的許勃整理及刊印，其中還有他的序文，他在該序文的開頭談到了《筆解》一書的體裁。說：

昌黎文公，著《筆解論語》一十卷。其間翺曰者，蓋李習之同與切磨。世所傳率多詭舛，始愈筆大意則示翺，翺從而交相明辨，非獨韓制此書也。

總之，是說《論語筆解》的原著本韓愈《注論語》中原本也記載了李翺的見解，可以推知編輯者可能是李翺。李翺稱韓愈的遺作為「小集」，可能指的就是這個。

而今《論語筆解》中，「李曰」的部分之所以被刪除，原因之一可能是受到上述韓愈《注論語》說的影響，其次則是思想內容的問題，這主要是因為韓愈、李翺二人的思想間其實有極大的差異。韓愈他主張「性情三品說」；李翺則是主張「滅情復性說」⑥，二人的人性論大異其彩。韓愈「性情三品說」的主要根據是《論語．陽貨篇》的「惟上智與下愚不移」，對於這裡，我們來看看他們二人是怎麼說的⑦：

○韓曰：上文云「性相近」，是人以可習而上下也。此文云「上下不移」，是人不可習而遷也，二義相反。先儒莫究其義，吾謂上篇（〈季氏篇〉）云「生而知之上也；學而知之次也；困而學之又其次也，困而不學，民斯爲下矣」。與此篇二義兼明焉。

○李曰：「窮理盡性以至於命」，此性命之說極矣。學者罕明其歸。今二義相戾，當以易理明之。「乾道變化各正性命」，又「利貞者情性也」，又「一陰一陽之謂道。繼之者善也，成之者性也」。謂人之性本相近於靜，及其動感外物，有正有邪。動而正則爲上智，動而邪則爲下愚。寂然不動，則情性兩忘矣。雖聖人有所難知。故仲尼稱顏回「不言如愚退省其私，亦足以發。回也不愚」，蓋坐忘遺照，不習如愚。在卦爲復，天地之心邃矣。亞聖而下，性習近遠，智愚萬殊。仲尼所以云「困而不學下愚不移」者，皆激勸學者之辭也。若窮理盡性，則非易莫能窮焉。

○韓曰：如子之說，文雖相反，義不相戾。誠知「乾道變化各正性命」、「坤道順乎承天」、「不習無不利」，至哉。果天地之心其邃乎。

以上是注的全文。《筆解》裡的長篇大注只有二、三處，此是其一。這裡李翱的發言佔大半以上，他的引用句也較韓愈來得多，表示大體上他的看法受到了認同。

而他們所要解決的問題是孔子的「性相近也，習相遠也」與「上智與下愚不移」這二句話之間，如何作合理的解釋。韓愈在文中引用了〈季氏篇〉的句子，該句正是所謂的「知四品說」的出處。這與韓愈在〈原性篇〉說的「性之品有上中下三：上焉者，善焉而已矣；中焉者，可導而上下也；下焉者，惡焉而已矣。」的性三品說有相應之處。他又說：「上之性就學而愈明」。不過，他在注解裡解釋了「知」與「習（學）」的關係，但是不可否認地，對「性」的問題他似乎是遺忘了。另外，〈原性篇〉裡韓愈認為所謂的「性相近也，習相遠也」指的是「中人」之「性」；「中人」之「學」，在注解裡他則同樣沒有多作解釋。

相對於此，李翺則是把問題的重心放在「性」字上。他引用了拿手的《易經》的句子為證，加上《禮記．樂記篇》「人生而靜，天之性也；感於物而動，性之欲也」、〈中庸篇〉「天命之謂性」等的思想，認定所謂的「性相近」指的是「人之性本相近」的意思。接著又說「寂然不動」、「坐忘遺照」是聖人的境界，也是最高的境界，在此，人為的「知」被排除門外。如果是這樣的話，那麼對李翺而言，所謂「習」指的不是後天之學，而是「得」的意思了。我們根據他在〈復性書〉裡的人性論主張知道，他認為「窮理」即是得中庸之誠，而「性」則同備於聖人、凡人（含下愚之人），是天生而一不可改變的。也就是說「人性」是沒有等級差別也不可能改變的。凡與聖的差別在於能夠體得「誠」德與否。下愚之人若能夠體得「誠」之德，也是可以變成「上智」的。所以他認為「惟上智與下愚不移」是鼓勵愚者進學的話。此外，他在〈復性書〉裡也主張「性善情惡」的思想，不過這在注解裡也沒有提及。

李翺在注解裡還用了《莊子》中的「坐忘遺照」等的辭句，不管他的本意為何，包括他在〈復性書〉裡所表達的主張，其實是比較傾向老莊或佛家思想的。朱子就曾批評他說：

「其所謂滅情以復性者，又雜乎佛老而言之」（《朱子文集》卷七十五，〈中庸集解序〉），可以看出宋代的學者對他的評價不高。相反地，聲嘶力竭高唱「原道」、「原性」，主張排斥佛老，獨尊儒教的韓愈則受到極高的評價。也許這也是《筆解》出現只有韓注，沒有李注的單注本的原因了。

不過，在上述的例子裡，韓愈最後還是接受了李翱的看法。不容否認地這意味著《筆解》的編輯是出自李翱之手的。甚至在一些章節裡，我們可以找到一些假若是出自李翱口中並不足以為奇，但若是出自韓愈之口就要令人不解的注釋，卻是歸入了「韓曰」，最好的例子是〈先進篇〉第十八章的「子曰：回也其庶乎！屢空……」的注了：

韓曰：一說「屢猶每也；空猶虛中也。」此近之矣。謂「富而不虛心」，此說非也。吾謂，回則坐忘遺照，是其空也。賜未若回每空，而能中其空也。

下文省略。上文中，韓愈剛開始雖然略顯猶豫，但最後仍然把「空」解作「虛中」，亦即高層次心靈狀態的「坐忘遺照」，而不是物質上的空虛。這裡，他用老莊氏的解釋去描繪顏回的形象，這與上一個例子裡我們看到的李翱的態度是一樣的。而在這個例子裡李翱則一反常例，發言極為簡潔扼要，甚至讓人懷疑這裡的「韓曰」、「李曰」是不是放錯位置了。

類似《筆解》這樣的例子，我們在韓愈的其他著作，例如文集裡卻是遍尋不得。對於「心」的問題或者是李翺偏好引用的《易》、《禮記》等的文句，他都是謹慎小心而且是偏向否定的態度的。⑧在這種情況下，《筆解》裡有關這個部分的注釋，應該算是特例了。這可能也是「偽作說」出現的原因之一。不過反過來說，若將韓李之注解視為同一注解，則「李曰」部分的被削除、偽作說的出現等，不正也反映了韓、李的《論語筆解》一書的思想特色了嗎？

二、《論語筆解》的特色

《論語筆解》的注釋，主要是以反古注（以魏人何晏的《論語集解》為主要對象）的姿態出現，其作法是先提出異議，再表己見。所以它並不是對《論語》作全面性的注解，而只針對其中的八十三章，約六分之一的篇章提出意見。從這點來說，也許我們把它稱作「論語筆削」還更恰當。其中平均每篇約有四、五條注解，而只有〈陽貨篇〉最多，佔了十一條，分量也就相對地偏多了。以下我們就來看看它到底提出了一些什麼樣的問題？首先我們注意到的是：就全體內容來看，述及顏回的部分可以說相當的多。另外，主張修改、增減文句的例子也不少。以下我們就以這二個問題為焦點，期能窺得《論語筆解》特色之一斑，找出韓、李二人注解該書之意圖。

㈠表彰顏回

全書中論及顏回的共有九處，約佔一成左右，不過就像前述〈陽貨篇〉的例子一樣，引用的《論語》本文中未必會出現顏回的名字，其中相反的例子也有一處。下面我們就摘錄幾個例子來看看：

◎子曰：敏於事而愼於言，就有道而正焉，可謂好學也矣！（〈學而篇〉第十四章）

○韓曰：「正」謂問道，非問事也。……

○李曰：凡人事政事皆謂之事跡。若道則聖賢德行，非記誦文辭之學而已。孔子曰：「有顏回者好學，不遷怒，不貳過」（〈雍也篇〉），此稱爲好學。

這裡說古注把「正」字解釋作「問事之是非」的說法是錯的，應該是問「道」，即問「聖賢之德行」才是對的。於是又描述了他章裡顏回如何「好學」，說這也是指好學「道」的意思。

◎子謂子貢曰：「女與回也孰愈。……子曰：『弗如也，吾與女弗如也。』」（〈公冶長篇〉第九章）

○韓曰：回亞聖矣。

○李曰：此最深義，先儒未有究其極者。……吾謂孟軻語顏回，深入聖域，云具體而微，其以分限爲差別。……故復云俱弗如，以釋門人之惑，非慰之云也。

○韓曰：吾觀子貢，此義深微，當得具體八分，所不及回二分爾。

上述，李翺所引的《孟子．公孫丑上篇》的話，韓愈在〈省試顏子不貳過論〉一文中，也有類似的發言（《韓昌黎集》，卷十四）。他在文中說：聖人是天生而具備誠德且聰明過人，賢人則是因為聰明而後才修備誠德。又說顏回與聖人「其殆庶幾乎」。這與李翺在〈復性書〉說的「其所以未到於聖人者一息耳，非力不能也，短命而死故也」，見解雷同。總之，是說顏回已經具備了聖人之德，與聖人相差無幾。關於這點，在右述的注裡，二人的解釋又有了更進一步的發展。李翺說：「其以分限為差別」，意思是孟子因為考慮到上下的師徒關係，所以故意讓顏回比孔子差了一截。問題是實際上他們二人都認為顏回並不亞於孔子，不，甚至連孔子自己都說「不如」顏回了。所以韓愈在〈師說篇〉（《韓昌黎集》，卷十二）中說：

「弟子不必不如師；師不必賢於弟子」。

在這裡顏回受到特別的推崇，那是因為對韓、李來說，他的存在有特殊的意義，顏回的亞聖代號就是在唐代定形的。總之，韓、李等人是以聖人之道的繼承者自居，他們有自己無異於是亞聖之另一人的自信。又如之前〈先進篇〉裡提到的所謂「四科十哲」，對於十哲都只稱「字」，所以有該章非孔子自述的說法，不過李翱完全無視於此說而批評道：「但俗儒莫能循此品第而窺聖奧焉」，接著又說：

凡學聖人之道始於文，文通而後正人事；人事明而後自得於言；言忘矣而後默識己之所行。是名德行，斯入聖人之奧也。

韓愈在〈題哀辭後〉一文（《韓昌黎集》，卷二十二）中也有類似的見解，他說：

學古道則欲兼通其辭，通其辭者，本志乎古道者也。

又，李翱在〈答朱載言書〉（《李文公集》卷六）中說：

吾所以不協于時而學古文者，悦古人之行也。悦古人之行者，愛古人之道也。故學其言，不可不行其行。

上述的看法與他們二人終其一生所提倡的文學主張——「文道（行）一致說」大有關連。在窮其畢生精力學古文，極聖道（行）的韓、李眼中，顏回在孔門中的排名既是四科之首，其德行又能深入「聖人之域」，幾乎可以說是一個優秀再優秀的模範生了。

(2) 主張改字

一般注解古書時，因為對某一字的解釋不同，連帶的全篇的文意也受到左右是常有的事，這是不爭的事實。《筆解》中既然大費周章地反駁古注，對於字句，當然也就要積極地提出新的解釋。其作法是先指出「甲者乙也」，接著進一步就本文提出解釋。從訓詁學上來說，對於某一個字不採用一般的解釋，而採用該字的其他意思來作解的作法並無不合理之處。下面我們就舉幾個《集解》的例子來看看：

「因，訓親非也。」「因之爲言，相因也」（李）（〈學而篇〉）、「蔽猶斷也。以蔽爲當，非也」（〈爲政篇〉）、「畔當讀如偏畔之畔」（〈雍也篇〉）、「矢，陳也」、「爲誓非也」、「否當爲否泰之否，厭當爲厭亂之厭。」（〈雍也篇〉）、

「屢猶每也」（〈先進篇〉）、「論者，討論也。篤，極也」（〈先進篇〉）、「（李）與，疑辭也。乎，語終也」（〈先進篇〉）、「參，古驂字。衡，橫木式也。」（〈衛靈公篇〉）、「絞，確也。」（〈陽貨篇〉）等都是。

或者是再把字義引申，說：「正謂問道，非問事也。」（〈學而篇〉）、「故者，古之道也」（〈為政篇〉）、「道謂王道」（〈雍也篇〉）、「空猶虛中也」（〈先進篇〉）等的例子也是有的。不過像第二個例子就未免有些勉強了。另外如果是已經超過某字義所能解釋的範圍時，則把它歸類作訛字、錯字，主張應改換另一個字。

例如「耳當為爾，猶言如此也」（〈為政篇〉）、「謂當作為字」（〈八佾篇〉）、「晝當為畫字之誤也」（〈公冶長篇〉）、「直當為德字之誤也。」、「古書德作悳」（〈雍也篇〉）、「嗅當為鳴鳴之鳴」（〈鄉黨篇〉）、「貨當為資。植當為權字之誤也。」（〈先進篇〉）、「死當為先字之誤也」（〈先進篇〉），浴當為沿 字之誤也」（〈先進篇〉）、「小當為之字，古文小與之相類，傳之誤也」（〈子路篇〉）、「七年者，字之誤歟。」「（李）七年，五年字誤。」（〈子路篇〉）、「仁當為備字之誤也」（〈憲問篇〉）、「古文叩，扣文之誤也。當作指」（〈憲問篇〉）、「（李）濫當為慍字之誤也」（〈衛靈公篇〉）、「諒當為讓字誤也」（〈衛靈公篇〉）、「時當為待。古音亦作峙」（〈陽貨篇〉）、「原，類柔字之誤也」（〈陽貨篇〉）、「施當為弛」

子。〈〈微子篇〉〉、「猶之當為猶上也」〈〈堯曰篇〉〉等。平均來說每五章中就有一個這樣的例

除了上述之外，當然對於本文的內容，《集解》也經常是抱持懷疑的態度的，例如說：「正文傳寫錯倒」〈〈子罕篇〉〉、「簡編重錯」〈〈顏淵篇〉〉、「簡編脫漏」〈〈衛靈公篇〉〉等。這與主張改字是同一類的問題，所以我們不再提出討論。對於《筆解》的這種作法，清人臧琳就曾批評道：「唐李習之《論語筆解》，好改本文。……凡所改易，皆無依據，義又淺陋不可從也。」〈《皇清經解》卷二有所載〈論語筆解好改字〉〉在上述的例子裡，例如主張「仁」應作「備」一例，雖然類似的例子也是有的，但是從訓詁學的角度來看，不免令人覺得缺乏根據又多臆斷。話雖如此，不過韓、李二人本來的目的也不在推敲細究《論語》的章句字義等。從下面的例子裡我們就可以看出，韓愈他們以為訓詁、章句之學是妨礙學問的，他們想要做的是追求《論語》中的聖人之道，憑藉著個人的智慧找出適合時代的新規範。

我們來看看幾個例子：

◎「溫故而知新，可以爲師矣」〈〈爲政篇〉第十一章〉

○韓曰：先儒皆謂尋繹，文翰由故及新。此是記問之學，不足爲人師也。吾謂故者古之道也。新謂己之新意可爲新法。

另外，他們是根據什麼道理而主張修改文句的呢？其背後都有一個共同的問題意識存在，下面就是個最好的例子。

◎「六十而耳順」（〈爲政篇〉第四章）

○韓曰：「耳」當爲爾，猶言如此也。既知天命，又如此順天也。

意思是孔子既然說「五十而知天命」，就表示孔子已經窮理盡性，到達了寂然不動、坐忘遺照的最高境界了！此後他所要做的只是順承這個天命罷了！所以「六十而耳順」的說法是行不通的。又例如：

◎「宰予晝寢……於予與何誅？」（〈公冶長〉第十章）

○韓曰：「晝」當爲畫字之誤也。宰予四科十哲，安得有晝寢之責乎。

是說宰予名列十哲之中，而所謂的「四科十哲」是孔子賦予深義所選拔的。這樣一個名列十哲的弟子宰予，怎麼可能因為「晝寢」而挨孔子的罵？

總之，聖人應該要如此，聖人不可不如此的一種既成的聖人觀已經存在他們的心中，所以解釋時也是照著這樣一個方向前進的。他們把問題的中心放在「聖人」上，在這樣的想法之下，如果有不符合其所設定的聖人形象的部分，便不得不動手更改字句，以求文意的完整及整體的統一。從他們的著作裡，我們也可以感受到他們身上所散發的一種與聖人（孔子）相同的自信。總之，《筆解》的本意是要透過《論語》尋求一種有力的依據，向世人表白自我的思想，這才是他們最大的目的。

結語

在上一節裡我們舉了許多例子，而這些主張要更改字句的例文中，大部分都是出自韓愈的意見。其中有一些例子則展示了韓愈的古文修養，在這方面他似乎是頗有精通。其中，最值得注意的是「直為德字之誤也」、「古書德作悳」（〈雍也篇〉）這章。韓愈曾在〈原道〉的開頭部分說：「足乎己無待於外之謂德」，這讓人想起後漢許慎《說文解字》的「悳，外得於人，內得於己也」。⑨另外在韓愈的〈科斗書後記〉（《韓昌黎集》卷十三）中也曾提到他對古文的關心，而他的關心，不是始於一種興趣。說到這點，我們就不能不提到與李翺一同受到肯定的張籍，而這也是闡明《論語筆解》一書誕生背景的關鍵之所在。

在〈科斗書後記〉中他說：「貞元中，……授余以其家科斗《孝經》漢衛宏官書，兩部合一卷。愈寶蓄之，……思凡為文辭，宜略識（古）字。」從以上可以看出他學古文的動機是在貞元年間萌了芽，從此引發了這方面的興趣。而教授韓愈古文知識的不是別人，正是精通石鼓文與科斗書的張籍。⑩其中最為世人所知的是，他曾在貞元十四年（七九八）二次發函給韓愈，要他學孟子、楊雄一樣排擊異端，當時世人沈溺佛老，他要韓愈以其聰穎之筆排佛老而尊道統，繼承孔孟之教，提倡聖人之道。到了貞元十八年，李翺作了〈復性書〉，貞元二十一年，韓愈寫了〈原道〉、〈原性〉等文章回應了他的要請。⑪而《論語筆解》（或者說《原論語筆解》）也是在這樣的環境背景下產生的作品之一。從內容上來看它應該是寫在〈原道〉、〈原性〉、〈復性書〉等之前。另外，傳說張籍也作了一本現在已經失傳了的《論語注辨》，真是很有意思的一次巧合。

從貞元到元和初年，對韓愈、李翺、張籍三人來說，是一段不得志的日子，他們通過了科舉，卻不能得到中央的官職一展所長。不過反過來說，在這一段期間，他們三人交流最為頻繁，精神旺盛而鬥志激昂。不論是為古文所作的努力，或者是對古文復興運動——即儒家道統論的推行，這可以說是他們表現最積極、最熱情的一段時期。這如李翺在〈復性書〉裡所說的一樣，當時的儒家局限在日常倫理之學、訓詁之學的小範圍裡，對於最根本的人生問題即性命之道無法提出貢獻，於是世人都把心轉向佛老。韓愈等人為了明聖人之教，首先注意到的當然就是記載了聖人言行語錄的《論語》了。他們努力地解讀隱藏在《論語》章句背後的聖人真意，想要把聖人大義揭曉給世人知道，這是我們從《筆解》裡所讀到的一般印象。

然而，主張修儒學聖的韓愈等人，在《筆解》裡所表現出的是一種強烈的「聖人意識」，這說明了身為官人，他們認為自己比其他人更具有政治上的優先參與權。而這樣的想法與所謂的「聖凡一體」、「為學致聖」等的主張不無關連，因此韓愈及其周遭友人，大力提倡古文及提出種種圍繞著人性論的主張。我們再把鏡頭移到別的角度，則可發現不只是韓、李二家如此，在當時的古文學家之間，姻親關係的形成有重要的意義存在。當時，政治上逐漸形成了二大勢力，亦即主張古文，即寒門科舉出身的進士集團，和主張駢文，即門閥貴族世襲集團的對立，雖然不是全部，但是古文運動的背後卻也有政治勢力鬥爭的一面。所以，唐代的古文運動就不只是單純的文學改革之爭或是儒學復興運動了。

在《論語》的發展史上，唐代的韓愈、李翱藉著《論語筆解》的著作，闡揚聖人奧義，提高了《論語》的思想價值，在這點上他們有其不可否認的功勞。在官僚體系改朝換代的過程中，《論語筆解》的出現又似乎是在向我們預告《論語》時代的即將來臨。

注釋

①本文是以《韓昌黎文集校注》為底本，書名則依一般通稱。

②關於李翱其人請參考拙論：〈李翱——宋學の先驅者〉（日原利國編：《中國思想史》〔上〕一九八七，ぺりかん社）及〈李翱の文學觀について〉（《古田教授退官紀念中國文學語學論集》一九八五，東方書店）。

③《劉夢得文集》卷二十三，〈唐故中書侍郎平章事韋公集紀〉。

④《論語筆解》的其他相關論文如下。本文寫作時在引述上與該幾篇論文有不得不重複之處，但立論的重點則有所不同。

○田中明利：〈韓愈、李翱の《論語筆解》についての考察〉（《日本中國學會報》第三十集，一九七八）、〈韓愈の《論語筆解》についての研究——本文篇その一——〉（《大阪教育大學紀要》第二十六卷第三號，一九八七）等。

○島一：〈韓愈と《論語》〉（《日本中國學會報》第三十三集，一九八一）。

○岡田充博：〈《論語》と中國の詩人〉（《論語の世界》一九八五，新人物往來社）。

○岸田知子：〈韓愈思想管見〉（《高野山大學論叢》第二十七卷，一九九二）。

⑤田中氏：〈韓愈、李翱の《論語筆解》についての考察〉。

⑥請參考拙論：〈韓愈《性情三品說》小考〉（《東洋文化》第七〇號，一九九〇）。

⑦松川健二：〈《論語》性近習遠章について〉（《北海道大學人文科學論集》第二十四集，一九八七）一文中也有論及。

⑧請參考前述拙論：〈韓愈《性情三品說》小考〉及〈中晚唐朝における性情論と「心」の關係〉（《山下龍二教授退官紀念中國學論集》一九九〇，研文社）。

⑨依尹東倫厚教授之說。

⑩參考丸山茂：〈韓愈の張籍評價について〉（《漢學研究》第十五號，一九八〇）。

⑪請參考拙論：〈唐代《道統說》小考〉（《北海道大學文學部紀要》三十六卷一號，一九八八）。

第二部

宋元之部

第一章 張載「橫渠論語說」

——「虛」和生死觀

◎山際明利 著
◎楊 菁 譯

前言

張載（一〇二〇—一〇七七），字子厚，北宋儒者。仁宗天禧四年生於大梁，從父徙於涪州，之後，定居於陝西鳳翔府郿縣、橫渠鎮之南的大振谷口。

少時，因受到西夏侵犯之刺激而有志於兵學；二十一歲時，會見范仲淹，仲淹授其以《中庸》，自此心向學問，遍歷儒、道、佛三教。三十七歲時，於洛陽會見二程子，從此堅信儒學，以後則專心於儒業。歷官祁州司法參軍、丹州雲岩縣令、著作佐郎。神州熙寧二年被召為崇文院校書，與當時的執政王安石意見不合，翌年辭官歸陝西，此後七年以講學度日。

熙寧十年，再次被召，任同知大常禮院，因為宗古禮，與宗今禮的有司不合，十二月卒於辭官歸途上的臨潼館舍。享年五十八。

張載之學問，如同《宋史・道學傳》所述：「以《易》為宗，以《中庸》為體，以《孔》《孟》為法。」可以說是試圖藉由《易》和《中庸》而來構築足以對抗佛、道的儒學哲理。因其居所之故，世稱橫渠先生；又因其專門於關中（現在陝西省）講學，故世稱其學為關學。後世朱熹曾稱讚張載道：「橫渠之學，苦心力索之功深」（《朱子語類》卷九十三），足見張載對朱子學有著極大之影響。①

在張載的著作、語錄等之中，今仍現存者業已全彙集為《張載集》（一九七八年，中華書局排印），其中收錄有：《正蒙》、《橫渠易說》、《經學理窟》、《張子語錄》、《文集佚存》、《拾遺》以及附錄；其中《論語說》之書並不存在。但就宋元間目錄著錄，可以得知張載經書的注解及著作有多少。②其中，根據《近思錄》所引用的書目，除了現存的《正蒙》、《易說》、《語錄》之外，尚且著錄了《文集》、《孟子說》、《禮樂說》及《論語說》。

另一方面，朱熹的《論語精義》引用了有關張載《論語》的言論，以「橫渠曰」的形式，在《論語》四百八十二章中涉及到的有九十一章，全部共有一百二十一條（由於有三條重複，實數為一百十八條）③，此決非少數。筆者因此將之稱為「橫渠論語說」。④

本稿主要以《論語精義》所載的張載的言論做為線索，試圖闡明其《論語》解釋之特色，並由此特色以探究其思想之特徵。但是這一百一十八條的言說未必是有系統的、是一貫的，其中也有略微粗率的部分。另外，特別的是：其中亦可見到無有特色，屬於訓詁名物的解釋。因此，在本稿中，筆者想從《論語精義》中摘出一些特別能凸顯出張載之個性的言說，以闡述解釋的形式而來進行討論。尚祈各方大德不吝賜教。

一、「七十而從心所欲不踰矩」──死生觀

《論語・為政篇》第四章，即說到「吾十有五而志於學」，總結「七十而從心所欲不踰矩」之一章，是孔子自敘一生，進而說人間理想成就的過程，也是集古來學者之注目而不斷被討論的一章。在《論語精義》中也花了四帖列舉諸家之說十五條（程子四條、張載四條、范祖禹一條、呂大臨一條、謝良佐一條、楊時三條、尹焞一條），由這當中，程子如以下這樣的言辭被朱熹採用於《論語集注》中。

> 孔子生而知之也，言亦由學而至，所以勉進後人也。立，能自立於斯道也。不惑，則無所疑矣。知天命，窮理盡性也。耳順，所聞皆通也。從心所欲不踰

矩，則不勉而中矣。⑤

以上程子的言論，從其被採用於《論語集注》來看，大概可以認為這是對於這一章最恰當的解釋吧！那麼，張載對於這一章做了什麼樣的解釋呢？

見於《精義》有關這一章張載的言論，如下所說：

1.三十器於禮，非強立之謂也。四十精義致用，時措而不疑。五十窮理盡性，至天之命，然不可自謂之致，故曰知。六十盡人物之性，聲入心通。七十與天同德，不思不勉，從容中道。⑥

2.常人之學，日益而莫自知也；仲尼行著習察，異於它人，故自十五至七十而知裁，其進德之盛歟！⑦

3.窮理盡性，然後至於命，盡人物之性，然後耳順；與天地參，無意我固必，然後範圍天地之化，縱心而不踰矩，老而安死，然後不夢周公。⑧

4.縱心莫如夢，夢見周公志也。不夢欲不踰矩也，不願乎外也，順之至也。老而安死，故曰吾衰也久矣。⑨

以上四條言論之中，第一條及第二條只不過是敘述孔子的勤勉乃致於大成的過程，它的意思也不那麼有特色，可以說是對於這一章的恰當解釋吧！但是，第三條、第四條，若試著比較程子的言說，在這兩點上則有著顯著的個性。

首先，是形式的問題，張載明明解釋〈為政篇〉的這一章，卻援用了其他章，即〈述而篇〉第五章「子曰：甚矣！吾衰也久矣。吾不復夢見周公」⑩，以及〈子罕篇〉第四章「子絕四：毋意、毋必、毋固、毋我」。明明解釋《論語》某些篇章，卻援用他章的言辭，這未必是罕見的！但是，解釋「吾十有五」章，卻言及「甚矣吾衰也」章及「子絕四」章的例子，就個人粗淺的見解，似乎在他處沒有這樣的例子。

而且，這也是直接和內容上的問題互為關連的。為了要解釋第三條的「七十而從心所欲不踰矩」，而提倡宣說無「意必固我」，也就是不「固執己見」及不「執著」，即是圓滿的人格，其原因是，無論何者皆代表聖人所到達的境界，因此，儘管他處並無類似這樣的例子，我們應該也很容易理解。但是，這裏進而援用「吾不復夢見周公」之語，實包含了很大的問題。原因是特別在第四條清楚地把張載所說的「從心所欲不踰矩」這件事和「吾不復夢見周公」這件事連結為一體，將之做為連續的事情而加以說明。

如果解釋第四條，大意應是如下所說：

使心成爲自由，沒有比夢更好的方式。夢見周公（說自己想成爲周公的後繼者）是因爲志向。不復夢見周公，是因爲自己的欲求不越過法度。不願於自力外的僥倖，是順之極。年紀已到安於迎死的境地，故說「自己衰老已多時了」。

如此，因為「不踰矩」而「不復夢見周公」，此說在其他例子是見不到的，這應是《論語》解釋極為獨特的一個例子。

如以上所說，《精義》所載張載的言說中，特別是第三條、第四條，就形式和內容兩面來說，和以程子為開頭的諸家之言說是完全不同的，這提示了極具個性的解釋。

按一般的解釋來說，所謂「從心所欲不踰矩」，就如朱熹《論語集注》在該條說：「隨其心之所欲，而自不過於法度，安而行之，不勉而中也。」的一樣，說的是表現了孔子到達的自在的境地之事。另一方面，所謂「吾不復夢見周公」，這也如《論語集注》中說的：「因此而自歎其衰之甚也。」一樣，解釋為：孔子覺悟慨歎自己老衰的話是妥當的吧！說起來，前者（從心所欲不踰矩）和後者（吾不復夢見周公）二者之用語語感上分別有肯定（積極）和否定（消極）的微妙差異，而此意義上，把它當成同時兼具有正反兩種方向的用語來解釋也未嘗不可。

這麼一來，結合這兩者來解釋的例子，除了張載以外是沒有的，就道理上來說是當然的，朱熹在《論語或問》卷二批判道：「其論不夢周公，迂回難通，殊不可曉」，這似乎是合適的批評。如果從一般的觀點來說，像張載這樣奇妙的解釋，照理是不應該出現的。

既然如此，為什麼張載敢作這樣的解釋呢？為了要了解原因，我認為有暫時離開「論語說」，來對張載全部的思想進行檢討的必要性。

張載在主要的著作《正蒙》中，藉由氣的聚散說明萬物的生滅，陳述了其具有特色的存在論。在《正蒙・太和篇》第三章，可以見到如下之文：

> 天地之氣雖聚散，攻取百塗，然其爲理也，順而不妄。氣之爲物，散入無形，適得吾體聚爲有象，不失吾常。太虛不能無氣，氣不能不聚而爲萬物，萬物不能不散而爲太虛，循是出入，是皆不得已而然也。

據以上之文，充滿在天地中的氣跟隨著一定的法則而反覆地聚散著。氣聚時，成為眼睛可以看見的物質；散時，眼不可見，成為「太虛」的狀態。氣由「太虛」到「物」；又由「物」

到「太虛」，不斷地往返流動，萬物生滅便依此過程而進行著。也就是，依張載的想法，所謂物的生滅並不是如字面意思所說代表事物的發生、消滅，而只不過是氣的狀態的變化而已。⑪

張載在《正蒙》中，反覆地否定著「無」，〈太和篇〉第八章有如下的敘述：

氣之聚散於太虛，猶冰凝釋於水，知太虛即氣則無無。故聖人語性與天道之極，盡於參伍之神變易而已。諸子淺妄，有有無之分，非窮理之學者。

根據此說，冰的融化並不是消滅，而是變化成所謂水的形態；同樣地，物的消滅，也並不是如字面意思所說的消滅，而是變化成為眼睛看不到的「太虛」的狀態。眼睛雖然看不見，但氣卻一直充滿於天地之間。因此，「無」是不存在的。⑫

如將上文的看法，套用於人的生死時，生與死這兩件事，只不過是構成自己肉體的氣的位相的變化罷了。在《正蒙・太和篇》第四章有：「聚亦吾體，散亦吾體，知化之不亡者，可與言性矣。」很清楚地說道：「死不是滅亡。」依張載所說，人的死只不過是由「人」的狀態到「太虛」狀態的存在的方式的變化而已。⑬

進而，根據張載的想法，「太虛」應不單只是「氣散的狀態」。在《正蒙・太和篇》第二章有：「太虛無形，氣之本體，其聚其散，變化之客形爾」，視太虛為「本體」。又同樣的〈太和篇〉第九章有：「太虛為清，清則無礙，無礙故神；反清為濁，濁則礙，礙則形」，稱太虛為「清」，使之與「神」相關連；而「清」非「濁」，「形」即是形成物。認為「清濁」這類的表現，是伴隨著價值觀而表現的。因此，稱太虛為「清」，似乎認為太虛比物有更高的價值。

僅就以上的詞句而言，張載說「太虛」之語，似乎含有「應該如此存在」或「這樣最理想」的意思在內。然而，在他來說，因為「太虛」關連著本體，所以可能可以認為：張載所謂的「太虛」和朱子學所謂的「理」有著相似的性格。⑭

如前所述，張載以太虛的變化來理解人之死。此太虛是具有比現象的價值還高的本體；而死是回歸於較高次元的存在。就一般來說，想到死應是恐懼的、令人厭惡的事；但是根據張載的看法，這與其是令人厭惡之事倒不如說是最理想的事。即使不說是理想，然而如同前面所引〈太和篇〉第三章之文，氣是從太虛到物，從物到太虛，因為是不斷地流動著，因此即使自己散為太虛的狀態，將來此一太虛的氣會再聚合，形成某種之物。在這個意義上，天地間所有之物有著存在的永續性。⑮如此一來，或許可以認為對張載而言，死亡至少不會是令人恐懼的事。

張載在他的著述中，經常說到「安於死」之事的重要性。他在《西銘》的開頭道：「乾稱父，坤稱母，吾茲藐焉，乃混然中處。故天地之塞吾其體，天地之帥吾其性」，說人從天地而生，和天地難分且密切結合。在結語中說：「存，吾順事；沒，吾寧也。」表明了死是和天地再次成為一體的安寧狀態。因此在「論語說」中，同於本節開始所引，也表現著孔子晚年「安死」的境地。

就一般來論，年老也就是接近於死亡吧！張載考察孔子這位聖人的生涯，認為年老的孔子並不恐懼於死亡，他應該是有理由的吧！因為他所認為的死也就是回歸於安寧，而聖人應該不可能不明瞭此事的。到達七十之齡，覺悟自己已迫近於死的安寧的孔子，已不再有必要如少壯血氣之時般追求人間形態的理想，所以也不復夢見周公—張載的「七十而從心所欲不踰矩」的解釋，難道不是這樣認為的嗎？

如同朱熹所批判，說來這也是略為牽強的解釋。但是，與其說不畏懼老死，倒不如說掌握死的安寧，似乎也有著一貫性的想法。然而，敢於如此牽強的解釋，正是為了使張載的獨特性有所發揮吧！

二、「子絕四。毋意、毋必、毋固、毋我」—聖人觀

在前節，張載對《論語》的解釋中，採用了具顯明個性的言論來加以檢討。因為太過於

有個性，所以朱熹甚至於批判其「難以理解」。然而，「橫渠論語說」中的所有言辭並不都是這樣的，朱熹對他的讚賞也可在多處見到。在朱熹讚賞的言辭中，張載的特徵是如何地被把握呢？在本節希望從這樣的觀點對「橫渠論語說」加以檢討。

如前所見，張載解釋的是「七十而從心所欲不踰矩」，卻提及「吾不復夢見周公」及〈子罕篇〉第四章「子絕四。毋意、毋必、毋固、毋我」。根據《論語集注》該條，所謂「意」是私意；「必」是期必，即是必然如此做斷定；所謂「固」是執滯；「我」是私己。因此，說絕這四者，是不自我張狂、不我執，以達成圓滿人格的實現。

那麼，對張載來說，這一章具有什麼樣的意思呢？在《論語精義》卷五上，可以見到就在〈子罕篇〉之處，可以見到張載頗重視絕此意、必、固、我，實際上張亦採用了如下六條言說：

㈠絕四之外，心可存處，蓋必有事焉，而聖不可知也。⑯

㈡不得已當為而為之，雖殺人皆義也；有心為之，雖善皆意也，正己而物，正大人也。正己而正物，猶不免有意之累也。有意為善，利之也，假之也；無意為善，性之也，由之也。有意在善，且為未盡，況有意於未善耶！仲尼絕四，自始學至成德，竭兩端之教也。⑰

㈢意有私也，必有待也，固不化也，我有方也。四者有一焉，與天地不相似。⑱

㈣天理一貫，則無意必固我之鑿。⑲

㈤意必固我一物存焉，非誠也。四者盡去，則直養而無害矣。⑳

㈥天地合德，日月合明，然後能無方體；無方體，然後能無我。㉑

對這些言辭，朱熹在《論語或問》卷九批評道：「張子前後四條皆善。而謂所謂『四者有一焉，則與天地相似。』謂『天理一貫則無四者之鑿』，其旨尤精」。也就是朱熹在《論語精義》的張載的言說中，取了第三條、第四條之語，讚賞此論旨「尤精」。且他在《論語集注・子罕篇》該條有「張子曰：四者有一焉，則與天地不相似」，引用了《精義》的第三條。就以上所說來看，朱熹在這章已經將張載的言說視為「得我意」來接受吧！

但是，如前所見，關於張載「七十而從心所欲不踰矩」的說法，朱熹批判其「迂回難通，殊不可曉」。同樣地，張載在《論語》中相關別章的說法卻變為被讚賞之語，這些難道不須要稍加注意嗎？即使承受的評價有各種的不同，也是因為張載的想法變化成各種樣貌而難以思考。

如前所引，在《論語集注》中，引用了張載所說的「四者有一焉，則與天地不相似」之語。收在《朱子語類》卷第三十六（《論語》十八，〈子罕篇〉上）所見的問答，朱熹和弟子之間特地把張載之語的前半部「四者有一焉」視為是問題；後半部「與天地不相似」卻不特別視為問題。㉒因此，在這裏筆者想試著去考察，對張載來說，所謂「與天地相似」是指什麼樣的意義呢？

在《張子語錄》卷上第四條，可見如下之語：

毋固者不變於後；毋必者不變於前。四者毋者，則心虛也。虛者止善之本也。若實則無由納善。

在此，無意必固我四者是與所謂的「虛」結合來說的。根據此說，張載所謂的「與天地相似」，即是達到逼近於「虛」吧！見於《語錄》的言辭可以作為佐證：

天地之道，無非以至虛爲實，人須於至虛中求出實。聖人虛之至，故擇善自精。（卷中第六十五條）

天地以虛爲德，至善者虛也。虛者天地之祖，天地從虛中來。（卷中第六十九條）

將「天地」和「虛」結合來說；進而，聖人，即是無意必固我四者，一般認為是「虛之至」的。

同於前節所見，張載稱氣的散的狀態為「太虛」，是比物具有更高價值的，可以說是認為在現象的背後有著像本體的東西。然而在此，「虛」是和「至善」、「聖人」之類互相關連結合的。說「太虛」、說「虛」，在張載一貫的「虛」之語辭當中，包含著具有極高的價值之物的意思吧！

不過在本節開始所引《精義》所載的張載言說的第二條，可以見到「仲尼絕四，自始學至成德，竭兩端之教也」之語，不用說，這是根據《論語・子罕篇》第八章「子曰：吾有知乎哉？無知也。有鄙夫問於我，空空如也，我叩其兩端而竭焉」之語。有關「吾有知乎哉」章，《論語精義》中採用了張載的四條言說。在此引用其中的兩條：

有不知則有知，無不知則無知，是以鄙夫有問仲尼叩兩端而空空，易無思無爲，受命乃如響。㉓（第一條）

洪鐘未嘗有聲，由叩乃有聲。聖人未嘗有知，由問乃有知。㉔（第三條）

根據此說，張載似乎是把「空空」解釋為孔子之事。相對於此，朱熹在《論語或問》批判張載之說如下：

張子之過，則程子言之矣。（中略）空空蓋指鄙夫而言。張子以爲無知之意，文意隔絕，恐不然也。

把「空空」變成孔子之無知，在張載以前並不曾看過這種說法，大概是他所獨創的吧！㉕但是這個創見並不為朱熹所採用。甚至，朱熹把張載之說視為牽強而嫌棄此說也是可能的。

然而，從張載的全體思想來看，把「空空」看作是孔子的無知，他似乎是有根據的。如前所述，張載認為「虛」有極高的價值，且視聖人為「虛之至」。而且從此處的語感來看，在此張載解釋「空空」為類似「虛」的想法，也必然不是沒有理由的。同前所引，張載在解釋「子絕四」章的時候，是有意識到所謂「叩兩端而竭焉」之意的，在《張子語錄》卷中第六十四條有：

與天同原謂之虛，須得事實，故謂之實，此叩其兩端而竭焉，更無去處。

他解釋「兩端」為「虛實」。這樣看來，「空空」和為「虛之至」的聖人—孔子相結合，對張載來說應是極為自然的事。

張載在解釋「子絕四」章時，說絕意必固我四者才是與天地相似的方法。而且在解釋「吾有知乎哉」章，把「空空」作為孔子之無知。前者，修養的目的在於「與天地相似」的看法，受到朱熹的讚賞；後者，將「空空」解釋為聖人之事，則受到朱熹的排斥。然而，對於他來說，所謂「與天地相似」，是體會到「虛」，至虛的聖人，當然必須是「空空」。在這兩章的解釋上，張載的見解似乎是一貫的。讚賞和排斥，即使承受的評價正好是相反的，但是由此張載思想的特色也被清楚地表現著。

結語

在《朱子語類》卷九十九〈張子書二〉的開頭，朱熹錄有「正蒙有差，分曉底看」㉖之語。在此，暗示著朱熹以相當批判地態度來取捨選擇張載的言論，以後繼者取用先驅者言論的情況來看，這應可以說是當然的態度！而且如同本稿所見，朱熹即使在《論語》的解釋上，似乎也是一直保持著這種態度而去面對張載的言論。

向來，在討論張載的思想時，往往也有著以朱子學的標準來計量張載言說的傾向。例如在存在論上把張載和程頤及朱熹作一對比，由於張載不是對立地把握理和氣，因此有把張載的思想看作「氣一元論」、「唯物論」的想法。㉗然而，如同本稿的㈠所述，張載是在現象背後之本體這層意義上，而來使用「太虛」一詞，這和朱子學說的理有相近的性質。但是，因為所謂太虛是氣散的狀態，所以在張載的存在論中，本體和現象是以氣作為媒介，成為混雜不可分之物。而且張載認為太虛比物有更高的價值，因為把人的修養的目的放置在和「虛」的一體化，所以毋寧應稱此為「太虛一元論」㉘的思想，如果作這樣的分類的話，不也可以把它說成是唯心論的思想嗎？

在本稿，從「橫渠論語說」中，取幾則言說來加以檢討。這之中某些是被朱熹所排斥的，又某些是朱熹所讚賞的，這些都使張載的這種「虛」的思想的特徵能夠被好好地把握吧！

朱熹排斥張載「因不踰矩故不夢見周公」之說；然而，又似乎是接受了張載「安於死」的看法。在《論語集注・里仁篇》第八章，解釋「子曰：朝聞道，夕死可矣」章，有：「道者，事物當然之理。苟得聞之，則生順死安，無復遺恨矣」。但是，此「生順死安」的思想，是在前面所引張載的《西銘》的結語「存，吾順事；沒，吾寧也」的影響下所構想而成的吧！㉙

又，〈陽貨篇〉第二章有關「子曰：性相近也，習相遠也」，《論語精義》中並不採用張載的說法，但是見於《論語或問》相應之篇章，和《正蒙・誠明篇》第二十二章引了「形而後有氣質之性，善反之，則天地之性存焉。故氣質之性，君子有弗性者焉」之文，並加以詳細地說明。朱熹對於此章的解釋，甚至在朱熹的性說全體中，可以看出張載對他的影響有多大。

由「橫渠論語說」中的言說也可以知道，張載的思想有著極明確的個性，且不單只是朱子學一人的先驅者。即使在上文所說的性說，使用了「天地之性」之語，在他的思想中，從「天地」和「虛」的關係，這一點也可以在朱熹性說的先驅給予一個位置，而預想著具有特色的性說的展開。然而這個論題已經超過本稿所應處理的範圍，筆者在此只是就「論語說」中可見到的具有特色的看法，指出其思想中隨處被發現的事情而已。

注釋

①關於論述張載思想的文章，可參看山根三芳的《正蒙》（明德出版社，一九七〇年），及同氏《正蒙譯注》（《高知大學教育學部研究報告》第二部第四十號，一九八八年）。

②見於宋元間圖書目錄所著錄的張載著作中，揭舉其主要著作如下：《易說》十卷、《春秋說》一卷、《孟子解》十四卷、《正蒙》十卷、《信聞記》、《尉繚子注》一卷、《文集》十卷。（以上《郡齋讀書志》）

《易說》三卷、《祭禮》一卷、《正蒙》十卷、《經學理窟》一卷。（以上《直齋書錄解題》）

《易說》十卷、《詩說》一卷、《經學理窟》三卷、《正蒙》十卷、《雜述》一卷、《文集》十卷。（以上《宋史・藝文志》）

③《論語精義》以中文出版社影印《朱子遺書》所收的本子為底本。

④又《論語精義》所載「橫渠論語說」的言說之中，有相當多的部分和《正蒙》重複。《正蒙》是張載在晚年為止的著述中所粹選編纂的，因此之故，和《橫渠易說》、《張子語錄》之間，有著相當多的的重複。有關這個問題，參照菰口治：〈正蒙の構成と易說について〉（《集刊東洋學》第十二號，一九六三年）。

⑤又在《精義》中有：「伊川解曰：吾十有五而志於學。聖人言己亦由學而至，所以勉進後人也。立，能自立於斯道也。不惑，則無所疑矣。知天命，窮理盡性也。耳順，所聞皆通也。縱心，則不勉而中矣。又語錄曰：孔子生而知之者也。（以下略）」朱熹擇取兩條程頤的言說，將之以自我流派重新建構而收入《集注》中。

⑥《正蒙》三十篇第一章可以看到相同的文字。

⑦原文「常人之學，日益而莫自知也。仲尼行著習祭，異於它人。故自十五至七十，化而知裁。其進德之盛者歟！」和《正蒙》三十篇第二章同。但是《正蒙》「莫自知也」作「不自知也」；「行著習祭」作「學行習祭」；「進德」作「德進」。從《正蒙》，改「習祭」為「習察」。

⑧和《正蒙》三十篇第三章同。又《正蒙》「縱心」作「從心」。「七十而從心所欲不踰矩」之句，「從」字是如「跟隨」之意？或者和「縱」字同義有「變成放縱」之意？古來的解釋各有別。本稿從《精義》之說，視張載解釋為「縱」之意。又關於這個問題，可參照松川健二：〈從心と縱心〉（《印度哲學佛教學》第六號，一九九一年）。

⑨和《正蒙》三十篇第四章同。又在《正蒙》作「從心」。

⑩原文「子曰：甚矣吾衰也久矣，吾不復夢見周公。」《論語集注》中讀法為「甚矣吾衰也，久矣吾不復夢見周公。」遑論此似乎為一般性之讀法，然本稿在此且從張載之讀法。

⑪有關張載的生滅論，參照市川安司：〈物の生滅に關する張橫渠、程伊川二氏の意見〉（《東京支那學報》第十六號，一九七一年）。

⑫關於《正蒙》此章，參照大島晃：〈橫渠の「太虛即氣」論について〉（《日本中國學會報》第二十七集，一九七五年）。

⑬《張子語錄》卷中第六十四條有：「理不在人，皆在物。人但物中之一物耳。」張載以存在論說人和其他萬物之間沒有設下特別的區分。

⑭山下龍二氏：〈羅欽順と氣の哲學〉（《名古屋大學文學部研究論集》XXⅦ，一九六一年）中，敘述道：「太虛存於氣之奧，抑或超越於氣，只要將之視為保持純粹性之本體而來思考之，則其將具有朱子所說的『氣在理先』的性格」。

⑮在《朱子語類》卷九十九第三十二條有：「橫渠闢釋氏輪回之說。然其說聚散屈伸處，其弊卻是大輪回。蓋釋氏是箇箇各自輪回，橫渠是一發和了，依舊一大輪回。」根據此說，朱熹在張載的存在論中，看出存在的永續性，以此相似於佛教的輪迴，而排斥此說。又關於這個問題，參照拙稿：〈張載《正蒙》に見られろ循環の思想〉（北海道中國哲學會《中國哲學》第十八號，一九八八九

年）。

⑯和《正蒙・中正篇》第十五章文同。

⑰和《正蒙・中正篇》第十六章文同。

⑱原文：「意，有私也。必，有待也。固，不化也。我，有方也。四者有一焉，與天地不相似也」。和《正蒙・中正篇》第十八章文同。但是在《正蒙》中，「意，有私也」作「意，有思也」；「與天地不相似」作「則與天地為不相似」。

⑲和《正蒙・中正篇》第十九章的前半部文同。

⑳和《正蒙・中正篇》第十九章的後半部文同。

㉑和《正蒙・至當篇》第七章的後半部文同。

㉒《朱子語類》卷三十六第三十一條：「問：橫渠謂：四者有一焉，則與天地不相似，略有可疑。曰：人之為事，亦有其初，未必出於私意，而後來不化去者，若曰絕私意，則四者皆無，則曰子絕一便得，何用更言絕四，以此知四者又各是一病也」等。

㉓和《正蒙・中正篇》第四十六章的前半部文同。但是《正蒙》「叩」作「竭」。

㉔和《正蒙・中正篇》第四十九章的前半部文同。

㉕根據松川健二：〈《論語》吾有知章について〉（大修館書店《漢文教室》第百六十四號，一九八九年）。

㉖原文「正蒙有差，分曉底看」。

㉗例如島田虔次：《朱子學と陽明學》（岩波書店，一九六七年）六十五頁以下。又，在中國學界，把張載的思想看作「唯物主義」、「氣一元論」的見解似乎是極有力的。參照張岱年《中國唯物主義思想簡史》（中國青年出版社，一九五七年）、北京大學《中國哲學史講授提綱》等。

㉘在山下龍二氏：《中國思想史》下（高文堂出版社，一九八六年），以「太虛的思想」來說明張載的思想。

㉙在朱熹《西銘解》解「存，吾順事；沒，吾寧也」，說「蓋所謂朝聞夕死，吾得正而斃焉者」。又關於此問題，參照松川健二：〈《論語》朝聞夕死章について〉（《伊藤漱平教授退官記念中國學論集》，汲古書院，一九八六年）。

第二章　程顥．程頤《二程遺書》和《論語》

——道學的確立

◎名畑嘉則　著
◎楊　菁　譯

前言

所謂二程子——程顥和程頤兄弟，是北宋時代的學者、思想家。一般而言是以道學的創始者而著名，他們的學說後來給與朱熹的學問極大的影響，也是為眾所皆知的。和他們同時代稍為先輩的思想家有周敦頤、邵雍、張載等，與二程合稱為「北宋五子」，他們因為互相共有思想的基礎，所以到後來總括地以「道學」來稱呼他們的學問。

哥哥程顥，字伯淳，世稱明道先生。宋仁宗明道元年（一〇三二）在其父程珦的任地湖北黃州黃坡縣出生。十五、六歲時，由他父親的推薦和弟弟程頤一起受教於周敦頤。二十六歲時和張載、蘇軾等人同時及進士第，之後，始任鄠縣主薄，歷任地方官。神宗熙寧三年（一〇七〇）三十九歲時，得御史中丞呂公著的推薦，任監察御史裏行（揭穿官吏不正的職務）；但是與推進新法的宰相王安石意見不合，不久便自願再度出任地方官。之後以父親年老為理由，除了在洛陽居住數年的期間外（這期間和邵雍交遊），都以地方知事度過。元豐八年（一〇八五）以宗正寺丞之官被召回京都，但是尚未到任即已身故。享年五十四。

弟弟程頤，字正叔，世稱伊川先生。明道二年（一〇三三）生於黃坡縣。二十四歲時，和擔任國子博士的父親一起上京，入學國子監。二十七歲時參加科舉考試，舉進士第，但廷試時落選，之後便不想再接受考試。此後專心於學問，從事於後進的指導。大約在哲宗元祐元年（一〇八六），五十四歲時受司馬光等人的推薦任職崇政殿說書（對天子講義經書之官），但是也捲進了所謂的洛蜀黨爭，一年餘即受彈劾移居洛陽。元祐五年，以父親亡故之由而去官。紹聖元年（一〇九四）新舊黨的黨論興起，屬於舊黨的伊川也受罰，被流放於涪州。又在徽宗崇寧二年（一一〇三）再次受彈劾，著述之類全部被廢棄。崇寧五年被赦復宣義郎致仕，翌年大觀元年，七十五歲，卒。

有關二程之為人，在《伊洛淵源錄》卷四所引的《涪陵記善錄》記載了令人印象深刻的傳聞。二程隨侍其父太中公①赴任漢州知事行旅中，寄宿於某一僧寺。到寺時，明道進門往右走，從者皆跟隨之；伊川進門往左走，僅一人步至法堂與明道們相會。伊川見此狀，自嘆道此為自己不及兄之處。明道由於溫厚，人皆親近之；然伊川的謹嚴給人怖畏之感，故皆敬而遠之。——如同這一段插曲所代表的，在論及二人的性格時，明道是柔和溫厚的性格；伊川則常被強調其峻烈、嚴格的一面。②例如編集校訂二程語錄的朱熹對於二者的差異也說：明道由於德性寬大，他的言語是渾一的、高尚的，所以初學者難以理解；伊川由於是謹嚴的性格，所以他的言語是分析的、確實而親切的。③

中國社會進入到宋代有了極大的改觀，即到唐代為止的門閥貴族完全的沒落，君主獨裁的中央集權體制被確立。伴隨著這種社會體制的變動，開啟了以科舉制度進入官僚之道的「士大夫」階層，成為作為新式的政治、文化的擔當者的登場。所謂「道學」，可以說是這些士大夫階級們，為了尋求一種適合安置自己的新世界觀，及作為一個為政者統治理念的確立，並和已陷入於「以經書的訓詁為要務」的形式主義的傳統儒學相對抗，一邊汲取佛教的思想（特別是華嚴、禪），一邊摸索而形成的學問。程顥、程頤兩兄弟，特別是程頤，是北宋五子中持續到最後也是最活躍的一個，他吸收了其他學者的門人，同時又將其學說加以整備，以最有體系的形式流傳到後世。「復古」是道學派共通的基本主張，尤其是二程，一直以復興孟子以來斷絕的學問者自任④；因此，賦予能夠直接接觸到孔子、孟子之思想素材的《論語》、《孟子》等非常重要之位置。本小論希望嘗試探討之點為：他們如何地將《論語》取進於自己的學問中？或者如何地將《論語》各章的字句吸收進自己的思想裡。

標題的《二程遺書》（以下略稱《遺書》）是南宋孝宗乾道四年（一一六八）朱熹搜集編纂二程門人的記錄所成的語錄。但是書中未明記語出二程哪一個人之條的亦不少，因此在取用時要慎重。又在《遺書》中即使說明哪一條屬於誰，但是在朱熹的其他編纂刊物如《論語精義》、《近思錄》等，也有著因分配不同而改變的情況。⑤由於考慮到此類的問題，在本小論中只取用確實被認定為哪一個人之語之條。又同樣為二程的語錄的《二程外書》（以下略稱《外書》）等，因為也可以見到言及《論語》各章之語，所以希望在必要時對應參照。⑥

一、關於二程的「天理」

把稱為天理或理的概念放置在存在論、倫理觀的根源，追究理成為哲學上的第一課題，這似乎是最能賦予二程思想的特徵吧！謝良佐《上蔡語錄》說的「明道嘗曰：吾學雖有所受，天理二字卻是自家體貼出來」這著名的一節，正可以突出地指出這些。明道所說，對於自己的學問說「天理」一語，正表明了天理不是由他人那邊承繼而來的，而是由自己思索體會自覺獲得的，在此也可以讀取到他對天理的用語自負的程度。只有說體認體得天理這一點，才可以看出自己學問的獨特性吧！又一般來說，關於被規定為「理氣二元論」的伊川的哲學，實際上也是以理為中心的一元的世界，已經有前人詳細精密的考察論述了。⑦

那麼，所謂的天理究竟為何物？在討論二程《論語》解釋的特色之前，簡單地先來看有關天理或理的用語。他們有關理的言論，多數見於《遺書》中，但是從正面來定義「理」這類語詞的例子大概是沒有的。現在因為沒有餘力檢討全部的用例，就只試著取用其中被認為最富特徵的部分。（引用下括弧內的數字所表示的是中華書局《二程集》本《遺書》的卷數，條數）

萬物皆只是一箇天理，已何與焉？（二・一一一）

天下只有一箇理。（一八・六四）

前者不清楚是二程何人之語，但後者是伊川之語。兩者都是以天理作為宇宙萬物的本原、本體來規定。確定為明道之語的話中，沒有見到類似的規定，但是卻可看到如以下所表達的例子。

萬物皆有理，順之則易，逆之則難。各循其理，何勞於己力哉！（一一・七一）

詩書中凡有箇主宰底意思者，皆言帝；有一箇包涵遍覆⑧底意思，則言天；一箇公共無私底意思，則言王。⑨（二上・一一五）

如上所見，明道顯然是在所謂：包覆萬物者，或者是萬物所據從之道理的這層意思上而來使用「天」或「理」這一語詞。從以上的考察首先可以說的是：二程是將天理、理之類的語詞理解為是超越於萬物的某一形而上的概念，認為宇宙萬物存在的根據及本原的想法是共有的。

進一步從《遺書》中尋求有關更具體的理的規定，首先試著提出明道的《易・繫辭傳》上的句子所說的例子。

「天地設位而易行其中」，何不言人行其中，蓋人亦物也，若言神行乎其中，則人只於鬼神上求矣。若言理言誠亦可也，而特言易者，欲使人默識而自得之也。（一一・一二）

在此，言理，言易、神、誠，只不過是對於相同之物的不同側面的稱呼之名。又這裏一般認為「易」字特別的重要，是本於《周易・繫辭傳》上的「生生之謂易」句；因為天，是以表現了生生萬物不已之性格之語而被理解的。他又說：

言體天地之化，已剩一體字，只此便是天地之化，不可對此箇別有天地。（二上・三三）

存在於此的吾身（此箇）；正是天地之化，亦即天地生生化育的直接表現。在明道，天理有著產出化育萬物的性格，可以說其強烈地意識到所謂「天理」作為「生生之理」的這一側面。⑩

在另一方面，伊川也留下以下之語：

天下之物，皆可以理照，有物必有則，一物須有一理。（一八・五〇）

在此將「有物必有則」（《詩・大雅烝民》）換言為「一物須有一理」；明白地由「則」置換為「理」，這種關於事物的法則性被稱為理。然而所謂此「則」，有如此之說：

夫有物必有則，父止於慈，子止於孝，君止於仁，臣止於敬，萬物庶事莫不各

有其所，得其所則安，失其所則悖。（《程氏易傳·艮象傳》）

不只是物之理，一直到作為人倫的法則、規範的原理也都包含在內。像這樣子，伊川在說理之時，可以說有著強烈地意識到此法則性、規範性這一側面的傾向。又他在《程氏易傳·同人彖傳》的解說中說道：

天下之志萬殊，理則一。君子明理，故能通天下之志；聖人視億兆之心猶一心者，通於理而已。

以上引文說的是：有一貫穿具備於萬物個個之理的理存在。亦即在伊川，所謂的天理，是超越萬物的「一理」，同時亦具有在萬事萬物之中具有作為「則」的內在的性質。

又，在此應注意的事是，這樣的理論，全部是由二程所「體貼」，即是藉著靜坐的實踐由自身所得到的結論，而不單只是由理知所考察出來的空論。⑪伊川藉由格物窮理（在各各事物中追求當然的自然的理想狀態的思索的實踐）的累積，在達到某階段時「脫然貫通」（能夠突然一氣地覺悟）的一種神祕的體驗。⑫在二程的主張根據裡，是具有這種現實體驗的保證的。

那麼，以上非常簡單地總結有關二程之理、天理所說具有的傾向，且將此放在心上；以下，則論二程如何地把握理，關於這一點，試著就《論語》幾個篇章的解釋來探討。

二、二程的「曾子一貫」章解釋——「一貫忠恕」和「天理」

記載孔子對曾子告以「吾道一以貫之」之旨的篇章，是在《論語》中歷代以來都備受重視的一章。因為如此，二程也喜歡以此為話題，在朱熹的《論語精義》中，引用了明道說三條、伊川說十三條。

關於這一章，二程首先視為問題的是，曾子以一言來表現孔子之道所得到的「忠恕」之語，這句話是如何解釋呢？

明道留下了以下之語：

> 以己及物仁也，推己及物恕也。「忠恕一以貫之」，忠者天理，恕者人道。忠者無妄，恕者所以行乎忠也。忠者體，恕者用。大本達道也，此與違道不遠，異者動以天爾。（一一．七八）

開頭「以己及物仁也，推己及物恕也」的部分，是對《中庸》「忠恕違道不遠，施諸己而不願，亦勿施於人」的解說。若根據後半部「忠恕一以貫之」以下，有關對《論語》的忠恕的說明來看的話，忠和恕是在本體和作用的關係上被把握的，解釋忠即是天理，乃自己無偽（無妄）之意；恕即是仁道，被規定為實踐忠的方法（所以行乎忠）。也就是，明道把孔子、曾子之間所傳授的道，變成作為天理（忠）和實踐此天理（恕）的問題來處理。又在此，明道把《論語》的這一章的忠恕和《中庸》的忠恕劃上一線的原因是在於關於「動以天」這點上。明道連繫了《易・無妄卦》作了如下的敘述：

> 無妄震下乾上，動以天，安有妄乎，動以人，則有妄矣。（一一・五七）
>
> 無妄震下乾上，聖人之動以天，賢人之動以人，若顏子之有不善，豈如眾人哉！惟只有在於此間耳，蓋猶有己焉。（一一・一〇九）

明道認為「動以天」是屬於聖人之事；無我，即不在行動上雜入自己。若人終極須以成為聖人為目標⑬，則人須藉由克服我意以體現一己內在之天理，並須負起將此天理推廣至世界萬物的責任。然後此一己的克服，稱為「無我」的，和《中庸》的忠恕——即「推己及物」，使自己置身其中而開始的可能的實踐的理想狀態——這正是二者之間劃上一線的原因。

有關這一章，弟弟伊川也留下了以下之語：

忠者無妄之謂也，忠天道也，恕人事也。忠爲體，恕爲用，忠恕違道不遠，非一以貫之之忠恕也。（二一下・八）

忠者天下大公之道，恕所以行之也。忠言其體，天道也。恕言其用，人道也。（《外書》二・七）

由以上所說，基本上也可以說和之前所舉的明道對忠恕的理解合為一軌。可以見到兩者以忠恕作為體用的關係來把握的這件事，和解釋忠為無妄這件事，又把《中庸》的忠恕和這一章的忠恕作為有別之解釋等的一致點。因此，有關該章定位忠恕這一問題，設想二程之間沒有太大差異一事，應無不妥。

問題是要探究所謂忠恕在具體上指的是什麼這一問題點，對二程來說，所謂忠恕不單只是關於自己的心的修養和實踐之方的問題而已。他們在《外書》卷七各別留下以下的說法：

「維天之命，於穆不已」，不其忠乎！「天地變化，草木蕃」，不其恕乎！（明道）

「維天之命，於穆不已」，忠也；「乾道變化，各正性命」，恕也。（伊川）

上述二例，兩者皆將忠恕定位為：包攝天地萬物之生生不絕之活動在內的概念。雖然兩者都引用了《毛詩・周頌》「維天之命」之詩句來解釋忠；但是有關恕，明道引《易・坤文言傳》，伊川則引〈坤乾彖傳〉來說明。明道的「草木蕃」，可以理解成普及「天地變化」到世界各個角落為止（忠的實踐）吧！以所謂「使草木蕃茂」這一類的表現來解說恕，是表示以萬物的生生作為天理的本質，清楚地確立了明道的立場。又，伊川的「各正性命」，說的是導正萬物為本來應有的姿態這件事，表現的是重視理的規範性的立場。此「萬物」在實踐上若實質地意味著萬民，那麼各種恕的理解便可以換言為「生民」（明道）、「正民」（伊川）。

不管是二程哪一位的解釋，不變的是彼等皆將忠恕擴大到天地之大效能而來闡說之。若如此認為，對二程來說，則所謂發現己身內在之天理並實踐之一事，無非就是包括由修養論至宇宙論在內的孔子之道。甚而，若將前文所引謳歌「天理」二字中有著思想之獨特性的《上蔡語錄》中所援引之明道之語來合併考量的話，則彼等乃是將其自身定位為：體得實踐此孔子之道者。

三、二程的「顏淵問仁」章解釋——「克己復禮」和「天理」

孔門第一的弟子顏回，問了有關儒家的第一德目「仁」的一章，也是自古以來很多人士喜歡加以討論的一章，二程也不例外。在《論語精義》中收有明道說七條，伊川說九條，在此特別集中「克己復禮」和天理的關係之問題來加以討論。

首先，這一章「克己復禮」，明道解釋：

克己則私心去，自然能復禮，雖不學文而禮意已得。（二上・四一）

此乃將克己一事，結合去私心一事而加以解釋。藉由除去自己的私心，自然地回歸於禮，在此浮現的是除去私欲後發揮自己本來具有的天理這一個論題。⑭在以上明道的用語仍然使用《論語》本文的「禮」字，天理之語還未出現，明確地提出「天理」的是伊川。

例如，伊川如下說道：

視聽言動，非理不為即是禮，禮即是理也。不是天理便是私欲，人雖有意於為

善，亦是非禮，無人欲即皆天理。（一五・一七）

在此伊川將「己」一字理解為私欲，並以「理」（天理）代「禮」而解；故將「克己復禮」解釋為「除去人欲，以恢復天理」。甚至連所謂「為善」的意志亦被視為私意而被加以否定，實極為嚴厲。

在《遺書》中可以看到為數相當多的所謂：天理和人欲對置，並且應該基於前者而來克服後者的想法。⑮可以窺見這個問題對於二程來說是修養論上共通的大問題，而「克己復禮」的解釋，亦沿著此主題而被進行。

有關這一章再看看伊川其他例子的解釋吧！

敬即便是禮，無己可克。（一五・五）

必誠之在己，然後爲克己。禮亦理也，有諸己則無不中於理。君子愼獨，故敬以直內，義以方外，所以爲克己復禮也。（《外書》三・一一）

敬立則無妄，無妄則禮也。（《論語精義》所引）

在這些例子中，敬、誠的確立和禮是互為關連的。完成克己的狀態，當然是以無妄、誠、敬這一類的話來表達的。也就是在「克己復禮」的實踐上，其過程必是等到除去自己內在人欲的克己工夫的完成，誠敬的確立，方才臻至所謂無妄，亦即實現天理之狀態。

> 聖人修己以敬，以安百姓，篤恭而天下平。惟上下一於恭敬，則天地自位，萬物自育，氣無不和，四靈何有不至。⑯（六．一一）

> 父子君臣，天下之定理，無所逃於天地之間，安得天分不有私心，則行一不義，殺一不辜，有所不爲，有分毫私，不是王者事。⑰（五．一〇）

在上面的例子中，所謂「敬」、「無私心」之類的話是將之隸屬於聖人、王者之事而來闡說的。說仁、禮之德目，表示意識到作為人主們應當踐行之道。伊川在《易傳．大畜六五》的解說，有關成為隨心所欲的人欲之弊害敘述如下：

> 夫以億兆之眾，發其邪欲之心，人君欲力以制之，雖密法嚴刑，不能勝也。夫物有總攝，事有機會，聖人操得其要，則視億兆人之心猶一心。道之斯行，止之則戢，故不勞而治。

若眾多人民各發其私欲，姿意而為，那麼即使是以再怎麼嚴重的刑罰來取締斷除，也是不可得的。而君主為了使人民不起私欲，必須使其心導向於正。因為聖人以人民之心為己心，並且徹底了解其要領，因此才能夠不勞煩地整頓治理事務。這裏不只關於君主一人來說，而應該是統治者一般的問題。明道也論述同樣的旨趣，有如下的敘述：

以物待物，不以己待物，則無我，……天下之大，萬物之多，用一心而處之，必得其要，斯可矣。（一一．九一）

以上引文乃謂：在對待天下萬物時，由於依據我意是無用的，所以得到要領以對治是必要的。此「得要領」之事，要言之即不外乎識得理，同於第一節所引的《易傳》（同人彖傳）所見的。對二程來說，克服私欲的論題，不只是自己修養上的問題，也是政治上的課題。彼等所提倡之道學，對於入宋以來漸次興盛的，擔負政治之士大夫階級之人士，提供其嶄新世界觀、倫理觀之基砥。若如是設想，則此亦屬當然。

那麼，若將該章主題設想作「如何成仁」而來思考的話，對二程來說，其確實是將「克己復禮」即是戰勝人欲，實現天理，把這件事直接地和仁相結合。那麼，他們是怎麼樣地思考仁呢？基於上述論及有關二程天理實踐的論點，同時，筆者試圖思考彼等對仁之理解。

四、明道的「仁」說——「萬物一體」和「仁」

仁既然是儒家的最高德目，那麼該怎麼樣地理解仁是具有非常重大的意義的。二程提出具有各種特徵的解釋，本節首先舉出明道對仁的理解。

明道在言及仁時最有名的例子應該是〈識仁篇〉這一條吧！其中的一部分揭示於下：

> 學者須先識仁，仁者渾然與物同體。義禮知信皆仁也，若識得此理，應存之以誠敬，不須防檢，不須窮索。（二上・二八）

明道於該篇盡在主張：學者無論如何須先識仁。在此用了「識此理」的這一說法，要言之即是知天理這一事吧！到達感得自己和萬物為一體的階段，方才可以為仁，可以識得天理。若能識得天理，之後只要藉由誠敬加以涵養即可。那麼，具體上該如何去掌握仁呢？明道至為簡明地說「切脈最可體仁」（三・二），亦即把脈時最能體感得仁。在我生生脈動不已的身體中，最善於體現仁吧！對明道來說，正是認為生育萬物的原理，乃是藉著體得「生生之理」，與物合而為一才是仁。

以下即試著就《論語》「博施濟眾」章（〈雍也〉）的解釋來看明道對於仁的理解的具體例子。

若夫至仁，則天地爲一身，而天地之間，品物萬形，爲四肢百體，夫人豈有視四肢百體而不愛者哉！……故「能近取譬」者，仲尼所以視子貢以爲仁之方也。醫書有以手足風頑謂之四體不仁，爲其疾痛不以累其心故也。夫手足在我，而疾痛不與知焉，非不仁而何？（四・三八）

醫書言手足痿痺爲不仁，此言最善名狀。仁者以天地萬物爲一體，莫非己也。……如手足不仁，氣已不貫，皆不屬己，故「博施濟眾」乃聖人之功用，仁至難言，故止曰「己欲立而立人，己欲達而達仁，能近取譬，可謂仁之方也矣」。（二上・一七）

理解這一章的「能近取譬」之語，是把他人身上的問題拉到自己近身來思考，這是傳統的解釋。他進一步以天地萬物為自己的身體，說應該愛天地萬物如同愛護自己的身體一樣，這才是所謂的「仁之方」。又明道謂醫書的手足麻痺為不仁之語，認為這種比喻最善於說明仁的本質。從中國醫學的傳統思想來看，人體被理解為是不停流動的、是持續循環的氣。也就是說明道是將世界看作如同流動的氣，可以說是將自己和他物的關係以互為流動交合之物來了解。手足和心之間若產生氣的阻塞，就會毫無感覺，這就是痲痺；如果稱此為不仁，那麼在宇宙萬物和自己之間的障害阻擋妨礙了相互的流通，產生這樣的情況也就可以稱為不仁。這種「萬物一體之仁」論的情況，因為萬物在生出時均承受天理的緣故，所以同為物的我，與本質上被視為一體的「生生之理」⑱的這一主張，可說是完全吻合。在《論語》中並沒有提到這些，如「醫家以不認痛癢謂之不仁；人以不知覺不認義理為不仁」（二上・一三四）這類的話，不知覺是以不認義理為不仁。此「義理」和所謂的天理是相同的，也就是若陷入和天理切離的狀態即是不仁。又說「觀雞雛，此可觀仁」（三・三），教導對雛雞觀仁，和先前所舉的取脈最能體得仁的譬喻相同，明顯地表明了在目前活生生會動的生命之中，汲取天的生生的意志這樣的立場。

以上考究了明道對仁之理解，藉由此考究，吾人可以說：首先他的「萬物一體之仁」的說法，和體認自得天的生生之理這樣的主張合為一軌；而藉著同樣稟持著天理，故說萬物和自己是一體，這是非理智的直覺性感覺的認識，而這也就是仁。

明道的萬物一體的主張，應具有鼓舞啟發了高揭理想的學者之心這樣的意思。我在心上若存天理，便得以和萬物成為一體；藉由此說，使學者思考充滿於宇宙間的生命本質，同時使現實上自己和他者之間所生起的各種對立矛盾，得以一口氣地完全消解。又若思及明道以

「視民如傷」⑲作為政治上的座右銘，則吾人也許也可以說：其要求為政者的士大夫，要有以萬民之痛為我之痛的仁愛之心。

又明道的「萬物一體之仁」，到後世因王陽明等所謂「心學」系統的思想家而獲得很高的評價。對心學派來說，主體本來所具備的天理，以及以深切信賴心所具備之可能性為前提的明道之萬物一體論，與他們的思想立場相吻合。

五、伊川的「仁」說——「公」和「仁」

伊川對於仁的理解，是直接承襲先前所述的「克己復禮」的解釋而來的。對伊川來說，其將仁當作話題而來討論，並留下其論斷的。首先將其諸例揭示如下。

仁則一，不仁則二。（三・五八）

仁道難名，惟公近之，非以公便爲仁。（三・五九）

仁者公也，人此者也。（九・一）

仁之道，要之只消道一公字，公只是仁之理，不可將公便喚作仁。公而以仁體之，故爲仁。只爲公則物我兼照。（一五・八四）

伊川在提示了所謂「公」這一語詞，是與「仁」非常地接近的，以自身來體現「仁之理」的公，這就是仁。又第一個例子中，若再看看以下所揭示的話，和「公」的連繫應該是很清楚的了。

公則一，私則萬殊，至當歸一，精義無二。人心不同如面，只是私心。（一五·一八）

公是至當的精義，是一。因為公之故，所以萬物和我身成為一體且歸為一。萬物一體的主張，也同樣見於伊川是可知的。所謂公，不用說，即是私的相對的概念。就像見於「克己復禮」章的例子，因為必須依據去私欲復天理而成為仁，因此仁的本質是成為「公」，這是自然而且當然的事。⑳

接下來看看有關《論語》的仁的具體解釋的例子。首先是「回也其心三月不違仁」章（〈雍也〉七）的例子：

周伯溫問：「回也其心三月不違仁，如何？」曰：「不違處只是無纖毫私意，有少私意，便是不仁。」……又問：「如何是仁？」曰：「只是一箇公字，學

者問仁，則常教他將公字思量。」（二二上・四一）

顏回被稱為仁，是因為他善於將私意克服。這裏說的「三月」被冠以限定的時間，因為即使是顏回，也不免偶爾有私意，如果有一點點的私意，便不得說是仁。可知去私意是如何困難且重要的課題啊！其次是「惟仁者能好人能惡人」章（〈里仁〉三）的例子。

「惟仁者能好人能惡人」，得其公正也。（《經說》六〈論語解〉）

「惟仁者能好人能惡人」，仁者用心以公，故能好惡人，公最近仁，人循私欲則不忠，公理則忠矣。以公理施於人，所以恕。㉑（《外書》四・三）

因為仁者體得公之故，所以能好人能惡人。在此，把公和忠恕結合來說的這點是值得注意的。因為如果循公理便是忠的表現，因此把先前所見的忠作為天理合起來思考理解，將天理換言為公理應是很明白的。

如此來看，公私對立的圖式，大約和前述天理、人欲對立的構造是一致的。藉由私的否定、除去私而成為公，這樣的方向和「克己復禮」之解也是完全相同的。問題是，為何要把天理和公互換來說呢？要回答這個問題時，首先，應該試著稍加檢討有關私欲具體指的是怎麼樣的事的這一點。即使一口說私欲的否定，但並不是將全部的欲求一概地否定去。

口目口鼻四肢之欲，性也。（一九・五九）

「禮儀三百，威儀三千」，非絕民之欲而強人以不能也。所以防其欲，戒其侈，而使之入道也。（二五・六六）

理者天下之至公，利者眾人所同欲。苟公其心，不失其正理，則與眾同利，無侵於人，人亦與之。若切於好利，蔽於自私，求自益以損於人，則人亦與之力爭，故莫肯益之，而有擊奪之者矣。云莫益之者，非其偏己之辭也，苟偏己，合於公道，則人亦益之，何爲擊之乎？（《易傳》益上九象象傳）

從這些例子看來，只要心符合於公的天理，則欲求之類的事並沒有被否定。但是，只要其挾雜絲毫之私意，這樣的欲就不被允許了。如果餓了就吃，凍了就穿衣服，這不必說是私欲；但是只要有少許的貪心存在，這些馬上就變成私欲。㉒歸根到底，並不是要否定欲這個東西，而是嚴戒奢侈之心的萌芽。此即所謂若有越公理、天理規範所許可之範圍雷池一步，將遭否定去除。那麼，人該怎麼使自己的欲求在與公符合或否上，做出沒有差錯的判斷呢？二程二人無論何者，皆採取所謂體認自得天理為其全體前提之立場，而在原則上，若能依據內在天理之所命即可，但是，天理的體認存養絕對必須靠自己的修練而不斷支持下去的。連顏回都不能夠始終一貫的實踐，所以實踐起來應該有很大的困難。㉓伊川在有關後漢的第五倫所說的，自己之子和兄之子一起生病時，因為耽心的程度是不相同的，因此認為自己是無法擺脫自私的㉔，所以他說：「父子之愛本是公，才著些心做，便是私也」（一八・二一二）父子之愛之類的事一看就是屬於私的，也把它規定為公之事。總之，從自己內在的天理中以自然當然之形態而外流出來的無造作的欲求，同樣可以說是公，在其中摻入造作之心當然就變成私。有私欲或否的判定基準，可以說與這個造作之心的有無相關聯。

就以上所見有關伊川對於私欲的理解，如果試著稍加整理的話，當然便可以導出下列幾個事實。1.超越當然自然之欲求的範圍的欲求被視為一種私欲而遭到否定。2.自己的欲求是否為一種私欲，必須根據有無造作之心的基準來判斷的；私欲終究必須借助天理的體認，借助排除自己的造作，及偏愛自己的心，而加以克服才對。

那麼，如果是這樣，「公理」之語，可以說是一強烈意識到：天理乃是一制約己身之欲求的規範、準則這一層面的一種表現。公理，本來應該是由自己內在天理的自覺體認而發現的，並無所謂有某種己身之外的外在規範束縛往自己的這種性質。但是，若加強地提出了作為理的社會的倫理規範的一個側面，則將疏於自我修練，終將陷入規範主義、教條主義，此結果亦非不可能。事實上，在接受繼承了朱子學的天理的主張時，心學系統的人士已經對於他們在律己上的僵化而給社會帶來弊害的這件事予以批判。

結語

在本論中，有關程顥、程頤兄弟的《論語》解釋的特色，是以他們所主張的天理思想是如何反映的這一類問題為中心來考察。二程已將孔子傳予曾子的「一貫忠恕」之道，牽引至其自身所謂天理與天理之實踐這一主題來闡釋。又顏子問仁的意義時，孔子所回答的「克己復禮」，也是以除人欲存天理，這樣的修養論來理解。關於仁的解釋，二程的強調點有些許的不同。明道是以生生之理的體得來說只有萬物一體觀才是仁；伊川則是以實現體得天理結果的公正無私之心為仁。但是這兩者的不同，只不過是兩者在說仁時放置的著力點不同罷了，兩者對於根本上放置天理於萬物一體之說則是共同的。

一般認為二程的思想在架構上可以說是一致的。只是在明道，深信心所具有的主體性和判斷力，有著重視強調心本來具有的可能性的傾向；而在伊川，說心由於私欲和外部的影響等而容易使判斷力受到侵擾，基於這種考慮，因此特別說戒除私欲，有強調理所具有的規範性的側面之傾向。儘管如此，就算是明道都難以想到，到後來會有像心學所認定的那樣的主體絕對的權威；而伊川也不是在心之物的否定和自己的外部說規範的優越性。由於不斷地徹底地追究兩者分岐的「傾向」，終發展至心學、朱子學之兩極。明道開闢往心學發展之道；伊川則為朱子學作了準備，這些敘述便成為思想史概說的通例。然而照這樣的看法，使得他們發言行動的本來意義，或恐時常在各個情境中，迷失其原本應具有之意義。

如本論一開始所介紹，二程在生涯、經歷上有很大的差別。哥哥明道在生涯上度過很長的官僚時期；弟弟伊川大部分都居家作學問，及費時間在弟子的教育上。又明道在元豐八年（一〇八五），神宗崩後，隨著舊黨一時的復權，新法舊法的黨爭逐漸深化到熾烈的程度，而歿於黨爭中。留下伊川，從明道歿後到接近北宋末期為止，歷經新舊黨爭和洛黨（伊川學派）、蜀黨（蘇軾學派）之爭㉕等最熱烈的時期，而不斷地活躍著。這件事似乎也給與兩人的學問方法和性格的差異不少的影響吧！

明道在政治實踐之場，以天理的發揮作為「萬物一體之仁」來歌誦，促進為政者之士大夫有經世濟民的責任義務之自覺。一方面，以一個教育者而活動的伊川，繼承其兄之道，同時整備其學說，為了作為準備和他派競爭的學派，確立其獨自性、一貫性，這事是必然且緊急的要求吧！伊川所遺留下的言論，之所以傾向規範主義、分析主義，原因之一豈不也是與此事有關？例如，伊川以仁來理解「公」，自然就強化主張了作為天理的公共的基準之面，但是在這一背景中，對王安石的新法、新學難道沒有批判的意思嗎？王安石在熙寧二年（一○六九）參知政事，翌年為宰相，改革舊有的制度斷行新法，以富國強兵的目的，抑制大地主的權益，把富民之事放在第一位，實行功利主義的政策；作為這種改革之際的新法不只是政策的內容，在實行之際也加以強行引用，王安石為了符合自己的需要，拔擢了不良的人才等事，在很多方面各種批判自然曝露出來。二程亦與成為其後盾之呂公著等舊法黨之大官們一同反對新法，一起展開反對運動。在伊川的〈代呂公著應詔上神宗皇帝書〉（《文集》五），批判了新黨的富國強兵策，及天子倚靠這種勢位「以天下徇其私者」，即天下成為為自己的私欲而服務。㉖又同時上書說，君主不能以自己的好惡來登用人材，而應該「取捨一以公議」等，伊川對於王安石的批判根據，就是經常以「公」為要求的理論。

注釋

① 二程的父親程珦，字伯溫，官至太中大夫。為漢州知事是治平四年（一○六七）的事。

② 程頤自己說「自度少溫潤之氣」（《遺書》二二上·六六），認為自己的性格有欠缺溫厚柔和之處。

③ 朱熹在論到關於二程的差異，試著舉幾個例子，如下所說：

明道德性寬大，規模廣闊。伊川氣質剛方，文理密察。（《朱文公文集》卷三十五，〈答劉子澄〉）。

明道說話渾淪煞高，學者難看。（《朱子語類》卷九十三）。
明道說話超邁，不如伊川說得的確。（同上）
明道語宏大，伊川語親切。（同上）。

④《程氏文集》卷十一〈明道先生行狀〉有「謂孟子沒而聖學不傳，以興起斯文為己任」。

⑤有關這個問題，參照陳榮捷〈朱子之近思錄　附錄三、明道與伊川—究是誰人之語〉（《朱學論集》，台灣學生書局，一九八二年）等。〈程子曰〉參照（《朱子新探索》，台灣學生書局，一九八八年）等。

⑥在本小論中引用《遺書》、《外書》、《程氏文集》、《經說》等，以從《二程集》（王孝魚點校，中華書局，一九八一年）為原則，一部分有改句讀處。

⑦市川安司《程伊川哲學の研究》（昭和三九年，東京大學出版會）。

⑧《漢書・董仲舒傳》云：「臣聞天地者群物之祖也，故遍覆包函而無所殊，建日月風雨以和之，經陰陽寒暑以成之」。

⑨在《遺書》中沒有明記是二程哪一個人之語，在《宋元學案》卷十三〈明道學案〉視為明道之語。

⑩上一條沒有明記是二程哪一個人的話，恐怕是明道之語。

⑪關於明道的「天理體貼」，參照楠本正繼〈二程子論〉（昭和三〇年《楠本正繼先生中國哲學研

究》，〈昭和五四年，國士館大學附屬圖書館〉所收〉。同《宋明時代儒學思想の研究》（昭和三七年，廣池學園出版部），九三—九四頁。友枝龍太郎〈程明道の天理體貼〉（昭和三九年，廣島大學紀要二三—一）等。又湯川敬弘〈二程子の體貼の世界と有の論理—感應の論理序說—〉（《朱子的思惟—中國思想史における傳統と革新—》平成二年，汲古書院所收），詳細論述了二程共有的「體貼」世界，有關二人的天、道、性、理的理解是一致的。

⑫「須是今日格一件，明日又格一件，積習既多，然後脫然自有貫通處。」（一八・二七）

⑬例如「二程之學，以聖人為必可學而至，而已必欲學而至於聖人」（《外書》一二・五）

⑭所以將天理人欲對置來闡說，乃本於《禮記・樂記》中如下的記載：

人生而靜，天之性也，感於物而動，性之欲也。……好惡無節於內，知誘於外，不能反躬，天理滅矣。夫物之感人無窮，而人之好惡無節，則是物至而人化物也。人化物也者，滅天理而窮人欲者也。

⑮論述對置天理和人欲的說法的代表例子同下所舉：

人心莫不有知，惟蔽於人欲，則亡天德（一作理）也。（一一・七二，明道）

人心惟危，人欲也。道心惟微，天理也。（一一・一〇三，明道）

人心私欲，故危殆；道心天理，故精微。滅私欲則天理明矣。（二四・九，伊川）

人之爲不善，欲誘之也。誘之而弗知，則至於天理滅而不知反。（二五・二七，伊川）

⑯在《遺書》中沒有明記是二程哪一個人之語，《近思錄》卷四「存養」，作伊川之語。

⑰在《遺書》中沒有明記是二程哪一個人之語，《近思錄》卷二「論學」，以為明道之語。但是佐藤一齋的《近思錄》欄外書，在這條上說應該冠以「伊川先生曰」五字。

⑱見於「所謂萬物一體者，皆有此理，只為從那裏來。生生之謂易，生則一時生，皆完此理。」（二上・一三五）因為萬物得以和我成為一體，就是依據在生出時所承受備有天理的共通性而說的。

⑲《孟子・離婁下》「文王視民如傷，望道而未之見」；《左傳》哀公元年「臣聞國之興也，視民如傷，是其福也」。

⑳有關伊川的「公」所說的，在溝口雄三的〈中國の「公」「私」（上）〉（《文學》五六，一九八八、九）有言及。

㉑《外書》中沒有明記是二程哪一個人的話，從以「公」字來解釋仁這一點來看，似乎是伊川的話。

㉒雖為明道之語，但亦可以見到「飢食渴飲，冬裘夏葛，若致些私吝心在，便是廢天職。」（六・三一）這類的例子。

㉓關於說克去己私的困難，可以見到「大抵人有身，便有自私之理，宜其與道難一」（三・一〇〇）等例子。

㉔《後漢書・第五倫傳》。又參照之前所舉溝口的論文。

㉕關於所謂的「洛蜀黨爭」，參照《宋史紀事本末》卷四十五洛蜀黨議等。

㉖「人君因億兆以為尊，其撫之治之之道，當盡其至誠惻怛之心，視之如傷，動敢不慎，兢兢然惟懼一故之不順於天，一事之不合於理，如此王者之公心也。若乃恃所據之勢，肆求欲之心，以嚴法令，舉條綱為可喜，以富國家強兵甲為自得，銳於作為，快於自任，貪惑至於如此，迷錯豈能自知，若是者以天下徇其私欲者也」。

第三章 謝良佐「謝顯道論語解」——「仁」說的一展開

◎山際明利 著
◎楊 菁 譯

前言

謝良佐，字顯道，壽春上蔡（河南省）人。北宋儒者，因居所之故，世稱上蔡先生。生卒年不詳，根據佐藤仁氏〈謝良佐《論語解序》によせて〉①，說他生於仁宗皇祐二年（一〇五〇），沒於徽宗宣和二年或三年（一一二〇前後）。傳記見於《宋史》卷四百二十八〈道學傳〉第二，《宋元學案》卷二十四〈上蔡學案〉等。由傳記來看，他在神宗元豐八年（一〇八五）及進士第，歷任地方官。建中靖國元年（一一〇一）召上京師，謁見剛開始親政的徽宗皇帝，因為未感其誠意，所以離都為西京（洛陽）竹木場的監督官。之後，「坐口語下獄，廢為民」，即不知受到何種誹謗而入獄，被奪官位下格為庶民。佐藤仁氏在前面所提的論文中，推測他是被連坐於元祐黨禁之事。關於他臨死時的情況似乎並不清楚。

謝良佐，是二程子，即北宋大儒程顥、程頤兄弟的高足，與游酢、呂大臨、楊時並稱「程門四先生」。程顥任扶溝知事時，見從學謝良佐，語人曰「此秀才，若展拓得開，將來應有望」。起初，他自己誇耀知識宏博，引用史書的文句一字不差而自慢，曾有程顥責備其「玩物喪志」的逸聞。之後，由程頤讚賞其「此人，為學切問近思」，可以看出就如程顥所期待的，他的素質似乎是在程門開花了。

集宋學大成的南宋大儒朱熹曾說：「上蔡高邁卓絕，言論宏肆，善開發人」（《朱子語類》卷百一，第三十七條），敬服於謝良佐資質的高邁。但是在其他地方卻說道：「伊川之門，謝上蔡自禪門來，其說亦有差」（同上第三條），非難謝良佐的學問是佛教的。又論「上蔡一變而為張子韶，上蔡所不敢衝突者，張子韶出來，盡衝突了。近年張子靜又衝突出張子韶之上」（《語類》卷二十，第百二十九條），把謝良佐的學說看做張九成、陸象山心學的端緒。然後，即便在今日的學界，把他的學問作為心學的先驅似乎已是一般的看法了。②

記載謝良佐思想的作品，今日單行的只有《上蔡語錄》；但是南宋的圖書目錄，如晁公武的《郡齋讀書志》和陳振孫的《直齋書錄解題》等，對於謝良佐的著作，著錄有《論語解》十卷。《宋元學案》在敘述謝良佐的行狀之後，記述「有《論語說》行世」，因此此書到明末清初之際為止應該還有傳本，但是到現在已失傳了。只是朱熹在收集編纂有關北宋諸家《論語》言說的《論語精義》，謝良佐之說也多數被引用。根據朱熹的數法，《論語》全部有四百八十二章（數〈鄉黨篇〉為全一章），《論語精義》中，謝良佐之說涵蓋了其中的四百四十六章，全部一共發現五百十七條。③其中由《上蔡語錄》所引用的也多有可見，因此在取用時也要稍微注意；無論如何，藉由這些，《論語解》可以在某程度上被加以復元。又在朱熹的《論語集注》中，用了四十三條謝良佐說法。又呂祖謙《宋文鑑》和《宋元學案》收有《論語解》的序文，可以見到全文。

本稿以〈論語解序〉及《論語精義》所見的言論為基礎，以探討謝良佐《論語》解釋的特徵，且以朱熹對其評價為線索，希望考察謝良佐的學說對於朱子學的影響，願各位予以賜正。

一、「仁」和「心」

在《論語》中所見到的言說，成為孔子思想中心最重要的話題依然是「仁」吧！如同眾所皆知，《論語》中言及「仁」的篇章全部有六十四章之多，依據《論語》某些注釋，可以說若了解他們如何地解釋「仁」，也就能夠掌握他們注釋的特色。因此，為了要了解謝良佐

《論語解》的特色，首先對於他如何地把握「仁」的這一論題，似乎有知道的必要。

謝良佐在〈論語解序〉的開頭，敘述了以下的旨趣：「天下同知遵孔氏，同知賢於堯舜，同知《論語》書弟子記當年言行，不誣也。然自秦漢以來，開門授徒者，不過分章析句爾。魏晉而降，談者益稀。既不知讀其書，謂足以識聖人心，萬無是理。既不足以知聖人心，謂言能中倫，行能中慮，亦萬無是理。言行不類，謂為天下國家有道，亦萬無是理。」④

亦即，謝良佐為了修己治天下，認為讀《論語》要知孔子之心。那麼，要怎樣讀《論語》呢？他在〈論語解序〉有如下之語：

聖人辭近而旨遠，辭有盡指無窮。有盡者可以索之於訓詁，無窮者要當會之以神，譬之觀人，他日識其面，今日識其心，在我則改容更貌矣，人則猶故也，爲是故難讀。

主張讀《論語》時，不能只讀表面的字句的解釋，而必須由內部讀取聖人的精神。雖然《論語》的文章是極簡明平實的，但是讀者若沒有將之拉到自身而來加以閱讀的話，則不能算是真正閱讀《論語》。謝良佐以讀者之心為讀《論語》之大要，敘述如下。

唯同聲然後相應，唯同氣然後相求，是聲與是書聲氣同乎？不同乎？宜其卒無見也，是書達於人乎？人遠於書？蓋亦弗思爾矣。能反是心者，可以讀是書矣。

使自己的心和《論語》符合一致，說以心來讀的重要性。同於前述，有視謝良佐為心學先驅的見解，確實地，徵於以上之文，謝良佐似乎把心視為重要，這一特徵在讀《論語》時也被充份地發揮了。那麼，他是怎樣地思考心呢？《上蔡語錄》卷上第六條，可見如下之語。

「心者何也」「仁是已」「仁者何也」「活者爲仁，死者爲不仁，今人身體麻痺不知痛癢，謂之不仁。桃杏之核可種而生者，謂之桃仁杏仁，言有生之意，推此仁可見矣。學佛者知此謂之見性，遂以爲了，故終歸於妄誕。聖門學者，見此消息，必加功焉，故曰『回雖不敏，請事斯語矣』、『雍雖不敏，請事斯語矣』、『仁操則存，舍則亡』，故曾子曰『動容貌，正顏色，出辭氣』，『出辭氣』者，從此廣大心中流出也，以私意發言，豈出辭氣之謂乎？夫人一日間顏色容貌，試自點檢，何嘗正，何嘗動，怠慢而已，若夫大而化之，合於自然，則正動出不足言矣。⑤

在此，謝良佐把心和仁看作同一之物，以有生命力、有知覺之物為仁。在上文中，把身體麻痺沒有痛覺說是不仁，引用這一事例，以說明仁，恐怕是承襲自《二程遺書》卷二第十七條程顥之語「醫書言手足痿痺為不仁，此言最善名狀」吧！未必是謝良佐所獨創的。然而《上蔡語錄》卷上第二十三條，有「有知覺痛癢，便喚作仁」之語，這是從程顥的「無感覺為不仁」更進一步，把有感覺、知覺直接當作仁。直接將知覺看作仁，是謝良佐獨自的見解，此或許亦可稱之為成就其思想之特色者。

其次，謝良佐在以上所引《語錄》卷上第六條之文，知道有生命力、有知覺是仁，為了使這樣的仁在自己身上實現，因此不斷地下功夫是儒者的責任，而且，同於上文中的注記，從《論語》中引用孔門弟子們努力實現仁的例子。因此，謝良佐怎樣地對《論語》的這些篇章下解釋呢？本文將從《論語精義》來探究之。

如眾所周知，在〈顏淵篇〉一開始，並列著弟子向孔子詢問「仁是什麼」的章句。同於前面的注記，第一章是「顏淵問仁」章，第二章是「仲弓問仁」章，而第三章是「司馬牛問仁」章。孔子對顏淵答以「克己復禮」；對仲弓教以「出門如見大賓，使民如承大祭」；對司馬牛說「仁者其言也訒」。見於《論語精義》以總括這三章的形式，在「司馬牛問仁」章之處，收錄了謝良佐如下之語。

心有所覺謂之仁，仁則心與事爲一。草木五穀之實謂之仁，取名於生也，生者有所覺矣。四肢之偏痺謂之不仁，取名於不知覺也，不知覺則死矣。事有感而隨之以喜怒哀樂，應之以酬酢盡變者，非知覺不能也。身與事接心，心漠然不省者，與四體不仁無異也。然則不仁者雖生無以異於死，雖有心亦鄰於無心，雖有四體亦弗爲用也。故視而弗見，聽而弗聞，食而不知其味，此善學者所以急，急於求仁也。「克己復禮」，「出門如見大賓，使民如承大祭」，「其言也訒」，皆求仁之術也，能從事於斯，則仁可以忘言識也；不能從事於斯，乃欲以言求仁，譬如不食，終不知味。

這裏謝良佐也同於《語錄》的說法，以有生命、有知覺為仁；而且，若不能知覺外物而有正當的反應的話，即使活著也與死者無異，因此在求仁時必須實踐「克己復禮」等；如果可以實踐的話，那麼，即便不求之於言語，亦可以體認仁。對謝良佐來說，體認求仁的具體方法是什麼呢？《精義》中〈學而篇〉第二章「為人孝弟」可見到以下的話：

如「恭信寬敏爲仁」，若不知仁則止，知恭寬信敏惠而已。「克己復禮爲仁」，若不知仁則止，知克己復禮而已。「出門如見大賓，使民如承大祭」，此特飭身而已，何以見其爲仁。「仁者其言也訒」，此特愼言而已，何以見其爲仁。有子之論仁，蓋亦如此，爾爲孝弟者近仁，然而孝弟非仁也。可以論仁者莫如人心，人心之不僞者莫如事親從兄，（中略）若實欲知仁，則在力行，自省察吾事親從兄時此心如之何，知此心則知仁矣。

在這一段話中，謝良佐一邊引用《論語》中孔子教弟子以仁的話，一邊反覆地敘述不知仁的話，所有的話都是空言。相對來說，謝良佐視「知仁」為重要，從這段話應該可以讀取到。進而在關於〈學而篇〉第三章「子曰：巧言令色，鮮矣仁」，謝良佐也說：

仁雖難言，知其所以爲仁者，亦可以知仁矣，若孝弟爲仁之本是也。知其遠於仁者亦可以知仁矣，若巧言令色鮮矣仁是也。然巧言令色，知之亦難。

在這裏也反覆地使用著「知仁」的語句。大概根據謝良佐的想法，為了求仁，首先必須處理的是知仁，如果知仁，也就是體認仁了吧！

總而言之，謝良佐在《論語解》中，將心中有生意、有知覺者稱為仁，而將修養之目的放在知曉仁為何物一事上。故在《論語解》中，無論是言「知覺」、言「知」者都可以稱之為是謝良佐想要以主觀性、感覺性來把握仁。然而如同一開始所述，謝良佐在讀《論語》時，認為將此書拉近於自己的心來讀是有必要的。如果那樣的話，謝良佐的《論語》的解釋的特徵，似乎也可以說是在以主觀的、感覺的達到和此書結合的這點上。

且南宋大儒朱熹收集北宋諸家有關《論語》的言論而編纂了《論語精義》，進而作《論語或問》，試著對《精義》所載的諸說加以評論。於是在《或問》卷一〈學而篇〉第二章「為人孝弟」一項，批評了謝良佐之說如下：

> 夫謂活者爲仁，死者不爲仁可矣。必識此然後可以爲仁，則其爲説之誤也。其誤如此，故於其旁引四條者皆有若不知仁，則爲某事而已之説，而又以孝弟特爲近仁而非仁也。夫四條者皆所以求仁之術，謂之非仁猶可也。若孝弟則固仁之發而最親者，如木之根、水之源，豈可謂根近本而非木，源近水而非水哉！

朱熹在這段話中，對謝良佐的活者是仁，知活物是知仁的這類說法，認為他在理論上有錯誤而排斥之；又以孝弟作為仁的外在應有的樣子為前提，非難謝良佐只在內面把握仁的這一種見解。

進而朱熹在《或問》的〈顏淵篇〉第三章「司馬牛問仁」章中，有關謝良佐「心有所覺謂之仁」的仁說，述道：

侯氏以爲「謂仁者心有所覺則可，謂心有所覺謂之仁則不可」，亦得之矣。且程子以穀神喻心而曰「生之性則仁也」。⑥今直以「草木五穀之實謂之仁」，亦失其旨矣。

根據這裏的說法，朱熹一方面對程顥的「無知覺是不仁」這樣的想法表示讚賞之意，乍見之下與之相似的謝良佐所謂「有知覺是仁」的看法，似乎以為是錯誤見解而非難之。在《朱子語類》卷二十，第百三十二條，可見「上蔡之病，患在以覺為仁。但以覺為仁，只將針來刺股上，才覺得痛，亦可謂之仁矣。此大不然也」⑦這樣的言辭。從這裏來考察，可以看到朱熹將謝良佐之說，視為是混同道德性知覺與感覺性知覺的混淆之說而加以批判。

進而朱熹也批判了謝良佐「知仁」的看法。《朱子語類》卷四十一的第八十七條，圍繞著「顏淵問仁」章的言論，敘述如下：

聖人只說做仁，如克己復禮爲仁，是做得這箇模樣，便是仁。上蔡卻說知仁、識仁，煞有病。⑧

在此朱熹陳述，並非是主觀的知覺；只有客觀的、見於外在形式而實踐的，才是重要的。這也就是對於謝良佐主觀的、感覺的仁的把握，大唱異調。甚而在《語類》卷百一、第四十一條可見這樣的問答：

> 或問：謝上蔡以覺言仁，是如何？曰：覺者是要覺得箇道理，須是分毫不差，方能全得此心之德，這便是仁。若但知得箇痛癢，則凡人皆覺得，豈盡是仁者耶！⑨

在此朱熹說覺並非直接等同於仁，覺道理才是仁。從以上的言論來看，朱熹在考察仁時，強烈地意識著「理」，亦即在現象的背後主宰現象的客觀實在；可以說朱熹相當重視知覺合於此「理」的客觀性規範，亦即普遍性的道德規律。⑩

正因如此，朱熹在他的《論語集注》卷一，〈學而篇〉第二章「為人孝弟」，給予「仁者，心之德，愛之理」這樣的注釋。這個地方在《論語》中是「仁」字的最初用例，因此對於這個「仁」字的注釋，把它看作是朱熹所敘述的最基本的概括的定義應該是可以的。仁也是「心之德」。朱熹說「知覺便是心之德」⑪（《語類》卷二十，第九十六條），承認知覺與仁的密切關係。然而，仁又是「愛之理」。只要其稱之為理，則其將不會只是作為一知覺的對象，而被玩弄於主觀意識中之產物，而必須是普遍的實在。既然如此，所謂「心之德、愛之理」的定義背後，即便將之視為足以窺見其對謝良佐仁說的某種意識、或者是警戒之心，此種看法亦未必有何不自然。

如前所見，在《論語或問》或《朱子語類》中，朱熹一再地否定謝良佐的「覺」的仁說。反過來說，由其反覆成話題一事看來，吾人亦可推測在朱熹的學派中，甚至是當時的一般情況，謝良佐的仁說應該常常被引用、被接受一事。而在看到朱熹有關仁之言論，亦可以看出彼等言論似乎產生自朱熹試圖克服的謝良佐之仁說的努力。⑫

總而言之，把謝良佐的重視知覺的仁說，看成在後世產生相當的信奉者應是可以的。這些沒有被朱熹接受，因此無法在南宋以降的儒學界成為主流，然而，朱熹反駁謝良佐以這樣的形式展開自己的仁說，就這一點來看，也可以說謝良佐的仁說對朱子學的形成，在內部給予很大的幫助吧！而且，仁在《論語》中既然是最重要的概念的話，以知覺為仁的說法，一般認為是謝良佐《論語解》之最具特色的部分。

二、「仁」和「禮」

前節所說透過對謝良佐的「仁」的看法，他把知覺看作仁，認為知仁是體得仁之術，也就是說，他可以說是主觀地解釋《論語》，是可以確認的事。

可是，如同前節所提到的，在〈顏淵篇〉一開始的部分，並列著所謂弟子問仁於孔子，孔子回答之這類的問答。其中的第一章，即「顏淵問仁」章，是自古以來敘述《論語》「仁」的定義最有名的一章。顏淵之問，孔子答以「克己復禮為仁」；顏淵又進一步問具體的方法，孔子教以「非禮勿視，非禮勿聽，非禮勿言，非禮勿動」。所謂禮，根據朱熹《論語集注》該條「天理之節文」，即是以客觀的道理定出的外在的規範。也就是，藉著這個問答，孔子似乎打算在客觀的、表面之處找出仁的定義吧！

如此一來便會產生所謂：試圖主觀性、內在性地來讀《論語》的謝良佐，是如何把握此種仁和禮的關係的這一疑問。因此在本節，試著對於謝良佐關於仁和禮的關係來加以考察。《論語精義》卷六下，〈顏淵篇〉論仁禮的地方，一共引了六條謝良佐的說法。不過，那些全是從《上蔡語錄》引用來的，在此未見《論語解》之遺文。如同前節所引，《論語解》的遺文，總括從第一章到第三章的形式，收錄於「司馬牛問仁」之處。雖是如此，藉著《語錄》所說，謝良佐的「顏淵問仁」的解釋大概可以充份地得知，因此，在此就試著引前面的三條。

首先第一條：

> 禮者，攝心之規矩，循理而天，則動作語默，無非天也；內外如一，則視聽言動，無非我矣。⑬

在此謝良佐把孔子說的「復禮」換讀為「循理」。也就是把禮和理視為同一。進而，藉著復禮，說明視聽言動已經不再是「我」以外的事了。關於這件事，以下的第二條更加清楚。

> 或問「言動非禮，則可以正視聽，如何得合禮？」曰：「四者皆不可易，易則多非禮，故仁者先難而後獲。所謂難者，以我視、以我聽、以我言、以我動也。仰面貪看鳥回頭，錯應人視聽不以我也，胥失之矣。⑭

在這一條，視聽言動是「以我」，換言之，說以主體性為視聽言動是必要的。因為孔子教「非禮勿視聽言動」，所以彼此對照來看，謝良佐似乎把「禮」和「我」視為同一！繼續在第三條有：

> 或問「視聽言動合理，而與禮文不相合，如何？」曰：「言動猶可以禮，視聽有甚禮文，以斯視、以斯聽，自然合禮，合理便合禮文，循禮便是復禮。」⑮

比第一條更清楚地將禮和理的關係結合。

以上總而言之，謝良佐在解釋「克己復禮」時，視「禮」和「理」為同一，更進而將「禮」和「我」視為同一吧！

這之中，視禮和理為同一這件事，說「禮即理」，一看就知道是極為一般性的訓詁方式⑯，所以似乎是不那麼有特色的見解。但是，將禮與我等同視之又如何呢？一般來說，所謂禮是客觀的規範，說「禮即理」在訓詁上也可以窺見是這個意思。另一方面，從「以我」這類的文句來看，筆者以為較之於客觀性，毋寧說更可強烈感覺到其主觀性姿態的一面！這樣的「禮」和「我」，謝良佐將其相等地放置，似乎可以認為是極具特色的思考。

關於謝良佐的禮的見解，其他的例子可見於《上蔡語錄》卷上第十一條。謝良佐敘述著，北宋大儒橫渠先生張載對其門人第一教禮，結果卻使門人們流於形式主義，最後使張載的學統斷絕。⑰在此謝良佐主張禮不單只是外在的，更必須在其內在加以把握。和前面所舉「克己復禮」的解釋也合併考量的話，應可說謝良佐在思考禮時，以禮作為我的心的問題，想要在主觀的、內在的方面來把握的傾向是很強的。

然而，就如同「禮儀三百、威儀三千」（《中庸》）所說的，亦不能無視於所謂禮之中，也包含著作為日常之舉止動作等瑣碎的規則的這一層面。不過，關於這類的規則，在《論語・子張篇》第十二章中，記載著有名的洒掃應對進退，即記述有關日常細部的禮儀作法。

關於這一章在《論語精義》所收的謝良佐的說法中，可見到如下的話。

> 洒掃應對進退，乃「動容貌，出辭氣」之事，必正心誠意而後能與酬酢祐神之事何以異，孰以爲可而先傳，孰以爲不可而後倦。

進而在《精義》中引用《上蔡語錄》卷上第三十二條的話，這裏試著引其中的一部分。

> 只如洒掃不著此心，怎掃洒得？應對不著此心，怎應對得？故曾子欲動容貌，正顏色，出辭氣，爲此古人須要就洒掃應對上養取誠意出來。

這些說法，謝良佐述道，在掃洒應對上行「正心誠意」、「著心」之事也是必要的。也就是，謝良佐未必輕視洒掃應對，即日常的細部禮儀作法，只是在此事務上常常加強地意識到「心」的問題而已。

又以上所引的《論語解》之文和《上蔡語錄》的話兩方面，可以見到「動容貌，正顏色，出辭氣」這類的語句；這裏同於前節所說，《論語・泰伯篇》第四章「曾子有疾孟敬子問之」章，曾參告孟敬子的話。接著，這裏也同於前節所述，謝良佐在《上蔡語錄》卷上第六條，引曾子的話說「『出辭氣者』，由此廣大心中流出也。以私意發言，豈謂『出辭氣』也哉」。謝良佐如同前面所引，因為解釋洒掃應對進退為「『動容貌，出辭氣』之事」，所以這裏又將最後部分的洒掃應對回歸於心的問題。

總而言之，謝良佐在思考禮時，加強地意識了禮的內在的部分，因此，似乎有使禮直接地成為心的問題的傾向。根據他的解釋，孔子教顏淵「以禮視聽言動」，即是我以「心」來視聽言動。因此，孔子說「克己復禮為仁」，也成為專就人心的內面來說，和謝良佐把知覺看作仁的主觀思想並無矛盾。

而且，成為禮的內面部分的問題的想法本身，未必只是謝良佐的特徵而已。朱熹在《論語集注》卷六，〈顏淵篇〉「顏淵問仁」章之注中，孔子和顏淵交換問答有關仁和禮的問題，稱「傳授心法切要之言」，在此應該已意識到作為禮的內面的、心的問題的部分了。

然而，《論語或問》下卷十二，「顏淵問仁」章項，可見如下之說。

> 謝氏以禮爲攝心之規矩，善矣！然必以理易禮而又有「循理而天」「自然合理」之說焉，亦未免失之過高而無可持循之實。

在此朱熹對謝良佐視禮和理為同一，以我心為視聽言動，由自身來合於理、合於禮這類的說法，批判其過於高遠而不切實際。又在《朱子語類》卷四十一第八十八條可見這樣的問答：

又問：「謝說如何」。曰：「只是他見得如此，大抵謝與范，只管就見處，卻不若行上做功夫，只管扛，扛得大，下稍直是沒著處，如夫子告顏子『非禮勿視聽言動』，只是行上做功夫」。⑱

這裏朱熹舉謝良佐和范祖禹之名，批評他們的《論語》解釋，不具有實踐的線索，只是空理空論而已。

又關於洒掃應對，見於《論語集注・子張篇》該條，朱熹認為洒掃應對似乎不能與形而上的、高遠的學問斷絕，而要持續不斷。⑲然而，又在《集注》該條也有「學者當循序漸進，不求本厭末」，從洒掃應對到形而上之間應該有其實踐之階段，應該注意超越此階梯而一鼓作氣地往形而上前進。或許因為如此，《朱子語類》卷四十九，第四十六章，可見如下的言辭。

事有大小，故其教有等而不可躐。理無大小，故隨所處而皆不可不盡。謝氏所謂，「不著此心如何做得者」，失之矣。⑳

以上引文，筆者以為此乃朱熹將謝良佐所謂無論如何，首先將心置於第一的思惟，視為放棄實踐之物而加以批判。

從以上來看，謝良佐把禮直接地作為心的問題來把握的想法，朱熹似乎完全無有好評。不用說，朱熹也把禮看作是心的問題，對他來說並沒有對此事有異議，然而，在他的想法中，禮在內在化的過程中，日常的切實實踐是必要的；而謝良佐的想法是飛躍這個過程，由禮一躍於心，無論如何這是怎麼也不容採認的。

但是，受到朱熹如此程度的批判一事，若反過來說，這也可以成為謝良佐圍繞著禮的言論乃是極具個性的證明。孔子說「克己復禮」是仁，對於謝良佐來說，所謂仁，即知覺，亦即不外是心的完全的活動；因此變成所謂的「復禮」，是使我心和理合為一致，並充份地使之活動。重視心的活動的謝良佐的思想特色，筆者以為在其圍繞著此「禮」的言論上，亦被充份發揮。

結語

朱熹是宋學的集大成者，在他之前的諸儒的言論，都藉著他的手來加以取捨選擇，而被揉合進所謂朱子學的這一條脈絡中。在此之際，即使是同一人的說法，都經由朱熹的安排，或採用、或棄捨，他應該使用了各種的整理方法。

如同本文所見，朱熹將謝良佐無論如何將心擺第一的思想，視為結果是輕視形式、不適用於實踐之思想。如同剛開始所敘述，朱熹在《朱子語類》卷百一第三條非難謝良佐的學問是佛教的；同卷四十五條，可見「上蔡說覺，選佛教言覺」㉑之說。也就是，把知覺看作仁，是謝良佐《論語解》中最具特色的部分，朱熹卻將之視為和佛教相同之物而加以排斥。

在《論語或問》上卷一〈學而篇〉第一章項，批判謝良佐的說法，說「不止其所而放乎言外以為高，此最謝氏之大弊也」。在此，從這個語調來看，不止於〈學而篇〉第一章，對於謝良佐的《論語解》應已全部都批評了。

但是，重視心的活動，只要未失去與實踐之間的平衡，並無須另行非難之。如同本稿第一節所說，謝良佐在〈論語解序〉中說，不該以瑣碎的訓詁來讀《論語》，而應該以心來讀此書。筆者以為此即所謂：閱讀經典時，試圖重視心之活動。而且若將宋朝儒學革新的氣運，視為淪落於漢唐訓詁學中，被佛教所壓倒的儒學的再生活動的話，在謝良佐不受訓詁所束縛而以心來讀《論語》的《論語解》中，可以想見其有著該時代的時代話題。

因此，朱熹也在《朱子語類》卷六十七第二十條說：「《詩》又能興起人意思，皆易看。如謝顯道《論語》皆有啟發人處，雖其說或失之過，識得理後，卻細密商量，令平正也。」即認為謝良佐的《論語解》能感奮讀者。他在《論語集注》引用了謝良佐的言說高達四十三條之多，決不是沒有理由的。

在本文中，筆者由謝良佐的《論語解》中，舉出特別可以鮮明地呈現出其思想特色之言論。因此，朱熹對此等言論之批判雖非好風評，但是，朱熹一方面批判謝良佐的說法，一方面也受到他的影響似乎是沒錯的。㉒

有關謝良佐的《論語解》，應該檢討的問題還有很多。特別是，謝良佐重視「心」，如同前引朱熹的話，認為他把佛教，尤其是把禪作為囊中物，在《論語》的解釋中加進了主體性；但是在本稿中，關於謝良佐接受佛教的考察尚來不及做到，有關這一點的檢討，只好等到以後了。在本稿中，指出謝良佐重視心的學問特色，在《論語解》中也充分地表現出來。

注釋

①《國語の研究》第十號（大分大學國語國文學會，一九七二年）。又，謝良佐之名，屢見於概說書等，但是有關他的思想的專論似乎極少，本稿在草寫時只有參照佐藤仁氏的〈謝良佐《論語解序によせて〉及他的〈朱子と謝上蔡㈠〉（廣島哲學會《哲學》第三一集，一九七九年）二編。但，荒木見悟氏有關謝良佐有簡要的記述。其一是明德出版社《朱子學大系》第三卷，〈朱子學の先驅（下）〉卷頭的解說「謝上蔡」；其一是中文出版社《和刻本漢籍思想叢刊初編》第六卷所附《上蔡語錄解題》。

②例如狩野直喜在《中國哲學史》有「案，陸象山由上蔡出」。

③《論語精義》及《論語或問》以中文出版社影印《朱子遺書》所收為底本。

④原文「天下同知尊孔氏，同知賢於堯舜，同知《論語》書弟子記當年言行，不誣也。然自秦漢以來，開門授徒者，不過分章析句爾。魏晉而降，談者益稀。既不知讀其書，謂足以識聖人心，萬無是理。既不足以知聖人心，謂言能中倫，行能中慮，亦萬無是理。言行不類，謂為天下國家有道，亦萬無是理。」

⑤《上蔡語錄》以中文出版社影印《朱子遺書》所收的為底本，參看中文出版社影印和刻本（寶曆六年刊本）。

⑥《二程遺書》卷十九第六條有「……或曰，譬五穀之種，必待陽氣而生。曰，非是，陽氣發處，卻是情也，心譬如穀種，生之性便是仁也」。

⑦原文「上蔡之病，患在以覺為仁。但以覺為仁，只將針來刺股上，才覺得痛，亦可謂之仁矣。此大不然也」。

⑧原文「聖人只說做仁，如克己復禮為仁，是做得這箇模樣，便是仁。上蔡卻說知仁、識仁，煞有病。」

⑨原文「或問，謝上蔡以覺言仁，是如何？曰：覺者是要覺得箇道理，須是分毫不差，方能全得此心之德，這便是仁，若但知得箇痛癢，則凡人皆覺得，豈盡是仁者耶。」又，謝良佐的「知覺」之

說，關於朱熹的批判，參照島田虔次：〈中國近世の主觀唯心論について〉（〈東方學報京都〉第二十八冊，一九五八年）。

⑩又，關於朱熹批判謝良佐的仁說，參照松川健二：〈《論語》為人孝弟章について〉（北海道中國哲學會〈中國哲學〉第十八號，一九八九年）。

⑪原文「知覺便是心之德。」

⑫佐藤仁氏：〈朱子と謝上蔡㈠〉一文中敘述：「朱子晚年在謝上蔡的思想中，特別地把愛從仁當中完全分離出來，對於以知覺說仁的仁說，一再地嚴厲批判，進而以此批判作為自己仁說的確立。」

⑬和《上蔡語錄》卷上第四十五條同文。

⑭《上蔡語錄》卷中第十四條有「問：言動非禮，即可以止，視聽如何得合禮？曰：四者皆不可易，易即多非禮，故仁者先難而後獲，所謂難者，以我視、以我聽、以我言，以我動也（以下略）」。進而引別本，收錄「曾本云：問，顏子請事斯語，非禮則勿視聽言動。若言動非禮，則止甚分明，視聽如何合得禮？曰：視聽言動皆不可易，易則非禮，故仁者先難而後獲。所謂難者，以我視、以我聽、以我言、以我動也。仰面貪看鳥回頭錯應人，視聽不以我也，胥失之矣。（以下略）」

⑮和《上蔡語錄》卷中，第十九條同文。

⑯《禮記・仲尼燕居》有「禮者理也」。

⑰原文：「橫渠教人，以禮為先，大要欲得正容謹節。其意謂世人汗漫無守，便當以禮為地，教他就

上面做工夫。然其門人，下稍頭溺於刑名度數之間，行來得困，無所見處，如喫木札相似，更沒滋味，遂生厭倦。故其學無傳之者。」

⑱原文「又問謝說如何？曰：只是他見得如此，大抵謝與范，只管就見處，卻不若行上見工夫，只管扛，扛得大，下梢直是沒著處，如夫告顏子非禮勿視聽言動，只是行上做工夫」。

⑲在《集注》中引程子之說凡有五條，其中的第二條有「洒掃應對，便是形而上者，理無大小故也，故君子只在慎獨」。

⑳原文「事有大小，故其教有等而不可躐。理無大小，故隨所處而皆不可不盡。謝氏所謂：不著此心如何做得者，失之矣」。

㉑原文「某云：佛氏說覺，卻只是說痛癢。曰：上蔡亦然。又問：上蔡說覺，乃是覺其理。曰：佛氏亦云覺理」。

㉒在《朱子語錄》卷百十五，第四十一條引的「恪錄」中有「又曰：某少時為學，十六歲便好理學，十七歲便有如今學者見識。後得謝顯道《論語》，甚喜，乃熟讀」。荒木見悟氏，明德出版社《朱子學大系》第三卷〈朱子の先驅（下）〉卷頭的解釋「謝上蔡」中，一邊沿用《語錄》的記事，一邊說「上蔡的《論語解》總的來說在朱子一派是不評判的。年輕時的朱子，藉著此書挺立了道義的熱氣。自從從學於李延平，又一再的取用上蔡之語。在那裏流出了『此心得所發，破世儒穿鑿附會、淺近固陋之論』這類類似胡致堂的見解。若是如此，即使後來的朱子指出其思想的不純性，然

而上蔡的風姿包含了振動人心的基底的重要因子，是不容懷疑的。」這裏又是朱熹一面批評謝良佐，一面受其影響的一個證據。

第四章 陳祥道《論語全解》

——主體的釋義

◎芝木邦夫 著
◎楊 菁 譯

前言

陳祥道（一〇五三—一〇九三），字用之，福建省福州人。北宋治平年間中進士，元祐年間為太常博士，官至祕書省正字。所著《禮書》一百五十卷，與其弟陳暘①的《樂書》並行於世。②

在《宋史・藝文志》有記載《陳祥道註解儀禮》三十二卷、《禮例詳解》十卷、《禮書》一百五十卷之名，《論語全解》之名並不見記載於「論語類」中。

據李廌《師友談記》③所說，陳祥道為元祐八年（一〇九三）的太常博士，賜緋衣四褑袍銀帶，為了表達謝意而進宮時，當時的禮部尚書蘇軾引用了參政石中立的滑稽故事而與之攀談。

又他在仕宦不久後，因為其父的緣故而問罪被廢職，任太常博士之時也因累坐而歷盡辛酸。為《禮圖》一百五十卷、《儀禮說》六十餘卷，相當是其妻之祖父的范公，為將其著作交納於秘閣及太常寺而四處奔走，結果受賜緋衣等，之後不到旬日而卒。達二十七年的時間奉職宮中，據說最後止於宣義郎。如李薦記其「沒齒困窮，未嘗遇音」那樣地，在這種不得志的人生中，孜孜地勤勉篤學之姿浮現在眼前。

陳祥道關於《論語》的著作，現存的有《論語全解》。在宋晁公武的《郡齋讀書志》中有「王仁甫《論語解》十卷，王元澤《口義》十卷，陳用之《論語》十卷。右皇朝王安石介甫並其子雱《口義》，其徒陳用之之解，紹聖後皆行於場屋，或日用之之書，乃鄒浩所著，託之用云」。《論語全解》問世的時期，正當王安石科舉改革之時，在釋義方面，推測其應受到王安石新義的影響。④

據《四庫全書總目提要》所謂：「祥道長於《三禮》之學，所作禮書，世多稱其精博，故詮釋《論語》，亦於禮制最為明晰」。此即著眼於陳祥道是禮的專家這一點，而對陳祥道有關《論語》的解釋賦予此一特徵。

在本稿中，以嚴靈峰編《無求備齋論語集成》所收的《論語全解》為底本，參看王雲五編《四庫全書珍本三集》所收本，希望考察陳祥道的《論語》解釋的特徵。又在底本中附六二〇餘字的序，為其門人章粹的校勘。⑤

一、有關陳祥道的「禮」之解釋——八佾篇諸例——

根據《漢書・藝文志》論《論語》，乃是孔子沒後，弟子們根據其言行論纂而成的。在歐陽脩《崇文總目敘釋》雖說：「論次其言而撰之」，然其以後學為主體，所謂的論纂說並未特別成為問題。然而，從陳祥道〈論語全解序〉所敘述可以見到，從表現的主體之孔子的立場來看，首先考察「論」的字義，他說「言理則謂之論，言義則謂之議」，即《論語》的特質是言理這一點。又說道：「言義則存乎《春秋》，言理則存乎《論語》」，是說對於《春秋》言義，對於《論語》則言理。

據陳祥道所說，「論」，以孔子的立場來說，並不是立於一家之論。而是始終就是從教育的立場，因應弟子們各自的特性，使其把握理的一種考量。

陳祥道以孔子後學的眾議的結果，認為《論語》的成立沒有給予論纂說。陳祥道說的「理」是什麼呢？

陳祥道是禮學專家。他所著的《禮書》卷百五十卷在《增訂四庫簡明目錄標注》中被分類為「通禮之屬」，此似乎是禮學概論，抑或是類纂與諸禮有關的禮文獻之記載。⑥此一事實，像是暗示著陳祥道言「理」時把「禮」放在重點吧！因此，首先要試著考察有關《論語全解》中禮文獻的整理。

陳祥道在《論語全解》中引用禮文獻時，一般欠缺嚴密的書名和篇名等名稱的表示。在其中，也甚少引用《儀禮》，最多只有到〈衛靈公〉第十五「辭達」章「儀禮曰辭多則史」的程度而已。

有關《周禮》的引用，用「周官」之稱的情況很多。這裏未必是《偽古文尚書》〈周書〉的篇名，而是和一般用的《周禮》的別稱是相同的。在〈八佾〉第三「人不仁」章的注敘述道：「周官掌禮樂，以春官以明禮樂，以仁而立也。」從這裏來看，一般認為《周禮》和《周官》的稱呼是混雜使用的。又經文的使用也如同後述般，有很多稍微無理的省略和調合之例，起因於記憶的差失下字句的異同，或被視為明顯的脫誤等，糾纏著雜蕪的印象。

且在《論語》中，如眾所知，各篇並非由一特定主題所編纂而成。然而若將之視為至少是章句傳承者的某種關心的話，雖只是某部分，但其話題是有其關連性的。如〈八佾篇〉在《論語》篇中特別密集地包含了和禮有關之話題的篇章。⑦因此，本文即抽出若干的話題，關於陳祥道的《論語全解》對於此篇是如何地操作禮文獻，並給予解釋，希望考察其特徵。

(一)〈八佾篇〉「八佾之舞」的解釋

以《禮記》的「明堂位」、「祭統」、《周禮》的樂師、《公羊傳》等作為背景，有關「八佾之舞」具有怎樣的意義？試著總合地考證。根據陳氏所說，身為陪臣的季氏舞天子之舞八佾，不外是僭上的行為。在天下無道的情況中，如實地表現出下剋上、禮樂秩序毀損的事態，即使由人民的立場來看，該如何面對這些？在實行上也會引起困惑的。八佾是天子之樂的根據，樂的八音是模仿八風而來的，佾舞是為了使這八音產生節奏而行八風，因此不得超過八，因為八之數是在這種場合中最高的，所以八佾是天子才能舉辦的。

最初八是「數」，佾是「名」，即是概念。在施行禮樂時必須嚴密考察的是這個名和數。而季氏沒有顧慮到這些，便執行八佾之舞，這是欠缺仁、智的行為。在八佾時，季氏進行「雍」（天子下膳部時的樂曲）、「徹」，三家者在三堂高聲催宴，在庭中肆無忌憚地催舞八佾之舞，不外乎是僭上的行為。

陳祥道並非只依據特定的經文，而是以考證的態度，打算特別地解明關於「雍」，亦即他推斷在《禮記》的「明堂位」和「祭統」等，有干戚舞、大武、八佾舞、大夏之名；在《公羊傳》有大夏、八佾舞、大武之名，然而任意使用這些是錯誤的。而且，因為《周禮・樂師》有「凡國之小事用樂者，令奏鐘鼓。凡樂成，則告備，詔來瞽皋舞及徹，帥學士而歌徹」⑧，而推定其時「雍」似乎被歌誦。而「雍」在禘時也要歌誦，要在徹時用。和「鹿鳴」

同時在與群臣宴飲時而歌。又據說鄉飲酒的使用也是同樣的。

儘管如此，對於禮，陳祥道在要禮文獻相互之間要有整合性的同時，其亦主張禮容總合了某種方便性的精神主義。

(二)〈八佾篇〉「季氏旅」章的解釋

諸侯祭封內山川的祭祀之一是「旅」。即在山岳上祭祀天地之神，主要是在魯國的泰山進行的。

在〈八佾篇〉「季氏旅」章，和前項的八佾之舞同樣，在泰山進行「旅」作為季氏的僭上之例。陳祥道在這裏並沒有指示具體的細節，但是對於禮學敘述了一定認識的基礎：

> 僭莫差於僭，僭莫大於祭，故父不祭於支庶之宅，君不祭於臣僕之家。泰山之神可祭於季氏乎！此於明以瀆禮，於幽以瀆神。

似乎斷定季氏的行為是冒瀆禮的。如此地拘泥於作為一種秩序的「禮」的條理之類的章法，正是陳祥道的立場。整個禮文獻的全部內容，不外乎是由一個認為理所當然的道理所重新架構的世界。

從作為立論根據的諸經典的引用中，之所以被認為缺乏正確性，如果站在善意的看法來批判，答案正是因為自己所依恃的世界已經形成了的緣故。

㈢〈八佾篇〉「仁而不仁」章的解釋

陳祥道在孔子以「仁」作為禮樂之前提而來思考的基礎上，說：「孟子謂仁之實而言禮樂以仁為本也」，以孟子注之曰：

> 禮者仁之文，樂者仁之聲，有仁之實然後能與禮樂，苟非其人，禮樂豈虛行哉！故顏子不違仁而孔子告以復禮與韶樂，季氏不仁，罪其八佾與旅泰山也。

同時補強《禮記》說的「唯君子唯能知樂」、孔子說的「仁者制禮」。

開頭關於孟子的部分並沒有直接引用，「仁之實云云」相應的出典並不清楚。從〈離婁上〉的例子「禮樂以仁為本」這類的旨趣並沒有浮現。陳祥道進而說：

> 孟子曰：仁之實仕親是也，義之實從兄是也，智之實斯二者弗去是也。禮之實節文斯二者是也，樂之實樂斯二者。樂則生矣，生則惡可已，惡可已則不知足

之蹈之，手之舞之。

以上只不過是明白地說道所謂：「仁義之本是孝悌，孝悌之至通於神明，況於歌舞不能自知，蓋中有形於外者」的旨趣。陳祥道之論斷是否正確另當別論，然其可能提示了：由孟子，吾人可以讀取出禮樂之本質，亦即關於「實」，其便是「仁」。

現在，試著來通覽《孟子》，若把「仁之實」和「禮樂以仁為本」換言為「禮樂之實是仁」，能夠使這兩點滿足的部分是看不到的。既然如此，把仁和禮樂結合歸結於《孟子》，吾人不得不認為：陳祥道將前文所言〈離婁上〉之論旨，自在地簡約言之。或者將之與《禮記》〈樂記〉相重疊也說不定。

附帶說的，即使在《禮記・樂記》中也未必道破結合禮樂和仁來說這事，但是「惟君子為能知樂」之處，實實在在是從〈樂記〉引用的。又，末尾的孔子之言「仁者制禮」的直接出典並不清楚。因為，在《禮記・明堂位》有周公「制禮作樂」之語，故也留下所謂：或許是利這些資料的一種表現。但是，陳祥道只明示是孔子之語，大概是根據某些地方而來吧！

總之，從〈八佾篇〉「人而不仁」章的章意所見，注意到以成立禮樂為前提，孔子把仁放在心上這一點的話，所引用的不用說是沒有矛盾的。因此說「仁者制樂」或者「作」應該都可以。

(四)〈八佾篇〉「君子無所爭」章的解釋

在提出射禮的話題時，自不待言地應該根據《儀禮・大射禮》和《禮記・射義》等處，該篇章乃是闡明射禮細部之微妙細節之捷徑。在〈八佾篇〉「君子無所爭」章的解釋，陳祥道並沒有一一舉出有關射禮的細節之論題，但是，《論語》章句在展開時，邏輯上乃在試圖闡明基本精神。實際上在相當多的地方，也許只是陳祥道個人的嘗試，他進行一種論理的操作企圖，將孔子的意圖加以明確化。

這一章的注，概括來說，似乎指示了射的基本精神，亦即，該章無非是在說作為君子唯一之爭的「射」，是在何種理念下來進行一事。

說到有關注的本文，在《無求備齋》本有一字的脫落，《四庫》本雖將之補全，但兩本互有異同，故兩本在解讀上都不能沒有疑義。現據《無求備齋》本補正之，示之如下：

> 君子無所不遜，於仁則不遜；君子無所爭（《論語・八佾篇》，《禮記・射義》），於射則爭；君子之射有德，有禮以詔之，有罰以節之（底本欠一字，據《四庫》補正），以戒之（有誤脱，文脈上應爲「有□」的句子。文義不通）。定其位則有物，課其功則有算。勝者袒決張弓而飲（《四庫》本作「揖」）不勝者，不勝者脱拾弛弓而飲於勝者，則求勝者非求服而害之也，將以養之也。

總之，處罰的性質通常是勝者想要培養磨練敗者，因此當初的競爭這件事並不能作為前提。陳祥道想要在喝酒和請對方喝酒的行為之差別中觀察其處罰的型態。

㈤〈八佾篇〉「禘自既灌」章的解釋

依據對於祭儀豐富的知識，而主體性的試著統合章句的例子，也可見於〈八佾篇〉「禘自既灌」章。許多版本將本章分為三章，其中，《論語正義》將這些章的內容分為

一、「魯之禘禮非事」

二、「諱國惡之禮也」

三、「孔子不重祭禮」

三部分來說明。對於這些，陳祥道並沒有明示統合的根據，關於這三章，陳祥道立足於重視圍繞著「禮」的君臣立場，與內含於祭儀的性命道德的這一想法，而認定其彼此有所關連，全將之視為同一章。陳祥道試圖將祭儀之重點置於精神層面而使之抽象化。⑨

以上所說之外，尚留有其他如在〈八佾篇〉禘、奧、灶、告朔、社、廟祭等，必須談及的關於禮的事項，但都因篇幅的關係而省略。總之，陳氏似乎不以訓詁的注釋來敘述祭儀的次第和禮容的細目，而是在闡明其精神的同時，亦試圖闡發孔子所謂相較各個禮儀之內容，反而更重視心的這一立場。

二、陳祥道關於「樂」的解釋

其次關於「樂」，採用二、三個陳祥道的釋義來加以檢討。

㈠〈八佾篇〉「子語魯太師」章的解釋

陳祥道在有關〈八佾篇〉「子語魯太師」章解釋說：

凡樂之作，始於一而成於三，至於繹如也，謂之一成；反翕如也，謂之一變。凡樂之用，始於一而止於九，以致鬼神，以和邦國，以諧萬民，以安賓客，以悅遠人，以作動物。不能翕如也以作，繹如也以成，則夫遠近幽深其孰能感之哉。

學者不至於縱則不足以語道，作樂不致於從則不足以語樂。繹如也以成不至於縱，作樂而至於縱者也。所欲不踰矩不至於縱，學道而至於縱者也。

樂之作也，其患在於不相通協，值不相通，值不相協，應而翕如也。相協而不瞭，相値而不（有一字脱誤—引用者），樂之縱也。

其患在於雜而不純，混而不明。

皦如也，則不亂顧不美哉！

夫世衰樂壞，工師之徒或去，而不存於朝，或存而不知乎樂。摯適齊，干亞飯適楚，去而不存於朝者也。孔子之所語者，存而不知乎樂者也。始言翕如而終言繹如者，若此亦樂之粗而已。

若夫奏之以人，合之以天，其卒無尾，其始無首，則始作翕如不足言也。奏之以陰陽之和，燭之以日月之明，鬼神守其幽，星辰行其紀，則縱之純如皦如不足言也。

奏之以無忌之聲，調之以自然之命，動於無方，居於窈冥，則繹如不足言也。

孔子之語太師不及是者，以車馬不可以載鼷，鐘鼓不可以樂鷃故也。

以上「一成一變」的見解，在這個場合，正試圖說明《論語》章句的「繹如」和「翕如」。作為樂的終始，或者是完結吧！又關於「樂之用」，其亦包含了「始於一，止於九」這類的立場，反映了《老子》和《周易》中認同的世界觀。無論其是否有受到京房《易》的影響，其解釋是與當時正統性並且具有權威性的想法相當接近的。另一方面，在《詩經》大序中也被認為有類似的說法。

最後，「從（縱）」即主張有到達無意識的行事之心境的意義。陳祥道引〈為政篇〉「吾十有五」章的「縱心不踰矩」解釋之，並說：「學者不至於縱則不足以語道，作樂不至於縱則不足以語樂」。

㈡〈八佾篇〉「韶盡美」章的解釋

在〈八佾篇〉「韶盡美」章，以環繞著「韶」和「武」的評價這一話題為中心。「韶」是虞舜之樂，在《書經・益稷》有「簫韶九成」。「武」即大武，一般認為是周武王作的舞樂。孔子對前者評以盡美和盡善，認為後者盡美而未盡善。

陳祥道以「樂，道之聲」為「道之聲則有美與善」。即樂以聲來表現道，因此謂之兼備美和善。「韶」即是這類音樂的典型。附帶一提的是，朱熹在《論語集注》有「美者聲容之盛，善者美之實」。關於武王，朱熹雖然說其放伐並不是武王的本意，而是時勢使然，但此乃朱子引程子之說。此既是以道義論作為背景的解釋，基本上也是陳祥道所高舉的禮的立場，並未展開純粹的樂論。

㈢〈述而篇〉「子在齊」章的解釋

陳祥道在解釋〈述而篇〉「子在齊」章時，也以「韶」為話題。在「子在齊」章有「聞之三月不知肉味」，孔子流露出「不圖為樂之至於斯也」的感懷。陳祥道承襲〈八佾篇〉「韶盡美」的形式，轉用《老子》的想法：

> 有至美，然後知天下之謂美者，斯不美矣。有盡善，然後知天下之謂善者，斯不善矣。

雖然盡美善者，即此處所謂的「韶」，但卻不得不意識到：除此之外的天下之美善者，乃相對的不美、不善。因此，就有所謂諸如忘記肉味等事，亦非不可思議之事！

然而，這個想法，不得不說是與《老子》的層次完全不同，在《老子》中有：

> 天下皆知美之爲美，斯惡矣；皆知善之爲善，斯不善矣。（第二章）

所表示的不過是對立的世界乃是相互依存、是相對性的事物。吾人必須認識到：承認美和善這件事，也就是在承認於其相反層面的，作為相對性評價的醜惡（不美與不善）一事。

從解釋《老子》的立場來說，也可能理解成惡即是不美，所以知道美之為美；正因為不善，所以知道善之為善。而且這也是斷絕相對性的無為自然，亦即與「道」合一的狀態。而關於陳祥道是否有考量至此，以及其釋義之旁證，仍不免有些許疑問。在此，其對作為傍證而引用的各章句之思想背景欠缺關照一事，早已呈露出來了。

附帶說明，確實在底本以《老子》第二章引用的後半「皆知善之為善，斯不善」作「為美」是不正確的，又《四庫》本不作《老子》，而記「莊子有曰」，這也是不正確的一個例子吧！

(四)〈述而篇〉「子與人歌」章的解釋

〈述而篇〉「子與人歌」章有「子與人歌而善，必使反之而後和之」，「和」成為問題點。孔子與人歌，於善之時，必使反復，附和而歌。

陳祥道說：「樂者人情之所不免，君子樂得其道，小人樂得其欲，孔子於韶則忘味，於歌之善則和，樂得其道也。」沒有多說。

筆者於上文亦想起前文與「韶」相關的章句，其在內容方面是以道義性為背景而來進行解釋。而樂本身的調和性並未被提出。

(五)〈衛靈公篇〉「顏淵問為邦」章的解釋

在《全解》統合其他章句，而成了第九章〈衛靈公篇〉「顏淵問為邦」章。在那裏有「樂則韶舞，放鄭聲」，是顏回詢問治國之際，孔子回答的一部分，總而言之，可將之視為是孔子在表示其理想之所在這個意思上，因為樂尊崇美、善，所以援用舜之樂「韶」與武王之樂「舞」。禮不比三王時盛大，樂不比五帝時盛大。如舜命夔典樂，認為司樂事的典樂若淫如鄭聲則要放之。這是根據《書經・舜典》而增加的吧！

㈥〈陽貨篇〉「禮云」章的解釋

〈陽貨篇〉「禮云」章可見孔子說的「禮云禮云，玉帛云乎哉！樂云樂云，鐘鼓云乎哉！」陳祥道的釋義之文有：

> 禮主於中而不在（玉帛），樂主於和而不在聲（鐘鼓），故孟子以節文仁義爲禮之實，樂（記）仁義爲樂之實。《禮記》以中正無邪爲禮之質，莊敬恭順爲禮之制，論倫無患爲樂之情，欣喜歡愛爲樂之官。如叔齊（底本原欠）以守國行政無失其禮爲民，魏絳以殿萬邦，來遠人爲樂，然則聲之與文，豈與其間哉！

《論語》的章意似乎是說只崇玉帛不是禮，只貴鐘鼓不是樂。以《論語集解》作為開始的諸注便是這種立場。陳祥道的立場也不是本質上相異之說。禮的情況是如此，樂的情況也是，都是重視內面的價值，即精神性。所以，在各個細部的細節以訓詁注釋的討論便沒有必要多說。

三、道家文獻的援引

《論語全解》釋義上的特質之一，即是引用老子與莊子為傍證。而且，直接的或間接的，合起來約有六十餘條，其中老子有二十餘處，莊子有三十餘處被採認。這說起來不能算少。關於這一點，〈論語の解釋として道家の說に依據するのは如何であろが〉《論語の文獻・注釋書》（論語講座：春陽堂，一九三七年）的非難已經有所評論，但是由其隨處引用老莊之言看來，亦不免令人深感奇異。

然而陳祥道並不是藉著這些試著要發揚、祖述老子和莊子的思想。那不過是他博雜引用的一部分而已，以引用這些來作為傍證，使陳祥道的對《論語》章句的主體的解釋得以展開。換言之，非從老莊的立場來重新認識《論語》，亦即是以老子和莊子為過濾器，對於《論語》再加以檢討。

陳祥道的注釋作業，和老莊言的引用的關係，概括地估計大約有三個類型。一是在確定字句的意義時，由於從《論語》直接的概念規定無法得到的緣故，所以以同義用例來引用提示的情況。也就是說，表示某概念列舉文字之用例的類型。第二是指出共通性的情況，企圖從概念的相互關係作為思考架構的比較的類型。理念、價值觀被比較。最後，關於解釋上無法完美的地方，進而和其他的文獻合併補足來考察，以作為線索來引用的情況。

以上的第三種情況，特別地在傳統的解釋的立場，給人一種奇異的印象吧！文言上似乎見到藉由老莊說形成釋義的確定及敷陳，所以也不免抱持著不協調的感覺。可是，實際的情況又變成如何呢？這些不過是當我們在對陳祥道的《論語》章句裁斷其意義時，填補其周邊相關證明的一個有力線索，藉由此線索，作為所謂含蓄性、抑或暗示性的要素，包含任由讀者解讀的部分，其將《論語》本文之解釋由訓詁注釋的束縛中解放出來，使主體性解釋《論語》成為可能的同時，亦企圖獲得其普遍性。與在老莊思想影響下的魏晉玄學是不同的，可以見到其反映出主體性的北宋經學。以下，相應於釋義的對象，採用一些事例，試著檢證之。

㈠〈為政篇〉「由誨汝」章的解釋

在〈為政篇〉「由誨汝」章，圍繞著「知」對比老子和孔子的看法。陳祥道比較《老子》第七十一章「知不知為上」之說，一方面，孔子則說「知之為知之」，可見老子把「道」放在心頭，孔子把「教」作為前提。

兩者之間，以《荀子》所採用〈儒效篇〉針對雅儒所述的「內不自以誣，外不自以欺」這個不正確的引用，而說「則以不知為知者，非誣且欺乎」。對以不知為知的老子的立場，不是以誣為欺嗎？投以疑問。一般認為老子的意圖所在是作為究極之「道」的體認，相對於此，孔子所說的是「教」，即是認為應在到達認識的過程中加以誘導。因此筆者以為：這個例子並沒有導入老子的思想，而認為是為了更鮮明地表達出孔子的立場，而對比地加以援用《老子》。

(二)〈為政篇〉「從心所欲不踰矩」章的解釋

有關孔子在七十便能立於自由，任意地從心之欲而不會踰矩的境地之理由，陳祥道加以思考之。在孔子到六十九歲為止是如何呢？在邏輯上認為其或恐尚未到達七十歲之心境一事，應可以成立。這裏，指出「七十從心」是為了聽聞大道。

在《莊子・雜篇》漁父有「丘少脩學，以至於今，六十九歲也，聞至教所得，敢不虛心也」。《莊子》本文的「至教」，陳祥道將之換言為「大道」。

又有關「不踰矩」，解釋的根據可求之於《莊子・山木》的「猖狂妄行，自蹈乎大方」⑩中，作為「不踰者也，蹈大方故也」，指示著「大方」是作為「道」，但沒有逸脫「道」的自由自在的樣子。總而言之，大體上陳祥道對於《論語》以外之文獻中所採錄的有關孔子之記載，其幾乎認為沒有必要確認其真偽及由來。特別是《莊子》的情況，因為書中富含孔子之相關故事，故陳祥道有在最大限度上利用《莊子》的傾向。

(三)〈為政篇〉「哀公問曰」章的解釋

陳祥道自身認為「賢者不得不舉」，一方面引用《老子》的「不尚賢使民不爭」（第三章）及《莊子》的「舉賢則民相軋」（〈外篇・田子方篇〉），排斥老莊所說的「絕聖棄智」的主張。此舉可說提示了其與老莊對立的立場。

如以上所說，陳祥道援引《莊子》的意圖，以及在實際上，本質上與《老子》並無很大的差異。陳祥道在意識上似乎沒有將莊子之言和莊子之書加以區別，而將《莊子》書中圍繞著孔子以及孔子門人們的故事、或者是傳說，廣泛地利用於《論語》的解釋。即使這些傳承的是值得懷疑的，但是藉以作為《論語》章句的理解手段也是可以的。

結語

陳祥道在理解《論語》章句後，為了在更加實證性的體裁上來說明之，豐富地引用能作為傍證的早期文獻，例如經書和到漢代為止的諸子之文這類的一手資料。一方面，把像鄭玄、何晏和皇侃等諸註之類，看作二手資料，完全不加以利用，這是《論語全解》的基本態度。

其基本方法，乃是相互檢討《論語》章句，試圖藉此直接解釋孔子之意，而只要上述基本解法不可行，諸經自不待言，廣求解釋上之必要線索於諸子及史書。故道家文獻的多數引用，不過是其中的手段之一。

想要主體地理解《論語》，其方法之一是章句的獨自裁法吧！

從《論語全解》注釋的實際情況來看，可以大致地區別為兩個方向性。一是在本文章句含意的說明和疏述上，即是相當於注釋，由現在一個特定的立場的見解，依據《論語》若干關連的章句，一面再構築論理的世界，一面增加實證性，企圖統一的陳述之。

概括來說，如前者一般的注釋作業，作為構成章句的語言要素，表現繫辭樣態的文字及古字古訓，或者屬於關係到音韻的所謂的小學的事項的解說，及關係於名辭的訓詁說明。這裏大概是根據小學關係的文獻。特別是在制度和習俗等情況，以《禮記》諸篇為首，主要根據與禮相關的文獻。作為諸事件、事例等的先例，乃根據《春秋》各傳的記事，或者根據《孟子》等，人物的細目等則根據《史記》或諸子之文。

或許是因訓詁注釋並不是主要的目的，大體上立論的根據或傍證在漫無目標的情況下，多用引用的情況是很多的。

關於後者，二個方向被採認。一是以《論語》作為《論語》解釋的進行方式；又另一個方向是依據作為一手資料的相關諸文獻的廣博知識，企圖展開獨特的《論語》解釋。然而，總而言之，雖然在引用上有缺乏正確性的憾事，但其堪稱展開了不囿於陳規的、獨特的《論語》解釋。

基本上，陳祥道並未被侷限在所謂學派或儒家相關的文獻框架中。即使當然地多所引用禮文獻，但是關於制度和禮儀的細部細節的訓詁注釋，並未瑣碎地將之呈現出來。毋寧說，其在重視精神面的同時，亦採取了確信旁證的方法。

又關於道家關係也廣為徵引。順帶提的，《老子》和《莊子》合併引用達到六十餘條。以《論語全解》全體來看，可以說未必是很多的，但是以引證道家文獻的量方面來看，作為前後《論語》解釋的通例，不得不給人奇異的印象。其雖被評為受到老莊的影響，然大體而言，並非將老莊視為是在思想史上與儒家相對立的反證而揭舉之。

陳祥道因為是禮的專家，關於《論語》的解釋上也利用了有關禮的豐富知識。但是，比起敘述禮容祭儀的細目，毋寧說其將重點置於支持禮的精神層面的解釋中，有其解釋之特色，也就是說，即便與禮相關，亦不試圖進行訓詁注釋。因此，《四庫提要》的「雖未必盡合經義，而旁引曲證，頗為有見」，下了概括的評價，這點是受到肯定的。

《提要》又說，陳祥道的學問基本上宗信王安石的緣故，因此善於雜引莊子之說為佐證等，作為解經之體是一個異例，但並不因此而一概將之視為錯誤。附帶注記的是：其中亦多有詳細且直探核心的引證，宜採用之。

總之，此書雖為異質之《論語》注釋書，但可以認同的是該書為一包含創見在內，不可無視其存在之《論語》注釋書。

最後，不厭重複地提出《論語全解》的特色來總結本稿。

一、於〈鄉黨〉、〈顏淵〉、〈衛靈公〉、〈堯曰〉各篇中所被認同的，章句的裁法有獨特的部分，形成獨自的章的統合。

二、有關章句的性質，是孔子所說的？或弟子的言辭？將之區別的意識很稀薄。

三、想以《論語》來解釋《論語》的意識是此書的基調。為了補足完成此目的，便從廣泛的典籍加以引用。又訓詁注釋的要素是很少的。

四、引用的範圍是很廣博的，但是大體上是不正確的，筆者以為其未必有直接求證原典。很多只言某章節所言為何，而未直接引用原文。

五、被引用的典籍大約只限於到漢代為止的一手資料，即沒有採用注釋之類。也引用了董仲舒、揚雄、賈誼等人的言論。

六、有關禮樂及其他具體的事物，不太有提示相關細部細節之意圖，因此在訓詁的解說上是欠缺的。

七、再三的引用道家系的文獻這點，在《論語》的解釋是特例、罕見的。但是，照引用的意圖來看，特別是老子和莊子的援引，並沒有打算發揚道家的立場，且在量的方面應該也不是特別多。其甚至採取利用到楊朱和列子（《列禦冦》）等名家的言辭。

八、見於《莊子》等處，有關牽涉到孔子及門弟子的故事，有關其真偽的程度、有無虛構性、依據其傳承學派而有的偏頗程度等，並未對上述問題再三斟酌。

九、《孟子》和《禮記》全盤地被重視，但是在禮文獻中，《儀禮》很少被引用。特別是在引用三《禮》時，有稱呼沒有固定之嫌。

十、書誌上並非沒有問題，總而言之，該書是反映了歐陽脩、王安石等北宋新儒學的精神和方法之成果的一個例子。

注釋

① 作為「樂」的專家，陳暘較其兄祥道更為世人所知。他得到徽宗時代禮部侍郎趙挺之之知遇，所著《樂書》二百卷有很高的評價。其他《禮記解義》十卷，見於《宋史・藝文志》，在「禮」方面造詣也很深。亦有其與禮樂官魏漢津之間爭論樂理的插曲，見《宋史》卷四三二，〈儒林〉二。

② 陳祥道的傳附見於《宋史・儒林二》陳暘之傳。

③《師友談記》，宋李廌所撰，一卷，有明刊本、百川學海本、學津討原本、淡生堂餘苑本等。集錄蘇軾及相關人士的逸事。有關蘇軾為特異人物之一，其似乎引起了李廌的興味吧！陳祥道和李廌並沒有直接的交涉。見《宋史》卷四四四〈李廌傳〉。

④在王安石和王雱之傳中，不被認為有直接關於《論語》注解的記事。熙寧八年（一〇七五）《三經義》（《詩》、《書》、《周禮》的訓釋。在蔡元鳳《王文公年譜考略》中以《詩》和《書》為子雱和門人所作，又東一夫氏說和呂惠卿有關）成，立刻頒於學官，一般以「新義」之名通行。特別對科舉有很大的影響，這是眾所皆知的。但是，由於王安石的失敗，這個影響便衰退，連同《字說》被排除，成為禁書。哲宗元祐二年（一〇八七），是王安石卒後翌年的事了。《論語解》十卷也在這個過程中散逸。從這本書籍的側面，只能指出《論語全解》和王安石的關係。

⑤門人章粹之名，《無求備齋》本有明示其為《論語全解》的校勘者。四庫本中沒有記錄。他是具有何種閱歷的人物呢?從陳祥道那裏又繼承了怎樣的學問呢?這些都完全無法明瞭。又校勘本身特別牽涉到所引用的很多地方的正誤，也缺乏精密，因為無法和原典對校，故難以確認。

⑥《文獻通考·經籍考》〈太常禮書〉一百五十卷轉載晁氏的說明。即「皇朝陳祥道用之撰。祥道元祐初以左宣義郎仕太常博士，解禮之名物，且繪其象甚精博，朝廷聞之，給禮繕寫奏御，今世傳止五十卷。予愛之而恨其闕少，得是本於敘州通判盧彭年家，其象且以五采飾之，於是始見其全書云」。又作「陳氏曰」引《書錄解題》「論辯詳博，間以繪畫，於唐代諸儒之論，近世聶崇義之圖或

正其失，或補其闕，元祐中表上之」。

⑦「其大部分是關於禮的言論，有時也會出現於關於樂的批評，然其全體可視為是對禮的說明」，武內義雄《論語之研究》（一九三九年）。

⑧《全解》帥誤作師，又全文已壓縮。

⑨陳祥道在《論語》章句的統合或裁法上是獨特的，在〈鄉黨〉、〈顏淵〉、〈衛靈公〉、〈堯曰〉等諸篇中該特色特別明顯。以〈堯曰篇〉為例，何晏《集解》、朱熹《集注》斷為三章，劉寶楠《正義》為八章，陳祥道《論語全解》為五章。邦儒荻生徂徠《論語徵》同樣斷為五章。

⑩在《論語全解》的引用有「莊猖狂妄行自路乎大方」，是杜撰的。

第五章　張九成《論語百篇詩》
——充滿禪味的思想詩

◎松川健二　著
◎楊　菁　譯

前言

張九成（一〇九二—一一五九），字子韶，自號橫浦居士、無垢居士，錢塘人，從學楊時，紹興二年（一一三二），舉進士第一，官禮部侍郎。因與秦檜不和，紹興十一年（一一四一），與大慧宗杲為伍，以誹謗朝政流放南安軍（江西），謫居十四年，秦檜死，為溫州（浙江）太守。紹興二十九年得病，六月卒，得年六十八歲，贈太師，封崇國公，諡號文忠。著書有《孟子傳》二十九卷、《橫浦先生文集》二十卷等。本稿草成之時，使用內閣文庫藏《論語百篇詩》（明張灝箋）及同為內閣文庫藏《張子韶心傳錄》（卷一—卷三《心傳錄》；卷四《論語絕句》為底本。

《論語百篇詩》是張九成從《論語》中抽出近百章的章句，因為是採各章之題以歌詠所懷的體裁，所以百首的絕句被排列統合。張九成是努力於經解的人①，聽聞其板行之事朱熹曾說：「聞洪適在會稽，盡取張子韶經解板行，此禍甚酷，不在洪水猛獸之下，令人寒心」，此乃為人所知的話題②；筆者在此所以處理作為解經之一種的《論語百篇詩》，乃在闡明張久成思想的「有害」程度之一端。

一、心的鍛鍊

張九成之甥有所謂于恕者，師事九成，乃編纂《心傳錄》的人；筆者在此舉出于恕向九成提出的的質問，以為本節之開始。

恕問上智與下愚不移，如《中庸》云雖愚必明，則是可移也，往往多不可得其說意，以爲困而不學，民斯爲下矣。不曰愚而曰下愚，以其不學故愚而愈下耳，此所以不移也。困而學之，安知其不克念作聖乎！舅曰：此說有理。

（《心傳錄》一卷，四三—四四丁）

若將于恕的話放在「唯上與下愚不移」章的解釋史上，則自唐李翺的「仲尼所以云困而不學，下愚不移者，皆激勸學者之辭也」（《論語筆解》）以降，此就不再是特別稀罕的說法；但其中包含著應注目於人間的可能性的保證，及自己陶冶的要求兩點。這裏，認同了既是外甥，也是門生的于恕的說法，張九成有以下的絕句：

唯上智（一七—二）
性習自然分遠近
智愚安得便無移
困而不學民斯下
愚者要當且力爲

之後朱熹在《集注》中說：「人之氣質相近之中，又有美惡一定，而非習之所能移者」，這是眾所周知的，張九成與朱熹二人之差異雖亦值得關注，但筆者在此則將焦點置於該首詩中九成力勸修養這一點上。

其次，是有關磨鍊自己之方法的詩。又，以下在舉出所謂的《論語》絕句時，筆者將採用所謂把與該句主題相重疊的張九成自身之言說，由《心傳錄》中舉出，一則一則介紹之，以資引進的這一形式。

天何言哉，四時行焉，百物生焉，使天徒頽然在上，何足以爲天？鎭惟其不言，而四時行百物生，故凡春生夏長，根荄枝葉，一皆天理之所寓，孔子於日用間視聽言動出入起居，無非道之所在，群弟子由而不知，習而不察，所以疑聖人爲隱，故夫子指之曰：吾無行而不與二三子者是丘也。觀是丘之一言則知孔子平日機用於此而決之，當時群弟子自夫子一指之後皆知用意，以觀聖人，故鄉黨所載，上而朝廷，下而衣服飲食，莫不屢書特書，正謂此爾。

超越於言語的教示，意識到天無言之惠與、孔丘之無言指教的卓越性，必須往這個方向來啟發自己。關連的絕句有以下兩首：

無言（一七—一七）

如何夫子欲無言

此理疑其或未然

若看陰陽運行處
方知與物自周旋

無隱（七—二四）
日月光明滿六虛
奈緣蒙瞽以爲無
試教借問傍人看
可是吾曾隱爾乎

前者教示著超越語言的框架一事；後者則在闡說必須具備可以主體性的發掘出真正教義的眼光。

真假的分辨是很重要的，不合宜的努力、無意義的智識蓄積只是時間的浪費。以下來看張九成流放南安時的體驗。

解潛太尉貶南安，臨決之前越一日焚香寂臥，令人來請，若有所言者，因往省之。曰：太尉平日所懷莫有不足者否，解公遂屏左右垂淚云，某平生唯仗忠義，誓與虜死以雪國恥，以不肯議和遂爲秦公斥遠，此心唯天知之。因謂之曰：無愧此心是矣，何必令人知，然人未有不知者，一事有眞僞遲速耳。解云：聞侍郎此言心下豁然，某今即去矣，奄然而逝。予謂武夫悍卒，其一念正氣，猶盤礴不下以待人決，況吾儕讀聖賢書，安可於平日不正此心，此與朝聞道夕死何異。（一卷，八丁）

在解潛確信其自己身為士大夫之生存方式的正當性而安然辭世的這件事上，張九成看見了「心」的開悟。如此地將此狀況與「朝聞夕死」一事相重疊，而一併接受之，張九成解釋「朝聞夕死」的「道」是身為士大夫者的生存正道，不違背此「道」而產生的自恃自足，才能夠死得安心。果然，張九成有下一首。

朝聞道（四—八）

白首窮經恨不知
書生辛苦竟何爲
一朝聞道無餘事
若較尋常死亦遲

若要在本書緒言中已然提及的此朝聞夕死章之解釋史中來作一定位，則此當是程頤所謂的「死得是」。結句的「若比起沒有悟道的狀態，死也不恐怖了」。顯然地，張九成是將此「朝聞夕死」章，以身處死亡的形式而來加以理解。

二、心傳

「朝聞夕死」之「聞」在解釋史上，可以解釋為由本來的「知」到「悟」為止的移動，前節最後的詩不過是其中的一例，在其他的情況中，張九成對「聞」也施以心學的思考進路。

> 有聞於人尤爲學者之病，況求聞者其病不可療矣。曾參之魯，寂不見所聞而悟道之敏得於一，唯其間如子路之勇、冉求之藝、子貢之辨，名字籍籍，以一勇一藝一辨掩其所學，遂皆墮於大病，每每得夫子醫治，遂各少愈。子路至於惟恐有聞，子貢至於聞性與天道不得而聞，皆病少愈之時也，如冉求乃有鳴鼓而攻之誚，則其病亦難療矣。（一卷，三六丁）

以上，作為智識傳授之方法，見聞知極被輕視，是一大大地傾向重視心知的主張。此種主張，在處理曾參「一貫」章時，典型的表露無遺，這些在後面會再提到；筆者在此處理的是被視為墮於大病的其中一人，以「子貢之辨」為題材的一首詩。

夫子之文章（五－一三）
既是文章可得聞
不應此外尚云云
如何夫子言天道
肯把文章兩處分

翻閱夫子之文章章的解釋史，李翺的《論語筆解》說：「非子貢之深蘊，其知天人之性乎？」是首先可以發現的對端木賜之「聞得」加以肯定的解釋；到了宋代，子貢既聞之解在士人之間成為定解。現在該注意的問題是，所謂「聞得」的這一過程，聞，即是知，乃至於是關於悟時的狀態；即便讀其字裡行間，在該首詩中可以看出其對應表現之認識方法的建議。作為有關張九成之主張的先導，在此且舉出謝良佐「子貢之深蘊，其知天人之性乎」「後世學者觀書於章句之外，毫髮無所得也，亦異乎子貢之聞矣」（《論語精義》）之語。③

那麼，端木賜的大病經由夫子的醫治得以稍癒時，在夫子文章的行間，可以看到夫子的性和天道之言，如以上之類的觀察，在那裏端木賜的開悟已經被道出了。此開悟之事也適用於曾參，張九成說：

孔子既死，門人以有子似聖人，欲以孔子事之。唯曾子不可，觀有子辯喪欲速貧，死欲速朽之說，非所見過人不能及，此時曾子亦有所惑，當時子游非親見其說，則曾子之惑未必遽回，而曾子於此獨不肯者，其晚年學益深，見益至，於夫子一貫之道，默得心通，未可以一時所見決終身之得失也。（卷一，二九丁）

張九成認為：與端木賜相同，曾參學問亦高深的這一觀點，值得注目。亦即，因為通常在心學系統的修養論之中，通常對端木賜之智評價低，而對曾參之愚評價高。以下陸九淵之語便是其中一個很好的例子。

子貢在夫子之門，其才最高，夫子所以屬望磨礱之者甚至。如予一以貫之，獨以語子貢與曾子二人，夫子既沒，三年，門人歸，子貢反築室於場，獨居三年，然後歸。蓋夫子所以磨礱子貢者極其力，故子貢獨留三年，報夫子深恩也。當時若磨礱得子貢就，則其材豈曾子之比。顏子既亡，而曾子以魯得之，蓋子貢反爲聰明所累，卒不能知德也。（《陸象山全集》，卷三十四）

如同這般，是「愚」的特質成為真理獲得的捷徑。張九成自己也說「曾參之魯，寂不見其所聞，而悟道之敏，得於一唯。」同見於前面的引文中（《心傳錄》一卷，三六丁）。雖然如此，更促使注意到「其晚年學益深，見益至，于夫子一貫之道，默識心通」之處，不用說和在前節所見強調自己的鍛鍊是同出一轍的。

於是，對張九成來說，「默識心通」是指示曾參所到達之點的話。以下順著「默識」、「心通」以詩證之。

默識（七—二）

不因聞見得心傳

此理於吾甚曉然

若使一流聞見裏

故知厭倦有時焉

因為該詩是以〈述而篇〉第二章為材料，所以是在歌詠孔子的心境，但因曾參亦與之吻合，而且，對張九成而言，其亦想確認孔子與曾參一樣，其「默識」就必須是「默識」，而非其他。④

其次是「心通」，此亦不外是後文所提的「一唯」之事。歷來「一唯」說已被視為正是闡說以心傳心這一傳授法的恰當素材，即使在張九成，當然也不例外。

或問：曾子既唯孔子一貫之說，及門人有何謂之問，乃荅以夫子之道忠恕而已矣。曾子何不以此荅門人？先生曰：當其惟時萬理皆無間斷，所見盡是道理，門人既非曾子所見，而曾子縱口所言，亦不知所以荅之者，門人往往便於忠恕上尋一貫，雖一貫不離於忠恕，而忠恕又自有名字，有名字則有間斷，須當著跡去論。或又問此理畢竟如何？先生曰：理到熟處亦不可言傳，只管去影上尋，故轉覺相遠也，且自去體認。（卷二，一三丁）

上文在說尚未備妥接受心態的人，不可能有真正的傳受，因真傳受決非依據語言而行。以下所舉的二首，前者是以和子貢一貫章的對比為主題。

然非與（一五—三）

參聞吾道無心語
只在當前一唯間
多學反嗟疑子貢
望雲猶隔數重關

吾道一（四—一五）

門人唯諾亦尋常
彼此如何較短長
自是旁人不曾識
指爲鳴鳳在朝陽

在後者，張九成嘆曰，旁人沒有注意到真的心傳存在於孔曾之間，卻根深蒂固地認為藉著孔丘之言語已作了明瞭的傳達。

三、心得

在看了張九成所謂：有名之處無真心傳的主張，最後一節筆者將處理張九成對於被名之為「仁」的境界的相關見解。因為對張九成而言，「仁」正好是對於藉由「心得」而必須覺醒的人類之終極價值，姑且施設之名稱。

或曰：孔子言仁，未始有定名，如言仁之本、仁之方，以剛毅木訥爲近，以克伐怨慾不行爲難，樊遲之問則異於子貢，司馬牛之問則異於子張，顏淵之問則異於仲弓，文子止得爲清，子文止得爲忠，管仲止得爲如，往往皆無定之說。而先生論仁每斷然名之以覺，不知何所見？先生曰：墨子不覺遂於愛上執著，便不是仁。今醫家以四體不覺痛癢爲不仁，則覺有痛癢處爲仁矣，自此推之，則孔子皆於人不覺處提斯之，逮其已覺，又自指名不得。或曰：如此則義亦可說。先生曰：若能於義上識得仁，尤爲活法。（一卷，一六丁）

其認為仁即使作為形容人間存在的最原始狀態的一個用語，但是人已經在其覺醒其真實內在情況的瞬間，從仁的這個框架中超脫出來。文中所謂「今醫家……」云云這一仁的把握方法，乃可見於程顥、謝良佐身上，而張九成的仁概念的把握方法，是更加直覺的。⑤

如其仁（一四—一六）

仁體從來不可名

方員隨處便成形

要之自在初無方

以力爲之恐失經

回也其心（六—七）

孔子於仁論不違

回心三月亦如之

不違乃是回心事

心事如何子得之

前者主張排除達到自我本領覺醒的意識性努力；後者則在否定關於心得之幾微有他者介入之

可能。讀者們幾乎可於張九成思索的軌跡中，看出其禪者之流的氣象。

然吾人亦可發現，張九成自身對於仁的實現的某一完成形態，亦即天下歸仁一事，其有意識地與釋氏所說者，畫線區隔的事例。

佛氏說到身心皆空處爲上義，當孔子告顏子以一日克己復禮天下歸仁，此是甚境界？或云其愚，或云其坐忘，而不知斯人物，我都無了，如何擬議得！（一卷，三八丁）

儒家的萬物一體觀，是張九成最後根據的立腳點。那是觀念色彩極濃厚的一體觀，它也是一超越呂大臨「克己銘」的「洞然八荒，皆在我闥」之體者。在下一首中，更超越了自和他、形和影的相對，完美地歌詠出張九成萬物一體的仁這一境界。

克己（一二—一）

雖然此影⑥不離形

莫向形中便認眞

形影兩忘都不見

當于此處認斯人

結語

收於張九成《論語百篇詩》的詩句，大多數是為了說明心傳和心得的重要，乃是張九成試圖由孔丘及其弟子中，發現心之陶冶的實際事例而有的產物。張氏在其意圖之中，對孔丘和弟子們對話的活用之跡，在其他很多詩中也很容易找到，如有關「子絕四」章，有人問張九成：「孔子於意必固我皆云毋而門弟子便記以為絕，如何？」答：「毋與絕便見門弟子與聖人學，力有淺深，故下語有圓有不圓」（《心傳錄》一卷一八丁）

子絕四（九―四）

以毋爲絕絕非毋
自謂門人見處疏
若使聖人眞箇絕
不知毋理卻何如

九成此歌詠亦是一個顯著的例子。

對於張九成所遺留下來的這些思想的成果，朱熹予以批判的事已經敘述過了，而以純儒自任之人的責難卻不停地繼續著。⑦然而，另一方面，對於張九成思想的評價，也隨著陽明學的盛行而高漲，而《論語百篇詩》之書在明末也流行起來。⑧無論是被罪或被譽，因為都是其選擇的途徑與到達的境界，如以上所說，增添禪味於《論語》言詞中，並以韻文作成的《論語百篇詩》，因為其獨自性，而有充分被提出的價值。

注釋

①《宋元學案》卷四十〈橫浦學案〉可見「先生著有《尚書》《大學》《中庸》《孝經》《論語》《孟子說》……」之類馮雲豪的案語。

②《朱文公文集》卷四十二。又以下的資料在論及張九成思想之際，多被引用。

張公始學於龜山之門而逃儒以歸於釋，既自以爲有得矣。而其釋之師語之曰：左右既得把柄入手，開導之際，當改頭換面，隨宜說法，使殊塗同歸，則世出世兩無遺恨矣。……用此之故，凡張氏所論著皆陽儒而陰釋，其離合出入之際，務在愚一世之耳目而使之恬不覺悟，以入乎釋氏之門，雖欲復出，而不可得本末。（《朱文公文集》卷七十二，〈張無垢中庸解〉）。

③詳細參照拙稿：〈《論語》學而、性天、無言三章について〉（《北大文學部紀要》四〇—三）。

④朱熹《論語集注》。識音志，又如字。○識記也。默識謂不言而存諸心也。一說，識知也。不言而心解也。前說近是。（〈述而篇〉第二章）

⑤朱熹批判此云：「聖門只說為仁，不說知仁，上蔡一變而為張子韶，上蔡所不敢衝突者，張子韶出來盡衝突了。近年陸子靜又衝突出張子韶之上。」（《語類》，卷二〇）又說：「子韶本無定論，只是迅筆便說，其未必辨是非。」（《語類》，卷一〇一）又詳細參照拙稿：〈《論語》為人孝弟章について〉（《中國哲學》一八）。

⑥《論語百篇詩》作「理」字；然《張子韶心傳錄》則作「影」字，今從《張子韶心傳錄》。

⑦舉出黃震、羅欽順、陳建等人的批判：

橫蒲先生，憂深懇切，堅苦特立，近世傑然之士也。惟交游杲老，浸淫佛學，於孔門正學未必無似是之非。學者雖尊其人而不可不審其說。（《黃氏日鈔》四二卷，〈諸儒〉）

張子韶以佛語釋儒書，改頭換面，將以愚天下之耳目，其得罪於聖門亦甚矣。（《困知記》卷上）

後世學術，陽儒陰釋之禍，實起於宗杲教子韶，所關非小。（《學蔀通辨》卷四）

⑧詳細參照荒木見悟：《中國思想史の諸相》（中國書店）五六頁以降。

第六章 朱熹《論語集注》
——理學的成熟

◎松川健二 著
◎楊 菁 譯

前言

朱熹（一一三〇—一二〇〇），字元晦、仲晦，號晦庵、晦翁、紫陽等，謚文。原籍徽州婺源，生於福建南劍州之尤溪，移建州城南，十四歲，父（朱松）逝後住崇安，師事胡憲、劉勉之、劉子翬；紹興十八年（一一四八）十九歲時舉進士；二十四歲赴任泉州同安縣主薄。在赴任途中，至延平會見李侗，以後至李侗歿為止的十年期間皆師事之。二十八歲歸崇安，之後大約二十年間，受祠祿居於家。其間，三十四歲與張栻相識；四十六歲與呂祖謙交；又和陸九齡、陸九淵兄弟會於鵝湖。

淳熙六年（一一七九）五十歲任南康軍知事，五十二歲任浙東提舉，出仕五年後再度家居。五十四歲，武夷精舍成。紹熙元年（一一九〇）六十一歲，為漳州知事；六十三歲於建陽考亭築室家居。六十五歲經潭州知事為寧宗侍講，歷四十日即解任，家居。之後，在偽學之禁的進行中，於不遇之中七十歲致仕，翌年三月，沒於考亭。

所編述者有：《周易本義》、《易學啟蒙》、《詩集傳》、《儀禮經傳通解》、《孝經刊誤》等經解之類；與《四書》有關的章句、集注、或問之類；又《太極圖說》、《通書》、《西銘》之解；《程氏遺書》、《論孟精義》、《上蔡語錄》、《延平答問》、《近思錄》、《伊洛淵源錄》等宋代思想家資料之類，這些大多收於《朱子遺書》。另外也有《資治通鑑綱目》、《八朝名臣言行錄》，甚至《楚辭集注》等。歿後編輯成《晦庵先生朱文公文集》百卷、《同續集》十一卷、《同別集》十卷、《朱子語類》百四十卷。

本稿撰寫之際，《論語集注》據《無求備齋論語集成》所收本（吳志忠景宋刊本）；《論語或問》、《論語精義》據《朱子遺書》（中文出版社，影康熙中呂氏寶誥堂刊本）所收本；《朱子語類》據王星賢點校，北京中華書局全八冊本；《程氏遺書》據王漁洋點校，北京中華書局的《二程集》（全四冊）所收本。

其次，標題的《論語集注》十卷，其書本身份量並不多，誠如朱熹曾經對吳仁父說「某語孟集注添一字不得，減一字不得，公子細看」（《朱子語類》卷一九，節錄）的一樣，該書乃精心之作，正因為如此，可以稱之為是作成《集注》之基礎作業的產物，乃是《論語精義》；可以稱之為是《集注》之副產品的則是《論語或問》，二者必須合而讀之，另外，自《朱子語類》卷十九至卷五十為止，與《論語》相關之部分亦必須涉獵之。即使將《朱文公文集》擱置一旁，必須處理的文獻總量亦不少。因此，目前由於限於篇章，為了說明《論語集注》的特徵，筆者以為聚焦於某一論題亦不失為一種處理方法。對「天」、「道」、「知」等各類論題加以逐一考察，而得到的結論，或許無法直接稱之為是《論語集注》全體之特徵，但或許可以期待得到其近似值。我在這一次的企畫中將論題定為「仁」。關於「仁」，朱熹自己說：

> 孔門雖不曾說心，然答弟子問仁處，而理會心而何。仁即心也，但當時不說箇「心」字耳。（《語類》，卷一九，枅錄）

如上述引文所言，「仁」具有與「心」相重疊的一面，因為其亦是表現出宋學本質的最重要論題之一。在說到《論語集注》的特質時，無疑地也是最適當的一個論題。

此種《論語》之「仁」的深奧，又在朱熹和他的弟子間，被論及如下：

或問：孟子說仁字，義甚分明，孔子都不曾分曉說，是如何？曰：孔子未嘗不說，只是公自不會看耳，譬如今沙糖，孟子但說糖味甜耳，孔子雖不如此說，卻只將那糖與人喫，人若肯喫，則其味之甜，自不待說而知也。（《語類》，卷一九，廣錄）

也就是說，正因為在《論語》之「仁」的不明確之中，故隱藏了多面展開的可能性。而關於甜的味覺，或許也因為體認的淺深而有多樣的變化！不得不說這是一有魅力的論調。

一、樊遲問仁章的情況

在多數所謂問仁章之中，三章樊遲問仁章，在考察仁之諸相與其解釋之多樣性時，可說是個好線索。「仁者先難而後獲，可謂仁矣」（六－二二）、「愛人」（一二－二二）「居處恭，執事敬，與人忠，雖之夷狄，不可棄也」（一三－一九）這三章中孔子的三種回答，都是同樣對樊遲說的，而首先引人好奇的是：其間可以見到的落差，解釋者是怎樣地說明呢？

朱熹把胡寅有關這三章問仁章內容的先後關係的見解，揭示於〈子路篇〉第十九章的欄外，即所謂「胡氏曰：樊遲問仁者三，此最先，先難次之，愛人其最後乎！」而在《語類》

中，可見朱熹自己之解說如下：

或問：胡氏謂：樊遲問仁者三，此最先，「先難」次之，「愛人」其最後乎！何以知其然？曰：雖無明證，看得來是如此，若未嘗告之以恭敬忠之說，則所謂「先難」者，將從何下手？至於「愛人」，則又以發於外者言之矣。（廣錄）

發露內在的恭、敬、忠，成就先難後獲，責備後達到愛人之事，如此類順序次第的指出，即是作為仁的完成過程所描繪的一個圖案。隨著朱熹所說「仁」的完成的階段，由這個觀點，繼續進入更開展的視野。

其中一個場面，在最後的〈顏淵篇〉第二十二章子夏之語有：「舜有天下，選於眾，舉皋陶，不仁者遠矣。湯有天下，選於眾，舉伊尹，不仁者遠矣。」關於這一章，朱熹的解釋很清楚地具有獨特性。《集注》本文有如下之語：

不仁者遠，言人皆化而爲仁，不見有不仁者，若其遠去爾，所謂使枉者直也。

朱熹以音義說「遠如字」，在《語類》中被問道：「不仁者遠矣，謂不仁者皆為仁，則不仁之事無矣」，也是肯定這個的一則（雜錄）。關於「愛人」說「仁之施」（《集注》本文）；關於「能使枉者直」說「使枉者直，則仁矣」，朱熹對於行「仁」之功的結果，以子夏所提示「不仁者遠矣」的狀態，作為不仁的斷絕之說明。一般地，一面標榜根據朱注訓為「不仁者遠」是通例；在此，不免類似孔安國的「不仁者遠矣，仁者至矣」，訓「不仁者遠」是和新注相應的，朱熹擴大解釋「仁」之功至最大限度是很明白的。

現在再舉一個更廣泛的例子，在〈顏淵篇〉第二十二章說「愛人」，若依據孔子所規定的「仁」之概念，則其相當簡明，因為其乃是一基本的表現。而在朱熹的學派中，則必須將此「愛人」之「仁」，與作為「本體」之「仁」合併思考，亦即所謂「仁」概念的抽象化的問題。

> 或問：愛人者，人之用；知人者，知之用。孔子何故不以仁知之體告之，乃獨舉其用以爲說？莫是仁知之體難言，而樊遲未足以當之，姑舉其用，使自思其體。曰：體與用雖是二字，本未嘗相離，用即體之所以流行。（《語類》，賀孫錄）

針對所謂：樊遲因為淺學之故，故只能以「仁」之作用，亦即所謂「愛人」的這一形式來教導之的質問，朱熹的回答則是體用乃相即，如同所見一般，而展開了多重解釋「仁」的場合。作為朱熹解釋方式的原型，無非來自程頤所留下的思想。以下見於《論語精義》的程頤之言，朱熹將之收在自己《集注》的欄外，雖然改變其形態，在此試著按《精義》的原貌而引用之。

聖人之語，因人而變化，雖有淺近處，即卻無包容不盡處，如樊遲於聖門最是學之淺者，及問仁曰愛人，問知曰知人，且看此語有甚包蓄不盡，他人之語，語近則遺，語遠則不知盡，惟聖人之言，則遠近皆盡。

把「愛人」之語看作「有甚包蓄不盡」之處，是「仁」概念抽象化的端緒。哲學地閱讀時，依其相關的想法便成為可能，且不斷地被擴大。

二、程頤繼承的實態

在前節，朱熹在醞釀自己的仁觀時，可看到他受到程頤影響的一個例子，這裏首先再來看看單純地繼承的兩個例子。

〈八佾篇〉第三章（「人而不仁，如禮何？人而不仁，如樂何？」）本注採游酢之說「人而不仁，則人心亡矣，其如禮樂何哉？言雖欲用之，而禮樂不為之用也」，朱熹自己並沒有任何敘述。但是在圈外，則採程頤的「仁者天下之正理，失正理則無序而不和」，補充「仁」和「正」結合時的觀點。受到程頤重合「仁」和「正」想法的影響，在以下《語類》的話中也是很明白的。

人而不仁，則其心已不是。其心既不是，便用之於禮樂，也則是虛文，決然是不能爲。心既不正，雖有鐘鼓玉帛，亦何所用。（卓錄）

現在之一例，在〈子罕篇〉首章（「子罕言利與命與仁」），朱熹自己在說「罕，少也」之後，只舉出了程頤的「計利則害義，命之理微，仁之道大皆夫子之所罕言也」。朱熹在解釋這一章時，全面地承襲程頤，以下試著對比程頤和朱熹之言，也可以得知。

罕言仁者，以其道大故也，《論語》一部鄙言仁豈少哉？蓋仁者大事，門人一一記錄，盡平生所言，如此亦不爲多也。（《精義》）

仁之理至大，數言之，不惟使人躐等，亦使人有玩之之心。蓋舉口便說仁，人

> 便自不把當事了。（《語類》，時舉錄）

其次，筆者在此試圖探討有關朱熹對《精義》之處理方法的一般主張，亦即在探討朱熹對二程與程門諸子所抱持的基本態度。朱熹說：

> 讀書考義理，似是而非者難辨。且如《精義》中，惟程先生說得確當。至其門人，雖惟不盡得夫子之意，雖程子之意，亦多失之。（《語類》，卷一九，德明錄）

而以上所引二例，正是朱熹對此問題之發言；在另一方面，對於童伯羽問：「只將程子之說為主如何？」朱熹答說：

> 不可，只得以理爲主，然後看它底。看得一章直是透徹了，然後看第二章，亦如此法。若看得三、四篇，此心便熟，數篇之後，迎刃而解矣。（《語類》，卷一九，驤錄）

對於二程，其中特別是對程頤，朱熹對其所持續抱持的態度，實可見於上述二則引文之間。以全面地尊重為基本態度，在這一節的兩個例子是明白可見的，但是由於在繼承時的細心，因此有時也無法避免對他的批判，關於此種對應態度，同於㈢以下所述。本文以下亦將所謂：解明程頤與朱熹之相關連實態的這一條探討路線來行文。

三、志士仁人章的情況

「人而不仁如禮何」章（三—三）、「子罕言利」章（九—一）的兩個例子，是朱熹完全依據程頤作為自已的注解之例，朱熹在《或問》也無條件地肯定程頤之說。但是在《或問》中程頤即使被肯定，從實際的《集注》的構成試著推察，也可以推測他並沒有完全地承襲程頤。考察「志士仁人」章的例子便可知道。

關於〈衛靈公篇〉第九章（「志士仁人，無求生以害仁，有殺身以成仁」），在《或問》可見到「程子至矣」的肯定語。這裏由《精義》中見到的程頤之說，收錄以下的兩則。

a實理得之於心，自別實見得，是實見得，非古人有捐軀殞命者；若不實見得，烏能如此？須是實見得生不重於義，生不安於死也。故有殺身成仁者，只是成就一箇是而已。

b或曰：有殺身成仁，無求生以害仁。竊謂所利者大一身，何足惜也。先生曰：但看生與仁孰重？夫子曰：朝聞道，夕死可矣。人莫重於生，至捨之以死，道必大勝於生也。曰：既死矣，敢問大勝處如何？曰：聖人只睹一箇是。

a是《程氏遺書》卷十五，第三十六則，即：

人苟有朝聞道夕死可矣之志，則不肯一日安其所不安也。何止一日，須臾不能。如曾子易簀，須要如此乃安。人不能若此者，只爲不見實理。實理者，實見得是，實見得非。凡實理，得之於心自別。

和像這樣寫出來的長文大約相同（視為a'），以摘要的方式是朱熹所整理的；b則同樣的和《程氏遺書》卷二十三第十一則大約是相同的內容。a'和b一起包含了有關〈里仁篇〉第八章（「朝聞夕死」章）的言說，是受到注目的。與此事實相關的，暫且先來進行考察程、朱兩氏對於「朝聞夕死」章的處理方法。

反過來，有關「朝聞夕死」章，《精義》採用的程頤之說有四則。

c人不可以不知道，苟得聞道，雖死可也。

d聞道之所以為人也，夕死可矣，是不虛生也。①

e朝聞道夕死可矣，死得是也。

依順次可名為比喻說、殉死說、處死說，以上加上三者，a'即和《程氏遺書》卷十五第三十六則大約相同的長文並列。a'因為收束於「殺身成仁」之方向，所以考慮以d（不虛生，即死亦可）來補強吧！

相對於此，朱熹有關此「朝聞夕死」章，其在《或問》中說道：「但所謂不虛生死，得是者意若小偏」，另一方面，由於《集注》欄外採用了「c」，如同在程頤之說中，遵照比喻說，而實際上在《集注》本文中，卻已樹立了所謂生順死安說（「苟得聞之則順生安死，無復遺恨」）。②

如上朱熹對於「朝聞夕死」章的注釋態度，與對前文已有論及的「志士仁人」章之注釋態度，兩者間有何關連？程頤有關「志士仁人」章的兩則（a'和b），同時橫跨了「朝聞夕死」章。朱熹刪除掉從a'抄寫出的「人苟有朝聞道夕死可矣之志，則不肯一日安其所不安也……」，進而整理「志士仁人」章而刪定a，並將之與b合併而作為《精義》之內容，但是《集注》在「志士仁人」章欄外所採用的卻是「a」。附帶一提，《集注》之本文如下。

志士，有志之士。仁人，則成德之人也。理當死而求生，則於其心有不安矣，是害其心之德也。當死而死，則心安而德全矣。

亦即，只要擬望《集注》，吾人便見不到程頤把朝聞夕死和殺身成仁當成相同一件事來解釋的事實（b也是其中一例）。我以為，在「朝聞夕死」章把連同程頤的「不虛生」（殉死說）在內的諸說暫且放在一邊不管，就重新建立生順死安說的朱熹來說，常在宣說實質上應該視為殉死說的「志士仁人」章時，有關程頤的「朝聞夕死」章相關的部分，並沒有像前述所說將之除外的情況。

總而言之，在《或問》的「志士仁人」章中，吾人可見到「程子至矣」的肯定言語，但是這裏是指a而肯定的，決不是指a'；b也在「程子至矣」的對象之外是很明白的。不可將之看作是全面繼承程頤的案例。

四、程頤批判的實態

程頤遺留下來和「仁」關連的諸章的解釋中，筆者已經考察了朱熹在所撰的《或問》中明確肯定的部分；下文相反地，筆者將收集《或問》中即使只是部分的，有關朱熹批判程頤的案例，而來考察其特徵吧！

㈠〈雍也篇〉第七章有關「回也其心三月不違仁，其餘則日月至焉而已矣」。《或問》曰：

程子之解，以得善弗失言之，似與此章文意不協，未能識其何意也。

這裏查看《精義》舉了五則，在開頭可見到：

回三月不違仁，得一善則服膺弗失，其餘日月至焉，至謂心存於仁，非能至仁也。

《或問》的疑念乃在仁這一概念，在「善」這一語詞的實踐層面上的能動印象，與其在「三月不違仁」這一語句的傾向心理層面之印象兩者之間的乖離。

程頤的解釋在朱熹的學派中被當成問題來記錄的，其他的在《語類》中可以看得到。

問：「不違仁」是此心純然天理，其所得在內。「得一善則服膺而弗失」，恐是所得在外？曰：「得一善則服膺而弗失」，便是「三月不違仁處」。

朱熹的應答，似乎完全是冷淡的！接下來又問：

又問：是如何？曰：所謂善者，即是收拾此心之理。顏子「三月不違仁」，豈直恁虛空湛然，常閉門合眼靜坐，不應事、不接物，然後爲不違仁！顏子有事亦須應，須飲食、須接賓客，但只是無一毫私欲耳。（道夫錄）

是從內外合一的立場來解答。可以說表現在《或問》中朱熹自身的疑念已經被消解。又楊道夫錄是一一八九年以後所聞。

像這樣，在《或問》中既是批判著，到後面卻又變成認可的情況；但是以下的例子全是在《或問》中對程頤的批判，應該是維持了原貌。

(二)關於〈里仁篇〉第二章的「知者利仁」，《或問》有：

安仁利仁之說，程子發明亦至切矣。但若欲爲而爲之之類，看利仁者則太淺矣。若徒爲名而已，則是豈其眞知仁之爲利者，而亦何足以得爲仁之利哉！

這裏所見《精義》的程頤之語，載有二則，這是第一則。

知者利人，知者以仁爲利而行之，至若欲有名而爲之之類，皆是以爲利。

另外在《程氏遺書》卷二十二上也有：

仁者先難而後獲，何如？曰：有爲而作，皆先獲也。如利仁者是也。古人惟知爲仁而已，今人皆先獲也。

程頤大概是認為「利仁」為「有為而作」，朱熹的批判當然把握了這一點。而這樣的批判，張栻也提到了，如以下所說：

晞遜問：所謂利仁者，莫是南軒所謂「有所爲而爲者否？」曰：「有所爲而爲」是不好底心，與利仁不同。（賀孫錄）

那麼，朱熹的「利仁」是什麼呢？《集注》本文的「知者則利人，所守不易」這一類的表現，有其不明確之處，即便其於欄外亦採用了謝良佐之說，但他自己卻在《或問》中批判道：「謝氏之說則善矣，然初不見利字之意」。因此從《語類》採錄了以下之文。

「知者利仁」，未能無私意，只是知得私意，不是著腳所在，又知得無私意處是好，所以在這裏千方百計，要克去箇私意，這便是利仁。（時舉錄）

結果，朱熹把「利仁」同「克己」大約放在同義。比起作為「有為而作」的程頤遠遠地重視公的客觀性。

㈢關於〈公冶長篇〉第五章的「不知其仁，焉用佞」。在《或問》中有：

程子之解善矣。其後說以爲仁則佞不害，惟不知仁則無所用佞者，恐未安也。

在《精義》所舉的二則中，所謂後說，即見於第二則有：

苟仁矣，則口無擇言，言滿天下。無口過，佞何害哉！若不知其仁，焉用佞。

該引文末尾部分的「若不知其仁，焉用佞」，在《遺書》卷九變成「若不知其仁，則佞焉用也」，然無論是何者，應該都是「非用口才之場合」的意思。因為「不知其仁」是「苟仁矣」的相反，所以是「若非仁」。就像已經舉出的，朱熹在《或問》中所把握的「仁則佞不害，惟不知仁則無所用佞」是正確的。

朱熹解釋《論語》原文「不知其仁」為「冉雍不許仁」之意，實無須再求證於《集注》，但是為了慎重起見仍把它舉出：

或疑仲弓之賢而夫子不許其仁，何也？曰：仁道至大，非全體而不息者，不足以當之。如顏子亞聖，猶不能無違於三月之後；況仲弓雖賢，未及顏子，聖人固不得而輕許之也。

接著在朱熹的教團中，其進一步深化冉雍仁不仁之議論，也留下了如下記載，原文雖長仍揭舉之。

問：「爲人君，止於仁」。若是未仁，則不能視民猶己，而不足爲君。然夫子既許仲弓南面，而又曰：「未知其仁」，如何？曰：言仁有粗細，有只是指那慈愛而言底，有只就性上說底，這箇便較細膩。若有一毫不盡，不害爲未仁。只是這箇仁，但是那箇是淺底，這箇是深底；那箇是疏底，這箇是密底。（義剛錄）

「仁」的二面性是以這樣的形式來說。無論如何，比起程頤的解釋，朱熹的解釋對於看做「仁」的條件變得較為嚴格。

㈣〈述而篇〉第三十四章關於「子曰：若聖與仁，則吾豈敢？抑為之不厭，誨人不倦，則可謂云爾已矣。公西華曰：正唯弟子不能學也」。在《或問》說：

程子說子華之意，似以爲雖夫子之誨人不倦，然己則未能學以承聖人之誨耳。如此恐於文義有所不通。

載於《精義》的程頤之文是怎樣的呢？

夫子謙自謂不敢當仁聖，然行之而不厭，以誨人而不倦，不厭不倦，非己有不能也。公西華見聖人之道遠而誨人不倦，故歎曰：正惟弟子不能學爾。

朱熹《集注》的本文大體上是根據程頤的想法，但是「仁」的概念規定變得更為明確，最後在文章結束時和程頤的差別就更加突顯了。

此亦夫子謙辭也。聖者，大而化之。仁，則心德之全而人道之備也。爲之，謂爲仁聖之道。誨人，亦謂以此教人也。然不厭不倦，非己有之則不能，所以弟子不能學也。

程頤之文「非己有不能也」和朱熹之文「非己有之則不能」，實質上是完全相同的；但是程頤只說「非有仁聖」，對於作為孔丘的特性而解釋；朱熹說「心德之全，人道之備，大而化之，非有聖德」，明確具體地意識到仁和聖的內實，在前面突出兩者產生了懸隔。說到末尾的部分，相對於程頤解釋為公西華個人對不能繼續教誨的歎息，朱熹則將之解為：對只有仁聖才有可能從事的教育實踐絕望，朱熹此種解釋乃產生自其強烈地意識到要以仁聖作為實踐倫理上的德目。

㈤關於〈顏淵篇〉首章「克己復禮為仁」，《或問》說：

程子至矣，然記錄所傳，不免有難明而似可疑者，亦有謬誤而眞可疑者。

現在只就後者，即「有謬誤而真可疑者」之中和程頤有關係的，指出以下三點：

有諸中則無不中禮，愼獨敬義所以爲克己復禮。若曰敬立則無妄，無妄即禮。若曰敬則便是禮，無己可克，凡或過而失中，或亂而無序，是則眞可疑而不可有通者，豈其記錄之誤耶！

筆者在《精義》中試著確認程頤之言，最初的一點，約為以下之言：

必誠之在己，然後爲克己。禮者理也，有諸己而不中於禮，君子愼獨，敬以直內，義以方外，所以爲克己復禮。

第二點和第三點大約是相同之文，原貌可見。

對「誠」字一語所具有的觀念性、主觀性敬而遠之，以及排除對「敬」無限定的依賴的朱熹的主張，在《集注》本文中也不用一個「誠」字「敬」字的形式來表達。又其指出：單純地只以「理」來說明「禮」的危險性，該事亦見於《語類》的下一則例文（無記錄者之名）。又《集注》中說：「禮者天理之節文」。

克己復禮，不可將禮字訓理。克去己私，即固能復天理，克己後便都成沒事。惟克去己私了，到這裏恰好著精細功夫，故必又復禮，方是仁。

對於朱熹這一章的解釋態度，比起程頤對此處的解釋，更傾向於重視客觀性、排除主觀性的方向。

㈥關於〈顏淵篇〉第二章「在邦無怨，在家無怨」。《或問》說「程子至矣，但無怨之說，恐未安」。《精義》中有「伊川曰」，如以下所見之文：

或問：在邦無怨，在家無怨，在知在己在人。③曰：在己。曰：既在己，舜在家何以怨？曰：怨只是一箇怨，但其用處不同。舜自是怨，不怨卻不是也。學須是通不得如此執泥，如言仁者不憂，又卻言作易者其有憂患，須知用處各別也。天下只一箇憂字，一箇怨字，有此二字，聖人安得無之。在邦無怨，在家無怨，在理可使無怨。

實際上此文到「聖人安得無之」為止，和見於《遺書》卷十八（伊川先生語）的一部分是相同的；之後的文章則和見於《外書》卷二的部分相同，變成伯淳之語。因此說「在理可使無怨，然於事亦難」，像是拉到作為自己身心的問題來理解的解釋態度，所以也可以想成是程顥之語；但是不管怎樣，「在邦無怨，在家無怨」的解釋，使人想起後世王守仁的解法。④原來在《集注》本文作「內外無怨」，在《語類》可見以下二則：

問：在家在邦之怨，是屬己？屬人？曰：如何說得做在己之怨，聖人言語只要平看。儒者緣要切己，故在外者，多拽入來做內說；在身者，又拽來就心上說。（必大錄）

又問：伊川謂怨在己，卻是自家心中之怨。曰：只是處己既能敬，而接人又能恕，自然是在邦、在家人皆無得而怨之。此是爲仁之驗，便如「天下歸⑤仁」處一般。（辔錄）

從程頤的尊重主觀，到朱熹的重視客觀的移行之姿，在此當然也可以見到。

㈦關於〈衛靈公篇〉三十五章「水火吾見蹈而死者矣，未見蹈仁而死者也」。《或問》有如下之說：

若程子之意，……蹈仁而死，爲殺身成仁，則可疑矣。蓋蹈仁者，未必皆致死也。殺身成仁，其亦不幸而萬有一焉耳。況聖人之於不肯爲仁之人而遽責之，而必死於仁乎！其地位亦大遼闊矣。

《精義》中載有和趙彥道的問答：

趙景平問：未見蹈仁而死者，何謂蹈仁而死？曰：赴水火而死者有矣，殺身成仁者未之有也。

程頤之解釋，如同所見一般，成為一種殉死說。

批判這些的朱熹，自己的解釋變成何種形式呢？朱熹在《或問》中，以節縮范祖禹說的形式，說：「故夫子言水火能害人，而仁不能傷人，所以教民為仁也」，《集注》中也說：「況水火有時而殺人，仁則未嘗殺人，亦何憚而不為哉！」

「殺身成仁者，未之有也」和「仁則未嘗殺人」的差別應該怎樣地看待呢？在此，想起了前節已經處理過的「志士仁人」章的情形。朱熹在那裏迴避了反覆解釋「殺身成人」和「朝聞夕死」之事的態度，和這裏排斥殉死說而親近於凡庸之解的態度是共通的。從程頤的精神主義的解釋，轉變為重視貼近日常性實踐的解釋，此乃因為朱熹而轉換了解釋方向。

五、博施濟衆章的情況

作為程頤的仁觀和朱熹的仁觀的差別最顯著的一例，筆者在此舉出〈雍也篇〉末章「何事於仁，必也聖乎，堯舜其猶病諸」的解釋。《或問》的開頭有如下之語：

> 或問：博施濟眾，必也聖乎！此言必聖人而後能之乎？曰：不然。此正謂雖聖人亦有所不能耳。必也聖乎，蓋以起下文，堯舜病諸之意，猶言必射乎而後言射之有爭也。

這種將「必也聖乎」和「堯舜其猶病諸」密切連繫起來的讀法，是朱熹解釋這一章時最強烈意識到的，其實際情況留待於後文詳述。

且見於《或問》，諸家孰為得之？對於此問，朱熹的回答如以下所說。

> 程子詳，然亦

a未免以博施濟眾，不止爲仁而爲聖者之事，故其辨論仁聖之別雖詳，而堯舜病諸之語，反無所當。

b其答仁不足以盡之一條，尤不可曉，蓋既不與其同於聖，既曰堯舜不能，而又曰能博施濟眾，則是聖⑥，然則堯舜非獨聖耶！今以吾說通其文義，則彼之兩辯文義之別，固不害於貫通也。

c但仁在事不可爲聖，一說亦不可曉耳。

d其他如博施濟眾，何干仁事，似亦太過。博施濟眾，實仁者之極功，但不可謂必如此而後得爲仁耳。

e又如謂聖人之至仁，獨能體是心而已，此類亦恐記者失之至。

f以博爲厚者，則非此字義，且與前後數條之意亦不相類，而又出其手筆，則或恐其考之未詳耳。

簡易地分文為a－f六項。以下為了進而明白確認朱熹論斷之實態，因此也把見於《精義》所載程頤之說，全部十五則之中大概為朱熹的批判對象的部分，逐次舉出，將之與a－f相合的形式表示出。

A博施，厚施也。博而及眾，堯舜猶病其難也。聖人濟物之心無窮已也，惟患力不能及耳。聖人者，人倫之至，惟聖人能盡仁道，然人可通上下而言，故曰何事⑦於仁，必也聖乎！（第一則）

a是總論的，全十五則之中，雖也將第八則視為對象，現在則舉出第一則。總之，朱熹注目於程頤如以上所言之「必也聖乎」為重要點，把博施濟眾看做聖者之事來解釋，呼應了《或問》開頭的主張。

B或問：博施濟眾，何故？仁不足以盡之。曰：既謂之博施濟眾，則無盡也。堯舜之治非不欲四海之外皆被其澤，遠近有間，勢或不能及也。以此觀之，能博施濟眾，則是聖矣。（第六則）

和b的「吾說」，不外是《或問》開頭所表示的訓釋方法。為了保證堯舜是聖，即使是聖人也必須了解到博施濟眾是不可能的。

C此子貢未識仁，故測度而設問也。惟聖人爲能盡仁，然仁在事不可以爲聖。

（第十三則）

D聖唯恐所及不遠，不廣四海之治也。孰若兼四海之外亦治乎！是嘗以爲病也，博施濟衆事大，故仁不足以名之。（第十三則）

c和d一起，批判其矮小化了「仁」。

E剛毅木訥，質之近乎仁也。力行學之，近乎仁也。若夫至仁則天地爲一身，而天地之間，品物萬形，爲四肢百體，夫人豈有視四肢百體而不愛者哉？聖人之至仁，獨能體是心而已，曷嘗支離多端，而求之自外乎！（第十五則）

此E之文，展開了如後半部之「醫書謂手足風頑謂之四體不仁……」。一般認為如同浮現程顥之文（《精義》第一則，即《集注》圈外所採）的所在，緊繫於e的論調。又F是A的開頭。

以上從a到d為止，總而言之，每次都批評程頤把「仁」放在「聖」的下位來解釋，可以說在《論語》原文的解釋方面，與《或問》開頭所指示的見解也是重疊的，即是批判著程頤訓釋「何止於仁，必也聖乎，堯舜其猶病諸」這件事。

在《集注》作成時，當然也將沒有成為批判對象的第三則採用於欄外，今省略該方面之檢討，而只考量《集注》本文。

博，廣也。仁以理言，通乎上下。聖以地言，則造其極之名也。乎者，疑而未定之辭。病心有所不足也。言此何止於仁，必也聖人能之乎！則雖堯舜之聖，其心猶有所不足於此也。以是求仁，愈難而愈遠矣。

文中「此何止於仁，必也聖人能之乎，則雖堯舜之聖，其心猶有所不足於此也」的訓釋是最重要的關鍵，這一點已在處理《或問》中詳細地敘述了；但是「何止於仁」的部分，老實說只見於《集注》是不用說的，儘管是合併《或問》或更進一步連同後世的《論語集註大全》這類的著作一起看，也不能夠訓為「何止於仁」，全部無非是根據《語類》的詳細而來。

「何事於仁」，猶言何待於仁。（僩錄）

何事於仁，先生以爲恰似今日說「何消得恁地」一般。曰：博施濟眾，何消得更說仁。（節錄）

問「何事於仁」作「何止於仁」是如何？曰：只得作「何止於仁」。今人文字

如此使者甚多，何事亦如何爲之意。（南升錄）

「何事於仁」，猶言何待於仁。「必也聖乎」連下句讀。（德明錄）

以上試著把「做」「消得」「止」「為」「待」並列來看，我是選「待」之訓。「止」是「峙」之意吧！

其次，在《或問》開頭朱熹所示，之前廖德明也有記錄，是關於句讀點的裁法。

「必也聖乎」是屬下文。仁通乎上下，聖是行仁極致之地。言「博施濟眾」之事，何止於仁？必是行仁極致之人，亦有不能盡，如堯舜猶病諸是也。「必也聖乎」，蓋以起下。（銖錄）

問：「必也聖乎，堯舜其猶病諸？」曰：「此兩句當連看。蓋云便是聖人，也有做不得處。且如堯舜，雖曰『比屋可封』，然在朝亦有四凶之惡。又如孔子設教，從游者眾，孔子豈不欲人人至於聖賢之極，而人人亦各自皆有病痛。」（燾錄）

接續著讀「必也聖乎」和「堯舜其猶病諸」兩句，是為了保證堯舜是聖的緣故。重複《或問》

b所指出的。

結合以上所說，是怎樣考慮「仁」和「聖」的列序呢?這裏朱熹自己也說：

「仁以理言」，是箇徹頭徹尾物事，如一元之氣。「聖以地言」，也不是離了仁而爲聖，聖只是行仁到那極處。仁便是這理，聖便是充這理到極處，不是仁上面更有箇聖。（義剛錄）

結語

在前節，筆者已將「仁」和「聖」的解釋同時並列而加以考察，但是如果將此種解釋視為必然之思考原理而一言以蔽之的話，則盡在《集注》所說的「仁以理言」。通常標榜根據新注的解釋書，是像程頤的訓解一般，決不是像朱熹所訓的，之所以如此，是因為只依據《集注》而有的結果。另外，其忽視朱熹思想中所謂作為「理」的「仁」的重要性，也是大有原因的。

朱熹以「仁」為「理」來把握，是從《論語》開卷的第二章開始的。可見於《或問》的問答：

程子以孝弟爲行仁之本，而又曰論性則以仁爲孝弟之本，何也？曰：仁之爲性，愛之理也。其見於事，則事親從兄，仁民愛物皆其爲之之事也。

承襲程頤的提倡「仁」的兩面性，這個「論性之仁」的方法，就是賦予了「愛之理」的意義。也就是在《集注》中所表現的「仁者，愛之理，心之德也」。⑧程頤沒有說到的地方，朱熹像這樣具體的敘述而形成了諸例，以下，就從有關朱熹仁觀的成熟這類的觀點來確認。在本稿已經處理的諸章，即使限於《集注》，也可以舉出「志士仁人」章（一五—九）「仁人則成德之人也」（第三節已揭）、「若聖與仁」章（七—三四）「仁則心德之全，而人道之備」（第四節已揭）、「顏淵問仁」章（一二—一）「仁者本心之全德」，及前節的「博施濟眾」章（六—二八）「仁以理言」。⑨相對於此，程頤明快地規定「仁」的概念的，僅止於「人而不仁」章（三—三）的「仁者天下之正理」（本文第二節已揭舉）一處。這是可以明確觀測出的有關程頤和朱熹之間的明顯差異。筆者將此點稱之為成熟。

在《論語》中包含「仁」之語的篇章也比較多，算來有五十八章，在本稿中處理了其中最重要而且適合探討「仁」之諸相的二十五章；考察朱熹如何地繼承程頤的言論，如何地批判，使自己的仁觀成熟。在第四節中藉著對程頤的批判中清楚地形成「仁」概念的純化志向，及客觀性強調的傾向，進而見於第五節主張「仁」的價值的昂揚，在朱熹心中作為「理」

的「仁」，當然必須說是成熟的表現。

注釋

①d在《外書》中為程顥之語，又包含a'的《遺書》卷十五〈入關語錄〉，或也可以說是程顥之語，所以也可以將殉死說視為是程顥之語。現從《精義》，以三說為程頤之說來看待。

②詳細參照拙稿：〈《論語》朝聞夕死章について〉（汲古書院《伊藤漱平教授退官記念中國學論集》所收）。

③「在知在己在人」，在《程氏遺書》卷十八有「不知怨在己在人」。

④參照本書第三部分第一章第四節。

⑤有關「歸」字之訓，參照本書第三部第一章之注⑪。

⑥《或問》雖作「堯」字，今據《精義》作「聖」字。

⑦《精義》第八則有「何止於仁」。

⑧詳細參照拙稿：〈《論語》為人孝弟章について〉（《中國哲學》一八，北海道中國哲學會）。

⑨作為諸例的補充，從《集注》中抽出新的十例。全部在符合該章的《精義》所載的程頤之言中，「愛之理，心之德」，乃至這種類似的表現幾乎是見不到的。

1 巧言令色，鮮矣仁。（一—三）「好其言，善其色，致飾於外，務以悅人，則人欲肆而本心之德亡矣。」

2 唯仁者能好人，能惡人。（四—三）「蓋無私心，然後好惡當於理。」

3 仁者樂山（六—二三）「仁者安於義理而厚重不遷，有似於山，故樂山。」

4 依於仁（七—六）「仁，則私欲盡去而心德之全也。」

5 仁遠乎哉（七—三〇）「仁者，心之德，非在外也。」

6 仁以為己任，不亦重乎（八—七）「仁者，人心之全德，而必欲以身體而力行之，可謂重矣。」

7 仁者不憂（九—二九）「理足以勝私，故不憂。」

8 克伐怨欲不行焉，可以為仁矣。（一四—一）「仁則天理渾然，自無四者之累。」

9 能行五者於天下，為仁矣。（一七—五）「行是五者，則心存而理得矣。」

10 殷有三仁（一八—一）「三人之行不同，而同出於至誠惻怛之意，故不咈乎愛之理，而有以全其心之德也。」

第七章　陳天祥《論語辨疑》
——元代的《集注》批判

◎石本裕之　著
◎楊　菁　譯

前言

陳天祥（一二三〇—一三一六），字吉甫。生於趙州寧普，後徙洛陽，號緱山。至元二十一年（一二八四）任監察御史，疏言盧世榮之奸惡，及世榮伏誅，擢吏部郎中。任侍御史時，因桑哥之讒誣而罷歸，二十八年，起為南台侍御史，之後歷任燕南、山東兩道廉訪使。大德六年（一三〇〇），拜江南台御史中丞；七年，拜集賢大學士，因病歸鄉。九年，被召為中書右丞，不起。延祐三年（一三一六）卒，享年八十七歲，追封趙國公，諡文忠，一說文靖，著有《四書辨疑》十五卷。清人朱彝尊《經義考》中有關陳天祥《四書辨疑》有如下之記述：

> 按：《四書辨疑》，元人凡有四家：雲峰胡氏、偃師陳氏、黃巖陳成甫氏、孟長文氏，是書專辨《集注》之非，曾見吳中范檢討必英藏本，乃元時舊刻，不著撰人姓氏，繹注中語，……成甫、長文並浙人注辭不類，若雲峰四書通一宗，朱子不應互異，其爲偃師陳氏之書無疑，且其卷數亦合，遂定以爲天祥著。……又按：蘇伯修撰〈安熙行狀〉，曰國初有傳朱子《四書集注》至北方者，滹南王公雅以辨博自負，爲說非之，趙郡陳氏獨喜其說，增多至若干言，及來爲眞定廉訪，使出其書以示人，先生懼焉，爲書以辨之。其後陳公深悔而焚其書。

上述引文前半部推斷《四書辨疑》的作者為陳天祥；後半部則在陳述陳天祥繼承金朝王若虛《論語辨惑》的注釋作業，為世所不容的情形。①一般認為其為世所不容的情形之要因中，較之於其他原因，可以舉出的應該是這本書從正面尖銳地批判朱熹《集注》的這件事吧！但如果換一個角度來看，正因為如此，吾人或許也可以重新理解為：陳氏《辨疑》的存在，為當時圍繞四書解釋的時代思潮中，投入一顆石子。本稿取用《四書辨疑》中的《論語辨疑》

②，如以下所見到的，此書的要諦，在朱子學的隆盛時，有某種強迫修正在《集注》中所見到的解釋傾向。這也是一般認為這本書足以擔任《論語》的思想史之一翼的原因。

一、觀念的思考的排除

見於《集注》中朱熹的解釋和思想，企圖使《論語》觀念化、抽象化的傾向是很明顯的。可以說，在《集注》裏朱熹似乎是為了展開自己的學說而利用《論語》。例如，根據「子在川上」章③（九－一七），朱熹在程頤的逝川道體說，尤其稱揚「與道為體」的表現，出現了「道體之本然」之類的解釋，如以下所述：

> 天地之化，往者過，來者續，無一息之停，乃道體之本然也。然其可指而易見者，莫如川流。故於此發以示人，欲學者時時省察，而無毫髮之間斷也。○程子曰：此道體也。天運而不已，日往則月來，寒往則暑來，水流而不息，物生而不窮，皆與道爲體，運乎晝夜，未嘗已也。是以君子法之，自強不息。及其至也，純亦不已焉。

相對地，陳天祥言：

> 註文與程子之說大概無異，若夫子果言道體，於此發以示人，當叩其兩端，明白說出道體之本然。往者、過來者續如川流，無一息停留之意，然後學者可得而知。今觀本經未嘗明有如此之文，而程子刱爲道體之論，以爲天運不已，日往則月來，寒往則暑來。註文又言，往者過來者，續以此象其川流不息之狀，亦皆甚似，讀之可喜。然經文止言逝者如斯，實無來者之意。日月寒暑、往過來續之說，何可通邪！蓋逝乃往而不返之謂，者字則有所指之物在焉。逝、者二字惟以歲月光陰言之，義有可取。孔子自傷道之不行，歲月逝矣，老之將至，因見川水之流去而不返，故有此歎，蓋與不復夢見周公之意同。

若將此章句視為存在論，孔子本來即已明白地說出其意。陳氏質疑所謂將「來者」之要素，帶進只對「逝者」嗟歎的句子中，乃是一種錯誤的解釋，並試圖據此排斥朱子所展開的「道體之論」。亦即對朱熹所擴大解釋的道體概念，以及其所開展的本體論進行批判。

又關於「季路問事鬼神」章④（一一—一二）的「未知生，焉知死」，朱熹採用程頤的「死之事即生之事是也」及「人多言孔子不告子路，只此便是深告之也」（引用，皆在《二程遺書》)，解釋孔子對仲由積極地訓導「生死是同一件事情」，同時把「死」理解為「死得其所」。《集注》說：

問事鬼神，蓋求所以奉祭祀之意。而死者人之所必有，不可不知，皆切問也。然非誠敬足以事人，則必不能事神；非原始而知所以生，則必不能反終而知所以死。蓋幽明始終，初無二理，但學之有序，不可躐等。故夫子告之如此。

特別地和皇疏、邢疏一起解釋為「死後」，把「死」取「所以死」即「死的事情」之意這一點上，朱熹的解釋特徵應該可以看出吧！可是限定死為現世之事，朱熹的解釋也不能夠令人滿足，因此陳氏高唱著異調。

死者人之所必有，不可不知，皆切問也。又言幽明無二理，但學之有序，不可躐等，此又迂遠之甚也。夫二帝、三王、周公、仲尼之道切於生民日用，須臾不可離者，載之經典詳且備矣，而皆不出於三綱五常、人倫彝則之間而已。未聞教人幽明次序必須知死也。必欲於常行日用人道之外，推窮幽明之中不急之務，求之所以死者之由，縱能知之亦何所用。今以季路爲切問，誠未見其爲切也。夫子正爲所問迂闊不切實用，故爲未能事人，焉能事鬼；未知生，焉知死之謂。

以把握章句的言辭為理解孔子真意的必要的條件這一點上，和先前所說的是相同的。陳氏認為因仲由所問不切實際之故，認為孔子避開「未知生，焉知死」之問，也就是將理學所說的「三綱五常人倫彝則之間」的文字表面意思，將其（理學）回歸於倫理道德的規範的一種主張。

進而打算在倫理道德的範疇把握《論語》而重視「三綱五常」的主張，在「季康子問」章（二－二〇）的解釋中，也出現如以下所說。關於「季康子問：使民敬忠以勸如之何？子曰：臨之以莊則敬，孝慈則忠，舉善而教不能則勸」，《集注》中採用了張敬夫所說的「此皆在我所當為，非為欲使民敬忠以勸而為之也。然能如是，則其應蓋有不期然而然者矣」這類的言辭，是載於圈外的，但是陳氏以此為直接論難的對象：

此過高之論，無及民及物之念。聖人之道本所以維持天下國家事，皆在於三綱五常之內，無非在我所當爲者，然亦以成物之實效爲期天下國家遵以爲治，何嘗有不期而然者哉？中庸曰：誠者非自成己而已也，所以成物也，此亦可爲明證矣。況此章明有康子之問，求其使民敬忠以勸之道於夫子，故夫子對其所問，一一指示，如此則民敬，如此則民忠，如此則民勸，未有一字意不在於民者，而張敬夫目睹如此明文，而曰非爲欲使民敬忠以勸而爲之也，誣經甚矣。

陳氏的主張簡直就是對於這樣的理想論，看得過於簡單的精神主義的反彈。

現在來看看「可與共學」章（九—三〇）吧！關於「可與立，未可與權」，《集注》圈外說：

程子曰：「漢儒以反經合道爲權，故有權變權術之論，皆非也。權只是經也。自漢以下，無人識權字。」愚按：先儒誤以此章連下文偏其反而爲一章，故有反經合道之說。程子非之，是矣。然以孟子嫂溺援之以手之義推之，則權與經亦當有辨。

這裏引程子之說，依據程頤的「古今多錯用權字，纔說權，便是變詐或權術，不知權只是經所不及者，權量輕重使之合義，纔合義便是經也。今人說權不是經，便是經也」。（《二程遺書》卷十九）

朱熹一面引用孟子之言，一面指出權和經的區別，他基本上支持程子的「權只是經也」，給與經概念擴大化的解釋。陳氏駁曰：

聖人說權，象其稱錘之行運往來，活無定體，本取應變適宜爲義。應變適宜，便有反經合道之意在其中矣。惟其事有輕重不同，權則亦有淺深之異，凡於尋常用處各隨其事稱量可否，務要合宜，謂此爲經，似猶有說。若遇非常之事，則有內外之分，內則守正，外須反經，然後能成濟物之功，豈可一概通論哉！若言權只是經，則嫂溺援之以手，亦當爲經，而孟子使與授受不親之常禮分之爲二，一以爲禮，一以爲權，則權與經爲兩意，豈不甚明？彼所謂權變權術者，專執反經，不知合道，乃陋俗無稽之說。漢儒所論正不如此，雖曰反經，本欲合道。

他進而詳查朱熹所引的孟子之言，一面闡明權和經之差異的同時，亦解明了程頤對漢儒的指責乃是一種誤解，反而批判程頤、朱熹的「經」的觀念化。

據以上所見，陳氏《辨疑》據以作為批判《集注》之立足點之一的，便在排除所謂觀念式的解釋。

二、分析主義的批判

如前節所見到的「權只是經」之類的斷定，及在《集注》的《論語》解釋中，散見著強引的規定的方法，《辨疑》對於這些的批判例子並不少。例如，《集注》「三月不違仁」章（六－七），採用了程氏視為是區別規定聖人與餘人的理解，「程子曰：三月，天道小變之節，言其久也，過此則聖人矣」，對於這類的解釋，《辨疑》說：

> 三月之下，既有日月至焉之餘人；三月之上，又有過此之聖人，顏子於仁必須九十日一次違之也，過此至九十一二日便爲聖人，恐無此理。王滹南曰：豈有恰限三月輒一次違之之理，若三月之後不復可保，何足爲顏子乎？東坡云：夫子默而察之，閱三月之久，而造次顚沛無一不出於仁，知其終身弗畔也。王滹南謂此說爲是，今從之。

王滹南以下的引用，根據王若虛（一一七四－一二四三）的《論語辨惑》（卷五），提供陳氏很多批判《集注》的理論基礎。在此一般認為有一個問題是，朱熹所採用的以三月為不違仁作為聖人或否的判定基準的這一論調，在此章中為聖人論劃下了三月、九十日之線，這樣的規範方法，換言之即是《集注》解釋的分析主義的傾向，這是陳天祥批判的一個例子。

宋代孟子的性善說和「人皆可以為堯舜」的理想論成為重點之中，朱熹《集注》又在「性近習遠」章（一七—二），給予以下的解釋：

此所謂性，兼氣質而言者也。氣質之性，固有美惡之不同矣。然以其初而言，則皆不甚相遠也。但習於善則善，習於惡則惡，於是始相遠耳。○程子曰：「此言氣質之性。非言性之本也。若言其本，則性即是理，理無不善，孟子之言性善是也。何相近之有哉？」

僅「兼」之一字，乃朱熹試圖在自己和程頤之間畫上一區別線。但即便如此，立足於「理」的觀點而來考量的「性」之說，朱熹並無法排除之。陳氏說：

程子說此言氣質之性，非言性之本。註文説性兼氣質而言，二說相較，程子之說壹礙爲多，不知夫子何故不言性之本，論性不言性之本，而卻專言氣質之性，則性之本理昧矣。聖人言論恐不如此疏謬之甚也。性與氣稟本不可相離，經中實皆兼有其義。註文兼字意當性中止論善惡兩事，其言相近也，必不指惡處相近，蓋謂人心善處皆相近也，人心善處便是性之本，豈可謂之非性哉！若單言性之本固是無有不善，若與氣質兼言，眾人所稟之氣質，各有偏處，所以性皆不圓，不能盡有其善，其初只能相近也。……程氏子發明出氣質二字，固有弘益於後學，然亦時有未盡通者，如所謂氣質之性，義實未安，既有天性，又有氣質之性，則是性有兩種，一身兩性，斷無此理。性本一也，其不同者，氣質之偏，使之然也。氣質何嘗有性哉！性在稟氣形質中，與水在器中相似，水之本體無不周圓，器有偏曲，窊凸水亦不能圓正，不圓不正者，亦只是此水，豈可別爲器之水哉！性無氣質之性，亦猶是也。

《集注》為了解釋這個章句的要點，可以說，就在於如何填補「性近」⑤和孟子的「性善」之間的分歧，因此分析處理了「性」的概念。由於太偏重《孟子》，而使得《論語》過度地被分析的結果，解釋便被扯遠且歪曲了。陳氏強力地否定程氏所認為的性有兩面性，不但如此，認為孔子所論的性並不是天性，而只限定為氣質之性的說法，而主張排除分析式的解釋，才是《論語》的本來樣貌，應該直接且踏實地把握孔子的思想。

若以分析性解釋來說，與第一節中所見「子在川上」章中之「道體之本然」論相關連的，《集注》中，對「禮之用和為貴」章（一—一二）解釋如下：

禮者，天理之節文，人事之儀則也。和者，從容不迫之意。蓋禮之爲體雖嚴，而皆出於自然之理，故其爲用，必從容而不迫，乃爲可貴。先王之道，此其所以爲美，而小事大事無不由之也。……程氏曰：「禮勝則離，故禮之用和爲貴。先王之道以斯爲美，而小大由之。樂勝則流，故有所不行者，知和而和，不以禮節之，亦不可行。」

說「禮之本然」，是所謂體用論開陳的情況。朱熹在圈外以程頤所說的「禮之用和為貴」的部分訓釋方式作為補充資料，認為這句裏的「用」以體用之用來解釋是可以的。於引用文訓以「禮之用和為貴」便是這個緣故。只是見於《論語精義》中，根據程頤的「禮之用和為貴」，「用」變為「以」的意思，朱熹的解釋不得不說是牽強的。陳氏注目於這一點，分開程、朱二點來說。

註言禮之體雖嚴，而皆出於自然之理，故其爲用必從容不迫，乃爲可貴，此乃解用爲體用之用。禮爲體，和爲用也。程子言禮勝則離，故禮之用和爲貴，蓋謂禮難獨行必兼用和，然後爲貴，此與註文體用之說不同，二說相較，程子之說爲是。

陳氏理解程子的「禮之用和為貴」為「禮之用以和為貴」的說法是可以肯定的吧！剝取掉朱熹的理解，使程子的本意可以浮上來，而以之為是的論調，乃是從根柢動搖朱熹解釋的作法。這裏的敘述，不外是在反駁把禮和體、用分割處理的情況。

像這樣所說，性說論也好，體用論也好，透過這一節，陳氏在指責《集注》上是一貫的；對於朱熹為了展開自說，借用《論語》的解釋，採用的分析主義的方式予以批判。接下來，論難的對象移到「仁」的問題，就以《辨疑》相關的主張來進行考察吧！

三、圍繞「仁」

說到〈子罕篇〉首章⑥（九－一）「子罕言利與命與仁」，僅僅只有八個字的一章，但是這個訓解也和古來利、命、仁之語的意思緊密結合，在解釋史上，經歷了多次的變遷。論議的著眼點是：利得以和命、仁並立的嗎？之類的論題。又「罕言」如何使其與《論語》中頻頻出現的仁字結合呢？也有這類的問題。這一點在《集注》中引用程頤《論語說》的解釋，說「罕，少也。程子曰：計利則害義，命之理微，仁之道大。皆夫子所罕言也」。也就是朱熹偏祖程頤所謂：因為命之理微妙，仁之道遠大，所以罕言之的這個道理。相對於此，王若虛最早說：「利者聖人所不言，仁者聖人所常言，所罕言者唯命耳。」（《論語辨惑》）對於這一章之意表示了疑問；陳天祥承繼他所說的，批判《集注》所引的程子說，且主張應該訓解如下：

若以理微道大則罕言，夫子所常言者，豈皆理淺之小道乎？聖人於三者之中，所罕言者惟利耳，命與仁乃所常言。命猶言之有數，至於言仁寧可數邪！聖人捨仁義而不言，則其所以爲教爲道，化育斯民，洪濟萬物者，果何事也？王滹南曰：子罕言利一章，說者雖多，皆牽強不通。利者聖人之所不言，仁者聖人之所常言，所罕言者唯命耳。此亦有識之論，然以命爲罕言，卻似未當。如云五十而知天命，匡人其如予何，公伯寮其如命何，不知命無以爲君子也。如此之類亦豈罕言哉！說者當以子罕言利爲句與從也，蓋言夫子罕曾言利，從命從仁而已。

對於程、朱的解釋，因為沒有過度地被言及，而認為仁之道是如此地遠大，陳氏主張仁本來全然沒有這種抽象觀念的色彩，只要考量孔子原原本本的意義便可。

通覽《論語》，以仁與命為「罕言」是決然沒有的；又只限於解釋功利之意，利並不與命、仁並論。結果，陳氏將這章的八個字平均分為兩句四個字，解「與」字為從之意，也訓為「子罕言利。與命，與仁」。總之，將功利的利與命、仁的標準切離，同時也消解了命、仁和「罕言」的矛盾了吧！

像這種「仁之道大，夫子所罕言也」的解釋，是朱熹為了將仁觀念化而提出的；以下且試著提出企圖分析仁一詞的見解。《集注》在「非爾所及」章（五—一二）說：「子貢言我所不欲人加於我之事，我亦不欲以此加之於人。此仁者之事，不待勉強，故夫子以為非子貢所及。○程子曰：『不欲人之加諸我，吾亦無加諸人，仁也；施諸己而不願，亦勿施於人，恕也。恕則子貢或能勉之，仁則非所及矣。』愚謂無者自然而然，勿者禁止之謂，此所以為仁恕之別」。朱熹設下了仁、恕之別，把仁置於高次的位置，對比兩者的用意是很明白的；為了強化此說，關於無和勿的用字法的說明，也是別具特徵的。相對地在《辨疑》中，在此「我不欲人之加諸我也，吾亦欲無加諸人」和「施諸己而不願，亦勿施於人」，分仁和恕，規定為「恕則子貢或能勉之，仁則非所及矣」，而指出《集注》之非。進而說：

> 意謂己所不欲勿施於人，夫子嘗許子貢能行此，則以爲難及而不許，彼既爲

恕，此必謂仁分之之由，實在於此。蓋不察彼時之言，因其問也。子貢問有一言而可以終身行之者乎？夫子答以己所不欲勿施於人，蓋以此言爲一言終身可行之言，非謂恕爲子貢能行也。夫子之於門人，非惟不輕許，仁恕亦未嘗輕試也。

以下則批評其「勿者禁止之謂，此所以為仁恕之別，此更迂遠之甚」。（〈衛靈公篇〉）「（其恕乎）己所不欲，勿施於人」（一五—二四），對比於子貢「有一言而可以終身行之者乎」之問，孔子回答了指示子貢應該以之為目標的方向，亦即不認為恕為子貢之所能行。何況，因為無、勿牽強附會的用法，而區別了仁和恕是甚為迂遠的事；這類的論旨，藉著如此對於仁的特殊的深思，批判朱熹過剩的分析，在《辨疑》中是常常可以看到的。例如，關於「子貢問為仁」章（一五—一〇）的「事其大夫之賢者，友其士之仁者」，對於《集注》的「賢以事言，仁以德言」，說：

人之所以處己，所以接物者，無非事也。事合善道然後爲德，仁德在身然後稱賢，無無事之德，無無德之賢。今推註文之說賢，如何單以事言而無關於德仁？如何單以德言而無關於事賢與仁？如何分事與德？如何辨皆不可曉。試從

> 此說分仁賢爲兩意論之事，其大夫之賢者則仁者不在所事矣。友其士之仁者則賢者不在所友矣。人或以此爲問，不知荅者，復有何說也？經文於大夫言賢，於士言仁，此特變文耳。言賢則仁在其中，言仁則賢在其中，賢者仁者義本不殊，不可強有分別也。

此即其中之一例。對所謂：應嚴格地區別仁和賢，或帶進極度提昇程度水準的仁之概念一事，進行批判。像這樣，對比恕及賢的仁，在《集注》中有極度地被高次元化的傾向，一般認為即是先前提到的體用論和表裏一體論。也就是說，在那裏分析仁是承認「作為體之仁」的結果。如果在另一方面，「作為用之仁」被預定，那麼，那時仁轉變為下方，大概會變成這個意思的擴大吧！

例如，在「樊遲問仁」章（一二—二二），《集注》分析孔子的「舉直錯諸枉，能使枉者直」，解釋「舉直錯枉」是知；「使枉者直」是仁之外，進而說樊遲退而問子夏是因為「遲以夫子之言，專為知者之事。又未達所以能使枉者直之理」。對於此，《辨疑》論曰「舉直錯諸枉，此是智之用；能使枉者直，此是智之功。注文以上句為智，分下句為仁，誤矣。須是自己行仁，然後可為仁。人若但能審其舉錯是為激勸，使他人改枉為直，止可為智，未足為仁」，在作為知（智）所應該處理的標準情況上提出了仁，也就是對於擴大解釋仁的這件事指出其錯誤。《集注》在這個情況以「舉直錯諸枉，能使枉者直」這類的行為為問題，所以在作為仁之用的側面來掌握，藉著下面所說來擴大解釋仁的概念，變成和知（智）的境界變為模糊曖昧，而任意地論仁。像這樣有時被抽象化，有時被擴大解釋，朱熹的滿溢著特殊深思的仁論的展開，是陳氏反駁的原因所在。

現在取「博施濟眾」章（六—三〇）的一例。施民濟眾可謂仁乎？對於子貢之問，孔子說：「何事於仁，必也聖乎。堯舜其猶病諸。夫仁者，己欲立而立人，己欲達而達人。能近取譬，可謂仁之方也已」，在此，如之前所提到的《集注》所主張的仁的體用的二面性，如以下所說：

> 仁以理言，通乎上下。聖以地言，則造其極之名也。……言此何止⑦於仁，必也聖人能之乎。則雖堯舜之聖，其心猶有所不足於此也。以是求仁，愈難而愈遠矣。以己及人，仁者之心也。於此觀之，可以見天理之周流而無間矣。狀仁之體，莫切於此。譬，喻也。方，術也。近取諸身，以己所欲譬之他人，知其所欲亦猶是也。然後推其所欲以及於人，則恕之事而仁之術也。於此勉焉，則有以勝其人欲之私，而全其天理之公矣。

解釋仁為「通乎上下」，企圖擴大解釋仁，同時分述為「仁之體」、「仁之術」，而承認仁的兩面性。《集注》中原來解釋「為人孝弟」章，採用了程頤所說「為仁以孝弟為本，論性則以仁為本」(《論語精義》)，這在《論語》開卷第二章分見仁⑧為「為仁之仁」和「論性之仁」，其基本架式已經清楚地宣說了。也就是分成作為理念的仁，和作為行為的仁。陳氏對於這種仁的分析，駁斥其和仁、恕輕易地混同。他說：

世間事物皆有定名，無無名之事，無無名之物，今以恕之事，仁之術合而爲一，果何事邪！果何物邪！果當名之爲恕乎？果當名之爲仁乎？聖人之言本所以明道，悟迷事事物物各有分判，誠無一言中該羅兩意三意之理，恕與仁自有分明界畔。己所不欲勿施於人，謂之恕；己之良欲務施於人，謂之仁。恕止於不以不善及人，未至於以善及人也。以善及人斯爲仁矣。己欲立而立人，己欲達而達人，其心正在推己良欲務施於人，與其止於不以不善及人者，境界不同，方謂分境界也。說者宜曰近取諸身，以己良欲譬之他人，知其所欲亦猶是也，然後推其己之良欲以及於人，己既欲立而亦欲立人；己既欲達而亦欲達人，此爲以善及人之心可謂仁之方分也已。仁之方與孟子言仁之端，意正相類。

朱熹因為思考作為性、體的仁，所以嚴謹地解釋「仁之方」為「為仁實現之術」；本來，所謂恕是一件事是；同樣的，即使說仁，也是一件事，那件事不外是「給予人的善意」。

總之，解除《集注》觀念化和過度分析所帶來的弊病，原原本本的接受孔子之言，試圖挽回《論語》之本來性的注解態度等等，以上皆是吾人可以自陳氏《論語辨疑》之論述中發現的。

結語

最早給與陳天祥《論語辨疑》評價的是清人俞樾。在與梁章鉅《論語旁證》序文的開頭，俞樾說：

《論語》自何晏《集解》行，鄭王各注皆廢；自朱子《集注》行，何氏《集解》及邢皇二《疏》又廢。然有元陳天祥《辨疑》之作，又有明高拱《問辨論》之作，皆與紫陽之說無異同。至我朝毛西河，遂大肆攻擊，使漢宋學判若冰炭。

俞樾是從漢宋兼學的立場，評價陳氏《辨疑》的存在。

又至近年，給與《論語辨疑》極高評價的一人，可以舉出程樹德來。陳氏在《辨疑》中選《論語》章句並予以注釋的有百七十三條，其中程樹德《論語集釋》引《辨疑》的解釋共有七十條，程氏《論語集釋》說⑨：

> 朱子撰《集注》嘗云，字字用秤過，增減一字不得。清初漢學家所摘者，在於考證之疏，此則摘其義理之謬，洵朱子之諍友。

所謂「此」即指《論語辨疑》。程樹德博搜歷代的注釋之外，對於陳氏的《辨疑》之評價，給與極大注意。

到此為止，陳氏《辨疑》仍然受到不公平的對待，例如在本邦，在網羅性之高，為唯一存在的春陽堂的《論語講座》，陳氏的《辨疑》並沒有被採用。但是，我們在《論語》解釋史上，元代陳天祥《論語辨疑》所佔的重要性，應該可以被了解的吧！

陳氏《辨疑》是依據《集注》而來從事的，尖銳地指責朱熹對《論語》的擴大解釋、觀念化、抽象化、過度分析，是一試圖捕捉作為腳踏實地之思想的《論語》之本來面貌的《論語》注釋書。在正當朱子學興盛之時，以其敢於批判《集注》，恢復《論語》的真意，在元代屈指可數的注釋書中，陳氏《辨疑》的存在，在今後《論語》的思想史中實有再重新認識的必要。

注釋

①關於蘇天爵（伯修）在〈安熙行狀〉中所述「先生懼焉，為書以辨之，其後天祥深悔，而焚其書」，《四庫提要》加以評語「或天爵欲張大其師學，所言未足深據也」，但是在各種蘇氏的記錄處，說到陳氏《辨疑》的性格時，以其為第一手資料這件事是不變的。

②底本用藝文印書館《無求備齋論語集成》所收的《論語辨疑》。

③關於「子在川上」章的解釋史，參照松川健二：〈《論語》子在川上章について〉（大修館《漢文教室》第一五五號，一九八六）。

④關於「季路問鬼神」章的解釋史，參照松川健二：〈近世中國思想における生死觀〉（《印度哲學佛教學》第四號，一九八九）。

⑤詳細參照松川健二：〈《論語》性近習遠章について〉（《北海道大學人文科學論集》第二十四號，一九八七）。

⑥關於〈子罕篇〉首章的解釋史，參照戶川芳郎：〈「利」義臆——「子罕言利」章をとらえて〉（《東京支那學報》第十六號，昭和四十六）；又松川健二：《哲學としての論語十五章》（響文社，一九九〇）的解說。

⑦關於「止」之訓，參照前章第五節。

⑧有關程朱仁論的特質，參照松川健二：〈《論語》為人孝弟章について〉（北海道中國哲學會《中國哲學》第十八號，一九八九）。

⑨根據程樹德《論語集釋》巧言令色章的【餘論】。

第二部

明清之部

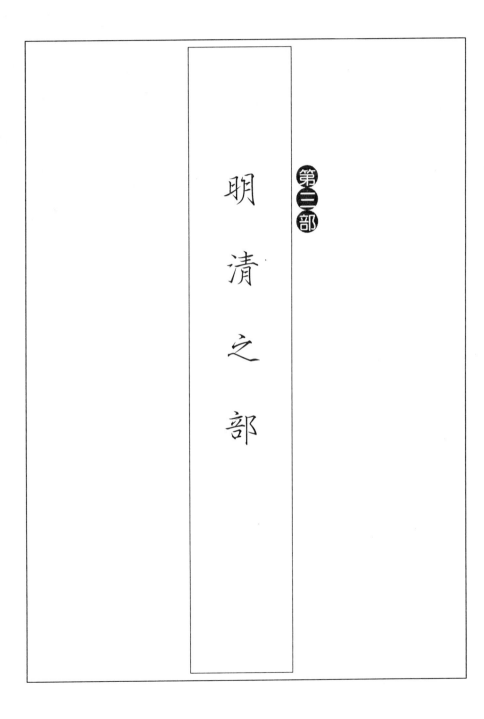

第一章　王守仁《傳習錄》和《論語》
——心學解釋的成果

◎松川健二　著
◎林慶彰　譯

前言

王守仁（一四七二－一五二八），字伯安，號陽明，浙江省餘姚人。弘治十二年（一四九九）二十八歲時中進士，正德元年（一五〇六）三十五歲，為營救彈劾宦官而入獄的戴銑，向皇帝上奏，觸怒了劉瑾，被處杖刑而貶於貴州省龍場驛驛丞。所謂龍場大悟，達到「聖人之道，吾性自足，向求理於事事物物，誤也」。自覺「心即理」是在三十七歲時。不久，劉瑾失勢，轉調江西省廬陵知縣，以後官運亨通，其間，巡撫江西、福建、廣東。又平定寧王宸濠之亂立大功，遂升任南京兵部尚書，封新建伯，時五十歲。此後，在會稽講學，弘揚之前在贛州提倡的「致良知」之說。嘉靖六年（一五二七），以現職南京兵部尚書，兼都察院左都御史，赴廣西省征討。翌年，在歸途舟中逝世，享年五十七歲。著書有《王文成公全書》三十八卷，《傳習錄》三卷①，是該書的卷一至卷三。

一、存天理去人欲

《傳習錄》上、中、下三卷中，上卷在正德十三年（一五一八），四十七歲時已刊行。首先從上卷中，選取幾條展開王守仁一流議論的《論語》的話，加以介紹。

首先選取〈衛靈公篇〉第二十章的「君子疾沒世而名不稱焉」和〈子罕篇〉第二十三章的「四十五十而無聞焉」來看看。守仁對門人薛侃（字尚謙），比較「名」與「實」，說明好「名」對學問之害，有如下的說法：

「疾沒世而名不稱，稱字去聲讀，亦「聲聞過情，君子恥之」之意。實不稱名，生猶可補，沒則無及矣。「四十五十而無聞」，是不聞道，非無聲聞也。孔子云：「是聞也，非達也」，安肯以此望人。（上卷，一〇五）

朱子《論語集注》，「稱」訓為「被稱」，「聞」訓為「有聞」。王守仁對拘守的訓釋方法②大唱異調，強調學問的目的在於自己的確立。不理會世間的評價為了自己的陶冶，勸人努力求道，可以說守仁的意志開展了極佳的訓釋。

和世間的名聲、褒貶無關，目標在真正自己的完成，王守仁提倡心的工夫。接著，是採門人黃宗明（字誠甫）詢問「汝與回孰愈」章（〈公冶長篇〉第九章），孔子想知道子貢和顏回誰比較優秀，被問到這問題的端木賜說，顏回已達到聞一知十的程度，我等因僅聞一知二的程度，所以比不上他。孔丘也自覺趕不上，說我們都趕不上。最後的部分「吾與女弗如也」，古注訓作吾與汝俱不如，朱熹從稱許端木賜能實踐聖學的方向來解釋，「吾與女弗如也」，解「與」為「許」。且王守仁被問到這一章時，他意識到朱注的解釋，有如下的回答：

> 子貢多學而識，在聞見上用功，顏子在心地上用功，故聖人問以啓之，而子貢所對又只在知見上，故聖人嘆惜之，非許之也。（上卷，一一三）

即在王守仁眼中，單單拘於見聞和言語之知見的端木賜，遠不及顏回，因此他並不同意朱熹之說。對王守仁來說，心的工夫才是最重要的，故在解釋孔丘的話時，「在心地上用功」的顏回，說我和你都不及。③

由於把目標置於心的工夫上，故即使是學問的途徑，也不見得把述作當作重點。其次，關於〈陽貨篇〉第十七章「予欲無言」，徐愛（字曰仁）說到經典以外的著書並沒有必要，王守仁說：

聖人述六經，只是要正人心，只是要存天理、去人欲，於存天理，去人欲之事則嘗言之。或因人請問，各隨分量而說，亦不肯多道，恐人專求之言語，故曰「予欲無言」。（上卷，一一）

最後「予欲無言」的話，順著朱熹所說：「四時行，百物生，莫非天理發見流行之實，不待言而可見。聖人一動一靜，莫非妙道精義之發，亦天而已，豈待言而顯哉？」（《集注》）說孔丘之道明明白白，並不必要再加言語。這和王守仁對「予欲無言」的話相比，含有對言語的不信任的這點，和朱注實有不同。當然，有利用作為支持自己的心學的四個字之觀點。魏晉玄學中，正好也有類似利用「予欲無言」的地方。④

且關於正人心，即存天理去人欲的學問目標，在很多經典中並沒有提到，在這裡，經典的話中，去求他們的「真意」是更加的必要。至少王守仁有感到這必要性。王守仁得意的訓解，是《論語》開卷首章，關於「學而時習之，不亦悅乎」，門人欒惠（字子仁）問「先儒以學為效先覺之所為」，即《集注》中說：「學之為言效也。人性皆善，而覺有先後，後覺者必效先覺之所為，乃可以明善而復其初也。」王守仁回答說：

學是學去人欲，存天理。從事於去人欲，存天理，則自正諸先覺，考諸古訓，自下許多問辨思索存省克治工夫，然不過欲去此心之人欲，存吾心之天理耳。若曰「效先覺之所爲」，則只說得學中一件事，亦似專求諸外了。（上卷，一一一）

主張專注學問集約於心的工夫很明顯地表現出來，對王守仁來說，「學」非心的學問不可。更具體地，主要是著眼於「存吾心之天理，去此心之人欲。」⑤

以上引用的四條，收入《傳習錄》上卷，應該是守仁四十七歲以前，即中年時期的思想。這時期「存天理」和「去人欲」一起提倡，有關否定欲望的階段是值得注目的。

二、作聖之功

自覺心存天理，是王守仁生涯中不變的主張，在中、下卷所見引用《論語》的例子，有更強的意識。以下進行考察。

相反地，王守仁將「君子博學於文」（〈雍也篇〉第二十七章）解作在事君親、處富貴貧賤時，在人生各式各樣的場合學習存天理（上卷，九）。後年，門人黃直（字以方）對這個解釋有疑問，即和「行有餘力，則以學文」（〈學而篇〉第六章）之間不是有矛盾？王守仁回答說：

> 詩書六藝皆是天理之發見，文字都包在其中，考之《詩》、《書》六藝，皆所以學存此理也，不特發見於事爲者方爲文耳。「餘力學文」，亦只「博學於文」中事。（下卷，一一六）

又或問「學而不思則罔，思而不學則殆」（〈為政篇〉第十五章）二句，王守仁回答說：

> 此亦有爲而言，其實思即學也。學有所疑，便須思之。「思而不學」者，蓋有此等人，只懸空去思，要想出一箇道理，卻不在身心上實用其力，以學存此天理；思與學作兩事做，故有「罔」與「殆」之病。其實思只是思其所學，原非兩事也。（下卷，一一六）

以上對王守仁而言，「學」，可說不外是在心上學存天理。

既然把學問的重點放在存天理，當然也把各式各樣的名物度數置之在外，可看這例子。對〈述而篇〉第二十章「我非生而知之者，好古敏以求之者也」，朱子在注外採尹焞說：「孔子以生知之聖，每云好學者，非惟勉人也，蓋生而可知者義理爾，若夫禮樂名物，古今事變，亦必待學而後有以驗其實也。」在朱熹看來，是因為從其合理主義的立場，禮樂名物並不得為生知的對象。

顧璘（號東橋居士）也和朱熹一樣，不認為禮樂名物為聖人生知的對象，提及尹氏之說而斷為「定論」，遭到王守仁的反駁。王守仁強調「人而不仁，如禮何」（〈八佾篇〉第三章）的立場，指出持有豐富的名物度數之知識，未必就是傑出的人物。他有如下的說法：

> 夫聖人之所以爲聖者，以其生而知之也；而釋《論語》者曰：『『生而知之』者義理耳。若夫禮樂、名物、古今事變，亦必待學而後有以驗其行事之實』。夫禮樂、名物之類，果有關於作聖之功也，而聖人亦必待學而後能知焉，則是聖人亦不可以謂之「生知」矣。謂聖人爲「生知」者，專指義理而言，而不以禮樂、名物之類，則是禮樂、名物之類無關於作聖之功矣。聖人之所以謂之「生知」者，專指義理而不以禮樂、名物之類，則是「學而知之」者，亦惟當

學知此義理而已，「困而知之」者，亦惟當困知此義理而已。今學者之學聖人，於聖人之所能知者，未能「學而知之」，而顧汲汲焉求知聖人之所不能知者以為學，無乃失其所以希聖之方歟？（中卷，〈答人論學書〉，一二）

即對王守仁來說，有關名物度數的知識，並不那麼有價值，義理的認識、心的擴充被認為是第一義。禮樂名物並不是初「學」——「作聖之功」的對象，而是聖人生知之外的存在。同樣的事，從「子入大廟，每事問」（〈八佾篇〉第一五章）也可以看出來：

天下事物，如名物度數，草木鳥獸之類，不勝其煩，聖人須是本體明了，亦何緣能盡知得。但不必知的，聖人自不消求知，其所當知的，聖人自能問人，如「子入太廟，每事問」之類。先儒謂「雖知亦問，敬謹之至」，此說不可通。聖人於禮樂名物，不必盡知，然他知得一個天理，便自有許多節文度數出來。不知能問，亦即是天理節文所在。（下卷，二七）

不應像朱熹《集注》「雖知亦問」（尹氏）那樣的解釋，不知而問，才應視作內包天理的「心」的卓越之功能。

三、致良知

對王守仁來說，有關僅只於名物度數的知識，不過是應排除的自作聰明。真正的知必須求於各個人心中。讓我們轉移到關係自覺的表現之解釋例：

> 吾有知乎哉，無知也，有鄙夫問於我，空空如也，我叩其兩端而竭焉。（〈子罕篇〉第八章）

關於這章，《集注》的特徵有兩點。一是解釋為：所謂「無知」，是孔丘為了讓人親近，自己降低身分所說的話。二是關於「空空」，不採把這繫在孔丘的張載之說，指出鄙夫的狀態這點。關於第一點，王守仁已在《傳習錄》上卷七十四指出「聖人如天，無往而非天，三光之上天也，九地之下亦天也，天何嘗有降而自卑！此所謂大而化之也。」是充份表達王守仁的聖人觀的解釋，更能表現他的心學特徵的是否定朱子第二點，把「空空」繫為鄙夫的解釋，把這繫在孔丘，展開自己固有的致良知說。

孔子有鄙夫來問，未嘗先有知識以應之，其心只空而已；但叩他自知的是非兩端，與之一剖決。鄙夫之心便已了然。鄙夫自知的是非，便是他本來天則，雖聖人聰明，如何可與增減得一毫？他只不能自信，夫子與之一剖決，便已竭盡無餘了。若夫子與鄙夫言時，留得些子知識在，便是不能竭他的良知，道體即有二了。（下卷，九五）

孔丘捨棄自以為是，以空空之狀態接觸鄙夫時，鄙夫對自己天賦良知有所覺醒。這「吾有知乎哉」章，為了致良知說的展開作為最恰當的素材而利用之。

利用有如下的情形：

良知不由見聞而有，而見聞莫非良知之用；故良知不滯於見聞，而亦不離於見聞。孔子云「吾有知乎哉？無知也。」良知之外，別無知矣。故「致良知」是學問大頭腦，是聖人教人第一義。（中卷，〈答歐陽案一書〉，一）

不用說，致良知是陽明心學的樞要，王守仁不限於以上「吾有知乎哉」章⑥，他利用好幾章說致良知。以下所列舉之三條例文，是其中明顯之例證。

子曰：「蓋有不知而作之者，我無是也。多聞擇其善者而從之，多見而識之，知之次也。」（〈述而篇〉第二八章）。

夫子嘗曰：「蓋有不知而作之者，我無是也。」是猶孟子「是非之心，人皆有之」之義也。此言正所以明德性之良知非由於聞見耳。若曰「多聞擇其善者而從之，多見而識之」，則是專求諸見聞之末，而已落在第二義矣，故曰「知之次也」。夫以見聞之知爲次，則所謂知之上者果安所指乎？（中卷，〈答人論學書〉，一一）

開頭「蓋有不知而作之者」，王守仁把「知」字解釋為「本知」、「良知」，把它當成反語來看，是有其特徵的。和朱熹《集注》解作「不知而作，不知其理而妄作也。……然亦可見真無所不知也」相比，王守仁把《論語》的話語作心學的活用一事更加明瞭。在此補充說明的是：這〈述而篇〉第二十八章的活用例在中卷〈答歐陽崇一〉之一和下卷五十九中也可見到的，全部作為稱揚良知之用。⑦

右邊所處理的是〈答人論學書〉之十一，接著談到《論語》「子貢一貫」章。

子曰：「賜也，女以予為多學而識之者與？」對曰：「然，非與？」曰：「非也！予一

以貫之。」（〈衛靈公篇〉第三章）

夫子謂子貢曰：「賜也，汝以予爲多學而識之者歟？非也，予一以貫之。」使誠在於「多學而識」，則夫子胡乃謬爲是說，以欺子貢者邪？「一以貫之」，非致其良知而何？（中卷，〈答人論學書〉，十一）

在宋代，朱子回答弟子對此章的提問時，並不曾否定「多學而識」。「一貫」和「多學而識」兩邊至為重要，非「多學而識」不得「一貫」。⑧朱熹的主張，一貫和致良知重疊。把這兩個作為同義的王守仁的主張作對比，其差異是很明白的。

子在川上曰：「逝者如斯夫，不舍晝夜。」（〈子罕篇〉第十七章）

問：「『逝者如斯』，是說自家心性活潑潑地否？」先生曰：「然。須要時時用致良知的功夫，方才活潑潑地，方才與他川水一般；若須臾間斷，便與天地不相似，此是學問極至處，聖人也只如此。」（卷下，五三）

《集注》這章說：「天地之化，往者過，來者續，無一息之停，仍道體之本然也。然其可指而易見者，莫如川流，故於此發以示人，欲學者時時省察，而無毫髮之間斷也。」若想起所謂逝川道體之說，關於這章，王守仁交互說致良知的意義，就更加明瞭了。⑨

四、萬物一體之仁

作為致良知最基本最切實的情況是孝悌。以下是對《論語》開卷第二章，即「有子曰：其為人也孝弟」章，考察王守仁的說法。

這一章是宋代以來學者間集中注目的一章，這章主要地是有關孝悌和仁哪一個是更根本的德目？是因為章的末尾「孝弟也者，其為仁之本與」的部分訓釋成為問題，這件事要回溯到程頤。

宋代新儒學的出發點，程頤論及孟軻的「惻隱之心仁之端」的話，說「愛是情，仁是性」，說是仁概念的觀念化。仁在性情關係來說是性，體用關係來說是體，依如此說，將用語作分析整理，是所謂理學進一步的建構。把這個圖式當作「孝弟也者，其為仁之本與」來看，並沒有採用「孝弟也者，為仁之本」的古訓。作為性的仁之外，想出作為行為的仁，讓仁帶有兩面性，打算去解決。說：「為仁以孝悌為本，論性則以仁為孝弟之本」，說：「謂行仁始自孝悌，孝悌是仁之一事，謂行仁之本則可，謂是仁之本則不可。」結果《論語》的原文，被訓為「孝弟也者，為仁之本與？」即程頤將作為未發的論性之仁，和作為已發的為仁之仁分為兩種，這章的解釋充作為仁之仁，此外，也成為保障作為性的仁的存在。

且在王守仁〈答聶文蔚〉（《傳習錄》中卷）第二書中，關於程頤的說法，有如下的話：

事親，從兄一念良知之外，更無有良知可致得者。故曰：「堯舜之道，孝弟而已矣」。……文蔚云：「欲於事親、從兄之間，而求所謂良知之學。」就自己用工得力處如此說，亦無不可；若曰致其良知之眞誠惻怛以求盡夫事親、從兄之道焉，亦無不可也。明道云：「行仁自孝、弟始。孝弟是仁之一事，謂之行仁之本則可，謂是仁之本則不可。」其說是矣。

文中明道所說，伊川的錯誤早就被注釋家指出來，此已無庸置言，若說此答書的內容，乃是在所謂也可以如文蔚所說的由孝悌來思考致良知，也可以由致良知來思考孝悌的此種說法之上，引用程頤之語。因此，故說其說為是。但這又是在怎樣的意義上來肯定呢？在此，將程頤的仁和王守仁的良知置換應是可以理解之事。即作為實踐論，孝悌也可以考慮為致良知之本，作為基本圖式，良知畢竟是本，不過是為了說這件事而加以利用，其僅為此條件之下的「其說是矣」。

以上，關於程頤此章的說法，可以說是王守仁有限制條件地加以利用的例子，關於此章的本文中也留下了王守仁批判的言辭。本來此章如以陸九淵說的「夫子之言簡易，有子之言支離」（《象山先生全集》卷三四）為代表，有簡易志向的人們一向有被輕視的歷史，即使是王守仁也有此一問題。

此事溯及《傳習錄》上卷，門人陸澄（字原靜）根據程頤之言說「仁者以天地萬物為一體」，問不得以墨翟的兼愛為仁的理由，王守仁答以樹木為譬—譬之木。其始抽芽，便是木之生意發端處。抽芽然後發幹。發幹然後生枝生葉。然後是生生不息。若無芽，何以有幹有枝葉？能抽芽，必是下面有箇根在。有根方生，無根便死。無根何從抽芽？父子兄弟之愛，便是人心生意發端處。如木之抽芽。自此而仁民，而愛物。便是發幹生枝生葉。墨氏兼愛無差等。將自家父子兄弟與途人一般看。便自沒了發端處。不抽芽，便知得他無根。便不是生生不息。安得謂之仁？——敘述到此的王守仁，提出有若之言，總結回答為：「孝弟為仁之本。卻是仁理從裡面發生出來。」如此所說，王守仁以有若所說的話本身並不完整而評價之。反過來，對程頤來說，有若之言變成必須補進論性之仁。一方面，對王守仁來說，有若所說提出仁之理的地方，也就是，在根本上應比較欠缺心或良知，此一部分成為問題所在。⑩

以上，根植良知的仁愛之心，擴展至孝弟、仁民、愛物，才能視萬物為一體，最終，在

《論語》諸章中最說理想化之仁道的章節之一為「顏淵問仁」章，取王守仁之說，來論述王守仁的達到萬物一體的仁的境界。

或者從他人問「說一日克己復禮，天下歸仁，朱子效驗作如何說」之事，順著朱熹的說法，在《集注》中指出：「歸，猶與也。又言一日克己復禮，則天下之人皆與其仁，極言其效之甚速而至大也。」王守仁回答：

> 聖賢只是爲己之學，重功夫不重效驗。仁者以萬物爲體，不能一體，只是己私未忘。全得仁體，則天下皆歸於吾。仁就是八荒皆在我闥意，天下皆與其仁，亦在其中。如在邦無怨，在家無怨，亦只是自家不怨，如「不怨天，不尤人」之意。然家邦無怨，於我亦在其中，但所重不在此。（下卷，八五）

文中，「全得仁體，則天下皆歸於吾仁」，有以「吾仁」的確立為前提，其被確立的主體中是歸一萬物之意。因此，「天下皆與其仁，亦在其中」——在其中，一般認為天下之人是仁，是說我也被包含在內。

王守仁的回答的後半，即「仲弓問仁」章（〈顏淵篇〉第二章）的「在邦無怨，在家無怨」，《集注》說：「歸，猶與也。又言一日克己復禮則天下之人皆與其仁也。⑪其效甚速，其言至大。」王守仁一邊意識到此朱熹之說，一邊說比起自己自身的問題，不如擴大解釋的視野為超越彼我的世界，作為說萬物一體之仁的方法。

結語

想一想，王守仁為了完成自己的學問弘揚教學，對古典的言語給予獨自的解釋，可見他是極為積極的人。不用說，最極致的話見於《大學問》的「親民」、「格物」的解釋，如以上概觀，為了其心學的樹立及傳道，也大大地利用了《論語》的言論。而其中最多的，必須指出的是，和《大學問》的情況相同，作為語及陽明心學的性格，朱熹的批判形貌也被形成。見於《傳習錄》中之《論語》之語的「活用」，還應取如「狂狷」等條，我想大概有觸及這些吧！⑫總之，若從《論語》解釋史的觀點來說，吾人可以評論道：王守仁乃成功地透過批判朱熹《論語集注》，而來建構其自身之心學。

注釋

①有關《傳習錄》的原文及條數的稱呼，為了檢索之便，根據《岩波文庫》本（山田準・鈴木直治，一九三六）。

②並非沒有解為「聞」的先例。張九成早就說「當作聞道之聞」。（《張子韶心傳錄》卷三，四丁）。

③以上關於〈公冶長篇〉第九章，詳參拙稿：〈《論語》與回孰愈章について〉（《東方學》七四，一九八七）。

④以上關於〈陽貨篇〉第十七章，詳參拙稿：〈《論語》學而・性天・無言三章について〉（《北大文學部紀要》四〇—三、一九九二）。

⑤以上有關〈學而篇〉第一章，詳參註④之拙稿。

⑥以上有關〈子罕篇〉第八章，詳參拙稿：〈《論語》吾有知章について〉（大修館書店《漢文教室》一六四，一九八九）。

⑦以上有關〈述而篇〉第二十八章，詳參拙稿：〈《論語》蓋有不知章の心學的解釋について〉（二松學舍大學陽明學研究所《陽明學》三，一九九一）。

⑧舉出《朱子語類》所見的一條：

問子貢一貫章。曰：聖人也不是不理會博學多識。只是聖人之所以聖，卻不在博學多識，而在一以貫之。今人有博學多識而不能至於聖者，只是無一以貫之。然只是一以貫之，而不博學多識，則又無物可貫。（林夔孫錄）

⑨以上有關〈子罕篇〉第十七章，詳參拙稿：〈《論語》子在川上章について〉（大修館書店《漢文教室》一五五，一九八六）。

⑩以上有關〈學而篇〉第二章，詳參拙稿：〈《論語》為人孝弟章について〉（北海道中國哲學會《中國哲學》一八，一九八九）。

⑪《集注》原文為「歸猶與也。又言一日克己復體，則天下之人，皆與其仁，極言其效之甚速而至大也。」將此「歸」置換為「與」，朱熹的真意試質於《語類》：

天下歸仁，言天下皆與其仁。伊川云：稱其仁，是卻說得實。……（程端蒙錄）

或問天下歸仁。曰：一日克己復禮，使天下於此皆稱其仁。（甘節錄）

或問：一日克己復禮，天下何故以仁與之。曰：今一日克己復禮，天下人來點檢他，一日內都是仁底事，則天下皆以仁與之。……（董銖錄）

因此緣由，「與」應訓為「推許」吧！

⑫有關於「狂狷」諸條，參照佐藤錬太郎：〈陽明學における狂禪について〉（入矢義高教授喜壽記念論集《禪文化研究所紀要》一五，一九八八）。

第二章　林兆恩《四書標摘正義》
——三教合一論者的「心即仁」

◎佐藤鍊太郎　著
◎林慶彰　譯

前言

林兆恩（一五一七—一五九八），出現於明末福建的宗教思想家，是以儒佛道三教合一為宗旨的三一教教祖。字懋勳（懋勛），號龍江、子谷子、心隱子等，門徒尊稱為「三教先生」、「三一教主」、「夏午尼氏道統中一三教度世大宗師」。一世紀後的朱彝尊（一六二九—一七〇九）把林兆恩和左派王學的李贄（一五二七—一六〇二）並提，稱為「閩中二異端」（《靜志居詩話》卷一四），被後世的朱子學者視為異端。但他在世時，從士人到僧侶、道士，擁有門徒數千人，死後被神聖化為教祖，清康熙末年不再施行禁止令，三一教的信徒和他的祀堂一直還在，在東南亞各地流傳。首先，根據蓬左文庫所藏《林子年譜》，略述林兆恩的生平。①

林兆恩，正德十二年生於福建省莆田名家，祖父林富是兵部侍郎，叔父林萬潮，長兄林金兆，都是進士及第的政府官員。林兆恩在嘉靖十三年，十八歲時，成為有科舉考試資格的生員，科舉考試再三失敗。之後，在嘉靖二十五年，三十歲時鄉試落第，遂放棄應試，與道士卓晚春相結交，嘉靖三十年，三十五歲時創立三一教。翌年，辭退生員，之後，以福建為根據地展開布教活動，提倡三教合一論。

嘉靖末年倭寇入侵福建，林兆恩有數次以家財救濟難民，埋葬因倭寇受害和疾病的死者數萬人。嘉靖四十一年八月，著防禦策《防倭管見》，提示防寇對策，可見他保持著經世濟民之志。督學耿定向（一五二四—一五九六）推薦朝廷任用林兆恩，在三一教被視為邪教遭彈劾時，鄒元標（一五五一—一六二四）等為其辯護，袁宗道（一五六〇—一六〇〇）等名士也成了他的門人，得到政府官員階層很多的支持。他又修行道教的鍊丹術，黃宗羲說：「兆恩，以艮背之法為人卻病，多有效驗。又別有奇術，能濟人於危急之時，故從者愈眾。」（《南雷文案．林三教傳》）所謂「艮背法」是心理療法，顯示治療疾病的奇蹟。萬曆二十六年卒，享年八十二歲。著作現存者有《林子全集》。

《林子全集》所收《四書標摘正義》及《四書標摘正義續》兩書，是林兆恩對《四書》

的解釋。在〈四標摘正義續自序〉說：「《四書正義》及《正義續》，乃是劉生獻策、陳生大道，承余之命，摘錄余之《聖學統宗集》，加上標題」，內容是從《聖學統宗集》摘錄而來。因《林子年譜》隆慶元年（一五六七）五十一歲條說：「編林子諸書，名曰《聖學統宗》」，兩書所說，是認為在這之前，但兩書的編纂時期，是萬曆年間。《林子年譜》萬曆元年（一五七三）條有「冬，命劉獻策輯《經傳釋略》」，萬曆五年條有「復命劉獻策標摘《四書正義》」，又從萬曆十六年條，林兆恩命弟子陳大道編纂所著書《四書標摘正義》六卷、《四書標摘正義續》六卷，可認為是萬曆年間反覆編纂的作品。②

本稿以《林子全集》（內閣文庫所藏，萬曆三十四年林兆珂序，四十卷本）所收《四書標摘正義》及《四書標摘正義續》作為中心資料，對林兆恩《論語》解釋的特徵加以考察。

一、林兆恩的三教合一論

首先，討論林兆恩主張的三教合一論。明太祖把輔佐儒學教化的宗教定位為佛教和道教。明太祖說：「三教之立，持身雖榮儉不同，其所濟給之理則一。」（《明太祖文集》卷一〇，〈三教論〉）把僧侶和道士作為官僚任用，自設置僧錄司、道錄司，強化宗教統制以來，兼修三教的風潮在士大夫間流行起來，在明末，出現甚多的三教一致論者。③林兆恩兼修三教，和當時的時代思潮不無關係。為了探討林兆恩的三教觀，試著看看〈為政篇〉「攻乎異端」章和〈泰伯篇〉「民可使由之」章的解釋。

1.〈為政篇〉「攻乎異端」章的解釋

〈為政篇〉可見到孔子所說「攻乎異端，斯害也已」的話。朱子《論語集注》解釋「異端」說：「非聖人之道，而別為一端，如楊墨是也。」又引用程頤「佛氏之言，比之楊、墨，尤為近理，所以其害為尤甚。」眾所周知，「楊」是戰國時代提倡個人主義為我說的楊朱，「墨」是提倡博愛主義兼愛說的墨子，兩者從孟子起即被當作「異端」來批評。佛教的教理更易混淆真理，是比楊墨更危險的異端。「異端」，是表示和儒教相異的異教，這是《集注》的立場。因此，林兆恩說：

> 仲尼之時中也，黃帝、老子之清靜也，釋迦之寂定也，悉本之於心者，端也。彼三氏者流，而不知所以求端於心者，異端也。故儒教知所以求端於吾心之孔子焉，則時中在我，而不異於孔子矣。道教知所以求端於吾心之黃帝、老子焉，則清靜在我，而亦不異於黃帝、老子矣；釋教知所以求端於吾心之釋迦焉，則寂定在我，而亦不異於釋迦矣。（《四書標摘正義續》，卷一，〈異端〉）

即不知以自己的心求三教的宗旨者，乃三教之異端，說三教各有「異端」存在。很明顯地，和《集注》的見解立場不同，而是平等地看待三教。林兆恩又說：

> 異端之說，非必二氏之學與儒者異，而後謂之異端也。學儒而不知盡心知性，便是儒門之異端也；學道而不知修心煉性，便是道門之異端也。學釋而不知明心了性，便是釋門之異端也。（《四書標摘正義續》，卷一，〈異端〉）

林兆恩把儒教的「盡心知性」、道教的「脩心煉性」、佛教的「明心了性」並列，是要掌握什麼樣的三教關係？又林兆恩如何安置三教的比重而提倡三教合一論？他主張三教合一的目的在那裡？更要進一步考察看看。

2.〈泰伯篇〉「民可使由之」章的解釋

〈泰伯篇〉有「民可使由之，不可使知之」，《集注》解釋說：「民可使之由於是理之當然，而不能使之知其所以然也。」朱熹認為「理」是「所當然之則」（應該遵守之規則），是「所以然之故」（存在的根據）。④因此，在《集注》中把它解釋為：孔子認為應該使人民順從「所當然之則」（道德律），而不可能讓他理解「所以然之故」（存在的根據）。關於「可由」，林兆恩說：

儒之道莫盛於孔子，今以孔子之儒，所可使由者言之，衣冠以正，瞻視以尊，動容以禮，而諸凡所以理身者，無不備於孔子儒矣；父子以仁，兄弟以序，夫婦以別，而諸凡所以理家者，無不備於孔子儒矣；君之使臣也以禮，臣之事君也以忠，內統萬民得以順治，外撫蠻貘又且威嚴，而諸凡所以理天下者，無不備於孔子儒矣。（《四書標摘正義續》，卷二，〈民可使由〉）

和《集注》相同，把禮作為「可由」的五倫和禮的道德律來考慮是可以理解的。關於「不可使之」，也不從《集注》，林氏說：

若夫道釋之教，而載之丹書梵經者，皆孔子所謂不可使知之道也，余曷嘗以道釋之教爲非哉？第以出世間法難與世間人道也。（《四書標摘正義續》，卷二，〈民可使由〉）

他的解釋是把儒教作為關懷世俗人道的世間法，把道教、佛教作為出世間法，出世間法的道教和佛教的教理是人民不能理解的。林兆恩認為有必要兼修以經世濟民為志向的儒教和以出世間為志向的道佛二教，他說：「知經世而不知出世，有用而無體也，其流必至於刑名而術數；知出世而不知經世，有體而無用也，其流必至於荒唐而枯槁。」(《四書標摘正義續》卷一，〈學仕〉)林兆恩主張儒教和道佛二教應相互補充，他的三教合一論是：

余所謂三教合一之大旨者，蓋合道釋者流，以此正三綱，以明其常道爲一也。合道釋者流以正四民，以定其常業乃一也。若如此者，則天下之人無有異道，無有異民。而天下之人亦無曰「我儒」，亦無曰「我道」？亦無曰「我釋」。(《林子續稿》，卷四，〈道業正一篇小引〉)

又林兆恩標榜歸儒宗孔，他說：「三教合一者，以孔子之儒合此為一」，提倡歸儒宗孔的理由是：

今道釋者流，顧乃棄去君臣之義，父子之仁，夫婦之別，和古聖人教人者異。以此謂聖人之欠典，此區區歸儒之教所由立。(《四書標摘正義》，卷六，〈欠典報札〉)

因此，林兆恩三教合一論的目的，是要排除儒佛道排他的門戶之見，讓道教徒、佛教徒也遵守儒教道德，儒教和二教不相爭，相互補充，有益於社會治安。林兆恩的三教合一論，和明末流行的三教一致論相同，就三教有益於治世這點，可說仍在明太祖「三教論」的限度之內。

二、林兆恩的「心即仁」說

讀《四書標摘正義》時，值得注意的是時常用到「仁」字。林兆恩很重視「仁」。林兆恩如何來說「仁」？值得考察。《論語》開頭的〈學而篇〉「學而時習之」章的「學」，林兆恩把它和〈述而篇〉孔子所說「默而識之，學而不厭，誨人不倦，何有於我哉？」合在一起解釋：

「默然而識之，學而不厭」（〈述而篇〉）者，學也。識亦知之義也，然其所欲識者，何也？識心而已矣。心即仁也，仁即聖也。孔子曰：「聖則吾不能，我學不厭。」（《孟子・公孫丑上》）又曰：「若聖與仁，則吾豈敢？抑為之不厭。」

〈〈述而篇〉〉爲亦學也，故學也者，心學也。所以爲仁，所以作聖者，學也。
（《四書標摘正義》，卷一，〈學而時習之〉）

他又說：「若讀書務博以為學，乃漢以來至於今儒者之學，非古聖人之所謂學也。」（同上）這是批判朱子的博學主義。《集注．述而篇》的「識」採記憶之意，解作「識，記也。謂不言而存諸心也。」而不說「識，知也。不言而心解也。」的說法。因此，林兆恩的解釋是對《集注》批判性的解釋。

值得注意的是「心即仁也」、「學者心學也」的說法。「心即仁」是什麼樣的意思？林兆恩把「仁」作怎樣的思考？進一步來看看。林兆恩說：

> 心即中，仁乃其中心生生不息者也。故曰「中心安仁」（《禮記．表記》）。命，立於此。性，存於此。《易》所謂「盡性至命」者，在此中也。是中，廣大配天地，著明配日月。變通配四時，屈伸配鬼神。聖經曰「在止於至善」（《大學》）。其中以「喜怒哀樂未發」（《中庸》）者，粹然至善，故曰「繼之者善也，成之者性也」（《易．繫辭上》）又曰「性無不善」（《孟子．告子上》）（《四書標摘正義》，卷一，〈中心之中〉）

從自然運行到人事變動，包括森羅萬象的「心」的中心的是「仁」。「仁」是「中心生生不息者」，是純粹至善之性的所在。因此，從林兆恩性善說的立場說：「仁，人心也，我固有之。」（同卷二〈君子無終食之間違仁〉）林兆恩把「仁」規定為「生生不息者」，作為性善的根據，他的「仁」說，可說受到北宋程顥（一〇三三—一一〇七）《識仁篇》的啟發。

眾所周知，程顥的《識仁篇》曾宣說：「學者須先識仁。仁者渾然與萬物同體。義禮知信皆仁也。識得此理以存誠敬。」（《二程遺書》）關於「仁」，他提倡「萬物一體之仁」時說：「醫書以手足痿痺為不仁，此言最善名狀。仁者以天地萬物為一體，無非己。」（同上）林兆恩推演程顥的「仁」說：

> 明道曰：「人須是識其眞心」，眞心也者，仁也。若爲物所引而生其心者，非眞心也。然而眞心亦未嘗亡也，特其物有以蔽之爾。（《四書標摘正義》，卷二，〈君子無終食之間違仁〉）

又說：「心本仁也。……物之蔽乎其心之仁者」（同上）即把程頤之「仁」換為「真心」，說「真心」是不滅的本體，並不是受外界事物影響的現象的心之動。林兆恩又解釋〈顏淵篇〉

的「克己復禮為仁」章，把「克己」規定為「能自」，他說：

> 克己者，能自之謂也，與下「由己」之己同。復也者，復之也；復之者，反之也。（中略）反之者，以反其性之初也。余嘗譬之碩果然，而其生生之機，元含於果核之中者，仁也。仁含於果核之中者，禮之渾然者也；而芽而條，而華而實者，禮之燦然者也。故復此燦然之禮，以還於渾然之性，亦猶果核未芽，而含其仁於中者。（《四書標摘正義》，卷二，〈克己復禮爲仁〉）

把「克己」解為「能自」，不外是把「己」解作自己之心，即「仁」。《集注》把「己」解釋為「身之私欲」，是應克服的對象，正與肯定「己」的解釋相反。⑥把「仁」譬喻為水果的種子之核的說明，這點和程顥的高弟謝良佐的「仁」說一致。林兆恩說「仁」，也包括了「禮」，具體表現於「仁」作為行動規範的是「禮」。因此，保守的色彩濃厚。林兆恩又根據「心要在腔子裡」（《二程遺書》）的話說：

> 心在於禮者，心在於仁也；心在於仁者，心不違仁也；心不違仁，心在腔子裡；心在腔子裡而心存矣；心既存矣，非敬而何？（《四書標摘正義》，卷二，

〈非禮勿視〉

林兆恩舉《中庸》「仁者人也」，《論語・雍也篇》「回也，其心三月不違仁」，《孟子・告子上篇》「仁人心也」，又言及謝良佐的「桃、杏之核所生之種，謂之桃仁、杏仁，言有生意也。」（《上蔡語錄》卷上第六條）然後說：「謝上蔡嘗以生意論仁，豈其心以生意謂非仁也？」林兆恩也和謝良佐一樣，又把「仁」作為生來之道德的知覺，把「仁」作為生命的基礎，而為身體所固有。這樣，林兆恩以「仁」為身體的道德感覺而讓其徹底深化。他說：

曾子曰：「仁以爲己任，不亦重乎！」（《泰伯篇》）而曾子之所謂任重者何也？蓋仁者通天下爲一身，而孔子之志，老者安之，朋友信之，少者懷之，仁以爲己任也。（中略）肫肫然生意而不息者，是乃仁之本也。心即心即仁。而其所以能通天下爲一身，而無外物者，亦惟先自其本焉求之矣。無所以者亦惟先求其本。（中略）仁中一點生意者，所謂眞種子是也。而人之所以爲人者，豈有外於心哉！（《四書標摘正義續》，卷一，〈仁〉）

可以看出林兆恩所說「即心即仁」，是實現萬民的社會幸福之社會道德的口號。林兆恩的

「仁」說，不過汲取程顥、謝良佐之說法，但林兆恩的「仁」說，又不單單推衍兩人之說而已。林兆恩說：

蓋自父母未生以前，本體太虛而已矣，其餘之所謂未始仁者乎！既然父母媾精之後，一點靈光而已矣，其餘之所謂仁者乎！而一點靈光之仁，元從太虛中來者，我之元神也。由是而氣，由是而形。（《林子》，卷三，〈欲仁篇〉）

林兆恩把「仁」表現為「一點靈光」，「仁」由「太虛」而來，形成氣的世界的存在。「一點靈光」是在形容人生於世的瞬間所具備靈妙之氣的用語，這種概念在程顥和謝良佐的「仁」說是見不到的。林兆恩把「一點靈光之仁」稱為「元神」。神也是描述看不見的靈妙之氣的用語。又林兆恩的世界觀，除用語的特殊性外，和北宋張載（一〇二〇—一〇七七）所倡的太虛說很相似。張載說過「太虛無形，氣之本體也。」「散殊可象者為氣，清通不可象者為神」、「由太虛有天之名，由氣化有道之名，合虛與氣有性之名，合性與知覺有心之名。」（《正蒙．太和篇》）關於「一點靈光」，林兆恩又說：

人未生之前，未有性命。未有此一點靈光。至始生之時，天乃命之以性，即有

此一點靈光者。繼善而成性也，即此一點靈光。《易》謂之太極。（《林子》，卷四，〈心聖直指行庭心法〉）

所謂「一點靈光」是象徵人完成善性的精神活動的話語。「一點靈光」是具有宗教神秘性的話語。如此來規定「仁」，是林兆恩所獨有。⑦

估林兆恩思想「心即仁」說之位置，幾乎與朱子學的「性即理」、陽明學的「心即理」的命題相抗衡，可以說很重要。他說：「仁即中也，執中者不違仁也；仁即一也，主一者不違仁也。」（《四書標摘正義》，卷二，〈君子無終日之間違仁〉）接著來探究「一」。

三、林兆恩的「一貫」說

〈里仁篇〉有孔子說：「參乎！吾道一以貫之。」曾子回答說：「唯」。有「夫子之道，忠恕而已矣。」的解說，關於這一條，《集注》把「一」解釋為「一理」，「一以貫之」解釋為一理是指貫通萬事。關於《集注》之說，有客人稱讚「孔子只言一，而門人昧之；朱子益以理字，而萬世唯之」時，林兆恩反問說：

孔子何不益以理字，使三千之徒皆得其傳，萬世之下皆知其道？豈孔子聞道之秘不若朱子與？抑孔子教人之心不若朱子與？（《四書標摘正義》，卷一，〈吾道一以貫之〉）

朱熹的說法並不及於曾子的忠恕說，關於「忠恕」，林兆恩解釋為「仁」和「禮」的結合，認為「以仁存心，而推之以愛人；以禮存心，而推之以敬人者，忠恕也。」（同上）關於「仁」和「禮」，他說：「根於心，即仁即心，即禮即心。」（同上）即把「仁」和「心」視為一體。而關於「一」，林兆恩說：

一者，太極也。太極而陰陽，陰陽而五行，五行變化而生萬物。所謂一以貫之也。（《四書標摘正義》，卷一，〈吾道一以貫之〉）

這種說法，我想是根源於北宋周敦頤（一〇一七－一〇七三）的〈太極圖說〉，它是以「太極」為中心來展開宇宙萬物的生成論。但林兆恩把「心」即「仁」解釋為「太極」，和把「太極」解釋為「理」的朱熹不同。林兆恩說：

太極也者，一而神也。而無極也者，未始一也，先天也。先天也者，太虛也。神由此而名名，化由此出。而一點靈光之妙用，固有若是其大矣。（《林子》，卷四，〈心聖直指行庭心法〉）

區別先天的「無極」即「太虛」和後天的「太極」，把「太極」形容為「一之為神」，契會後天世界的「一點靈光的妙用」。一般認為，此「一」仍是指「心」。林兆恩說：「太極也者一也，一點靈光也。」（同上）又說：

孔子曰「參乎！吾道一以貫之。」中人以上可以語上。曾子曰：「夫子之道，忠恕而已矣。」中人以下不可以語上。（《四書標摘正義續》，卷二，〈罕言〉）

也就是，知的水準高的，可以理解孔子的話。因此，〈衛靈公篇〉有孔子問子貢：「女以予為多學而識之者與？」子貢表示肯定，孔子說：「非也，予一以貫之。」一條，關於「一以貫之」，林兆恩說：

一以貫之者，知之上也。「多聞，擇其善者而從之，多見而識之，知之次也。」

〈〈述而篇〉〉恥一物之不知，而遍物以爲知者，知之下也。（《四書標摘正義》，卷一，〈堯舜之知而不偏物〉）

這些話，讓人想起〈季氏篇〉「生而知之者，上也。學而知之者，次也。」林兆恩把不待學習，心的先天的知覺作為「知之上」；「一以貫之者」，即高水準的心之知覺的保持者，林兆恩說：

古先聖賢所相授受，有不在於言語文字者，故謂之別傳。（中略）故別傳也者，無傳而有傳也。余嘗考之《魯論》矣。一以貫之者，聖人之別傳也：而心相感通之下，則自有眞機存乎其間者，即在孔子且不知其所以教，而在曾氏亦不知其所以唯矣。（《四書標摘正義續》，卷二，〈曾子曰唯〉）

在先天上，不能像曾子有可達到孔子境地的資質，就無法把握孔子「一以貫之」的真意。孔子的真意透過語言無法傳達。林兆恩說：「一貫之傳，則有言，雖有默契者在此，亦不在專言。」（《四書標摘正義續》，卷二，〈罕言〉）所謂「一以貫之」，我想是以心傳心，由老師弟子在無意識之中，承繼契合真理之道的意思。在談到超越言語，以心傳心的授受這一點，和禪宗不立文字、教外別傳的想法是相同的。林兆恩說：

聖人之所以曠百世而相感者，此真心也。而聖人之道統於此矣，故曰道統。堯舜得此真心，而命之曰「中」，以開此道統之原也。孔子得此真心，而命之曰「一」，以紹此道統之傳也。（《四書標摘正義》，卷六，〈道統〉）

林兆恩說：「堯舜之中，孔子則以一貫之。孔子之仁，孟子則益以義。」（同卷六，〈欠典報札〉）所謂「堯舜之中」是以「人心惟危，道心惟微，惟精惟一，允執其中」（《尚書・大禹謨》）為根據，「一」意味著「心」。所謂「一以貫之」，不外是由心的靈妙的作用來繼承儒教的道統。繼承道統要有很高的資質，林兆恩對〈子罕篇〉「子罕言利」章的解釋說：

顏曾之愚魯，既不多得，而子貢之穎悟，又難與言，然則子貢而下，復將誰語哉？故遇顏曾則不得不言，遭子貢而下，則不得不默，此孔子之所以罕言，而亦不能不罕言也。（《四書標摘正義續》，卷二，〈罕言〉）

他的解釋是，孔子對顏回和曾子這種資質優良的弟子，以心傳心來教授，子貢以下的弟子則不言「利」。⑧但林兆恩所說的「利」，在朱子學裡沒有和「義」相反意義的「利」。林兆恩所說：「孔子之所以罕言利者，以利為本，不可使知之道也。」（同上）對《孟子．離婁下》的「天下之言性，則故而已矣」作了說明：

> 眞性是心，眞心是性，而性也者，乃我之舊物也，故曰「故」，而仁義禮智根於此矣。當仁而即仁，當義而即義，當禮而即禮，當智而即智者，利也。故「寂然不動」（《易．繫辭》）者，故也；而「感而遂通天下之故」（同）者，利也。「天下何思何慮」（同）者，故也；而「同歸而殊途，一致而百慮」（同）者，利也。一者故也，而「一以貫之」者，利也。中者，故也，而「發而皆中節」（《中庸》）者，利也。（《四書標摘正義》，卷二，〈罕言〉）

據此，林兆恩所謂「利」，是意味著人與生俱來的靈妙之心的作用。即在林兆恩來說，「利」不外是「仁」，是「心」。

林兆恩把自己之心直接孔子之心，他說：「是之所履者跡也。故吾之心，即孔子之心也，而信吾之心焉，則其所行皆孔子之行也。」（《四書標摘正義》，卷一，〈不踐跡〉）自認為是孔子之心的繼承者。

結語

林兆恩提倡能使三教的社會融和的三教合一論，他解釋《論語》的基本立場，從這些話可以看出來，他說：「心也者孔子也。聖人也。以孔子為宗，以心為宗也。以吾心之聖人為宗也。」（《四書標摘正義》，卷六，〈宗心〉）這是把自己的心結合孔子之心的歸儒宗孔的立場。

《四書標摘正義》解釋《論語》，例如「異端」，一面固執宗派意識，違背三教宗旨，把「克己復禮」的「己」不解釋為身之私欲，而解釋作肯定的自己等等，和朱熹《四書集注》相齟齬的例子甚多，林兆恩對此點也有自覺，應和《四書集注》的權威相對，他說：

孔子之經既不可離，而曾子之傳其可違乎？故余寧稍悖朱子之注，而毋敢少違曾子之傳者，正謂此爾。蓋道公道也，孔、曾、思、孟所相授受之道，而非朱子一人之私也。（《四書標摘正義》，卷三，〈大學〉末尾〈傳〉）

這樣，超越朱熹，把自己之心和孔子、曾子、子思、孟子相連結的林兆恩，把「一以貫之」

的「一」解釋為「心」這點，被認為是思想的必然性。而成為林兆恩的心一貫說的中心，即是「心即仁」之說。所謂「心即仁」之說，林兆恩是承襲程顥和他的高弟謝良佐的「萬物一體之仁」說，為救活他人之靈妙之心的作用的是「仁」，說人要把本身固有之「仁」加以提倡。林兆恩把「仁」規定為「中心之生生不息者」，把「仁」作為象徵語，提示「一點靈光」的神秘概念。

在本稿所提到的，林兆恩的「心即仁」說，融和了不僅程顥，還有周敦頤的太極圖說和張載的太虛說等前人的各種思想，將存在論和修養論融為一體。林兆恩也把「心」表現為「一」、「中」、「太極」、「真心」。這種融合諸概念而歸於一的融合性，是他的思想特徵。林兆恩的「心即仁」說，與同時代的陽明學派所提倡的致良知說，以及對他人救濟的實踐這一點上有其共同的時代性。但林兆恩的言行，並沒有像陽明學派李贄那樣去暴露官僚偽善的實態，而是把體制內融合作為著重點，有濃厚的保守色彩。

林兆恩所面對的現實，是倭寇來襲的社會不安。創始三一教，林兆恩之思想有志於社會秩序和民心安寧，不僅福建的民眾，也得到很多官僚階層的支持，且一直流傳到後世，此一事實證明了他的宗教思想帶有滿足當時人士信仰之心的內容；又林兆恩所以並沒有受到明朝的壓制，這意味著對當時的社會體制而言，林兆恩的思想為一穩建的思想內容。

注釋

①林兆恩的詳細傳記可參照：間野潛龍：《明代文化史研究》（同朋社，一九七九年二月）；Judith A. Berling, The Syncretic Religion of Lin Chao-en（Columbia University Press, 1980）、鄭志明：《明代三一教主研究》（台灣學生書局，一九八八年八月）、林國平：《林兆恩與三一教》（福建人民出版社，一九九二年二月）。

②《林子年譜》萬曆二十年七十六歲條有：「二月，命張洪都、陳標編次《四書標摘正義》。又摘錄《林子分內集》諸書以益之。名曰《林子四書正義》凡二十冊。」林兆恩的四書解釋書《四書正義纂》六卷，見於他的《林子全集》（學習院大學藏本等）。這些是林兆恩門下陳標等根據《林子四書正義》增訂編纂的《四書標摘正義》六卷和《四書標摘正義續》六卷的後刻本，還有，把《四書正義纂》六卷，改竄作成《李氏說書》九卷（九州大學文學部、尊經閣文庫藏）。改竄的實際情形，預定作文討論。

③關於明末的三教一致論，可參考酒井忠夫：《中國善書の研究》第三章〈明代における三教合一思想と善書〉（國書刊行會，一九七七年）、李焯然：《明史散論》三、〈焦竑之三教觀〉：（台灣，允晨叢刊⑰，一九八七年）。還有，林兆恩的三教一致論，可合併參考間野潛龍的《明代文化史研究》第五章〈儒佛道三教の交渉〉及荒木見悟：《明末宗教思想研究》（創文社，一九七九年）八〈東溟と林兆恩〉和本稿。傳達林兆恩三一教宗旨的《夏午尼經》（石濱文庫所藏）的卷首，載有林

兆恩和孔子、老子、釋迦一起的肖像畫，尊稱孔子為「儒仲尼氏執中一貫聖教度世大宗師」，尊稱老子為「道清氏守中得一玄教度世大宗師」，尊稱釋迦為「釋牟尼氏空中歸一禪教度世大宗師」。尊稱林兆恩為「夏午尼氏道統中一三教度世大宗師」。從信徒來說，林兆恩是將儒教的「執中一貫」和道教的「守中得一」及禪宗的「空中歸一」三教宗旨合一，稱贊他為濟度世人的絕佳宗師。黃宗羲曾說：「兆恩之教，以儒為立本，以道為入門，以釋為極則，但觀其所得，結丹出神，則庶幾為道家的旁門。」（《南雷文案》，卷九，〈林三教傳〉）林兆恩的思想精通道教金丹道，道教的色彩很濃厚。

④朱子學的「理」觀，可參考山井湧：《明清思想史の研究》（東京大學出版會，一九八〇年），頁四八—四九。

⑤關於程顥和謝良佐的「仁」說，可參考島田虔次：〈中國近世の主觀唯心論について——萬物一體の仁の思想——〉（《東方學報》第二十八冊，一九五八年三月）。

⑥關於「克己」，把「克」作為動詞「能」，把「己」解釋為肯定自己的意思的例子，根據松川健二氏的御示，宋代已可見到。陸九淵的高弟楊簡說：「詩書所載多以克為能。況此孔子又繼曰為人由己，殊無克勝，其己之意。大哉己乎。」（《慈湖遺書》，卷一〇）在明代，羅汝芳的弟子楊起元解釋為「能自」。

⑦關於一點靈光，加治敏之：〈林兆恩の原初的世界〉（《朱子學的思維》，汲古書院，一九九〇年二

月）作了推測說：「這一點靈光的境地，乃林兆恩自己於回心時所體驗者」，不知是否？

⑧松川健二編：《哲學としての論語十五章》（響文社，一九九〇年）的「解說」作為「子罕言利」章解釋史的一例，對凡庸弟子孔子不得不寡默，介紹了林兆恩的「罕言」解釋。又松川氏：《論語》曾子一貫章について）《中國哲學》第二十號，一九九一年十月）中以心傳心的例子，因談到林兆恩的解釋，故本稿一併參考。

〔附記〕本稿為平成四年度科學研究費補助金。（一般研究C）的研究成果的一部分。

第三章 李贄《李溫陵集》和《論語》

——王學左派的道學批判

◎佐藤錬太郎 著
◎楊 菁 譯

前言

李贄（一五二七－一六〇二），明末王學左派末流的思想家。初名林載贄，字宏甫，號卓吾。首先，略述他的生平。

嘉靖六年，李贄生於福建省泉州（溫陵）的清貧讀書人家。泉州林氏和李氏的先祖相同，林家的先祖，從明初起在港灣都市泉州作貿易商，代代信奉伊斯蘭教，在當生員時，並沒有明確的理由，大概為了避免被視為伊斯蘭教徒，而改姓李。嘉靖三十一年（一五五二）福建鄉試合格，為了養老父和弟妹七人，不再參加會試，嘉靖三十五年，任河南省輝縣教諭。嘉靖三十九年，被拔擢為南京國子監博士，父喪，歸鄉，途中遭倭寇之難，備嘗辛酸。嘉靖四十三年，任北京國子監博士，遭祖父之喪，又歸鄉。嘉靖末年，任北京禮部司務；隆慶元年（一五六七）為避穆宗皇帝諱，改名李贄。四十歲任職禮部時接觸陽明學，乃至信奉陽明學。此後，轉任南京刑部，官至刑部員外郎。萬曆五年，五十歲，任雲南省姚安府知府，任知府時，接觸佛典。三年任滿，堅持不續任，士民深覺可惜。李氏因討厭與人妥協，到處與上司意見不合，以致仕途不順。退官後，在湖北省黃安耿家天窩書院，接著居湖北省麻城芝佛院，寫了堅銳突顯官僚偽善的《焚書》和歷史評論書《藏書》等。萬曆二十七年（一五九九）刊行的《藏書》，《四庫全書總目提要》卷十一〈史部六，別史類存目〉批評說：「排擊孔子，別立褒貶，凡千古相傳之善惡，無不顛倒易位，尤為罪不容誅。」李贄過激的行為，不久遭到當局的彈壓，萬曆三十年，他七十六歲時，當局以「敢倡亂道，惑世誣民」的罪名，將他逮捕，後在獄中自刎。

從後世的儒者來看，李贄因叛逆孔子而被視為異端。例如，黃宗羲（一六〇一－一六九五）的《明儒學案》並沒有為李贄立傳。顧炎武（一六一三－一六八二）的《日知錄》嚴厲地批評說：「自古以來，小人之無忌憚，而敢於叛聖人者，莫甚於李贄。」（《日知錄》卷十八）王夫之（一六一九－一六九二）的著作中時有批評李贄的地方。然而和李贄同為萬曆時代出生的人士，尊重李贄的著作，且不受禁書令的拘束，他的著作流傳到後世，也流傳到日本，為江戶時代初期的僧天海和幕末的吉田松陰等所愛讀。

本稿以《李溫陵集》（台灣：文史哲出版社，一九七一年刊）為資料，以瞭解李贄的孔子觀和《論語》解釋，欲以闡明他的思想特徵。以《李溫陵集》為資料的理由有二，一是因為以《焚書》、《藏書》為首，以及《初潭集》和《道古錄》等著作，李贄的主要文章大都已收錄在《李溫陵集》中。二是因為李贄有關《四書》的著作，現存的《李氏說書》、《四書評》，有濃厚的偽書的嫌疑，處理時要特別注意。①

從《李溫陵集》中《論語》解釋的實例來看，首先，於《李溫陵集》中採錄從萬曆十八年（一五九〇），李贄六十四歲時初版刊行的《焚書》之相關的書簡；接著是從萬曆二十五年，在他七十一歲時記錄的《道古錄》中取用《論語》的解釋；最後是采錄萬曆二十七年刊行的《藏書》中有關史論的考察。又，一般認為在《李溫陵集》和《焚書》、《藏書》中有若干文字的出入，為了方便起見，本稿將以《李溫陵集》為主。

一、見於《焚書》的《論語》解釋

在《李溫陵集》中，再次收錄《焚書》所收的書簡和詩文。《焚書》中有很多書簡，如李贄的《焚書．自序》所說：「所言頗切近世學者之膏肓，既中其痼疾，則必欲殺我。」有對當時的儒者過於激烈的批評內容。而在書簡中也舉出了論難的主要對象—耿定向（一五二四—一五九六）。②故於此首先探討見於李贄寄給耿定向的書簡中關於〈顏淵篇〉「克己復禮」章、〈公治長篇〉「歸與歸與」章及〈子路篇〉「不得中行而與之」章的解釋。其次，被稱為異端的李贄自己是如何把握異端？試著由〈為政篇〉「攻乎異端」章來考察。以下，有關《論語》本文的訓讀，為了便於進行，將以作為科舉基準的《論語集注》為主。

(1)〈顏淵篇〉「克己復禮」章的解釋

〈顏淵篇〉關於仁，有孔子回答的「克己復禮為仁。一日克己復禮，天下歸仁焉。為仁由己，而由人乎哉？」進而諭以：「非禮勿視，非禮勿聽，非禮勿言，非禮勿動。」

耿定向在萬曆十三年（一五八五），任職都察院左副都禦史，擔任監督官僚的重責，李贄對耿定向借用孔子的權威，預先定立倫理的行動規範（禮），企圖強制人們服從其規範的態度，一方面加以反抗，一方面在「克己復禮」章說：

夫天生一人，自有一人之用，不待取給於孔子而後足也。若必待取足於孔子，則千古以前無孔子，終不得爲人乎？（中略）且孔子未嘗教人之學孔子也，使孔子而教人以學孔子，何以顏淵問仁而曰「爲仁由己而不由人也」歟哉！（中略）惟其由己，故諸子自不必問仁於孔子；惟其爲己，故孔子自無學術以授門

人，是無人無己之學也。無己故學莫先於克己，無人故教惟在於因人。（《李溫陵集》，卷二，〈答耿中丞〉）

有關孔子的學問，李贄將其定義為泯除自他差別意識的「無人無己之學」，並將「克己復禮」的「己」和「禮」放在對立的位置，說：

人所同者謂禮，我所獨者謂己，學者多執一己定見而不能大同於俗，是以入於非禮也，大人勿爲。眞己、無己，有己即克，此顏子之四勿也。（中略）蓋由中而出者謂之禮，從外而入者謂之非禮；從天降者謂之禮，從人得者謂之非禮；由不學、不慮、不思、不勉、不識、不知而至者謂之禮，由耳目聞見、心思測度、前言往行、仿佛比擬而至者謂之非禮。（《李溫陵集》，卷九，〈四勿說〉）

也就是說，關於「克己復禮」的「己」，說為執著「我所獨者」即「一己之定見」（獨斷的見解），解釋「克己」為克服以自己為中心的意思。接著，定義「禮」為「人之所同」，解釋「復禮」為「大同於俗」之意。所謂「由中而出者」、「從天降者」、「由不學、不慮、不思、不勉、不識、不知而至者」，都有不待思慮分別，根據先天的內在於人心的道德本性（良知）來行動的意義。相對於此，所謂「從外而入者」、「由耳目聞見、心思測度、前言往行、仿佛比擬而至者」，不外是透過後天的學習而獲得外在的規範。李贄認為人無須被教導，天生自然能瞭解禮，其從耿定向以都察院右都御史管理官僚的立場，站在官僚的立場強制獨善的教條，表示其危懼，說：

> 夫天下之人得所也久矣，所以不得所者，貪暴者擾之，而仁者害之也。仁者以天下之失所也而憂之，而汲汲焉欲貽之以得所之域，於是有德禮以格其心，有政刑以縶其四體，而人始大失所矣。夫天下之民物眾矣，若必欲其皆如吾之條理，則天地亦且不能。（《李溫陵集》，卷二，〈答耿中丞〉）

如上所述，對於「仁者」亦即「為政者」，宣揚從觀念上描繪的「吾之條理」（獨善的理念），並以其為禮，強加於官僚與庶民，李贄批判其為不當的壓抑。耿定向說：「吾夫子從眾德萬行中，拈出恭敬二字。（中略）欽頌我祖宗所以尊崇孔孟之教，表章程朱之學者。」（《耿天臺文集》，卷六，〈答友人問〉）表明了重視朱子學修身的立場，李贄則批判了耿定向此一朱子學的嚴格主義。李贄「克己復禮」的解釋，政治色彩是很濃厚的。③

(2)〈公治長篇〉「歸與歸與」章及〈子路篇〉「不得中行而與之」章的解釋

〈公治長篇〉所說「歸與！歸與！吾黨之小子狂簡，斐然成章，不知所以裁之！」是孔子滯留陳國時所說的話。又，〈子路篇〉孔子說：「不得中行而與之，必也狂狷乎！狂者進取，狷者有所不為也。」李贄在萬曆十三年（一五八五），向擢升刑部左侍郎的耿定向訣別時，提及了此「歸與歸與」章，說：

> 嗟夫，顏子沒而未聞好學，在夫子時固已苦於人之難得矣，況今日乎！是以求之七十子之中而不得，乃求之三千之眾；求之三千而不得，乃不得已焉周流四方以求之，既而求之上下四方而卒無得也，於是動歸與之嘆曰：「歸與！歸與！吾黨小子亦有可裁者。」其切切焉唯恐失人如此。（中略）狂者不蹈故襲，不踐往跡，見識高矣。（中略）論載道而承千聖絕學，則舍狂狷將何之乎？公今宦遊大半天下矣，兩京又人物之淵，左顧右盼，招提接引，亦曾得斯人乎？（中略）抑求而得者，皆非狂狷之士，縱有狂者，終以不寔見棄。
>
> （《李溫陵集》，卷二，〈與耿司寇告別〉）

嘲諷耿定向無眼識人才。李贄認為不受限於先入為主的觀念，以及社會觀念，開拓自己獨立境地的是為「狂者」，只有「狂者」才足以為「繼千聖之絕學」的人物。④所謂「狂者不蹈故襲，不踐往跡」之「故襲」、「往跡」，一般認為意味著「前言往行」，即過去聖人之言行，同時，也意味著朱子學的行為規範。何以故呢？因為李贄將自己比擬為「狂者」，說：

蓋狂者下視古人，高視一身，以爲古人雖高，其跡往矣，何必踐彼跡爲也，是謂志大，以故放言高論，凡其身之所不能爲，與其所不敢爲者，亦率意妄言之，是謂大言，故宜其行之不掩耳。（中略）渠見世之桎梏已甚卑鄙可厭，益以肆其狂言，觀者見其狂，遂指以爲猛虎毒蛇，相率而遠去之。渠見其狂言之得行也，則益以自幸而惟恐其言之不狂矣。（《李溫陵集》，卷六，〈與友人書〉）

所謂「世之桎梏」，不外乎是指朱子學的社會規範，為「卑鄙可厭」、「陽為道學，陰為富貴」的官僚社會的實際情況。一般認為李贄有自覺地作為官僚社會之偽善實況的內部告發者。李贄在〈三教歸儒說〉（《續焚書》卷二）批評「漢儒之附會，宋儒之穿鑿」，關於「以宋儒為標的，穿鑿為指歸乎？」的後世儒者，嚴厲批評說：「人益鄙而風益下矣，無怪其流弊至於今日。陽為道學，陰為富貴，被服儒雅，行若狗彘然也。」同時，李贄對於為了求富貴利達而參加講學會的道學者，說：「口談道德而心存高官，志在巨富爾矣。既已得高官巨富矣，仍講道德說仁義自若也。」（《李溫陵集》，卷四，〈又與焦秫陵〉）揭露其偽善的醜態，嚴厲批評：「大抵今之學道者，官重於名，名又重於學，以學起名，以名起官。使學不足以起名，名不足以起官，則視棄名如敝帚矣。」（《李溫陵集》，卷四，〈復焦秫陵〉）不斷地揭發道學墮為官僚取得利祿的手段之現實感憤。

(3)〈為政篇〉「攻乎異端」章的解釋

〈為政篇〉有孔子的「攻乎異端，斯害也已」之語。在《論語集注》中，作為「異端」之例的，是舉「楊墨」、「佛氏」斷罪「為害」的說法。李贄一方面意識到這樣的「異端」觀，說：

> 自朱夫子以至今日，以老佛爲異端，相襲而排擯之者，不知其幾百年矣。弟非不知而敢以直犯眾怒者，不得已也，老而怕死也。且國家以六經取士，而有三藏之收，以六藝教人，而又有戒壇之設，則亦嘗以出家爲禁矣。（《李溫陵集》，卷一，〈復鄧石陽〉）

在明代，太祖朱元璋公開承認儒佛道三教，認為應將三教置於政治的統治下，並著有《三教論》，之後，三教已公然鼎立；且在明末的陽明學派，如李贄的親友焦竑（一五四〇—一六二〇），兼修三教，而說三教合一，此一風潮已非常普遍。李贄又從太祖和成祖的文集中采集三教合一論，著有《三教品》，也留下了《老子解》、《莊子解》、《淨土決》等關於道教、佛教的教典之著作。因此，和朱子學將道教和佛教作為異端而排擊之的立場是不同的。李贄說兼修三教，是因為害怕老死。李贄關於三教的聖人，說：

凡爲學皆爲窮究自已生死根因，探討自家性命下落。（中略）孰不愛性命，而卒棄置不愛者，所愛只於七尺之軀，所知只於百年之内而已，而不知自己性命悠久，實與天地作配於無疆。（中略）唯三教大聖人知之，故竭平生之力以窮之，雖得手應心之後，作用各各不同，然其不同者特面貌爾。（《續焚書》，卷一，〈答馬歷山〉）

若面臨死亡的大問題時，三教的區別就不是那麼大的問題了。李贄又認為以佛老為「異端」是錯的，說：

人皆以孔子爲大聖，吾亦以爲大聖；皆以老佛爲異端，吾亦以爲異端。人人非眞知大聖與異端也，以所聞於父師之教者熟也；父師非眞知大聖與異端也，以

> 所聞於儒先之教者熟也；儒先亦非眞知大聖與異端也，以孔子有是言也。（中略）其曰「攻乎異端」，是必爲老與佛也。儒先憶度而言之，父師沿襲而誦之，小子矇聾而聽之，萬口一詞，不可破也；千年一律，不自知也。（《續焚書》，卷四，〈題孔子像於芝佛院〉）

要言之，解釋孔子所說的「異端」為佛教、道教，是受到錯誤的先入為主之觀念所影響的結果。考見李贄之所以呈現這樣的朱子學概觀之疑問的理由，不只有所謂三教鼎立社會背景，一般認為還因為李贄自身有抱持疑問的資質。李贄在編纂王守仁（一四七二－一五二八）的年譜時，述懷道：「餘自幼倔強難化，不信學，不通道，不信仙、釋，故見道人則惡，見僧則惡，見道學先生則惡。」（〈陽明先生年譜後語〉）似乎從幼小之時即富有懷疑的精神。李贄在南京禮部任中，被勸誘參加陽明的講學會，信奉王守仁和王畿的學說，以至於兼修三教。當時，他向官僚提倡講學，說道：

> 《論語》、《大學》豈非君所嘗讀耶？然《論語》開卷便是一「學」字，《大學》開卷便是「大學」二字。此三字，吾敢道諸君未識得。（焦竑：《焦氏筆乘》，卷四，〈讀書不識字〉）

在其由正面致力究明經書意義之處，李贄富懷疑精神的面貌是極為生動的。而李贄在有名的〈童心說〉中說：

童子者，人之初也；童心者，心之初也。（中略）其長也，有道理從聞見而入，而以爲主於其內，而童心失。其久也，道理聞見，日以益多，則所知所覺，日以益廣，於是焉又知美名之可好也，而務欲以揚之而童心失。知不美之名之可醜也，而務欲以掩之，而童心失。夫道理聞見皆自多讀書識義理而來也。（《李溫陵集》，卷九，〈童心說〉）

也就是說，李贄對於參加科舉考試透過學習經書而形成的朱子學的一般想法抱著疑問，其以為藉由讀書而形成錯誤的固定觀念，將使人失去了天生本有的「童心」。這種輕視由見聞所獲得的後天知識，重視先天的本心的傾向，和禪類似。唐代的雲巖曇成（七八二—八四一）說：「從門入者，不是家珍。」（《碧岩錄》第五則），又其弟子，被視為曹洞宗開祖的洞山良价（八〇七—八六九），關於其師雲巖的佛法說：「半肯半不肯」、「若全肯，則孤負先師」。重視自得的禪宗，認為從門外而入者，則非自身固有的珍寶，由完全肯定其師之說，變成違背其先生。李贄的「童心說」也主張由師父之教及讀書聞見所得的知識並非自己本具的心，一般認為這點與禪有共通性。

二、見於《道古錄》的《論語》解釋

《道古錄》四十二章是根據李贄的〈道古錄引〉及劉東星（一五三八－一六〇一）的〈書道古錄首〉，由萬曆二十四年直到翌年，是李贄和劉東星父子關於《大學》和《中庸》內容的問答記錄，其中也有若干言及《論語》的。作為《論語》解釋的例子，將採用〈學而篇〉「禮之用和為貴」章、〈為政篇〉「齊之以禮」章、〈述而篇〉「子不語怪力亂神」章三章的解釋。

(1)〈學而篇〉「禮之用和為貴」章的解釋

在〈學而篇〉可見孔子的門人有若所說的：「禮之用，和為貴。先生之道斯為美，小大由之。有所不行，知和而和，不以禮節之，亦不可行也。」關於此章，李贄說：

有之言：「禮之用，和爲貴」，甚是也。夫使禮而不出於和則爲強世，非中節之和，天下之達道矣，曷足貴與？又烏在其爲美也？唯其和所以民咸用之，萬世同之，自無不可行之禮耳。彼或有窒礙而不可行者，非和之罪也，不知和之罪也。今若曰「知和而和不以禮節之，是以亦不可行」，如此則和反不如禮。和又不足爲美而可貴矣，何也？必待禮以節之故也。和而尚須禮幫助，然後能中節而成，和則宜曰「和之用，禮爲貴」可也。而何以獨貴和？吾故曰「此非有子之言也，有子弟子之言也」。（《李溫陵集》，卷十九，〈道古錄〉下，卷第二十章）

也就是說，有子所說「禮之用，和為貴」，以「和」來運用「禮」，這樣的主旨是很合適的見解；相對地，後半的「知和而和，不以禮節之，亦不可行也」句，說沒有「禮」則「和」不能成立，這一主旨和前句是矛盾的；又說此後半句是不成熟的弟子所記錄，有損有子的言論。在此，可以窺見將《論語》經文中的理論矛盾歸之於記錄者之誤解的態度。而李贄在「童心說」中說：

夫《六經》、《語》、《孟》，非其史官過爲褒崇之詞，則其臣子極爲贊美之語，又不然，則其迂闊門徒、懵懂弟子記憶師說，有頭無尾，得後遺前，隨其所見，筆之於書，後學不察，便謂出自聖人之口也，決定目之爲經矣，孰知其大半非聖人之言乎？縱出自聖人，要亦有爲而發，不過因病發藥，隨時處方，以救此一等懵懂弟子、迂闊門徒雲耳。藥醫假病，方難定執，是豈可遽以爲萬世之至論乎？然則《六經》、《語》、《孟》乃道學之口實，假人之淵藪也。
《李溫陵集》，卷九，〈童心說〉

也就是說，書不過是聖人相應於弟子的器量而說的方便之教。這一說法，應是參考了王守仁所說：「聖賢之教如醫用藥，皆因病立方。（中略）要在去病，初無定說。」而加以發揮，且是更徹底的見解。如此，一般認為將經書的權威相對化的理由，是因為經書不僅是聖人之教的不完整的記錄，而且經書作為科舉的考試教材，流於取得功名利祿之手段的現實，李贄由此而感憤不已。

(2)〈為政篇〉「齊之以禮」章的解釋

〈為政篇〉孔子說：「導之以政，齊之以刑，民免而無恥。導之以德，齊之以禮，有恥且格。」李贄首先對「導之以德」說：

蓋「道之以德」，則爲民上者，純是一片孝弟慈眞心，既以其躬行實德者道之於上，則爲下者，既自恥吾之不能孝弟與慈矣，而上焉者又不肯強之使從我，只就其力之所能爲與心之所欲爲，爲勢之所必爲者以聽之，則千萬其人者各得

其千萬人之心，千萬其心者各遂其千萬人之欲。（《李溫陵集》，卷十八，〈道古錄〉上卷第十五章）

李贄於此，亦即提示了：為政者應不以道德強制人，須視其能力和欲求，順應時勢的政治觀。末尾對人欲的肯定，是王夫之（一六一九－一六九二）「人欲之各得，即天理之大同」（《讀四書大全說》，卷四，《論語．里仁篇》）之見解的先趨。李贄進而透過「齊之以禮」的解釋，批判現實的政治，說：

今之不免相害者，皆始於使之不得並育耳，若肯聽其並育，則大成大，小成小，更有一物之不得所哉？是之謂至齊，是之謂以禮。夫天下之民各遂其生，各獲其所願，有不格心歸化者，未之有也。世禮既不知禮爲人心之所同然，本是一個千變萬化，活潑潑之禮，而執之以爲一定不可易之物，故又不知齊爲何等，而故欲強而齊之，是以雖有德之主，亦不免於政刑之用也。吁！禮之不講久矣。（同上）

李贄批判官僚執著於僵化的禮，過度地規範人的欲求之現實。此一主張與指責官僚以死板的道德理念規範人而產生社會弊害的清戴震（一七二四—一七七七）之朱子學批判有著共通性。和戴震同樣的，李贄批判朱子學，不外是認為以朱子學作為社會規範，會導致壓抑人的機能之後果。

(3)〈述而篇〉「子不語怪力亂神」章的解釋

〈述而篇〉說「子不語，怪力亂神。」《論語集注》解說為：「怪異、勇力、悖亂之事，非理之正，固聖人所不語。」說明了因為「神」是難解的，所以不輕易說明。李贄並不贊成此說，他以孔子提及「神」的記錄作為根據，說：

> 記者謂「夫子不語神」，而《中庸》乃盛言鬼神之德之盛，雖視之不見，聽之不聞，而實「體物而不可遺」。（中略）鬼神信非誣也，夫子之語神也如此，彼謂其不語者，直記者之語耳。記《魯論》者又是何人？多出曾子與有子之門人也。（《李溫陵集》，卷十九，〈道古錄〉下卷第九章）

將經文論理的矛盾歸於記錄者的誤解。李贄在〈先進篇〉「季路問事鬼神」章的解釋，也力說了鬼神的存在，他一方面從《論語》和《禮記》引用孔子慎重於鬼神之祭祀的例子，一方面批判當時的道學者，說：

有此天地即有此人鬼，有此世界即有此賢聖，有此賢聖即有此祀典，使其無神，聖人何謂而制此祀典以貽萬世？（中略）何以愈經後王而祀典愈備也？今之學者言及鬼神，則以爲異端，釋老之教，小言之，則以爲恥；大言之，則斷以爲狂。（《李溫陵集》，卷十九，〈道古錄〉下卷第十章）

李贄在〈鬼神論〉（《焚書》卷三）中也說：「夫子之敬鬼神如此。」說鬼神的實際存在及鬼神的報應。李贄大力贊美孔子，說：

以今觀吾夫子，夫孰不尊？夫孰不親？從今以後以至萬億年，載其尊且親，但見有加而不替矣。（中略）則夫子之澤遠矣，廣矣。夫子之言至是，又若將符契矣。故稱之曰至聖焉，吾以謂千古可以語至聖者，夫子也。（《李溫陵集》，卷十九，〈道古錄〉下卷第十八章）

而李贄在言及承公會宣教師利西泰時，關於其佈教活動，嚴厲批評為：「意其欲以所學易吾周孔之學，則又太愚，恐非是耳。」（《續焚書》，卷一，〈與友人書〉）表明了信奉儒教的立場。李贄在尊敬讚美孔子為聖人的同時，對於《論語》中所看到的經文矛盾，則闡述其非孔子之語，而是記錄者之誤並加以批判。

李贄並不視經書為絕對，但依然根據經書的語句提示自己的政治觀；關於禮，定義為「一個千變萬化活潑潑的理」，並對於官僚的獨善的教條主義加以批判。以政治上各自遂欲這件事是重要的，此一主張不僅在《焚書》中，即使是《道古錄》中也是一貫的。

三、見於《藏書》的《論語》解釋

李贄的主要著作《藏書》六十八卷，是從戰國初到元代為止評論君臣的作品，其中闡示了比起君臣個人的道德，較重視政治的實際績效和才能之人物評價。否定以朱子學作為儒學正統的道統論，否定比起政治的功績較重視道義的義利論，對傳統的君臣評價高唱異調。例如，關於因焚書坑儒而惡名昭彰的秦始皇，承認其統一中國的政治功績，並稱贊他為「千古一帝」；關於則天武后則肯定其為愛人才的名君；關於被視為無節操之大臣典型的五代馮道，則肯定其安定民生的功績。⑤在《李溫陵集》中采錄的《藏書》的史論，李贄以解釋《論語》的方式，表明了自己的觀點。例如〈顏淵篇〉「子貢問政」章、〈先進篇〉「子張問善人之道」章的解釋即是。

(1)〈顏淵篇〉「子貢問政」章的解釋

〈顏淵篇〉中有孔子所說：「足食、足兵，民信之矣。」子貢問「必不得已而去，於斯三者何先？」孔子首先回答：「去兵。」繼而答以：「去食，自死皆有死，民無信不立。」李贄批評解釋孔子的政治課題以「信」（即道德）為最優先，其次是「食」，最後是「兵」（即軍事），說

夫子曰：「足食，足兵，民信之矣。」夫爲人上而使民食足兵足，則其信而戴之也，何惑焉？至於不得已，猶寧死而不離者，則以上之兵食素足也。其曰「去食」、「去兵」，非欲去也，不得已也。勢既出於不得已，則爲下者自不忍以其不得已之故，而遂不信於其上，而儒者反謂信重於兵食，則亦不達聖人立言之旨矣。然則兵之與食果有二乎？曰：苟爲無兵食，固不可得而有也。（中略）儒者不察，以謂聖人皆於農隙以講武事，夫搜苗獮狩，四時皆田，安知田隙且自田耳。曷嘗以武名？曷嘗以武事？（《李溫陵集》，卷八，〈兵食〉）

也就是說，批評儒者只重視道德的信義而輕視武備的傾向。李贄接著就張載（一〇二〇—一〇七七）訓戒范仲淹（九八九—一〇五二）所說的：「儒者自有名教，何事於兵。」（呂大臨〈橫渠先生行狀〉），嚴厲批評他為「則已不知兵之急」；有關張載去除軍事教練而考慮井

田制度，則攻擊他：「則又不知井田為何事，徒以慕古為名，祇益醜耳。」李贄在這種重視軍事的背景，乃因當時存在著倭寇，以及萬曆二十年（一五九二）前後相繼發生的萬曆三大徵（寧夏的布達之亂、豐臣秀吉侵略朝鮮、播州的楊應龍之亂），這些都象徵著軍事的危機。

(2)〈先進篇〉「子張問善人之道」章的解釋

〈先進篇〉說：「子張問善人之道。子曰：不踐跡，亦不入於室。」《論語集注》舉出了《程子遺書》的「踐跡，如言循途守轍。善人雖不必踐舊跡而自不為惡。」之解釋。也就是說，解釋「不踐跡」為不沿襲本應遵循的前人足跡（成法）之意義。⑥此和《集注》認為應「踐跡」、沿襲是不同的，李贄關於「不踐跡」和禪的「沒蹤跡」有相同的解釋，從求道者不以先人的足跡為模範的觀點，說：

> 夫人之所以終不成人者，謂其效顰學步，徒慕前人之跡爲也，不思前人往矣所過之跡，亦與其人俱往矣。尚如何？（中略）今之踐跡者，皆嬰兒之類，須賴有人在前爲之指引者也，非大人事也。夫大人之學，止於至善，至善者，無善之謂也。無善則無跡，尚於何而踐之？然而非但不必踐，不當踐，雖欲踐之而不得焉者也。夫孔子非跡乎？然而孔子何跡也？老聃非跡乎？釋迦非跡乎？然

而老之與釋何跡也？今之三教弟子皆踐彼跡者也，可不謂大哀乎？（《李溫陵集》，卷十五，〈樂正子〉）

所謂「踐跡」，意味著只是在形式上模仿聖人求道的足跡，並未汲取真意。在禪門，弟子繼承師匠衣鉢時之嚴格，以「見齊於師，不減師半德。智過於師，方堪傳授。」（《傳燈錄》卷六，〈百丈懷海〉章）一句話表現出如果沒有超越老師之見識的見識，則無法嗣法。李贄認為自己是孔子的法嗣，說：

僕則行游四方，效古人之求友，蓋孔子求友之勝己者，欲以傳道，所謂智過於師，方堪傳授是也。吾輩求友之勝己者，欲以證道，所謂「三上洞山，九到投子」是也。（《李溫陵集》，卷二，〈與耿司寇告別〉）

根據《傳燈錄》卷一、《碧巖錄》第五則評錄等，唐代的雪峰義存（八三二—九〇八）在成為德山宣鑑（七八〇—八六五）的法嗣之前，參禪於洞山良价（八〇七—八六九）九回，參禪於投子大同（八一九—九一四）三回，並苦心修行。李贄也表示了求法證道之志。李贄在《藏書》的序中說：「後三代，漢、唐、宋是也。中間千百餘年，而獨無是非者，豈其人無是非哉？咸以孔子之是非為是非，故未嘗有是非耳。」（《李溫陵集》，卷十四，〈藏書紀傳總論〉）決不是冒瀆聖人之道的語句，不用說，「不蹈故襲，不踐往跡」，可以說提示了繼承聖人之教這件事的嚴格與困難。

又，在《集注》中，關於「善人」舉了張載的「善人欲仁而未志於學者也」的解釋，而李贄解釋「善人」見於〈子路篇〉「不得中行而與之」章，總結為「狂」。有能力的人物不問思想家、政治家、文學家、歷史家之別，皆認為「狂」，「狂」的資質是重視獨自的才能。他特別大力讚揚司馬遷為：「嗟夫，世無孔子，則古今天下無真是非；世無司馬，則誰為繼孔子？此予之所以語狂狷也。」（《李溫陵集》，卷十五，〈樂正子〉）李贄在《藏書》中寄托其經世精神，是仿照《史記》的歷史評論，且他有獨自的是非判斷，自比為司馬遷並自任為「狂者」。

結語

李贄的遺著於明代、清代被視為禁書，在中國得以見到曙光的是在二十世紀初期。一般視儒教為阻礙中國近代化的封建道德而批判之，在高喊「打倒孔家店」的五四時期，李贄，被視為儒教的叛徒，也就是反對保守的封建壓迫而主張自由解放的先驅者而再次被評價，自那時一直到今日為止，一貫地被評價為進步的思想家。特別從一九七四年到七六年，大力提倡的儒法鬥爭史觀，李贄作為孔子的批判者而蒙上光環，其遺著也被大量出版。⑦然而，由本稿所見，李贄實有敬愛孔子之心，且並沒有反對儒教的意圖。

李贄以孔子為聖人，並極力尊敬與稱贊孔子時，另一方面對見於《論語》經文的矛盾部分，認為不是孔子所說，而是記錄者之誤的說法並加以批判。因此不能視《論語》為絕對。一般認為，李贄在將經書的權威相對化的背景下，作為科舉考試教材的經書，有被視為取得功名利祿之手段的現實，他因為感憤此一現實，而闡說經書的相對性。又，在兼修三教的時代風潮中，李贄對朱子學視佛教和道教為「異端」而加以排擊的解釋提出了疑問。對透過經書的學習和科舉考試而形成的官僚社會及其偽善的實際情況，和官僚的獨善的教條主義，也加以批判，在解釋「克己復禮」時，以去除固執自己的見解為「克己」，並認為藉此而可以「大同於俗」。

又，以明朝的軍事危機為背景，如象徵萬曆的三大徵，而說明軍備的重要性，批判只重視道德而輕視軍事的道學者。接著在解釋「狂狷」和「不踐跡」時，從重視先天的心的立場，反對重視由學習而獲得後天知識的朱子學的主知主義的傾向。其認為由外而來的知識，並非自家固有的珍寶，並和重視自得的禪相同；李贄也主張師父之教和讀書聞見的知識並不是自己本具的心。根據李贄所說，不拘執於先入為主的觀念及社會一般的看法，開拓自己獨立的境地，是為狂者，只有「狂者」才是足以作為「承千聖之絕學」的人物。李贄以「狂者」自任，可以說他是以孔子為祖師的求道者吧！

李贄批判官僚執著於固定化的禮，過度規範人的欲求之現實，其主張與指出官僚以僵化的朱子學之理念（道德）而來規範人之弊害的清戴震的朱子學批判有共通性。李贄在解釋《論語》時，一方面保持繼承孔子求道之精神的意圖，一方面則表現自己的思想，從政治的觀點對朱子學的道德至上主義加以批判。因此，與其稱他為儒教的叛逆者，不如稱他為朱子學的叛逆者，應較適合於李贄的意圖吧！

注釋

①《李溫陵集》二十卷，是東林派的顧大韶（字仲恭），在李贄死後，以十餘年的時間編纂的作品。有關編纂的經過，詳見顧大韶《顧仲恭文集續刻》所收的〈溫陵集序〉。關於《李溫陵集》的內容，在清代《四庫全書總目提要》卷一七八「集部．別集類存目」五記載了：「一卷至十三卷，為『答書』『雜述』，即《焚書》也。十四卷至十七卷為『讀史』，即摘錄《藏書》史論也。十八、十九二卷為『道原錄』，即《說書》也。第二十卷則以所為之詩終焉。前有自序。」然而，此記述有誤。收錄于卷十八、十九的不是《道原錄》，而是《道古錄》。此《道古錄》和《李卓吾叢書》所收的《道古錄》四卷內容相同。然《道古錄》和《說書》又是個別的作品。又，〈自序〉不是出自

《李溫陵集》的序，而是李贄六十四歲時《焚書》初版時集結的序文。《說書》四十四篇，較《焚書》先出版，成為佚書。現存《李氏說書》九卷，一般認為是改竄林兆恩《四書正義纂》六卷的偽書。關於《李氏說書》可能是改論稿。

②有關李贄和耿定向論爭的詳細情況，請參照拙稿：〈明末の經世論と朱子學—萬曆中期における朱子學への批判と擁護—〉（《朱子學的思惟—中國思想史における傳統と革新》，汲古書院，一九九〇年）。

③溝口雄三在《中國前近代思想の屈折と展開》（東大出版會，一九八〇年）上論第二章第二節〈形而下的理の導出〉，詳細地介紹了李贄的「克己復禮」解和「兵食論」，認為他「在時代上是先行的」。又，奥崎裕司的《中國鄉紳地主の研究》（汲古書院，一九七八年）第三節第二項，可以看到對溝口之說準確的批判。一併參照之。

④關于「狂者」，請參照拙稿：〈陽明學における狂禪について〉（入矢義高教授喜壽記念論文集《禪文化研究所紀要》第十五號，一九八八年）。

⑤《藏書》中關于朱子學的批判，請參照拙稿：〈李贄の經世論—《藏書》の精神—〉（日本中國學會編《日本中國學會報》第三十八集，一九八六年）。

⑥關于「子張問善人之道」章的解釋，請參照松川健二：〈論語集注と吉川論語〉（《北海道大學文學部記要》三十七卷二號，一九八九年三月）。

⑦所謂的儒法鬥爭史觀，是認為中國的思想史乃法家和儒家的鬥爭史，將歷史上進步的革新思想家分類為法家，被視為反動的保守的思想家分類為儒家。此一畫一的儒法鬥爭史觀也適用於李贄的評價，所以從一九七四年到一九七六年，大部分在中國公開發表的論文，多以李贄為「尊法反儒」的進步的思想家。這些論文大半收錄在金儒傑編集的《李贄新評》（神州圖書公司，一九七五年）。

【附記】本稿為平成四年度科學研究費補助金（一般研究C）之研究成果的一部分。

第四章　王夫之《讀四書大全說》——《集注》支持和《集注大全》批判

◎佐藤鍊太郎　著
◎楊　菁　譯

前言

王夫之（一六一九—一六九二）為明末清初的思想家，和黃宗羲（一六一〇—一六九五）、顧炎武（一六一三—一六八二）合稱三大儒；字而農，號薑齋、船山。首先，來看看他的生平。

萬曆四十七年，王夫之生於湖南省衡陽的讀書人家，十四歲中秀才，入衡陽州學，二十一歲時，參加了屬於東林黨的「復社」之流派的政治結社「匡社」。之後，崇禎十五年（一六四二）二十四歲，以《春秋》表現優秀，於武昌鄉試合格。翌年，到北京參加會試，後因農民暴動擴大，在途中即不想參加考試而轉回衡陽。崇禎十七年，二十六歲時，李自成的農民軍占領北京，崇禎帝自殺，明朝滅亡。

三十歲時，決意反抗清軍，接著以復興明朝為目標，參與永曆政權，但捲入永曆政權內部的吳黨和楚黨的權力鬥爭。王夫之因彈劾腐敗的吳黨領袖，遭到報復而被處以罪刑，經過九死一生後，回到衡陽。即使對永曆政權感到失望，仍僅守明朝遺臣的節操，不仕清朝。三十五歲以後，為了逃避清朝的攏絡，徙居各地。

康熙元年，四十四歲時，永曆政權滅亡以後，不畏生活之苦，專意經學和著述，並仰慕北宋張載（一〇二〇—一〇七七）的學問。晚年，住在衡陽石船山，康熙三十一年，七十四歲時逝世。現存著書有百餘種，四百多卷。他的思想給予清末革命思想家相當大的影響。

列舉王夫之四書的著作，有關字句異同的有《四書稗疏》一卷、《四書考異》一卷；此外，有《四書箋解》十一卷，《讀四書大全說》十卷、《四書訓義》三十八卷。其中，《四書訓義》原名《授諸生講義》，是發揮朱熹的《四書集注》，而作簡單解說的作品。《讀四書大全說》是關於《四書集注大全》三十六卷的論評，從《四書訓義》中清楚地表現了王夫之獨特的觀點。

且說《四書集註大全》（以下簡稱《大全》）是明永樂十三年胡廣等奉敕所撰，是搜羅與朱熹《四書集注》有關的諸家注釋編纂而成的書，在明代，二百多年來作為科舉考試的參考書而被廣泛地利用，但一方面，如《四庫全書總目提要》所批評，因為雜引元代以前百餘家注釋，引用錯誤之處也多。顧炎武和朱彝尊等（一六二九－一七〇九）也指出編纂的杜撰。王夫之則批評《大全》有損《四書集注》的精神。

根據清王之春的《船山公年譜》，康熙四年（一六六五）王夫之所著〈和梅花百詠詩序〉述及「時正重訂《續書說》」，因此，可以清楚地知道他在四十七歲時，於湘西寓居敗葉廬改訂《讀四書大全說》。在清朝的統治大概已確立的時間點上，要從什麼樣的觀點來批判《大全》呢？

本稿採用《讀四書大全說》卷四至卷七所載的《論語》解釋，以對《大全》所收的對《論語集注大全》的批判為中心來加以考察，將試著探究王氏解釋的特色。又，引文之末所附的頁碼，為中華書局印行《讀四書大全說》（一九七五年）的頁碼。

一、孔子觀和《論語集注》評價

如王夫之所述：「除孔子是上下千萬年語，自孟子以下，則莫不因時以立言。」（二六〇頁）把孔子之言視為普遍的真理而尊重之，在四書中最重視《論語》。如王守仁（一四七二—一五二八)所云:「聖賢教人如醫用藥,皆因病立方。(中略)要在去病,初無定說。」(徐愛〈傳習錄序〉)在陽明學派中,有將見於《論語》的孔子之言,視為因對象和狀況而變化,為一時的對症下藥之語的傾向;但是王夫之否定了將孔子之教相對化的見解,說:

《論語》一書,先儒每有藥病之說,愚盡謂不然。聖人之語,自如元氣流行,人得之以爲人,物得之以爲物,性命各正,而栽者自培,傾者自覆。(頁二一四)

也就是說,王夫之認為《論語》所揭示的普遍道德律並不為時間和空間所限,他並敘述了讀《論語》的方法:

讀《論語》須是別一法在,與《學》、《庸》、《孟子》不同。《論語》是聖人徹上徹下語,須於此看得下學、上達同中之別,別中之同。(一九三頁)

如上所述,他認為讀《論語》的方法必須和《大學》、《中庸》、《孟子》畫上一條線以作區分。具體地來說,是怎樣的閱讀方法呢?首先試著以〈學而篇〉「學而時習之」章、〈里仁篇〉「吾道一以貫之」章兩章的解釋來確認。

(1)〈學而篇〉「學而時習之」章的解釋

《論語》一開頭所舉的，由「學而時習之，不亦說乎？有朋自遠方來，不亦樂乎？人不知而不慍，不亦君子乎？」三句構成，關於此章，王夫之大力贊美：

> 夫子只就其所得者，約略著此數語，而加之以詠嘆，使學者一日用力於學，早已有逢原之妙，終身率循於學，而不能盡所得之深。此聖人之言，所爲與天同覆，與地同載，上下一致，始終合轍；非若異端之爲有權有實，懸羊頭賣狗腿也。（頁一九四）

由此也可以窺見，孔子之言並不是一時的方便法，而是指出了普遍的真理。那麼，他對當時作為《論語》解釋基準的朱熹《論語集注》，持什麼看法呢？王夫之所說的如「《集注》兼采眾說，不倚一端，可謂備矣。然亦止於此而已矣。」（一九四頁）雖然承認其概括性，但又仍嫌不足。關於前述三句，在《論語集註大全》中，作為「小註」採錄的是南宋饒魯（號雙峰）的解釋及元初胡炳文（號雲峰）的解釋。王夫之對於此「小注」嚴厲批評道：

他如雙峰所云「說」之深而後能「樂」，「樂」之深而後能「不慍」，則「時習」之「說」，與「朋來」之「樂」，一似分所得之淺深；而外重於中，以「朋來」之樂遣「不知」之「慍」，尤爲流俗之恆情，而非聖人之心德。又小註爲此三段立始、中、終三時，尤爲戲論。「朋來」之後，豈遂無事於「時習」？安見「人不知」者，非以「朋」之未「來」言耶？至於專挈「時習」爲主，如雲峰之說，則直不知樂行而憂違，成物以成己，安土而樂天，爲聖賢爲己之實功，而但以學、問、思、辨概聖學而小之，則甚矣其陋也。（一九四頁）

王夫之視孔子為普遍完成的存在，否定了饒魯將此章解釋為孔子的心的成長之三階段的說法；又，關於胡炳文《論語通》的「第一句的『時習』二句最重」的解釋，說這是抽離實踐而偏重學問思辨，是將儒學矮小化的說法。王夫之對「小注」采錄的諸說加以批判，主張在解釋《論語》時，不可以損害孔子的本意，且不可補充和孔子的想法相齟齬的說法，說：

《論語》一部，其本義之無窮者，固然其不可損，而聖意之所不然，則又不可附益。遠異端之竊似，去俗情之億中，庶幾得之。（頁一九五）

也就是說，必須排除不同於孔子的意圖之異端解釋和世俗的臆測。但是在《集注》中並不認為應該排除這些。關於「學而時習之」章，如說：

本文一「學」字，是兼所學之事與爲學之功言，包括原盡，徹乎「時習」而皆以云「學」。若《集注》所云「既學而又時時習之」一「學」字，則但以其初從事於學者而言耳。「既」字、「又」字，皆以貼本文「時」字，故《集註》爲無病。小注所載朱子語，則似學自爲一事，習自爲一事，便成差錯。（頁一九六）

王夫之的批判矛頭是專門指向《論語集注大全》的「小注」的。其關於程子和朱熹，則如「程子推聖意以妄闢，朱子為釋經之正義，不可紊也。」（頁三七八）所云，有所保留地批判之。

(2)〈里仁篇〉「吾道一以貫之」章的解釋

王夫之支持《集注》的立場也可見於〈里仁篇〉「吾道一以貫之」章的解釋。關於孔子對曾子說「吾道一以貫之」，曾子解說「夫子之道忠恕也」章，《集注》根據了《二程遺書》的程頤之說：「盡己之謂忠，推己之謂恕」、「以己及物，仁也；推己及物，恕也。（中略）

忠者天道，恕者人道。（中略）忠者體，恕者用。」架構了理一分殊之論，注釋為：

夫子之一理渾然而泛應曲當，譬則天地之至誠無息，而萬物各得其所也。自此之外，固無餘法，而亦無待於推矣。（中略）蓋至誠無息者，道之體也，萬殊之所以一本也；萬物各得其所者，道之用也，一本之所以萬殊也。以此觀之，「一以貫之」之實可見矣。

理一分殊論是作為本體的理表現出各種現象作用，在此，孔子的心，即至誠不滅的本體，則以作為萬民幸福之政治現象的作用而顯現這一形式而展開。王夫之一直支持此《集注》之說。然而，另一方面，關於在朱子學中，與「天理」對立，被視為應克服之對象的「人欲」，王夫之則從政治的觀點提示了肯定的見解，其言：

聖人有欲，其欲即天之理。天無欲，其理即人之欲。學者有理有欲，理盡則合人之欲，欲推即合天之理。於此可見：人欲之各得，即天理之大同；天理之大同，無人欲之或異。治民有道，此道也；獲上有道，此道也；信友有道，此道也；順親有道，此道也。誠身有道，此道也。故曰「吾道一以貫之」也。（頁王夫之的自注說:「愚此解,樸實有味。解此章者,但從此求之,則不墮俗儒,不入異端矣。」在此所說「人欲之各得,即天理之大同」之言,是承認「人欲」為社會的普遍的欲求。王夫之關連於前述之「盡己之謂忠,推己之謂恕」,亦說:「理唯公,故不待推;欲到大公處,亦不待推;而所與給萬物之欲者,仍聖人所固有之情。」(二四八)肯定了萬民的情欲。王夫之《四書訓義》卷十八《論語.憲問篇》說:「夫仁者,天理之流行,推其私而私皆公,節其欲而欲皆理者也。」承認個人的欲求是存在的,同時也認為謀求「人欲」的社會性調和是極為重要。如此,王夫之的肯定「人欲」觀,和向來的朱子學否定的「人欲」觀畫上了一條線。

根據王夫之所謂的「推己」,是從承認自己情欲的立場推想並肯定他人之情欲的人道觀。在此,其所表明之政治主張是:必須公平地滿足萬民的情欲。王夫之如下說道:

天無可推,則可云「不待推」。天雖無心於盡,及看到「鼓之以雷霆、潤之以風雨」、絪緼化醇、雷雨滿盈處,已自盡著在,但無己而已。只此是命,只此是天,只此是理,只此是象數,只此是化育亭毒之天。此理落在人上,故為誠，爲仁，爲忠恕，而一以貫之，道無不立，無不行矣。朱子引《詩》「於穆不已」、《易》「乾道變化」爲言，顯然是體用合一之旨。（頁二五〇）

無論是「盡己」或是「推己」，不外是說欲人盡誠並實踐忠恕的人道。王夫之由重視人道實踐的立場，批判道家無為自然的天道觀，說：

若云「天不待盡」，則別有一清虛自然無爲之天，而必盡必推之忠恕，即貫此天道不得矣。非別有一天，則「一以貫之」。如別有清虛無爲之天，則必別有清虛無爲之道，以虛貫實，是「以一貫之」，非「一以貫之」也。此是聖學、異端一大界限，故言道者必愼言天。（頁二五〇）

王夫之從重視忠恕實踐的立場，否定解「一」為「清虛無為之道」的道家解釋，認為是「以一貫之」，意味著忠恕的一貫實踐不是「一以貫之」①，因此王夫之又說：

「一以貫之」，聖人久大之成也。（中略）貫則一矣。貫者，非可以思慮材力強推而通之也，尋繹其所已知，敦篤其所已能，以熟其仁，仁之熟則仁之全體

現，仁之全體既現，則一也。（《思問錄》內篇第九十條）

認為透過忠恕的實踐使「仁之全體」顯現的是一貫。又，見於《論語．衛靈公篇》孔子所說「予一以貫之」，王夫之也說：「『予一以貫之』，亦非不可以曾子『忠恕』之旨推之。」（頁四二四）解釋為一貫實踐忠恕的意思。

關於王夫之認為應排除的異端之《論語》解釋，為了使其更清楚，以下試著考察《論語集注大全》批判的實際情況。

二、《論語集注大全》批判的實際情況

王夫之在他所著的《四書訓義》中，如實地發揮闡釋了《集注》之說；相對地，在《讀四書大全說》則批判《大全》，嚴厲地批評了胡廣（字光大）等的《大全》編纂者及其編集時的杜撰。

例如，關於孔子的弟子伯牛生病，朱熹在《論語．雍也篇》「伯牛有疾」章解說「天之所命」條，在《論語集注大全》中，關於「命」引用了朱熹的「有生之初，氣稟一定而不可易者」之言，在此朱熹之言，並不是要敘述有關天命的話題，而是要敘述「氣稟之性」（氣

質之性）即肉體天生本來固有的，從此處的看法，王夫之嚴厲批評為「自他處語，修《大全》者誤編此。胡光大諸公，直恁粗莽。」（頁二八四）

王夫之不僅批評編纂者之杜撰，他又是從什麼樣的觀點來批評《論語集注大全》呢？為了要探討這些，將採用關於〈雍也篇〉「博文約禮」章、〈顏淵篇〉「克己復禮」章、〈陽貨篇〉「性相近也」章三章的解釋來探討。

(1)〈雍也篇〉「博文約禮」章的解釋

關於〈雍也篇〉的「君子博學於文，約之以禮，亦可以弗畔矣夫。」《集注》解釋為：「約，要也。畔，背也。君子學欲其博，故於文無不考；守欲其要，故其動必以禮。如此，則可以不背於道矣。」王夫之支援《集注》，說：

博文、約禮，只《集注》解無破綻。小注所引朱子語，自多鶻突。《集註》「約，要（平聲）也」，小註作去聲讀者誤。勉齋亦疑要（去聲）我以禮爲不成文，而猶未免將「約」字與「博」字對看。不知此「約」字，與「博學」二字相對，則「要」原讀作平聲，與「束」同義。《集注》添一「動」字，博其學於文，而束其動以禮，則上句言知，下句言行，分明是兩項說。（中略）「約之」一「之」字，指君子之身而言也，與「約我以禮」「我」字正合。其云

「前之博而今之約，以博對約，有一貫意」，皆狂解也。（頁二九九）

關於《集注》的「約，要也」的「要」，在《論語集注大全》的「小注」作去聲，解釋為「要約」之意。關於這樣的解釋，朱熹的門人黃幹（號勉齋）早就說讀「要」為去聲是不成文的，而抱持疑問。王夫之更進一步認為，「約」字和「博」字並不是相對的，從「約」字與「博學」二字相對這樣的觀點，須讀「要」為平聲，為「約束」之意，亦即解釋為約束行動之意。他批評了「小注」於博學後掌握要旨之解釋，說：

其云「前之博而今之約，以博對約，有一貫意」，皆狂解也。（中略）約者收斂身心不放縱之謂。不使放而之非禮，豈不使放而流乎博哉？學文愈博，則擇理益精而自守益嚴，正相成，非相矯也。博文約禮是一齊事，原不可分今昔。如當讀書時，正襟危坐，不散不亂，即此博文，即此便是約禮。（中略）原不待前已博而今始約也。若云博學欲知要，則亦是學中工夫，與約禮無與。且古人之所謂知要者，唯在隨處體認天理，與今人揀扼要、省工夫的惰漢不同。（頁二九九—三〇〇）

博學（知）和約禮（行）應該是同時實踐之事，王夫之此類的主張，是對經常以學問知識為優先的朱子學派之主知主義的傾向加以訓戒。王夫之在他晚年的著作《俟解》第一章，敘述了：「博文約禮，復禮之實功也。以禮治非禮，猶謀國者固本自強而外患自輯；治病者調養元氣而客邪自散。」所謂「約禮」，不外是採取合適於禮的行動。其次，也把視為「博文約禮」的實踐工夫認為是「復禮」吧！

(2)〈顏淵篇〉「克己復禮」章的解釋

關於弟子顏淵問仁，孔子回答：「克己復禮為仁。一日克己復禮，天下歸仁焉。為仁由己，而由人乎哉？」戒以：「非禮勿視，非禮勿聽，非禮勿言，非禮勿動。」②關於此「克己復禮」，《集注》解釋為「勝私欲而復於禮」，解釋「己」為「身之私欲」。此一解釋，若從肯定個人欲望的立場來看，則成為問題的所在，例如，後來的戴震（一七二三—一七七七），在他所著的《孟子字義疏證》卷下的「權」，批判解應克服「己」之私欲這一點。然而，王夫之並不視其為問題，而批判了儒者只重視「克己」而輕視「復禮」的傾向，說：

「克」字有力，夫人而知之矣，乃不知「復」字之亦有力也。《集注》言「復，反也」，反猶「撥亂反正」之反；慶源謂「猶歸也」，非是。（頁三七三）

根據王夫之所說，如朱熹門人廣輔解「復」為「歸」，說如果「克己」則自然歸禮，認為這一說法是錯誤的，「復」應是有意識地努力復歸於禮的意思。也就是說，「克己」，其原意並不是不斷地「復禮」，而是在實現「復禮」之時，要克服內心的私欲；又只有「克己」的工夫是不完全的，故主張「復禮」之努力的必要性。王夫之批判了認為「克己」必為「復禮」的必要之條件，說：

> 夫謂克己、復禮，工夫相爲互成而無待改轍，則可；即謂己不克而禮不復，故復禮者必資克己，亦猶之可也；若云克己便能復禮，克己之外，別無復禮之功，則悖道甚矣。可云不克己則禮不可復，亦可云不復禮則己不可克。若漫不知復禮之功，只猛著一股氣力，求己克之，則何者爲己，何者爲非己，直是不得分明。（頁三七三）

力說了「克己」和「復禮」同樣為必要的工夫。因此，順著「一日克己復禮，天下歸仁焉」句，若一旦實現克己，則天下之人皆歸服於其仁德。若不跟從此一古注的解釋，則應解釋為以日日繼續「克己」的修養和「復禮」的實踐的相乘效果，則世人將快速地稱贊其仁德。進而，王夫之對於禪的頓悟說，說其中斷了「復禮」之社會實踐而加以批判，說：

但於「天下歸仁」見效之速，不可於「一日克己復禮」言速。以「一日克己復禮」爲速，則釋氏一念相應之旨矣。經云「一日克己復禮」，非云「一日已克禮復」。克己復禮，如何得有倒斷！所以堯、舜、文王、孔子終無自謂心花頓開、大事了畢之一日。（頁三七五）

所謂「一念相應」，如見於《正法眼藏》的即心是佛，意味著一瞬的念頭與真理契合；又如「心花頓開」、「大事了畢」，一瞬間的改變即為開悟，意味著因為達成了修養的終極目的，已達到了不用修養的境地。這樣的說悟，王夫之否定禪的頓悟說，認為即使是像饒魯（雙峰）的「若一日克己復禮，其成功之日可指而言之」這類的解釋，也類於頓悟說，並引用了《集注》來加以批判：

若「天下歸仁」之盡境，則亦必其「克己復禮」之功無有止息，而施爲次第，時措咸宜，然後天理流行，人心各得也。「天下歸仁」不可以一日爲效之極，「克己復禮」其可以一日爲德之成乎？所以朱子又補「日日克之，不以爲難」一段，以見「天下歸仁」非功成息肩之地，而「一日」之非爲止境。雙峰成功之說，殊不省此。「終則有始，天行也。」「存吾順事，沒吾寧也。」豈如勦

一寇、築一城之一事已竟，即報成功也哉？（頁三七五）

對王夫之而言，所謂「復禮」，是藉由不斷的努力來實踐禮，不外是應以一生不斷地實踐人道。那麼，關於「克己」，應作什麼解釋呢？如前所述，《集注》解釋「克己」為「勝己之私欲」，引用了程頤「非禮處便是私意」的說法。王夫之支持《集注》，說：

私意、私欲，先儒分作兩項說。程子曰「非禮處便是私意」，則與朱子「未能復禮，都把做人欲斷定」之言，似相齟齬。以實求之，朱子說「欲」字極細、極嚴。程子說「意」字就發處立名，而要之所謂私意者，即人欲也。意不能無端而起，畢竟因乎己之所欲。己所不欲，意自不生。（中略）乃天下之以私意悖禮者，亦必非己所不欲。特已立一意，則可以襲取道義之影似，以成其欲而蓋覆其私。如莊子說許多汗漫道理，顯與理悖，而擺脱陷溺之跡，以自居於聲色貨利不到之境。到底推他意思，不過要瀟洒活泛，到處討便宜。緣他人欲落在淡泊一邊，便向那邊欲去，而據之以爲私。故古今不耐劇漢，都順著他走，圖個安佚活動。此情也，此意也，其可不謂一己之私欲乎！則凡以非禮爲意者，其必因於欲，審矣。（頁三七六—三七七）

王夫之排擊莊子之流的隱遁思想，認為那是逃避現實世界，志向於安逸生活的個人的「私欲」。王夫之認為應該克服的「私欲」是欲放棄「復禮」的墮落心情。由如此重視「復禮」的觀點，王夫之批判禪學：

> 朱子謂「即無不屬天理，又不屬人欲底」，乃一念不起，枯木寒崖者，則已不屬人欲，而終無當於天理。（中略）所以釋氏自家，也把做石火、電光相擬，稍爲俄延，依舊入人欲窠臼。終不如吾儒步步有個禮在。（頁三七八）

在《華嚴經疏》二有：「一念不生，即名為佛。」《傳心法要》中形容沒有煩惱熱氣之靜止的心境為「枯木寒灰」，如「一念不起」或「枯木寒崖」，乃意味著一個妄念也不生起的悟的境地，而王夫之則在那裡看到了墮落的危險性。所謂「復禮」，具體地說是實踐孔子的四戒：「非禮勿視，非禮勿言，非禮勿聽，非禮勿動」。

王夫之《俟解》的第一章說：「禮已復而己未盡克，其以省察克治自易。克己而不復禮，其害終身不瘳。玄家有煉己之術，釋氏為空諸所有之說，皆不知復禮而欲克己者也。」不斷地指責道家的養生法和佛教的空觀是抽離禮的實踐來進行克己。

(3)〈陽貨篇〉「性相近也」章的解釋

〈陽貨篇〉孔子說：「性相近也，習相遠也。」《集注》解釋為：「此所謂性，兼氣質而言者也。氣質之性，固有美惡之不同矣。然以其初而言，則皆不甚相遠也。但習於善則善，習於惡則惡，於是始相遠耳。」引用程子所說「此言氣質之性。非言性之本也。若言其本，則性即是理，理無不善，孟子之言性善是也。何相近之有哉？」如此，在《集注》中，關於「性」，設定了「氣質之性」和「本然之性」兩個概念。「氣質之性」，是每個人的肉體在氣質中所固有的性，是內在於善惡的性；相對的是「本然之性」，意味著純粹至善的本然的性。也就是說，在《集注》中解釋孔子說「本然之性」為「相近」；說「氣質之性」為「習相遠」。王夫之關於此「氣質之性」則說：

程子創說個氣質之性，殊覺崚嶒。先儒於此，不僅力說與人知，或亦待人之自喻。乃緣此而初學不悟，遂疑人有兩性在，今不得已而爲顯之。所謂「氣質之性」者，猶言氣質中之性也。質是人之形質，範圍著者生理在內；形質之內，則氣充之。而盈天地閒，人身以內人身以外，無非氣者，故亦無非理者。理，行乎氣之中，而與氣爲主持分劑者也。故質以函氣，而氣以函理。質以函氣，故一人有一人之生；氣以函理，一人有一人之性也。（中略）是氣質中之性，依然一本然之性也。（頁四六五—四六六）

將「氣質之性」與「本然之性」視為同一。此見解，與《集注》區別了純粹至善的「本然之性」和內在化善惡的「氣質之性」，置後天的「氣質之性」於先天的「本然之性」的下位，二者變成是不同的。王夫之如說：「氣麗於質，則性以之殊。（中略）氣因於化，則性又以之差。」（頁四六七）認為因為氣的運動變化而產生「性」的差異。但是，王夫之認為「性」的差異被見到，由日日生成的氣構成的「質」一旦被形成及固定化，這件事是有原因的。王夫之說：

則性之本一，而究以成乎相近而不盡一者，大端在質而不在氣。蓋質，一成者也；氣，日生者也。一成，則難乎變；日生，則乍息而乍消矣。夫氣在天，或有失其和者，當人之始生而與爲建立。（中略）於是因氣之失，以成質之不正。乃既已爲之質矣，則其不正者固在質也。在質，則不必追其所自建立，而歸咎夫氣矣。若已生以後，日受天氣以生，而氣必有理。（頁四六七）

從這裡可以窺知，因為「性」以不是同一的「相近」被表現出來，「日生」的「氣」是日日生成運動變化的；對照來看，「一成」的「質」一旦被形成則難以再變化，而人出生時氣的狀態不一樣，而產生了「氣質之性」，即個體的性質之差異。在那裡，王夫之力說藉由「氣質之性」使「習」變化為善的必要性的，他說：

乃人之清濁剛柔不一者，其過專在質，而於以使愚明而柔強者，其功則專在氣。質，一成者也，故過不復爲功。氣，日生者也，則不爲質分過，而能（爲）功於質。（中略）氣日生，故性亦日生。（中略）性本氣之理而即存乎氣，故言性必言氣而始得其所藏。乃氣可與質爲功，而必有其與爲功者，則言氣而早已與習相攝矣。（中略）蓋氣任生質，亦足以易質之型范。型范雖一成，而亦無時不有其消息。始則消息因仍其型范，逮樂與失理之氣相取，而型范亦遷矣。若夫鯀不善以遷於善者，則亦善養其氣，至於久而質且爲之改也。（中略）乃所以養其氣而使爲功者何恃乎？此人之能也，則習是也。是故氣隨習易，而習且與性成也。（中略）氣者，質之充而習之所能御者也。然則氣效於習，以生化乎質，而與性爲體，故可言氣質中之性；而非本然之性以外，別有一氣質之性也。（頁四六八—四六九）

也就是說，藉著「習」使由「氣」構成「質」的「型范」（肉體）產生變化的努力是重要的，主張所謂「本然之性」，不外是透過後天的學習而形成的善的「氣質之性」。由氣一元論的觀點將「本然之性」和「氣質之性」一元化，透過後天的學習使氣質變化而實現善性，王夫之不斷地提示著此一修養論。③在王夫之《俟解》第三十九章說：「孟子言性，孔子言習。性者天道，習者人道。《魯論》二十篇皆言習。（中略）養其習於童蒙，則作聖之基於此立。」而此一重視為了成為聖人之「習」的觀點，正是王夫之《論語》解釋的基本立場。

又，在《論語集注大全》的「小注」中，引用了區分「性」和「質」的解釋。元初的朱子學者陳櫟（一二五二—一三三四）解釋說「纔說性字，則已寓於氣質之中，非氣質則性安所寓？性善，以天地之性言。」（《四書發明》）就是這樣。關於陳櫟（號新安）的見解，說「性」以「氣質」為寓居而寄宿在那裡，王夫之以氣一元論的觀點加以嚴厲的批判，說：

新安云「性寓於氣質之中」，不得已而姑如此言之可也；及云「非氣質則性安所寓」，則外甚矣。在天謂之理，（中略）在人受之於氣質者也謂之性。若非質，則直未有性，何論有寓無寓？若此理之日流行於兩閒，雖無人亦不憂其無所寓也。若氣，則雖不待人物之生，原自充塞，何處得箇非氣來？（中略）一個性，一個氣，一個質，脫然是三件物事，氣質已立而性始入，氣質常在而性時往來耶？（頁四七一）

強調「性」和「氣質」常常是一體不離之物。王夫之進而舉出陳櫟的「天地之性」（本然之性），是定位在「氣質之性」之上，嚴厲批評其：「新安之云『天地之性』，一語乖謬。在天地直不可謂之性，故曰天道，曰天德。」（四七二）陳氏的解釋是忠實地發揮了朱熹的見解，但是王夫之卻不批判《集注》而論斷為陳氏個人的解釋錯誤。

結語

王夫之是屬於所謂「氣的哲學」之系譜的哲學家。④若就《讀四書大全說》的思想特徵而言，其於理氣論，乃在闡說：「理只在氣上見」（頁三三五）、「理即是氣之理」、「氣外更無虛托孤立之理也」（頁六六〇），明確地否定了離開氣有理的存在；關於人性論，則說：「氣質中之性，依然一本然之性也。」（頁四六六）「氣者，質之充而習之所能禦者也。」（頁四六九）將「本然之性」與「氣質之性」統一化，主張藉由「習」來陶冶「氣質之性」。進而區分修養論與政治論，說：「國之於家，人地既殊，理勢自別，則情不相侔，道須別建。」（頁四三）「齊家恃教而不恃法。」（頁四四）說應藉由道德教育和法制來區別統治。

以上的事例，無論那一個都和在朱子學中見到的理較氣放在優位的理氣二元論，及以道德為主的政治論等主張劃上一線，而被視為與清代「氣的哲學」之理論集大成的戴震之朱子學批判論合為一軌。的確，王夫之在朱子學中被視為批判者，而屬於「氣的哲學」的系譜，在現代中國也被評價為唯物主義的思想家；但是就《讀四書大全說》看來，豈是對程朱的《論語》解釋加以批判，實際上，其把程朱視為正確解釋孔子的意圖而加以支持的情況亦不少。

王夫之在「博文約禮」章的解釋，關於「約」，解釋為不是知禮的要點，而是以禮來約束行動；在「克己復禮」章的解釋，解釋「復」是意味著禮的繼續的實踐努力；在「性相近也，習相遠也」章的解釋，說藉由「習」使氣質之性變化為善性的必要性。要言之，王夫之《論語》解釋的基本立場如直接闡示的「習者人道也，《魯論》二十篇皆言習」（《俟解》），是以《論語》為指針，自發且有意識地學習實踐禮，使不斷地努力成為不可或缺。因此，有關輕視那樣的實踐的努力，或者看作是不必要，有此可能性的《論語》解釋，則認為那是異端的解釋，而不斷地加以排斥。

王夫之認為孔子之言是普遍的真理，在解釋《論語》時，一邊依據《集注》，一邊補強自說，在《論語集注大全》的「小注」中所引用的先儒的解釋中，將孔子之教視為相對化，有關輕視道德上的修養和禮的實踐之傾向的某注釋，認為有損孔子的本意，而加以徹底批判。

王夫之如此不對朱子學加以批判，其支援《集注》的理由之一，應求之於當時的歷史背景吧！王夫之經歷了明末清初王朝交替期的社會大變動，明朝官僚以民生安定為口實而投降清朝，因感憤其無節操，在他的著作中隨處可見對於可能會造成節義墮落的功利主義思想加以筆誅。

在《讀四書大全說》中，卷末總括了宋代以降的學術，宋代學者蘇軾（一〇三六－一一〇一）也批判了功利主義的永嘉學派。王氏且不斷地批評明代的三教合一論者，特別是李贄的《藏書》對被視為無節操大臣的典型的五代馮道，承認其安定民生的功績，而極力加以非難。⑤

王夫之眼見明末的農民反亂和明朝滅亡時官僚的投降主義，痛感於社會倫理秩序的重要性，認為必須要倚仗保證社會的道德規範之絕對價值的朱子學，來回復階級秩序和君臣道德。王夫之對《論語集注大全》加以批判，是因為認為其中所集錄的，如輕視道德修養的解釋其數量是很多的。王夫之對《論語集注大全》的批判和他對老莊的隱遁思想、禪的頓悟說，及對事功派和陽明派的批判相為表裡的。王夫之理論上雖然和理氣二元論的朱子學相齟齬而立腳於氣一元論，但是並不批判朱子學，甚至擁護朱子學，這是因為其認識到重視道德修養的朱子學中之社會規範性。⑥

注釋

①關於「吾道一以貫之」章的解釋史，參照松川健二：〈《論語》曾子一貫章について〉（北海道中國哲學會《中國哲學》第二十號，一九九一年十月）。

②有關「克己復禮」章的解釋史，參見溝口雄三：《中國前近代思想の屈折と展開》（東大出版會，一九八〇年）下論第三章。

③關於王夫之的人性論之歷史性定位，參照溝口雄三：《明清期の人性論》四（佐久間重男教授退休記念《中國史．陶磁史論集》，遼原，一九八三年）。

④有關「氣的哲學」，請參照山井湧：《明清思想史の研究》（東大出版會，一九八〇年）第一部〈性理學の諸問題〉。

⑤請參照拙稿：〈王夫之の李贄批判について〉（東大中國學會編《中國—社會と文化》第二號，昭和六二年六月）。

⑥關於朱子學所持的社會規範性，請參照拙稿：〈明末の經世論と朱子學—萬曆中期における朱子學への批判と擁護—〉（《朱子學的思維》，汲古書院，一九九〇年）。

【附記】本稿的要旨在一九九〇年七月二八日，於北海道教育大學旭川分校舉辦的北海道中國哲學會第二十回大會已作口頭發表。又，本稿為平成四年度科學研究費補助金（一般研究C），研究成果的一部分。

第五章　毛奇齡《論語稽求篇》

——清初的《集注》批判

◎金原泰介　著
◎林慶彰　譯

前言

毛奇齡，字大可，號西河，浙江蕭山人。像《四庫提要》所評：「自明以來，申明漢儒之學，使儒者不敢以空言說經，實奇齡開其先路。」（《易小帖》條）是清朝考證學開祖之一。又對宋學的批判也為大家所熟知。毛奇齡生於明天啟三年（一六二三），明亡之際，避兵讀書山中。後因遭人忌恨，避難變名流浪各地。長期流浪中，和閻若璩、施閏章等有交往。由於朋友的幫忙，事情解決後，得以本名入國子監。康熙十八年，被薦博學鴻儒科，授翰林院檢討，為《明史》纂修官。康熙二十四年，任會試同考官。回鄉時，因病不再出仕。

其後，專心著述。康熙五十二年（一七一三）過世，享年九十一。①高達五百卷以上的龐大著作，過世後由門人編纂成《西河合集》。

《論語稽求篇》全七卷，並非《論語》全章的注解，是隨意選取某些章加以討論的札記體著作。此書的特徵，於《四庫提要》的《論語稽求篇》條說：「此其攻駁《論語集註》者也」，可見是在反駁《集注》的朱熹說，及《集注》所引諸家之說。其內容有事物考證、指出訓詁之誤等，涵蓋多方面。本稿將《論語稽求篇》中的說法，和《集注》中朱熹及所引諸家之說作比較，以了解毛奇齡說法的實際情形。

又本稿引用的《論語稽求篇》的原文，全依據《西河合集》本。②

一、〈爲政篇〉「爲政以德」章的解釋

本節選取〈為政篇〉第一章「為政以德，譬如北辰，居其所而眾星共之」，來考察毛奇齡的解釋，和他如何批判《集注》。該章孔子敘述德治的效果，《集注》有如下的說法：

> 北辰，北極，天之樞也。「居其所」，不動也。「共」，向也。言衆星四面旋繞而歸向之也。爲政以德，則無爲而天下歸之，具象如此。

程子曰：「爲政以德，然後無爲。」

范氏曰：「爲政以德，則不動而化，不言而信，無爲而成。所守者至簡而能御煩，所處者至靜而能制動，所務者主寡而能服眾。」

右邊的解釋，應是承何晏《集解》所引包咸注：「德者無為，猶北辰之不移，而眾星共之」而來。對這解釋，毛奇齡《論語稽求篇》卷一說：

「爲政以德」，是以德爲政，「譬如」以下是比喻以德爲政之象，「北辰」比德，「眾星」比政，謂一德既立而眾政具舉，譬之天象，但樞機在我而鈞軸自運，所謂「綱舉則目張，振裘在挈領。」（桓譚《新論》、《意林》卷三所引）象有然也。

這裡可注意的是把「為政以德」換成「以德為政」來說，「譬如」以下之文，則原原本本承上文「為政以德」，「北辰」喻「德」，「眾星」喻「政」。「北辰居其所，而眾星共之」和「綱舉則目張，振裘在挈領」同義，即比喻抓住事物的要點。「譬如」以下的字句，解作由於「德」的確立，使「政」更徹底實施之狀。

這裡把《集注》和《論語稽求篇》之說作比較，關於「譬如」以下的語句，《集注》解作因德而天下歸服之狀，《論語稽求篇》解作因德而眾政俱舉之狀。又《論語稽求篇》把「為政以德」說成「以德為政」。為了說明兩者的解釋有如此差異的理由，不得不對毛奇齡的《集注》之說加以檢討。

關於《集注》「譬如」以下的注釋，毛奇齡有如下的說法：

> 魏文靖③曰：「解經最患添設，聖人語言不容攙和，少加攙和，便是變亂，此不可不慎者」。《論語》兩「譬如」，皆緊頂上句，以上句正言未明，故加譬語，未有正言是一意，譬語又一意者。……《四書》有倒譬，「譬如爲山，譬如平地」（〈子罕篇〉），是「止」「進」之譬，倒譬也。有反譬，「譬若掘井」，是不掘井之譬，反譬也。有正譬，「行遠自邇，登高自卑」（〈中庸〉），是正譬。「君子之道，持載、覆幬、錯行、代明」（〈中庸〉）是正譬。「祖」、「憲」、「律」、「襲」之無所不備，皆緊接正言而加以喻語。……攙和一語，便礙矣。

首先，應注意的是毛奇齡認為：《集注》之說為「添設」，將之視為變亂聖人之言。所謂

「添設」是指經文解釋時，加入本來經文所無的字，增加意義作解釋。從《集注》「為政以德」章的解釋來看：

> 爲政以德，則無爲而天下歸之。其像如衆生旋繞北極之四周而歸向之也。

毛奇齡認為《集注》以「無為而天下歸之」之語，聯繫「為政以德」和「譬如北辰居其所，眾星共之」這點是「添設」。其「添設」之因，是因為《集注》在解釋「為政以德」和「譬如北辰居其所，眾星共之」，變成帶有各自的意思。又毛奇齡說明所謂比喻是，因上文的意思並不明確，下文才用比喻，故不可能上文與下文帶有各自的意涵。為了表明他的主張的根據，從《四書》中舉比喻的用例，由先前述及的《論語稽求篇》之說，試著解釋「為政以德」章：

> 依德爲政，以北極爲中心，星星運行；以德爲中心，衆政具舉。

即「北辰居其所，而眾星拱之」不過是上文「為政以德」的另一種說法。從這件事，可窺知毛奇齡想排除添補恣意性的玄論來解釋經文。

毛奇齡的解釋及對「添設」的批判，是居於什麼樣的立場？〈經義考序〉（《西河集》卷五十二）有如下的說法：

> 獨是予為經文，必以經解經，而不為自說，苟說經坐忤經，則雖別合漢唐諸儒並為其說，予所不許。是必以彼經質此經。而無兩解，夫然後傍及儒說。

這「以經解經」的話，著作中隨處可見，可以窺知毛奇齡解釋經文的態度是本於經文，不加私意，以解明經義。對《集注》「添設」的批判，是從這個立場出發的。

毛奇齡有關《集注》的批評，不僅僅將「添設」視為問題，《論語稽求篇》的下文，更有如下的說法：

> 包註（《集解》所引，包咸的注）：「德者無為」。此漢儒攙和黃老之言。……何晏異學，本習講老氏，援儒入道，況出其意見以作《集解》，固宜獨據包說，專主無為，而程、朱二氏自命醇儒，乃亦從而和之，豈洛、閩諸儒果壽涯、麻衣、華山道者之徒與？

這裡批判用道家「無為」的用語來解釋〈為政〉章。又援引與宋代太極圖的傳授相關的壽涯、麻衣、陳搏（華山道者）三者④為證，批評程、朱為道家之徒。這說法，不僅止於非難把道家的說法用在儒家經典《論語》的注釋，應關係著在《集注》和《論語稽求篇》「為政以德」章的解釋中，把「德」和「為政」的什麼字句當作重點？在《朱子語類》卷二三（《論語》五，〈為政篇〉上，「為政以德」章第五條），朱子有如下的說法：

> 或問「爲政以德」，曰：『爲政以德』，不是欲以德去爲政，亦不是塊然全無所作爲，但德修於己而人自感化。然感化不在政事上，卻在德上。蓋政者，所以正人之不正，豈無所作爲。但人所以歸往，乃以其德耳。故不待作爲，而天下歸之，如眾星之拱北極也。」

朱熹在「為政以德」章的解說，主不否定行政上的作為，以德來感化人而歸服為政者，把「德」當作此章的眼目。可說比起「德」來，「為政」並不太受重視。

這裡可注意的是，毛奇齡把「為政以德」換成「以德為政」來解釋，相對於此，朱熹說「不是欲以德去為政」，說法雖多少有不同，但朱熹之說並不是「以德為政」。在《朱子語類》中有如下的說法：

〇問：「『爲政以德』，莫是以其德爲政否？」曰：「不必泥這『以』字。『爲政以德』，只如爲政有德相似。」（《朱子語類》卷二三，〈爲政篇〉上，「爲政以德章」第一條）

〇衆問「爲政以德」章。曰：「此全在『德』字。……『爲政以德』者，不是把德去爲政，是自家有這德，人自歸仰，如衆星拱北辰。」

從右邊的說法，很明白地，朱熹對「以其德為政」和「把德去為政」這種和「以德為政」的類似表現，他並不採用。一般認為朱熹採取那樣態勢的理由是，如改說「以德為政」的話，則「德」的比重變輕，「為政」就成為重點。即把這章解成依於德無作為的感化，重視「德」的朱熹，並不能贊成轉換成「以德為政」。因此，毛奇齡使用朱熹不喜歡的「以德為政」之表現，可說其在此章是重視「為政」吧！在《論語稽求篇》中有如下的文章。

「爲政以德」，正是有爲。夫子明下一「爲」字，則縱有無爲之治，此節斷不可用矣。況爲政則尤以無爲爲戒者。《禮記》（〈哀公問〉）：「哀公問爲政，孔子曰：『政者正也。君爲政則百姓從政矣。君之所爲，百姓之所從也。君所不爲，百姓何從。』則此一「爲政」明曰必有爲，明曰必不可無爲。夫子此言若

> 預知後世必有以無爲解爲政者，故不憚諄諄告誡，重言疊語，而註其書者必從而盡反之，何也？

毛奇齡在「為政以德」章，很明顯地「為」字是有，不可能是「無為」。引《禮記．哀公問》之文，來證明孔子明確地述及「為政」之「為」字，又所說「夫子此言，若預知後世必有以無為解為政者」，強調不能以「無為」解釋「為政」。即從重視「為政」的立場，對《集注》用「無為」的語句，輕視「為政」，而加以反擊。

以上在本節，《論語稽求篇》可見的「為政」章的解釋，來考察批判《集注》的實際情形。關於「為政以德，譬如北辰居其所而眾星共之」，「譬如」以下的比喻，《集注》看作是因為政者之德，而使天下歸服之狀；《論語稽求篇》則作為因為德而使政治徹底實施的樣子，「北辰」喻「德」，「眾星」喻政，毛奇齡的說法出於「以經解經」的經學立場。從他的立場來看，「添設」亦即在經文之外附加額外的意義，故不採《集注》之說。又批評《集注》使用「無為」之語來注釋，也包含了對朱熹比起「德」來較輕視「為政」的批判。

二、〈憲問篇〉「陳成子弑簡公」章及「管仲非仁者與」章的解釋

在《論語稽求篇》中，不僅對朱熹，對《集注》所引諸家之說也批判。本節舉〈憲問篇〉「陳成子弑簡公」章及「管仲非仁與」章，考察兩章中《論語稽求篇》對《集注》所引程頤說⑤批判的共通點，及考察毛奇齡批判的原因諸點。「陳成子弑簡公」章云：

陳成子弑簡公。孔子沐浴而朝，告於哀公曰：「陳恒弑其君，請討之。」公曰：「告夫三子。」孔子曰：「以吾從大夫之後，不敢不告也！君曰：『告夫三子』者！」之三子告，不可。孔子曰：「以吾從大夫之後，不敢不告也！

孔子向哀公請願討伐齊國的故事，也見於《春秋左氏傳》哀公十四年。

陳恒弑其君壬于舒州。孔丘三日齋，而請伐齊三。公曰：「魯爲齊弱久矣，子之伐之，將若之何？」對曰：「陳恒弑其君，民之不與者半。以魯之眾加齊之半，可克也。」公曰：「子告季孫。」孔子辭，退而告人曰：「吾以從大夫之

後也，故不敢不言。」

和《論語》比較來看，《左傳》的記事中孔子和哀公的問答相當詳細，又像《論語》所見，並沒有向「三子」即魯國握有實權的季孫、叔孫、仲孫三家陳情的事。關於《左傳》的記事，《集注》引用了程頤之說如下：

> 左氏記孔子之言曰：「陳恒弒其君，民之不予者半。以魯之眾，加齊之半，可克也。」此非孔子之言。誠若此言，是以力不以義也，若孔子之志，必將正名其罪，上告天子，下告方伯，而率與國以討之。至於所以勝齊者，孔子之餘事也，豈計魯人之眾寡哉？

程頤以為《左傳》中「陳恒弒其君，民之不予者半。以魯之眾，加齊之半，可克也」，並非孔子之言。僅把勝齊的手段作為問題，不明大義是他的理由。根據程頤的說法，對討齊這件事，孔子之志是對其罪明大義，把其大義告天子諸侯，而率同盟國討齊，所謂勝齊的方法是餘事。

另外，在《論語稽求篇》卷六，關於《左傳》和《論語》之文的異同，毛奇齡有如下的說法：

魯史記當時在朝問對，與《魯論》所載相爲表裏，第「魯爲齊弱」一段，《論語》無之者，朝堂諮算私記所略也。「之三子告」一段，魯史無之者，退有後言，史官未聞也。其兩相得體如此。

毛奇齡的解釋，《左傳》哀公十四年的記事和《論語》「陳成子弒簡公」章有相互補足的關係。《左傳》可見孔子和哀公的問答，《論語》中並沒有，因在朝廷謀事是私人記錄，在《論語》中被省略，又《論語》中可見的「之三子告」以下，《左傳》並未言及，是因記錄者史官並沒有聽到。⑥和程頤的例子不同，把《左傳》的記事當作孔子之言，《論語稽求篇》接著說：

若夫子所云「民之不與」暨「以眾加半」諸語，則正答「魯爲齊弱」一問，有解君之疑，振君之怯。忻君之利，誘君之瞻顧，而予以可恃，一舉而數善備者，此正大聖人經術不迂闊處，而儒者以爲不正名義，徒論勝負，非聖人之言，則必彊敵壓境，危亡呼吸，而儒臣進策，尚曰修文德，舞干羽，然後可也。

毛奇齡對於《左傳》中孔子談勝齊的方法，為促使哀公決斷之語，而予以評價，以為「大聖人經術不迂闊處」。又以不論大義名分，僅論勝負的並非聖人之言，如此思考的儒者，在國家危亡之際，還說修文德才好，斥國難之際，拘泥大義名分的儒者為迂儒。又《論語稽求篇》中，又可見到下列的話：

> 夫君臣主客，自有膈膜，在哀公強弱一問，較計如此，此不必盡庸君退諉之言，設使果欲興師，則此時慎重量己量敵，正非易事，必以三綱大義拒之，則不惟理勢難辨，且於「子之伐之」一問，告東指西，不相當矣。人縱不諂君，亦何可使問答不當如此？

這裡述及孔子向哀公說明勝齊的方法之必然性，哀公向孔子詢問「魯為齊弱久矣，子之伐之，將若之何」，出兵時計較彼此戰力是重要的事，是當然的質問，順著思考，孔子僅強調大義名分的話，那是不能理解計較戰力的重要性，對哀公之問也不能回答。

以上毛奇齡的批判，認為孔子之言過度重視大義名分，對哀公之問無視其妥當性，換言之，可說是教條主義的言辭。

毛奇齡反駁教條主義似的程頤之說，〈憲問篇〉孔子對管仲的評價一章的解釋可看得出來：

子貢曰：「管仲非仁者與？桓公殺公子糾，不能死，又相之。」子曰：「管仲相桓公，霸諸侯，一匡天下，民至於今受其賜。微管仲，吾其被髮左衽矣。豈若匹夫匹婦之爲諒也，自經於溝瀆而莫之知也。」

此為孔子讚賞管仲導致天下和平之功績的有名篇章，關於這章，《集注》引程頤之說如下：

桓公，兄也。子糾，弟也。仲私於所事，輔之以爭國，非義也。桓公殺之雖過，而糾之死實當。仲始與之同謀，遂與之同死，可也；知輔之爭爲不義，將自免以圖後功亦可也。故聖人不責其死而稱其功。若使桓弟而糾兄，管仲所輔者正，桓奪其國而殺之，則管仲之與桓，不可同世之讎也。若計其後功而與其事桓，聖人之言，無乃害義之甚，啓萬世反覆不忠之亂乎？

程頤論說的特徵是舉出桓公、子糾兄弟之序，甚而管仲忠或不忠的倫理觀的根本。因桓公是兄，子糾是弟，桓公應繼國，所以認為子糾爭君位是不義的。因子糾不義，管仲無論盡忠子糾而死，或後立功績，無論那一個都是好的，所以，孔子不要求管仲殉死而評價其功績。

在《論語稽求篇》卷六，毛奇齡引用諸書，考證桓公是弟，子糾是兄⑦之後，有如下的說法：

《說苑》〈善說篇〉：「子路問於孔子曰：『昔者管仲欲立公子糾而不能，召忽死之。管仲不死，是無仁也。』孔子曰：『召忽者人臣之材，不死則三軍之虜也。死之，則名聞於天下矣。管子者天子之佐，諸侯之相也。死之，則不免於溝瀆之中，不死，則功復用於天下，夫何爲死之哉！』此則專論才具，特尚時用，與夫子『一匡天下，民到於今受其賜』語正是一意，蓋夫子未嘗薄事功也。……後儒但薄事功，不度時勢，而於大義所在，則單辨兄弟，以較是非。

根據右邊的論述，毛奇齡認為孔子評價管仲的理由是管仲的才能和使天下和平的功績，桓公和子糾無論那一位是兄，那一位是弟，都沒有關係。儘管，後儒輕視管仲的功績，然不考當時情勢，僅拘泥於管仲所仕的子糾是兄或是弟之事，來決定管仲的是非評價。這裡是對程頤極端重視倫理的批判。

以上對「陳成子弑簡公」章、「管仲非仁者與」章中程頤說法的批判，是針對程頤教條主義的思考。毛奇齡試著批判的理由，一般認為是因為對程頤的孔子之言說的態度感到排斥。在此若探討這兩章中程頤的說法則有下列的說法。因為未言及大義名分，並非聖人之言，或者，要是桓公是弟、子糾是兄，管仲仕仇而為不忠的人物，孔子若讚賞管仲，那不是啟萬世反復不忠之亂嗎?在那裡，應該缺少有教條主義的孔子之言，可以見到這些態度。想想，在毛奇齡眼中看來，程頤之說是對孔子僭越的言辭吧!即在「陳成子弑簡公」章程頤的說法，從毛奇齡來看，孔子以哀公問勝負之論來回答是當然的事，取大義名分為盾，並不成為定聖人之言之是非的言辭。又「管仲非仁者與」章程頤的說法，桓公是弟，子糾是兄，從毛奇齡來思考的話，那不是成了謗聖人的話嗎?成於毛奇齡弟子陸邦烈之手的《聖門釋非錄》(《西河合集》所收)，收錄了毛氏對有關「陳成子弑簡公」章及「管仲非仁者與」章其批判《集注》的說法。對「陳成子弑簡公」章的程頤之說說道「此又借左氏之言以責夫子」，關於「管仲非仁者與」章，說是「此直面叱夫子」。毛奇齡認為兩章的程頤之說，是對孔子之言的僭越所稱亦是有可能的吧!

毛奇齡《四書賸言》卷四，可見到如下的說法：

儒者說經，本欲衛經，使聖賢言語瞭然，欲作斯世法式，而《集注》于諸賢所言，必盡情吹索，一概埽蔑，自有子孝弟，子夏賢賢以後，並無一許可者，即夫子所言，亦必藉其補救，以正闕失，豈儒者所學原與夫子一門有異同與？抑亦儒者神聖，直接堯舜禹湯，而于夫子以下多未當與？

如上所論，《集注》的言辭時時高立於孔子之上，表現出為了修正孔子及門人之言而非難之。同樣地，在「陳成子弒簡公」章和「管仲非仁者與」章程頤的言說中所見到的對孔子之言並沒有這種態度，對毛奇齡來說，那是對聖人之言僭越的態度。而所以對程頤此種態度排斥是因程頤的教條主義式思考而使毛奇齡反彈。

結語

如第一節所述，毛奇齡經學的基本立場是「以經解經」。他的話在同時代的黃宗羲、閻若璩、惠周惕的著作裏也可看到。⑧可以窺知毛奇齡和這些學者相同，是漢學的先驅。又從後代的漢學派人士的反宋學之面時而所見的點來說，毛奇齡在對宋學的批判中，也可說是漢學的先驅吧！⑨

本文取毛奇齡對宋學批判之一端的《論語稽求篇》，對《集注》的說法加以檢討。在「為政以德」章，毛奇齡批判《集注》的解釋補上了經文所無之字的臆說，又批判其重視「德」，輕視「為政」。又在「陳成子弒簡公」章和「管仲非仁者與」章，可見到《集注》引用程頤之說，批評太過重視大義名分或者兄弟之序之教條主義的思考。是因為其認為程頤說法中對孔子之言的僭越。

關於毛奇齡的宋學批判，同時代的胡渭評論說：「毛公惡宋太過，故其立言往往刻宋寬漢。夫豈平心之論也？」（《易圖明辨》卷一），又後代的全祖望說：

> 其所最切齒者爲宋人，宋人之中所最切齒者爲朱子，其實，朱子亦未嘗不無可議，而西河則狂號怒罵，惟恐不竭其力。（《鮚埼亭集外篇》卷十二，〈毛檢討別傳〉）

如上所述，他的激烈論調被批評。但他的宋學批判的內容本身，從來不被檢討。就本文之檢討，我想毛奇齡的宋學批判，確有存在的理由，也含有可賦予其積極性評價之處。

注釋

①關於毛奇齡的歿年，有九十四歲（《清史列傳》）、八十五歲（《國朝先正事略》）的說法。另關於毛奇齡代表性的研究，有錢穆：《中國近三百年學術史》第六章〈閻潛邱毛西河〉。又關於毛奇齡的經學觀，參照拙著：〈毛奇齡《論語稽求篇》に關する一考察〉，《中國哲學》第二十一號（平成四年十月）。

②關於《論語稽求篇》的版本，參照拙稿：〈毛奇齡《論語稽求篇》に關する一考察〉。

③魏驥，字仲房，明蕭山人。文靖是謚號。《西河集》卷七十三有〈明南京吏部尚書榮祿大夫謚文靖魏公傳〉，又《明史》卷一百三十八也有其傳。

④關於壽涯、麻衣、華山道者三人，毛奇齡《太極圖說遺議》有「太極圖，一傳自陳摶（摶，華山道士，號希夷……）。一傳自僧壽涯。……或曰陳摶師麻衣……」。陳摶的傳，《宋史》卷四百五十七〈隱逸上〉有載，但壽涯、麻衣的詳細事跡並不清楚。又麻衣、陳摶、壽涯和太極圖傳授有關的說法，詳見荻原擴：《周濂溪の哲學》及今井宇三郎：《宋代易學の研究》。

⑤在「陳成子弒簡公」章和「管仲非仁者與」章的《集注》單單記「程子曰」，並未明示是程頤之言。但在《論語精義》（卷七下憲問十四）有「伊川解曰……」（「管仲非仁者與」章）、「程頤曰……」（「陳成子弒簡公」章，尹焞說所引），是當作程頤之言來引用。

⑥和這幾乎同樣的說法，已見於孔穎達《春秋左氏傳正義》及邢昺《論語正義》。

⑦考證桓公是弟，子糾是兄，毛奇齡有如下的說法。

子糾、小白皆齊僖之子，齊襄之弟。然子糾，兄也。小白，弟也。《春秋》傳書「齊小白入于齊」、《公羊》曰「篡」，《穀梁》曰「不讓」，皆以糾兄白弟之故。故經又書「齊人取子糾殺之」，而《公羊》曰「子糾貴，宜爲君者也」，《穀梁》以爲病魯不能庇糾而存之，皆以兄弟次第爲言。故荀卿有云「桓公殺兄以反國」，又曰「前事則殺兄而爭國」。《史記》亦云「襄公次弟糾」「次弟小白」。杜元凱作《左傳註》亦曰「小白，僖公庶子」「公子糾，小白庶兄」。即管仲自爲書，其所著〈大匡篇〉首曰「齊僖公生公子諸兒，公子糾、公子小白。鮑叔傅小白，辭疾不出以爲棄我」。蓋以小白幼而賤，鮑叔不欲爲傅放也。觀此，則糾兄白弟，明矣。

⑧在黃宗羲：《南雷文定．前集》卷八〈萬充宗墓誌銘〉、閻若璩《四書釋地又續》（「燕毛」「王子母死」條）、惠周惕：《詩說》附錄〈答薛孝穆書〉（《皇清經解》卷一百九十三），可見「以經解經」之語。

⑨在錢穆：《中國近三百年學術史》第六章〈閻潛邱毛西河〉的〈西河潛邱兩人對理學態度〉節，戴震的朱子學批判以後，治漢學者才有對毛奇齡肯定的評價。又第八章〈戴東原〉的〈東原思想之淵源〉節，舉出戴震以降的學者評價毛奇齡的實例。

第六章 焦循《論語通釋》
——乾嘉期的漢學批判

◎水上雅晴 著
◎林慶彰 譯

前言

焦循，字里堂（理堂），乾隆二十八年（一七六三）生於江蘇省揚州府甘泉縣。他在世時，江蘇省和浙江省是所謂「乾嘉之學」的中心地，乾隆帝曾稱「江浙為人文淵藪」（《高宗實錄》卷一一六〇，乾隆四十七年七月甲辰）。曾祖父源，祖父鏡，父蔥都是研究《易》學的方正之士。十七歲成為生員，三十九歲才鄉試合格。翌年，即四十歲時（一八〇二），因會試不合格，斷絕仕進之心，專心研究經學，尤其是家傳的《易》學。他的《易》學，把青年期專注於數學研究的成果加以活用，用卦爻的操作，連繫包含同一字句的卦，把六十四卦作統一的解釋，其研究成果有《易章句》、《易通釋》、《易圖略》之所謂的《易學三書》，獲得同時代很多學者相當高的評價。①此後，雖體弱多病，仍著手撰寫《孟子》新疏，即《孟子正義》。但因為這是需要毅力的工作，最後用完精力，在嘉慶二十五年（一八二〇），該書即將完成前病歿，享年五十八。《孟子正義》的撰寫工作，由長子廷琥承繼，廷琥也在其父死後半年多病歿，其後，由其弟焦徵繼續完成。除上述之外，焦循還留下很多的著作，《群經宮室圖》、《六經補疏》等經學方面的論文，集清朝考證學大成的《皇清經解》大多已收錄。又他的研究範圍遍及數學、文學、醫學方面，也參加地方志的編纂，自編文集有《雕菰集》二十四卷。

焦循有關《論語》的著作有本稿所採用的《論語通釋》。現存《論語通釋》的版本，清末至民初的政治家，也是著名的藏書家李盛鐸（一八五八—一九三七）刊行的《木犀軒叢書》收錄的是十五篇本。但根據焦廷琥〈先府君事略〉的記述，《論語通釋》十五篇本缺〈釋異端〉、〈釋多〉、〈釋據〉三篇，僅存十二篇本。兩本中何者為定本？關於這點，因何澤恒先生②有詳細的考證，暫時依照他的結論，以原刊十五篇本為定本。該書完成於一八一七—一八二〇年時期。

在《論語通釋》的自序，焦循對寫作該書的動機有如下的說明：

自周秦漢魏以來，未有不師孔子之人。雖農工商賈、廝養隸卒，未有不讀《論語》者。然而好惡毀譽之私，不獨農工商賈，廝養隸卒有之，而士大夫爲尤甚。夫讀孔子書而從事於《論語》，自少且至於老，而好惡毀譽之私不能免，則《論語》雖讀，而其指實未嘗得。

借平凡的表現，看出知識人的士大夫階層「讀《論語》而不知《論語》」的最多，這是焦循作《論語通釋》的第一個動機。他的〈自序〉接著有如下的說法：

余嘗善東原戴氏作《孟子字義考證》，於理道性情天命之名，揭而明之若天日，而惜其於孔子一貫忠恕之說，未及闡發。

戴震（一七二四—一七七七）是焦循私淑的清朝經學大家，戴震並未闡明「一貫忠恕之說」。這是焦循撰寫《論語通釋》的第二個動機。把〈自序〉進一步閱讀的話，可看到這書構成線索的記述。

嘉慶癸亥（一八〇二）夏五月，……適門人論一貫，不知曾子忠恕之義，因推而說之，凡百餘日，得十有五篇。

這《論語通釋》共十五篇，從一貫忠恕「推」而可得，全書的主旨認為還原一貫忠恕是可能的。本稿以《本犀軒叢書》所收《論語通釋》為底本，焦循認識《論語》的中心問題，對一貫忠恕如何作解釋，其中也包含了當時的士大夫層怎樣地主張而企圖以其為中心進行討論。還有，為了明確地顯示焦循在《論語通釋》中的解釋，應需要參照《論語補疏》和《雕菰集》卷九〈一以貫之解〉、〈攻乎異端解上、下〉等。

一、焦循的一貫忠恕

《論語通釋》釋一貫忠恕，根據〈里仁篇〉的一貫章（子曰：「參乎！吾道一以貫之。」曾子曰：「唯。」子出，門人問曰：「何謂也？」曾子曰：「夫子之道，忠恕而已矣！」）的記述說：

孔子以一貫授曾子，曾子曰：「忠恕而已矣」，然則一貫者忠恕也。

焦循把一貫等於忠恕看做平凡，這與以前大多數的解釋不同。關於《論語》一貫章的解釋，松川健二氏③曾指出：「各個思想家把自己思想的窮極的基盤放在那裡，具體地表現在這個『一』字之解釋上，即使這樣說也不會太過份。」把「一以貫之」和「以一貫之」等同來思考，把「一」引為自己思想的根本概念，以前解這章時，都採用這種方法。例如，皇侃《義疏》的「道」，朱子《集注》的「理」，各把它當作「一」，一貫章是思想家將自己的說法放在權威的恰好篇章。焦循斥責先儒那樣的理解：

> 《繫辭傳》（下）云：「天下何思何慮，天下同歸而殊途，一致而百慮。④」何晏解一貫（〈衛靈公篇〉）引此文而倒之，以爲殊途而同歸，百慮而一致，知其元則眾善舉矣。……《莊子》（〈天地篇〉）引記曰：通於一而萬事畢，此弼⑤、晏所出也。夫通于一而萬事畢，是執一之謂也，非一以貫之也。（《論語通釋．釋一貫忠恕》）

焦循批判道，把「一」讀成什麼，能體悟根元性的「一」的道的話，萬事就可以治理，是本於道家的思考方式。那樣的話，焦循仍然把「一以貫之」和「以一貫之」有所區別，訓釋成「以一貫之」的方向來理解。即「一」不是名詞而是副詞。這大概是受到戴震「一以貫之，非言以一貫之也」（《孟子字義疏證．權》）的影響。又這解釋的本身和焦循相當類似，且和焦循同樣私淑戴震的阮元（一七六四—一八四九），關於「貫」的字義有另外的見解，從很多的文獻的用例，阮元說：

「一」與「壹」同（「一」與「壹」通，經史中並訓爲「專」，又並訓爲「皆」。），壹以貫之，猶言壹是皆以行事爲教也。（《詁經精舍文集》，卷八，〈論語一貫說〉，後以同篇名收入《揅經室一集》，卷二）

這決不是古怪的解釋。因此，指出讀「一」為特別的解釋源於道家的思想，在焦循之前，漢學大師惠棟（一六九七—一七五八）已說過。惠棟的《周易述》引《莊子．天地篇》「通於一而萬事畢」的文句後說：

案：此論一貫和宋儒同，和孔子異。道家以一爲終，故莊子曰「得其一而萬事畢」。聖人以一爲始，故夫子曰「吾道一以貫之」，此儒與道之別。（卷二十二〈易微言上．一貫〉）

展開對宋學的批判，指出宋學和釋老的類似性的。不限於惠棟，從當時漢學者攻擊宋學時的一種類型，焦循的主張應也和惠棟有相同的性格。的確，他的意圖不能說沒有被包含，如果注意焦循批判以「通於一而萬事畢」來更換「執一」的話，他攻擊的對象特別是宋儒是可推測的。

且把忠恕視為一貫實體來思考的焦循，關於忠恕是怎樣的理解呢？《論語通釋》釋一貫忠恕，接著上述的說明說：「忠恕者何？成己以及物也。」他說忠＝成己，恕＝及物。此一忠恕的定義，雖未言明是以朱子《集注》的「盡己之謂忠，推己之謂恕。……程子曰：以己及物，仁也。推己及物，恕也。」為根據。⑥但一看《雕菰集》卷九〈一以貫之解〉：

> 多學而識，成己也，一以貫之，成己以及物也。僅多學未一貫，得其半未得其全。

要「成己」（忠）應多學，發揮獨自性。這「多學」，不用說是本於〈衛靈公篇〉一貫章（子曰：賜也，女以予為多學而識之者與？對曰：然。非與？曰：非也。予一以貫之。）的記載。焦循融合〈里仁〉、〈衛靈公〉兩篇一貫章的說法，適用在自序所說「以孔子之言參孔子之言」的經書解釋方法，即為了客觀地理解經書，不利用注釋，把經書的文句相互聯結。

焦循順著它的方法論，為了說明忠，提出「多學」，他的一貫說，以有學問作為主要對象的說法，可以觀察到他將重視知的考據學全盛的乾嘉期之學界放入視野的發言。從焦循的見解，僅「多學」只可達到自己的完結，不過得聖人之道的一半。問題是如何可以使自己體得的東西通到他者？因此，「及物」（恕）就有必要。從這裡，焦循一貫說的要點，可確認有恕。對「一以貫之」的「貫」字，訓為「貫者通也」（《雕菰集》卷九，〈一以貫之解〉），證實了這件事。把焦循對忠恕的解釋，拿來跟《集注》相比的話，《集注》認為忠是體天道，恕是用人道。比起恕來，忠在更高的位置，兩者的理解有很大的不同。這樣，宋學忠＝成己，恕＝成物的定義，可以知道焦循為了方便展開自己的主張而加以利用。那麼，恕是什麼？焦循引孔子、孟子之言，有如下的說明：

> 孔子曰：舜其大智也與，舜好問而好察邇言，隱惡而揚善，執其兩端，用其中于民。（《中庸》）孟子曰：大舜有大焉，善與人同，舍己從人，樂取于人以爲善，（〈公孫丑上〉）舜于天下之善，無不從之，是眞一以貫之。（《論語通釋．釋一貫忠恕》）

孔孟贊賞舜，不拘自他的區別，舍己從善的態度是恕，那樣才能與他者相通，達成及物之功。把這當成學問的世界來思考，不拘於學派之別而從善的是恕，與聖人的一貫忠恕之道相當。以恕發揮於學問的具體例子，可舉鄭玄。《論語通釋．釋據》中關於鄭玄之言：

(一)師事京兆第五元先、東郡張恭祖、涿郡盧植、扶風馬融，所師不限於一人。

(二)博修京《易》、《公羊春秋》、《左氏春秋》、《古文尚書》、《韓詩》、《三統曆》、《九章算術》等，學問的領域不限於一種。

(三)注經的例子，不拘於包含子夏的先儒解釋和今古文之別，廣採眾家的解釋，最終是本於自主性的判斷來作注。

提出以上三點，贊賞其「誠能述古而不泥古，博而能貫，得于聖人之意」。從以上之事，焦循的聖人觀是「及物」，用別的話來說，是重視「通」的要素。在《論語通釋．釋聖》中說：

> 聖之爲言通也，適之爲言貫也。……聖人以通得名，非智無以通，非學無以智。

即作聖成聖的能力是「通」，對焦循來說，聖人是「通」人。

二、焦循的異端說和漢學批判

《論語通釋》花費相當多的篇幅在論異端，但對焦循來說，一貫忠恕和異端有相表裡的關係。論異端的事成了從裡面論一貫忠恕。根據以上所說，一貫忠恕的主張，為了導入他的異端說作準備的意味應是很強的。關於焦循的異端：

> 唐宋以後，斥二氏爲異端，闢之不遺餘力，然於《論語》攻乎異端之文，未之能解也。（《論語通釋．釋異端》）

他說《論語．為政篇》「攻乎異端」章（子曰：攻乎異端，斯害也已）是被誤解，因此作了如下的解釋：

> 孟子以楊子爲我，墨子兼愛，子莫執中，爲執一而賊道，執一即爲異端。……楊墨執一，故爲異端，孟子猶恐其不明也，而舉一執中之子莫，然則凡執一者，皆能賊道，不必楊墨也。（《論語通釋．釋異端》）

焦循本著《孟子・盡心上》的記述，執著於「執一」即一的立場，認為即相當於異端。關於異端，皇侃的《義疏》和沿襲該書的邢昺《正義》是指「諸子百家」，朱子的《集注》是指「釋老」。從來，與正統相違背的即被視為異端，但焦循的見解，與先儒的解釋有一些差別。另外，焦循又以為關於異端，不應一概排斥，有如下的說法：

楊則冬夏皆葛也，墨則冬夏皆裘也，子莫則冬夏皆袷也。趨時者，裘葛袷皆藏之於篋，各依時而用之，即聖人一貫之道也。使楊思兼愛之說不可廢，墨思爲我之說不可廢，則恕矣，則不執一矣。聖人之道，貫乎爲我、兼愛、執中者也。（《雕菰集》，卷九，〈攻乎異端解下〉）

其云若用於適當的時期，異端也消除其弊害，此為聖人的一貫忠恕之道，是表明了焦循獨特的異端觀。關於《論語・為政篇》「攻乎異端」章，古注、新注都以「攻乎異端斯害也已」為訓釋的方向來理解，關於異端是什麼，意見可能有不同，異端有害正道，應該加以排除的思考基點是一致的。對同一章，焦循的解釋反映他的異端觀，和前人的理解大不相同。

攻猶摩也。……「他山之石，可以攻玉」（《詩・鶴鳴》）他者異也。攻者磑切

磨錯之也。已者止也。（《雕菰集》，卷九，〈攻乎異端解上〉）

前，北宋孫奕《示兒篇》卷四〈攻乎異端〉說：

基於這個來訓讀，則變成「攻乎異端，斯害也已」，這裡的「已」字，通常的解釋是把它當作限定意味的虛字，古注、新注都沒有遺漏這例子。把「已」字當動詞的例子，在焦循以前，北宋孫奕《示兒篇》卷四〈攻乎異端〉說：

已，止也。謂攻其異端，使吾道明，則異端之害人者自止。孟子距楊、墨，則欲楊墨之害止，韓子闢佛老，則欲佛老之害止者也。

但這例子焦循指出「解已字為止是也，解攻字為距為闢，尚未精善」（《論語補疏．攻乎異端章》），因把「攻」字取「拒退」之意，而訓為「距」，和焦循把異端採入聖人之道中的解釋有很大的不同。

右邊未必把異端看作排斥對象的焦循，關於《淮南子》其云：「雜取諸子九流之言，其中有深得聖人精義者」（《易餘籥錄》，卷十二，第七葉右），從儒家的一面來評價被經常認為是異端的諸子。但焦循展開異端說的主要著眼點，並非在將之作為發揮恕之具體性的態度的異端評價上。

《論語通釋》從十二篇增訂到十五篇時，附加〈釋異端〉以下三篇，「執一」的批判特別鮮明，其中〈釋據篇〉有如下的說法：

> 近之學者以考據名家，斷以漢學，唐宋以後屏而棄之，其同一漢儒也，則以許叔重、鄭康成爲斷，據其一說以廢衆說。

根據這說法，焦循把「執一」作為攻擊的對象的顯然是當時極為盛行的漢學。所謂「漢去古來遠」是漢學派的基本論題。他們尊重漢儒經說，其中對許慎、鄭玄的尊崇，非比尋常。因此，當時的漢學也稱「許鄭之學」。根據焦循之言，漢學派輕視唐宋以後的學問成果，依專門漢注考究經書，其意以為漢學派把「一以貫之」的「一」當作許慎、鄭玄等漢儒。焦循又說：

> 學者述孔子而持漢人之言，惟漢是求，而不求其是，於是拘於傳注，往往扞格於經文，是所述者漢儒也，非孔子也。（《雕菰集》，卷七，〈述難四〉）

漢學派所祖述的並非漢儒，亦非孔子，結果所說乖離經文。關於漢學隆盛的狀況，焦循給劉台拱（一七五一－一八〇五）的信中說：

近時數十年來，江南千餘里中，雖幼學鄙儒，無不知有許、鄭者，所患習爲虛聲，不能深造而有得。（《雕菰集》，卷十三，〈與劉端臨教諭書〉）

在學問的中心地域江南地方，僅隨著漢學的名目而一知半解之徒蜂湧而出，焦循對這種現況發出感嘆。他認為當時漢學家偏狹的學問，缺乏恕這種聖人之道的重要構成要素，他們與所尊崇的鄭玄那種融通無礙的態度相反。把《論語通釋．自序》所說「不仁不恕，則為異端小道」和這裡合併來看的話，「執一」的漢儒而不承認其他的學說的漢學派才是真正的異端，焦循的異端說是為了刻畫漢學的偏頗所作的主張，此點是可以理解的。

透過這裡的考察，焦循的《論語通釋》，從重視恕或者「通」的立場，用力斥責把乾嘉期的顯學漢學作為「執一」，自序所說「讀《論語》不知《論語》」，很清楚地，所評論的士大夫並不是別人。在這裡可看出焦循對戴震一貫說的不滿。

像已談到的，戴震區別「一以貫之」和「以一貫之」。那是排擊把作為存在原理、統制原理規定萬物的「理」讀成「一」，那「理」也是支配人之行動的宋學性的解釋。晚年的戴震，給段玉裁的信⑦中說：

僕生平著述，最大者爲《孟子字義疏證》一書，此正人心之要。今人無論正邪，盡以意見誤名之曰理，而禍斯民，故《疏證》不得不作。

這是說明他所以要作《孟子要義疏證》，是要排擊把自己的意見作為「天理」，加害人民的當時之社會強者。在這樣的情況下，以嚴加分別「一以貫之」和「以一貫之」展開的戴震一貫說，可以說是支撐《孟子字義疏證》之主張的重要論據。戴震又批評固執「理」，不認同「權」的多樣價值觀的宋儒「執理無權」的態勢（《孟子字義疏證．權》）。從這裡可以確認戴震的一貫說法，是把宋儒理解為「執一」。對於這點，因為焦循把漢學視為「執一」，故對戴震的一貫說以宋儒批判為中心而展開的事很難理會，那可能是《論語通釋》寫作的一個契機。

結語

很多前輩以「一」作為自己思想的根本概念，並作為立說的證據，《論語》的一貫章，對焦循來說是表現他的思想的最好場所。焦循的一貫說，把「一貫」的「貫」換為「通」，鮮明地表達他重視「通」的立場，把「一以貫之」理解為「以一貫之」。所以，和一貫同義來思考的忠恕兩者中，把重點放在恕這一邊，那是為了要批判視漢儒之說為絕對而不認同異說的當時的漢儒。

而焦循的《論語》解釋得到劉寶楠（一七九一－一八五五）的共鳴，以其為持平之旨的於《論語正義》也收錄了四十多條。但全取自《論語補疏》或《雕菰集》，並沒有引用《論語通釋》。從這事實可以推測，《論語通釋》廣泛流傳可能是李盛鐸刊行之後的事。但是，雖沒有這樣言及，《論語通釋》所表示的焦循《論語》解釋，在劉寶楠所引用的兩書幾乎完備，可知是以兩書作為媒介的間接性引用。

焦循的一貫說也和王念孫（一七四四－一八三二）、阮元之說一起，被採入《論語正義》，劉氏曾贊賞「若焦與王、阮二家之說，求之經旨皆甚合，故並錄存之。」（〈里仁篇〉一貫章）這裡把兩說作簡單的比較的話，關於《論語》〈里仁〉、〈衛靈公〉的一貫章，把「貫」訓為「通」的焦說，把「貫」訓為「行」的王、阮說，無論那一個解釋皆得以成立。但，關於《論語．先進篇》的「仍舊貫」句，從其文脈說「從昔之方」，其意是不變動，因為以「貫」作「通」的焦說，解釋這部分是困難的，在字義的一貫之點上，《論語》中「貫」字出現三條，每一條都恰當地導出訓解來的王、阮說，並沒有辦法得到進一步的了解。因此，焦循的經典解釋，所提倡的「以孔子之言參孔子之言」，從恣意變成自由是很難說的。

方東樹（一七七二－一八五一）說：

焦氏循解作「吾道一以通之於人」，蓋又泥「忠恕」字面，望文生義，又隔一重。（《漢學商兌》，卷中之上）

批評焦氏把一貫的「貫」字訓作「通」，太過拘於「及物」的恕，指出其執著於「通」的一面，焦循在《論語．子路篇》「君子泰而不驕，小人驕而不泰」下說：

循按：泰者通也。……君子不自矜，以之通世，小人以自爲是，不據之以通人。（《論語補疏》）

此說可看作是該傾向之表現，把「泰」字訓作「通」，是依《易．序卦傳》「泰者通也」來思考，這裏也可看出固執於「通」之性向的事例。

儘管那樣，在漢學籠罩的乾嘉期完成的《論語通釋》，不隨時流，指出漢學的弊害，作為獨特的《論語》解釋書應該得到很高的評價。還有，本文對焦循和戴震的一貫說之不同，無法作詳細的討論，關於這點，筆者另外為文再作討論。

注釋

①例如阮元推崇說：「使聖人執筆著書之本義，豁然大明於數千年後。」（《揅經室一集》，卷五，〈焦氏雕菰樓易學序〉）

②參見何澤恒：〈論今本論語通釋乃定本非初本〉，《焦循研究》第二章（大安出版社，一九九〇年）。

③松川健二：〈《論語》曾子一貫章について〉，《中國哲學》第二十號（北海道中國哲學會，平成三年十月）。

④相對於此處所引繫辭傳下的句子，寧可像何晏，只因為要達到事物的歸結為一，其方法有異，所以沒有苦思的必要，這是一般的解釋。因為對焦循該句的理解是獨特的，故《易章句》有如下之語：

言何以有思有慮？功業成，雖同歸一致，而所以起之者，則以殊途百慮。所以宜思宜慮。

也就是，焦循該句以為了達到一的結論為手段，把握了思慮是必要的這一意思。

⑤這裡的「弼」不是王弼，實際上是指為《易・繫辭傳下》作注的韓康伯，「弼」字應作「伯」。

⑥關於這點，坂出祥伸的：〈焦循の論語通釋について〉（《中國近代の思想と科學》，頁五十四，同朋舍，昭和五十八年）已指出。

⑦《安徽叢書》第六期《戴東原先生全集》卷頭，段玉裁《戴東原先生年譜》乾隆四十二年條有收。

第七章　宋翔鳳《論語說義》

——清朝公羊學者的一家言

◎松川健二　著
◎林慶彰　譯

前言

宋翔鳳（一七七六－一八六〇），字于庭，江蘇省長洲人。嘉慶五年（一八〇〇）舉人，官湖南新寧縣知縣，以州牧致仕，咸豐十年逝世，享年八十五歲。莊述祖之甥，與劉逢祿也是親族，都是清朝公羊學派的重鎮，書室叫浮谿精舍。著作與《論語》有關的有《論語師法表》、《論語發微》、《四書釋地辯證》，之外，另有《周易考異》、《尚書略說》、《大學古義說》、《孟子趙注補正》、《小爾雅訓纂》、《過庭錄》等，收入《浮谿精舍叢書》、《皇清經解續編》。

這裡所採用的《論語說義》也是其中的一種。宋翔鳳在道光二十年（一八四〇）的自序說：「此二十篇，尋其條理，求其指趣，而太平之治，素王之業備焉。自漢以來，諸家之說，時合時離，不能畫一。」《論語》的言語中，找出「太平之治」、「素王之業」。宋翔鳳《論語》解釋的基礎是公羊家的觀點，《論語說義》十卷，通卷所展開的是這樣的思考模式，以下即選相應的章句加以解說觀察。

一、素王受命

宋翔鳳以公羊家的解釋對《論語》話語所加的諸例，如依主題加以整理，顯而易見的，擺在眼前的是素王受命，其次是有關《春秋》的製作。即董仲舒「孔子作《春秋》，正先王繫萬事，見素王之文」（《漢書．董仲舒傳》），又「非力所不能致，自致者有之。西狩獲麟受命之符。然後，託《春秋》正不正間，明改制之義」（《春秋繁露．符瑞》第十六）的主張，依宋翔鳳，在《論語》解釋中得到有效的利用。

首先，處理有關素王受命的事，宋翔鳳《論語說義》的開頭，即在「學而」章（一—一）相關部分，有如下的說法：

> 先王既沒，明堂之政湮，太學之教廢，孝弟忠信不脩，孔子受命作《春秋》，其微言備於《論語》，遂首言立學之義曰：「學而時習之，不亦説乎？①」時習即瞽宗上庠教士之法，「有朋自遠方來」，謂有師有弟子，即秦、漢博士相傳之法。「人不知而不慍」，謂當時君臣皆不知孔子而天自知，孔子使受命當素王，則又何所慍於人。

素王受命的事，謂人不知之，而天自知之，故不慍。以素王受命作前提，這樣的解釋態度，極巧妙地貫穿於《論語》一書的解釋，其樣態可從以下看出來。

其次，舉「志學」章（二－四）的「五十而知天命」句，「加我數年」章（七－十七）的「五十以學易，可以無大過矣」句的話：

> 天命者所受之命也，德有大小，則命有尊卑，大夫命於諸侯，諸侯命於天子，天子受命於天，胥此命也。孔子知將受素王之命，而託於學《易》，故曰：「假我數年，五十以學《易》，可以無大過矣。」蓋以知命之年，讀至命之書，窮理盡性，知天命有終始。大過者，頤不動，死象也。孔子應素王之運，百世不絕，故可以無大過。②

把「知天命」正經地換成「知將受素王之命」，正是公羊家之言。還有「大過者，頤不動，死象也」，把《易．雜卦傳》的「大過顛也」，有效地和頤卦和大過卦相關連，對《易》的重視，也可以算是宋翔鳳思想的特徵之一。

其次，舉有關「不患人之不已知」章（一—十六）的說法：

子言以貌取人，失之子羽，以言取人，失之宰予，設科以教，當知其人，書言知人則哲，能官人。孔子素王，二三子皆先後奔奏，疏附禦侮之材。封人所言，何患於喪？子貢亦言，文武之道未墜在人。苟不知人道，何所寄觀乎？聖人誘掖進退，至於鳴鼓之攻，市朝之肆，蓋唯恐失人而無以興學化民也。

這樣在解釋《孔子家語．子路初見》所見到的孔丘之語，和《論語》「儀封人請見」章（三—二四）的封人語，「衛公孫朝問於子貢」章（一九—二二）的子貢之語，又處理「季氏富於周公」章（一一—一七）和「公伯寮愬子路」章（一四—三六），都可捕捉到素王和他弟子的樣貌。「不患人之不已知」，在宋翔鳳來說，作為素王，是能否辨別和司徒相稱的人材的問題。

接著，利用儀封人之語來解釋該章，「子張學干祿」章「子曰：多聞闕疑，慎言其餘則寡尤，多見闕殆，慎行其餘則寡悔，言寡尤，行寡悔，祿在其中矣。」（二—一八）也觸及。

《春秋》之作，備闕疑闕殆之義，應天制作，號令百世。儀封人知之，故以何患於喪告二三子。素王素臣，昭然可知，當時聖賢作述之意，惟求寡尤寡悔而已。

其次，達巷黨人也和儀封人同樣，知道素王。「達巷黨人曰」章「大哉孔子，博學而無所成名。子聞之，謂門弟子曰：吾何執？執御乎？執射乎？吾執御矣！」（九—二）也可見到：

孔子素王，如堯之大，民無能名。達巷黨人先知受命，獨發此言一人而已。然性與天道，不可得聞，受命之故，存乎微言，恐門弟子性質未明，驟聽此理，轉滋疑惑，不使躐等，故就其身體之事，擇乎六藝之中，射御二者，御尤切身，舉而示之，以合禮樂，斯須不去，此文章之教，日用而不知者也。別舉門弟子者，不使用乎達巷黨人也。此聖人設教之權衡也。

《漢書．董仲舒傳》可見到接受「達巷黨人不學而自知」的構想，但是所謂「達巷黨人先知受命」，深感到得到恰好的素材，而準確地說明。

作為受命問題的結尾，關於〈堯曰〉一篇，宋氏說：

〈堯曰〉一篇，敘堯舜禹湯及周，而繼之以子張問從政，言尊五美屏四惡，皆本執中之義而用之，復繼之曰：「不知命無以爲君子。」命者天命，知天命之所與而受之，見素王之成功，遂發之於此。則受命之事，顯然可知矣。

在章句編纂的序列次第中，素王受命的事也可以看得很清楚。

以上，以素王受命的幾個解釋例作為結束，應次於受命的《春秋》制作，是用別一種方式來看所謂的素王之文、素王之業的相關解釋例。

二、《春秋》制作

《論語》「子張問十世可知」章「子曰：殷因於夏禮，所損益可知也，周因於殷禮，所損益可知也，其或繼周者，雖百世可知也。」（二—二三）古來談歷史哲學，都引作一個話題，關於這章，宋翔鳳有以下的說法：

> 素王受命之事，子張能知之，故問受命作《春秋》之後，其法可以十世乎？十世謂三百年也。孔子爲言，損益三代之禮，成《春秋》之制，將百世而不易，何止十世也？如董生所記三代改制質文，而所損益之故，大可知矣。孔子作《春秋》以當新王，而通三統，與《論語》答顏淵問爲邦，因四代之禮成制作損益之原，其道如一。

董仲舒《春秋繁露．三代改制質文》第二十三論到易姓改制論說：「王者必受命而後王。王者必改正朔，易服色，制禮樂，一統於天下。所以明易姓，非繼仁，通以已受之於天也。」又根據三代改制質文說：「逆數，三而復」、「春秋應天，作新王之事，時王黑統正魯，尚黑，絀夏，親周，故宋」，說到損益不易的原則，將此與「顏淵問為邦」章（十五—十一）之內容重疊來看，誠可謂其乃董氏的忠臣。

接著，來看看「莫我知也夫」章「子貢曰：何為其莫知子也？子曰：不怨天，不尤人，下學而上達，知我者，其天乎！」（一四—三五）的說法：

此孔子自言脩《春秋》之志也，《春秋》筆則筆，削則削，子夏之徒，不能贊一辭。子貢言性與天道，不可得聞，既不得聞，又何能知莫知之歎。子與子貢互相發明，以探天意也。能知天，斯不怨天；能知人，斯不尤人。能知天知人，乃能明天人之際。際者上下之間也。《春秋》二百四十二年之中，人事浹，王道備，治太平以上應天命，斯爲下學人事，上知天命也。《公羊傳》曰：末不亦樂乎，堯舜之知君子也，制《春秋》之義以俟後聖，以君子之爲亦有樂乎此也。堯舜與天合德，孔子亦與天合德，「知我者其天乎」，即堯舜之知君子也，此《春秋》之志也。

「筆則筆，削則削，子夏之徒不能贊一辭」（《孔子世家》）、「《春秋》論十二世之事，人事浹而王道備，法布二百四十二年之中，相為左右，以成文采」（《春秋繁露．玉杯第二》），又《公羊傳》哀公十四年，對宋氏來說，有可能性之處都直接歸結到《春秋》。

其次，「女與回也孰愈」章「對曰：賜也何敢望回？回也聞一以知十，賜也聞一以知二。子曰：弗如也。吾與女弗如也」（五—九），也是一個好例子：

孔門之有顏氏，以不違之體，篤好學之功，孔子許以天下歸仁。弟子中，惟子

> 貢當最知顏子，聞一知十，與孔子所許正同。故獨發問，以要其對。夫知十知二，言功效所及，非謂才力所限。孔子救亂世，作《春秋》，謂一爲元，以著大始，而欲正本，然張三世，以至於治太平，顏子繼其後，太平之治已見，故能一日克己復禮，天下歸仁。

若將該章的「一」也結合《春秋》來說，則很容易成為董仲舒傳所見的「萬物之所從始」之意。

現在也舉〈先進篇〉首章「子曰：先進於禮樂，野人也；後進於禮樂，君子也。如用之，則吾從先進」（一一—一）來看看：

> 《論語》言仕之先進、後進，皆以禮樂言。〈王制〉「諸侯之大夫，不世爵祿」，又云：「爵人於朝，與士共之。」〈王制〉所記，皆殷法也。凡士民有德者，皆登進爲卿大夫，自野升朝之人也。故曰「先進於禮樂，野人也」。春秋時，諸侯、卿大夫，皆世爵祿，生而富貴，以爲民上，是謂之君子。君子、野人，以貴賤言。故曰「後進於禮樂，君子也」，謂後世仕進皆卿大夫之世居在鄉邑，而僻在田野者俱無由進。《春秋》譏世卿，去周之文，從商之質，故用

人之法，亦從殷禮。後舉四科諸賢，以見世爵之代。若德行、言語、政事、文學之倫，而皆不及仕進之門而失其所，斯爲天地閉，賢人隱，《春秋》之所爲作也。

禮樂作為治身治民之具，作為仕進必須的資格，從這點出發的說法，劉寶楠在《論語正義》中完全肯定，是值得重視的解釋，但宋氏的論點，最後仍導向《春秋》制作的問題。

反過來，說到春秋制作這題目，《論語》的言辭中，最大的障礙是〈述而〉首章：「子曰：述而不作，信而好古，竊比於我老彭」（七—一）。宋翔鳳《論語說義》解釋此章，花費一千三百餘字，將之摘要的話，則「老」是老聃，老子和孔子道同而為一，《老子》書二篇時時稱聖人，即述而不作之意，老子所述皆黃帝之說、歸藏之說，又〈十翼〉之文中孔子所贊的《易》多取歸藏等說法，例如：

《易》、《春秋》爲微言所存，故皆從竊取之義，竊比，猶言竊取也。《周易》、《魯春秋》皆史官所藏，所謂其文則史者也。天地陰陽之故，及筆削之義，所謂竊取之者也。《春秋》去文從質，殷禮也。宋不足徵，求於柱下，得之老彭，問禮老聃，春秋之禮，皆殷禮也。小戴所錄七十子之記，皆爲殷禮，合乎《春秋》，蓋問乎老聃而折其中，不徒〈曾子問〉之所記也。故《春秋》為禮義之大宗而得之，以述而不作，信而好古，竊比之義，可謂遠矣。

有關言及《春秋》之著作，有名的是《孟子．離婁下》「王者之跡熄」章「其義則丘竊取之矣」，把「竊取」和「竊比」同義，又據同章「其文則史」，以《春秋》為史官所藏，結果，「禮義之大宗」（〈太史公自序〉所見董氏之語）的《春秋》，說得此《春秋》以述而不作，信而好古；而竊比，即取捨史官所留者。與常和宋翔鳳並稱的劉逢祿此說之「《春秋》亦夫子所作而謙言述，其義亦祖述堯舜，憲章文武」（《論語述何》），相比來說，宋氏的說法，是否有當③姑且不論，由其專心面對「制作」和「不作」的問題，這點不得不承認其獨特性。

三、微言

有關「述而不作」章，宋翔鳳解釋的特徵，如上述把「竊比」和「竊取」的解釋重疊在一起。重複的說「《易》、《春秋》為微言所存，故皆從竊比之義，竊比猶言竊取也。」——這裡，前半部分著眼於「微言所存」，宋氏存「微言」的，僅只於《易》、《春秋》嗎？反過來，已於㈠所見的「學而」章的解說中，明確地說「孔子受命作《春秋》，其微言備於《論語》」。在《論語》的言辭中，正是積極地理解著微言，而其微言是何種情況呢？以下將進行觀察。

首先，「予欲無言」章「子貢曰：子如不言則小子何述焉？子曰：天何言哉！四時行焉，百物生焉，天何言哉！」（一七—一七）

> 無言者，微言也。子貢恐學者以無言爲不言，故發問以明之，「性與天道不可得聞」，即無言之謂，而性與天道之故在《易》、《春秋》。《易》以坎離震兌主四時，而七十二候環生於其中，春秋四時具，而君臣父子以及草木鳥獸，皆統於陰陽終始。故四時行百物生者天道也，性與天道者微言也。觀夫子再言「天何言哉」，而後知微言之傳，必明於天人之際也。

把「夫子之文章」章（五—一三）的前半，「夫子之文章，可得而聞也」和後半「夫子之言性與天道，不可得而聞也」，當作顯言與微言來解釋的手法，在《論語說義》中到處可見，接著所引用的「子罕言利」章（九—一），「顏淵喟然歎曰」章（九—一一）也是其中的一例。

> 罕者希也，微也。罕言者微言也。子貢曰「夫子之言性與天道，不可得而聞也。」存於幾希之間，通於絕續之介，故不可得而聞者，故不可得聞者謂之微言。與者相與之際也。……弟子撰微言，則曰利與命與仁者何也？《易．文言》曰：「利者義之和也。」荀氏說陰陽相合，各得其宜，然後利矣。相和猶言與也。惟利物足以和義，則元亨之德成，而貞固之事定，故曰乾元者始而亨者也。利貞者性情也。乾始能以美利利天下，不言所利，大矣哉。必利物和義，而後見萬世之性，正萬物之情，故欲求性與天道，必求之利與命與仁也。

以「子罕言」三字為訓釋方法，或者在章句解釋史上，宋氏乃為嚆矢④。若非徹底講微言的觀念之人，無論如何不得想到此處，不禁慨嘆之。

接著，「顏淵喟然歎曰」章「仰之彌高，鑽之彌堅，瞻之在前，忽焉在後，夫子循循然善誘人，博我以文，約我以禮，欲罷不能，既竭吾才，如有所立卓爾，雖欲從之，末由也已」（九—一一），說：

> 此顏子歎聖人微言，弟子不易知也。孔子稱之曰：殆庶，則顏氏之子，或可鑽仰知其高堅，而後能言高堅也。存於瞻望，而後有在前在後也。惟習聖既久，

斯能及乎恍忽之境而深其歎美之情，故性與天道，不可得聞者，所謂彌高彌堅者也。文章可得而聞者，所謂循循善誘人者也，詩、書，執禮，皆文章也。

知道孔丘之微言的第一人，仍非顏淵莫屬。接著，宋氏說：

聖人初無高堅前後之象，弟子皆在博文約禮之中，如「切磋琢磨」，子貢因禮以悟詩也。「素以爲絢」，子夏因詩以悟禮也。以此及彼，故曰聞一知二。顏子所傳博文約禮與衆人同，而欲罷不能，與衆人異。從不可窮盡，不可形象，以見聖功之全體，知微言之所在，如有所立，立言也，卓爾謂微言之卓絕也。此聞一知十之所至也。既見其所立，當有其所由，而云「從之末由」者，爲博文約禮者言之。

至此「如有所立，立言也。卓爾謂微言之卓絕也」的解說，超人意表甚多，貫徹微言的道理至此，寧可說是一種痛快的感覺。

關於能得孔子微言的弟子，舉出言語科的端木賜、宰我。接著是有關「德行：顏淵、閔子騫章」（一一—三）的部分。

言語傳聖人微言，述而語之，以垂百世，作之師者也。……孟子曰：宰我，子貢善爲說辭。子曰：我於辭命則不能也。趙注：言人各有能，我於言辭命教，則不能如二子。所謂言辭命教，正以微言垂教，非爲行人使四方之謂。故孟子又述子貢，言學不厭，智也；教不倦，仁也。即申言辭命教之義。孟子又曰：宰我、子貢、有若智，足以知聖人，謂知聖人之微言，故《論語》二十篇於宰我，則有晝寢、問主、三年之喪之類。子貢則有餼羊、問衛君之類，皆明聖人之微言，而習其讀者轉疑二子，則知言之人，未易得也。

其指出在「子貢欲去告朔之餼羊」章（三—一七），「夫子為衛君乎」章（七—一五）的端木賜，所以引出孔丘微言，是因為端木賜自己感嘆性與天道不可得聞，這姑且可以理解。而宰我在「晝寢」（五—一〇）章，訝異於三年之喪，而受到孔丘批判（一七—一九），清楚知道孔子微言的觀點而得到宋氏的評價，所謂完成復權，大概是因為言語科的緣故而變成如此處理吧！這是沒有料到的事。

結語

解釋者個人的孔丘觀，制約他的《論語》解釋；他個人的《論語》解釋，也反映了解釋者個人的孔丘觀。以宋翔鳳所說的素王受命來深思孔丘作為大前提，是可預想得到《論語說義》的內容，然而與其說《論語說義》的內容是正如預想的，不如說其比預想更充滿公羊家之言，結果成為確認身為公羊家的宋翔鳳的存在。

在解說完素王受命、《春秋》制作、微言，最終，最足以代表宋翔鳳的，即為公羊家的解釋例之一，為《論語》的首章，於本稿最初所處理的，毫不猶豫地舉出「學而章」。

（《春秋》的取捨）學而習時習之，不亦說乎？（應傳）有朋自遠方來，不亦樂也。人（我即素王）不知（天自知）而不慍，亦君子也。

這章正可說是微言的典型。

注釋

①關於這一訓釋方法，可參閱拙稿：〈《論語》學而、性天、無言三章について〉（《北海道大學文學部紀要》四〇卷三號，一九九二年）。

②《續修四庫全書提要》《論語說義》十卷條，是江瀚撰，為了舉出此宋氏之言，江氏有如下的批判。「案劉逢祿《論語述何》曰：五十而知天命，謂受命制作垂教萬世，此謂孔子知將受素王之命，而託於學易，殊屬不經，實則知天命之命，即不知命無以為君子之命耳。」因此，關於〈堯曰篇〉的「不知命無以為君子」的宋氏之言，即在於此節的末尾。

③有關宋翔鳳此章相關議論的展開，程樹德《論語集釋》說：「按，宋氏發明老子之學是也。惟其論孔子贊易多取歸藏，小戴所錄七十子之記，皆為殷禮，則語涉臆斷，故無取焉。」

④有關「子罕言利」章的解釋史，請參照拙編：《哲學としての論語十五章》（響文社，一九九三，改訂版）。

第八章　黃式三《論語後案》
——漢宋兼學的成果

◎小幡敏行　著
◎林慶彰　譯

前言

黃式三（一七八九—一八六二），字薇香，浙江定海人。四十八歲時，因家塾扁額「晚儆居」，而稱儆居子，又七十二歲時，感於蘧伯玉故事，而自號知非子。清朝中期乾隆五十四年（己酉）八月二日生，同治元年（壬戌）十月二十日，他預言和孔子同干支，同年七十四歲逝世。曾赴鄉試，他不在家時，母親裘氏因流行的傳染病突然過世，於是發誓不再應試，未入仕途，以歲貢生終其一生。多次提到經書的研究是一種天職①，於海防問題也有他獨特的見解。

他的學問是博通所有的經書，歷代學者中，特別尊崇後漢的鄭玄和南宋的朱熹，又尤嫻熟三禮。以《禮書通故》聞名的兒子以周，被認為善傳家學。

黃式三代表作之一的《論語後案》二十卷，倣王鳴盛《尚書後案》體裁，先引何晏《集解》和朱子《集注》，因為後面再加上自己的案語，所以名為「後案」。程樹德的《論語集釋》再三引到此書，其中可參考的地方不少。

《論語後案》後來改名《論語管窺》，然通行本僅《論語後案》，而且有兩種不同的版本存在，因此，首先大概了解一下其成書之經過。

《論語後案》是作者三十九歲時開始撰寫，道光十年（一八三〇）四十二歲時完稿。那時，雖接受友人許瀚和嚴可均的忠告，說人人所誦習的《集注》可不要，但在道光二十四年（一八四四）以原書的樣子，用活字版印行，此後也有所續訂。咸豐十年（一八六〇）七十二歲時決心作全面的改訂。至同治元年（一八六二）七十四歲的晚年，才命兒子以周將全書寫為定稿作為定本。這時，聽從嚴可均、馮登府兩人的話，刪除《集解》、《集注》，僅留案語，雖接著把書名改作《論語管窺》。《論語管窺》的原稿，在作者死後一直沒出版，約放在家塾有二十年的時間。不久，因浙江總督譚鍾麟的協助，光緒九年（一八八三）由浙江書局再以《論語後案》的書名刊行。這刊本將《論語管窺》改訂，既有案語，且於之前加上《集解》、《集注》，回到以前的體裁。此種處置，是黃以周聽從譚鍾麟之勸而成的。

> 錄《集解》以存古義，錄《集注》以遵功令，體例甚善，宜用前本，案語之增損者，則從後本。（黃以周《論語後案跋》）

結果《論語後案》有活字版和刻本兩種版本。根據上述，光緒九年刊的《論語後案》，不外是再度增加進原本《論語管窺》定本之案語中，被刪除掉的《集解》、《集注》。②

道光二十四年活字版和光緒九年刻本，兩種版本的異同，可舉一例來說。有名的〈里仁篇〉「朝聞道夕死」章，都是以「朝聞道夕死」和「可矣」來斷句，但刻本說：

> 此言以身殉道也。朝聞當行之道，夕以死赴之，無苟安，無姑待，成仁取義，勇決可嘉矣。

從殉死說③的觀點來說，是經過改訂後所加，之前的活字版並未見到此言。

本文以光緒九年刻本《論語後案》為底本，來考察黃式三《論語》解釋的特色。

一、獨特解釋的例子

首先，以《論語後案》中的實例，欲從幾個有特徵的案語中來考察該書的特色。關於〈里仁篇〉第十二章「放於利而行多怨」，古注、新注都將「放」訓為依，《後案》說：

《說文》放本訓逐，驅逐、追逐皆爲放，放利即逐利。放縱、放棄之義，亦從放逐引伸，今讀去聲。依放之放，今讀上聲，或作仿字，古無是分別也。

在《說文》中求本義的根據，「放」是逐的意思。如此，並非「依於利而行」，而是「逐利而行」，比以前更明確有追求私利的意思。

又從通假字等求正字的例子，〈泰伯篇〉第二章「君子篤於親」的「篤」字：

篤、竺之借字。《說文》：「篤，馬行頓遲也。竺，厚也。」

仍然以《說文》為基礎，說到厚時的「篤」是「竺」的借字。同樣，關於「故舊不遺，則民不偷」的「偷」，說：

> 偷，愉之借字。《說文》：「愉，薄也。」愉又有暫義，《周禮》「以俗教民，則民不愉」注：「謂朝不謀夕。此經愉，對故舊言，訓爲暫義，正通。《說文》無偷字，女部：「婾，巧黠也。」此今偷盜之本字。凡經傳中婾、偷字訓薄、訓暫、訓苟且者，正字當作愉，愉之訓取者，正字當作婾、偷。

古注、新注都把「偷」訓為薄，從心的「愉」是正字，是「暫」之意。「不偷」不是「不薄」，而是「不暫」。

同樣地，〈泰伯篇〉第三章「啟予足，啟予手」，古注、新注都把它訓為「開」，而讀為「開予足，開予乎」，關於「啟」字，說：

> 《說文》：「启，開也。啓，教也。訓啓爲開，是借啓爲启字。式三謂：手足不毀傷，何待開衾。啓爲晵之借字。晵者省察之謂。曾子自述其平日一舉動之必察也。《說文》又引作𨂂，存異說也。

根據上述，是從目的「眘」字，來解釋為「看予足，看予手」。這說法，劉寶楠《論語正義》也從王念孫《廣雅疏證》中有轉引。

〈鄉黨篇〉第十八章「迅雷風烈必變」的「烈」字：

據鄭君注，風而疾，雷爲烈，《書》烈風雷雨亦兼言也。式三案：《說文》：「颲颲，風雨暴疾也。颲讀若烈。則烈爲颲之借字與。

仍然根據《說文》推定為「颲颲」的「颲」之借字。

〈子路篇〉第十五章「定公問：一言可以興邦，有諸？孔子對曰：言不可以若是其幾也。」的「幾」字，古注訓為近，新注訓為期，《後案》把下文二例的「不幾」合併思考。

王肅幾訓近，下孔注同。言不可以若是句，其幾也句，於經未順矣。朱子幾訓期必之期，於下兩言不幾，文意未順。式三謂：幾，饑之借字，《爾雅》、《說文》皆云：饑，汔也。汔即終也。又幾之訓終，見《淮南子．謬稱訓》高注，言不可終於是而興邦、喪邦，往往由此。終於一言而興邦，終於一言而喪邦，語意上下相合。

如上所述，以「戩」的借字「汔」，訓為「終」。以上是以《說文》等為根據，從假借字等求正字，試作解釋的例子。

其次，舉糾正經文字形譌誤的例子。〈為政篇〉第二十章「孝慈則忠」的「孝」字。

> 式三謂：孝當作𡥉，謂引導之，使人可仿效也。凡人有所仿效曰學，爲人所仿效曰教，其字皆從𡥉，𡥉有引導義，𡥉慈則忠者，以身導之，以恩養之，而民忠也。孝篆作𡥉，從爻諧聲。孝從老從子，二字迥不同。

改為從爻的「𡥉」，不是孝行而解釋為導引之意。接著指出「經史中二字互譌者多」。

關於〈鄉黨篇〉第六章「食饐而餲」：

> 《說文》「饐，飯傷濕也。」段注引葛洪曰：「饐，餿臭也。」《釋文》及邢《疏》引《字林》曰：「飯傷熱溼也。」諸說似歧異。式三謂：飯因熱溼而傷腐臭，謂之饐；飯因久鬱而味不甘者謂之餲。餲猶鬱蒸之暍。《說文》：「餲，飯餲也。」飯餲疑飯暍之譌。暍，鬱也。《釋文》「餲，烏邁反。一音遏。」諸說正互相備，惟《爾雅》云「食饐謂之餲」，此必有奪字、誤字。

對舊說錯綜而重複表現的「饐」和「餲」加以分析說解，糾正《說文》「餲」字的說解。同樣地，關於「肉雖多不使勝食氣」的「氣」字，說：

《說文》既字下曰：「小食也。」《論語》曰：「不使勝食既。」段注曰：「此引經說假借也。」式三謂：今氣字，古作气。今餼字，古作氣。氣、既同音借字，段說是。邢《疏》以氣爲小食，誤以假借字爲本義，失之。《韓詩外傳》三曰：飲食適乎藏，滋味適乎氣。夫是之謂能自養者也。故聖人養有適，過則不樂，故不爲也。直行情性之所安，而制度可以爲天下法矣。《外傳》之言，與此經義符，正合聖人衛生之道。

根據《說文》及段玉裁，是「既」的假借，解作小食，和劉寶楠「氣猶性也」不同。同樣地，「沽酒市脯不食」的「沽」、「市」，《集注》皆是訓為「買」，《後案》說：

《詩》「無酒酤我」，《毛傳》：「一宿酒謂之酤。」酤、沽通。是沽酒非酒之美者，沽如粗沽之沽也。鄭君於《周官·酒正》注云：「作酒既有米麴之數，又有功沽於《禮·檀弓》「以爲沽也」注云：「沽猶略也。」皆可證以沽訓

> 買，本《漢書．食貨志》，《志》言：詩據太平之世，酒酤在官，曰「無酒酤我」，孔子言周衰亂酒酤在民，而酤酒不食，此王莽欺世之論，不足以說經也。

根據《周禮．天官．酒正》和《禮記．檀弓．上篇》，「沽酒」不是買的酒，而是指粗惡的酒。此外，關於「市脯」的「市」：

> 市脯，古本當作𠂔脯，有骨之胏，不可齧也。《易》「噬乾𠂔」，鄭君讀𠂔爲第，訓簀。馬氏讀𠂔爲胏，訓有骨之肉。此𠂔脯當讀胏脯，肉有骨之脯也。今字𠂔果譌柿果。蓋古書之待校正者多矣。

「𠂔」是正字，根據《經典釋文．周易音義》，這裡不採鄭玄的「簀」，而根據馬融的說法作「胏」。因此，不是買乾肉，而是帶骨的乾肉。

以上，是我認為黃式三案語中有獨自見解的一部分例子。當然，該書的特色也不限於這些類型。特別前文所引總結為「蓋古書之待校正者多矣」這一觀點，在黃式三《論語後案》的注解中就顯得相當重要。即根據《說文》和《爾雅》，從派生義和引伸義來求本義，從通假字來究明正字，進而成為支持他去糾正經文字形譌變的一種思考方式。

二、子罕篇「罕言」的解釋——字形字義的重視——

照這樣來看，《論語後案》顯示了黃式三深厚的文字學造詣，且讓人感到他在漢字形音義中，對特別的字形有很強烈的關心。在他的著述中多處竟特意不用通行字體，也是一個傍證。

表現特別顯著的是關於〈子罕篇〉第一章「子罕言利與命與仁」的「罕」字之解釋。《集解》訓為「希」，《集注》也訓為「少」，但把「罕言」解作「很少說」的話，利和命無論如何都和《論語》中最常見的仁並不相合，因此，自古以來有各種各樣的解釋來試著解決這問題④，眾所周知，我國的荻生徂徠改句讀，讀作「子罕言利，與命與仁」（《論語徵》）。不過，黃式三解釋「罕」：

《說文》罕訓網，《漢書注》罕訓畢者本義也。經傳中罕訓少者，借字也。罕言之罕借爲軒豁之軒。古罕、旰二字通用。《左氏春秋》經昭公元年「鄭罕虎」，定公十五年「鄭罕達」，《公羊》經作「軒」。軒有顯豁之義，亦曰軒

> 豁。經史中凡言軒輊、軒昂、軒渠、軒翥，與軒豁之義一也。〈樂記〉「致右憲左」注讀憲爲軒，〈內則〉「皆有軒」，注讀軒爲憲。〈中庸〉「憲憲令德」，《詩》本作「顯」，罕、軒、憲、顯同桓部，音且同母，此音義所以相通，則罕言者，表顯言之也。

不採解作少的借字用法，而追溯《說文》所說的本義，把「罕」作為網頭，即打獵時所用的長柄網，解作懸掛、顯露。結果，「罕言」是「清楚的表達」的意思。如此，成為孔子表達利、命、仁，但仍然有矛盾。因此，《後案》接續前文，先討論利。

> 利必表顯言之者，義中之利，聖人有勸言，《易》有利見、利涉、利往、利物、和義之訓。利而無害，萬事之所直也。故勸言之。勸則使人樂爲善，義外之利，聖人有箴言。經中有放利多怨、小人喻利之戒。利彼則害此，非《易》所謂義之和也。故箴言之。箴則使人惡夫貪，《大學》言悖入悖出，又言以義爲利，《孟子》言何必曰利，又言未有仁義而遺後君親，疑似之宜辨如此。

分為義中之利和義外之利，前者孔子有勸言。因此，並不是像《集注》那樣和義對立之物，而是與《集解》相同，基於《周易．乾．文言傳》，採取肯定的態度，企圖消解孔子表彰之言的矛盾。同樣地，關於命與仁，也試著作詳細的論證。黃氏說：「《論語》一書，言仁者五十八章，一百有八字，是夫子表顯仁道之言矣」。

接著，關於這說法：

或曰：訓罕爲希，先儒有非之者歟，曰：「《集解》不錄孔、包、鄭君諸說，則何氏以前諸說未必盡同何氏，今諸說散亡，獨存何解，罕希之訓，學者無所考正，然疑此者固有之。

不必把它當作自己的創見，在引李翺、史繩祖、焦循、武億之說以後說：

凡此諸說，皆善啓人疑，而意在求實是者歟！然以諸說考之，不如訓罕爲軒之明憭也。

主張妥當性。其並非一開始便如此地出以新奇之說，不外是對舊說有所不足之處，致力解明其疑義的結果。因此，偶爾亦可看到未必令人首肯的說法，而那樣的地方，歷來之解釋不明白者也有很多。正因如此，即便是極特異的解釋，也不可馬上就駁斥其皆為衒奇的荒唐無稽之論。

三、〈述而篇〉「遊於藝」章的解釋——訓詁考證的重視——

如上所述，黃式三在《論語後案》中，作為其孕育出此獨特解釋之背景者，在〈述而篇〉第六章「游於藝」的後案，其在支持皇《疏》後說道：

> 今六藝之學微，其中易於復古而濟於時務者，則有如射御與數，其復古甚難者，則有如樂。而猶可考正是非，釐定得失者，五禮與六書耳。

儒學的根本在六藝之中，今考證之可能者僅五禮和六書而已。首先，關於禮，黃式三之學問尤詳於三禮，亦為傳予黃以周之家學。事實上，在《論語後案》中與禮有關的名物制度之考證，相當詳細。另一方面，關於六書，他接著說：

> 六書之法，上下指事，日月象形，江河形聲，武信會意，四者爲古昔字所由

製，聲音所由分。考老轉注，令長假借，二者爲古昔用字同異之辨而包括詁訓之全。學者不留心於此，臧氏玉林所謂不識字，何以讀書；不通詁訓，何以明經也。古之識字者曰反正爲乏，皿蟲爲蠱，止戈爲武，理義莫精於是。

引臧琳的話，作為理解經書之基礎的六書，即主張文字訓詁的重要性。黃式三高揭六書的重要性，把它和禮並列，都是六藝的根本，作為理解經書的大前提，重視文字訓詁的態度，他自己已很明確地表明。

接著，下文又說：

後人以冥悟爲仁，以虛無爲道，以清淨爲德，離訓詁文字而言理義之弊，遂至於此。君子博學無方，六藝之學，皆宜徧歷以徧知之，故曰游於藝。

不用說，對作為異端的道家和佛教，離經文而展開義理之學的空虛性，一併加以糾彈。對想追究《論語》本來意義的黃式三來說，他特別尊崇朱子，他精通文字學知識的應用，是他在批判宋學形上學之流弊時的主要依據。這才是黃式三《論語後案》最主要的特徵，《論語》解釋史上所留下的重要成果。

例如，歷來一直把罕訓為希，黃式三立足於獨特字說的種種解釋，客觀來看並不見得穩當。但黃式三承乾嘉之學隆盛之後，得到可利用漢學龐大的成果的好處，採入很多事實，且對依然殘留的疑問深入考究的成果，作為以上所述的特色而表現出來。同時，從那裡，也可看出他拋脫墨守漢學和宋學的門戶之見，互相排斥的立場，從中可以窺知他想究明真正經義「博學無方」的苦心之跡。

結語

黃式三《論語後案》著作的背景，他說到對現狀的認識：

> 《論語》之書，經漢宋大儒之注，十闡其七，復賴後儒之補所未備，析所可疑，幾乎十闡其九。（〈論語管窺敘〉）

首先，輯集何晏《集解》和朱子《集注》等前代注釋的精髓，最重視這兩者而放在前面，接著為了弄清楚留下來的疑義，不僅經書史書和它們的注解，廣泛地引證從漢代到同時代學者的說法。這樣幾近煩瑣地涉獵歷代先人之說，不單是網羅眾說的一一列舉，而是避免臆斷的一種實證姿態的表現。整體來看，可看出引用多樣的先賢之說而富於變化，然一條中的案語，列舉多數異說的情形反而很少。

然作為它的立足點的是：

凡此古今儒說之會萃，苟有裨於經義，雖異於漢鄭君、宋朱子，猶宜擇是而存之。（〈論語後案自敘〉）

例如即便有異於其最尊崇之鄭玄和朱子，然其重視對經義的解明是否有益的基準事，則是相當清楚的。自我警惕，避免附和雷同和剽竊。⑤結果，列舉各種解釋的可能性，並沒有把機械性地羅列異說作為目的。又同時：

夫近日之學，宗漢宗宋，判分兩戒。是書所采獲，上自漢魏，下逮元明，以及時賢。意非主為調人，說必備乎眾，是區區之忱，端在於此，而分門別户之見，不敢存也。（〈論語後案自敘〉）

從調停人和仲裁者的立場勉強折衷諸說，並不是他的目的。

這樣，抛脫學派排他性的盲信，把追究客觀的經義作為第一義，無偏見地公平指向，特別關於漢學和宋學問題時作了強烈的表示。黃式三對拘泥於漢學宋學門戶之見的當時風潮給予嚴厲的批判，自己也有意識地努力做不要有固執偏於一方，並沒有偏袒那一邊。他的〈漢宋學辯〉（《儆居集．經說三》）直截了當地說：

> 不知漢宋學各有支離，支離非經學也。既爲經學，漢宋各有所發明。

接著，又說：

> 宋儒之能爲漢學者莫如朱子，而漢儒能啓宋學者豈非鄭君歟。（同上）

其並非著眼不同之處，而是看重共通之處。漢宋兼採的立場才是黃式三《論語後案》最重要的特色。

又雖簡單地說是漢宋兼學，若特別地看看與宋學的關係，根據他的弟弟黃式穎所說：

> 《論語》注之傳者，朱子爲醇，天下之公言也。前後儒說之異者宜擇是而從，

亦公言也。余四兄薇香，於朱子之書既徧讀之而徐悟之矣。（〈稽生論語後案敘〉）

在學問上從朱子出發是很清楚的，事實上，從尊重和《集解》並列的《集注》而加以登錄，重視朱子可說毫無疑問。此外，不僅《集注》，也再三檢討《文集》和《或問》中的異同，對李光地、陸隴其之所謂朱子學者的說法也引用很多。這樣，雖以朱子學為基礎，但式穎又明言：

皆不拘漢宋，擇是而從，《論語後案》之書，於文字、訓詁、聲音、名物、制度、事蹟，考之固詳，而義理之學，竱取其切合於事情者，而去其虛縣不可窮詰之辭。（同上）

宋學中有考證學的面向和形上學的面向，可窺知他對從穿鑿經文游離出來的空虛性理學所展開的形上學的面相，是持否定的態度。當然，對老莊和禪的異端，與儒家的心學傾向，是一貫的排斥。在過去，像《論語講座》⑥，有「詳義理，簡訓詁」的評價，基本上非遵照「實事求是」的精神不可。因此，結果可以看作突出考證學工作的方面。但他在〈畏軒記〉中說：

> 讀經不治心，猶將百萬之兵而自亂之，尤可畏。（《儆居集．雜著四》）

這是自始至終耽溺於為訓詁而訓詁的自我警惕。

因此，從吳鍾駿、朱緒曾、劉燦、王約等人，對《論語後案》有「漢宋持平之書，可垂國冑」的稱許。（譚獻〈黃先生傳〉）⑦即立於不偏於漢學和宋學的平衡點，這是在當時所得的評價。

注釋

①〈知非子傳〉中有「人各有職，上自公卿大夫，下逮農工商賈，隨分自盡。寒士無職，以治經為天職。」（《儆居集．雜著四》）〈漢宋學辯〉有「儒者無職，以治經為天職。《荀子》所云，不求而得之謂天職也。」（《儆居集．經說三》）

②光緒元年刊本的文本中，卷首〈論語管窺敘〉第二頁以下全文和〈論語後案自敘〉第二頁，裝訂錯誤。例如：嚴靈峰編《無求備齋論語集成》第十函所收錄的也有那樣裝訂的錯誤。依個人所見，北海道大學所藏的版本同樣裝訂錯誤，名古屋大學所藏沒有裝訂錯誤，但沒有收黃以周的跋文。有裝

訂錯誤的情況，由於調換的緣故，二篇敘文末尾的紀年，一看寫成的前後關係是相反的，會讓人產生《論語管窺》比《論語後案》先完成的錯覺。事實上，李紹戶〈黃式三論語後案釋例〉（《建設》二十四卷十二期）對於這種不一致，也表示他的疑慮。結果，那不過是根據裝訂錯誤的本子所產生的誤解。

③詳細情形，請參見松川健二：〈《論語》「朝聞夕死」章について〉，《伊藤漱平教授退官記念中國學論集》（汲古書院，一九八六）。

④詳細情形，請參見松川健二編：《哲學としての論語十五章》（響文社，一九九〇）的「解說」部分。

⑤〈讀鮚埼亭集二〉有如下的回答：「或曰：子於謝山，推許之者，至矣。而讀子之《論語後案》，如雅頌得諸說，直破謝山之謬，如正名諸說，復不引謝山，何也？曰：「人各有所見，雷同剿說，非式三之所願為也。」」（《儆居集．讀子集三》）

⑥《論語の文獻．註釋書》（春陽堂，一九三七），頁一四五。

⑦《續碑傳集》卷七十三所收。

第九章 劉寶楠《論語正義》
——清朝考證學的集大成

◎宮本勝 著
◎楊 菁 譯

前言

劉寶楠（一七九一—一八五五），字楚楨，號念樓，揚州寶應（江蘇省）人。道光二十年（一八四〇）進士。①著作有《論語正義》二十四卷，號為清朝考證學《論語》研究的集大成，被列為「清人十三經注疏」之一。

《論語正義》是為魏・何晏（一九三?—二四九）的《論語集解》作疏的作品，但不是對《集解》作忠實的疏解，也未必遵從注疏家傳統所說的「注不破經，疏不破注」。此書疏解的基本態度是「實事求是」，運用清朝的考證學所帶來的精緻的文獻學，在典章、訓詁、名物、象數等補充先儒注疏家之闕，於微言大義發明亦多，若有文獻的證據則每每破注，是一種根據科學的研究法的著作。

此書始作於劉寶楠三十八歲時，但他於五十歲登進士，拜直隸文安縣（河北省）知縣，歷官畿輔，便不遑著述；此書十七卷以後，是寶楠的次子恭冕（字叔俛，一八二四—一八八三）所續成的。恭冕花了十五年的時間才完成，進而反覆審校，花了十餘年，至同治五年（一八六六）始刊行。成於寶楠沒後十一年。②

一、《論語正義》著述的過程和著述的體例

劉寶楠於經書始治毛氏的《詩》學和鄭玄的《禮》學。道光八年（一八二八）秋，三十七歲時應省試不第，後與劉文淇、陳立等儒生同行，偶然論及唐宋十三經注疏駁雜之話題，約定各治一經並作新疏。根據孫星衍《尚書古文疏證》、邵晉涵《爾雅正義》、郝懿行《爾雅義疏》、焦循《孟子正義》等清朝考證學的成果，倣諸書的義疏，劉文淇為《春秋左氏傳》、陳立為《春秋公羊傳》，而劉寶楠為《論語》作疏。因為《論語》學是劉氏的家學。此為《論語正義》著述的發端。③

劉寶楠父履恂，於寶楠五歲時過世，從學於叔父劉台拱（一七五一—一八〇五）。劉台

拱，為所謂皖派經學之大儒，著有《論語駢枝》，《論語》於台拱、寶楠、恭冕三代間為劉氏家學而被傳承。[4]恭冕有《何休注訓論語述》的著作；劉氏《論語》學的成果，尚有其父履恂的《秋槎雜記》、其兄寶樹的《經義略說》等。

且說，在為《論語》作疏之時，劉寶楠對先儒的《論語》解釋所持的見解，根據《論語正義》刊行時其次子恭冕的〈後序〉有如下之說：

1. 曾子、子思、孟子、荀子皆有著書，於先聖之道多所發明，而注家未之能及。
2. 漢人注者，惟康成最善言禮，又其就《魯論》，兼考《齊》、《古》而爲之注，知其所擇善矣。
3. 魏人《集解》，於鄭《注》多所刪佚，而僞孔、王肅之說，反藉以存，此其失也。
4. 梁皇侃依《集解》爲疏，所載魏、晉諸儒講義，多涉清玄，於宮室、衣服諸禮闕而不言。
5. 宋邢昺又本皇氏，別爲之疏，依文衍義，益無足取。

可以看到尊重漢魏時鄭玄的古義、拒斥王肅的偽孔⑤、批判六朝皇侃的玄學的傾向，及以宋邢疏為蕪陋的基本態度。

應注意的是，此書重視曾子、子思、孟子、荀子之著作的態度。清朝考證學在乾隆、嘉慶年間為最盛期，反朱子學的旗幟甚為鮮明；朱子學與其說喜好六經，不如說較尊重《大學》和《中庸》，因此考證學者對《學》、《庸》多加以批判，甚至有企圖貶低其價值的傾向。劉寶楠對此態度積極地改變並以《學》、《庸》為基礎來解釋《論語》。例如，「有子曰，禮之用，和為貴」（〈學而篇〉第十二章），解釋「和」為「中庸」，說「有子此章之旨，所以發明夫子中庸之義也」。亦即孔子本於《周禮．大司樂》的六德「中、和、祗、庸、孝、友」，來說中庸之德；子思又本於此來作《中庸》。有子可能說明了此章中已經明言那些事等。以「實事求是」為特色，沒有文獻的證據則不說的考證學者，重視著作可以說是當然的事。

因為何晏的《論語集解》有缺點，所以為其作疏，是依「何平叔等作《集解》，名為集諸家之善，其不安者，頗為改易，去取多乖，義蘊粗略。然師授淵源，雖汨沒無考，其漢時經師，單詞隻字，猶賴存焉」（〈後序〉（譯者按：應為陳立序））所說之理由。《論語集解》集漢魏六朝孔安國、包咸、周氏、馬融、鄭玄、陳群、王肅、周生烈諸家之說，因為是《論語》的最早集注本，儘管是片斷的，但仍保存了古義。於此亦充份表現出以漢學為主重視漢儒學說的考證學者的態度。

其次，看看《論語正義》的著述體例，可以由劉恭冕述的「凡例」見到。「凡例」中列舉八條，現在為了方便，將其中的第二分為1～6條；其中的第六分為7～9條，如下所示：

1.《注》用《集解》者，所以存魏、晉人著錄之舊，而鄭君遺《注》，悉載《疏》內。
2.至引申經文，實事求是，不專一家。
3.故於《注》義之備者，則據《注》以解經。
4.略者，則依經以補《疏》。
5.其有違失未可從者，則先疏經文，次及《注》義。
6.若說義二三，於義得合，悉爲錄之，以正向來注疏家墨守之失。
7.漢人解義，存者無幾，必當詳載。
8.皇氏《疏》、陸氏《音義》（唐．陸德明《經典釋文．論語音義》）所載魏、晉以後各說，精駁互見，不敢備引。
9.唐、宋後著述益多，尤宜擇取。

現在如果順手翻開《皇清經解》正・續編來看的話，以「凡例」這類的形式作為著述體例一條條寫下的著作並沒有，而即使如上所述，將之作為「凡例」並賦予整齊和秩序的乃是劉恭冕的話，吾人亦可藉此窺知《論語正義》從一開始是以何種體系來著述的吧！

且說以上的凡例，對於先前所舉的先儒注解之見解也有重複的地方，但主要是環繞在著述的基本立場和論述展開的方法上。

使用《論語集解》注的理由，亦如先前所見，在此則可見於1、7條。於漢人注解，特別是鄭玄，細大不漏，悉詳載之。於魏、晉人注解則引其精者。唐宋以後注解的引用尤必須特別慎重。

作為基本立場，是見於2的如「實事求是」和「不專一家」。此一態度，寶楠之師劉台拱也被評以「其於漢宋諸儒之說，不專一家，而惟是之求」（《清史稿》四八一），可見寶楠受台拱的影響。

「實事求是」是清朝考證學者的特色，並不限於劉寶楠，於恭冕的〈後序〉也說「凡以發揮聖道，證明典禮，期於實事求是而已」，是提到寶楠的學問立場時必會被指出的，也是《論語正義》特別顯著的特徵。

「不專一家」，在〈後序〉中有「不為專己之學，亦不欲分漢、宋之見」，其中之一是不以專述自己的學說為主要重點，特別是將近世儒家特別優秀的部分全部收取。由藤塚博士的精密考查，《論語正義》引用清代學者的著述到達一百十九家，七十九部書之多；對此，藤塚博士敘述其「博採精擇，殆罕見其匹」。⑥

另一說法是不拘泥於區分「漢、宋門戶之見」，在此並不取墨守漢學的立場，《清史稿》說「輯漢魏舊說，益以宋人長義」，也取進宋儒之說。清朝考證學由一開始反朱子學的立場而後改變，道光以後則有承認朱子學也重視訓詁的趨勢；反映其時代風潮的同時，也可以窺見不拘於朱子學並欲保持科學者的客觀立場這樣的態度。然而，此書所取用的方法是怎樣的呢？亦有檢證的必要。

有關論述展開的方法，可見於3～6。在《集解》沒有問題的情況，則用《集解》的《注》義來解釋經文（《論語》的本文）。《注》義雖沒有違失的，但粗略無依時，則不牴觸《注》，而直接依經文來作疏。然《注》義若有違失而不從時，則先於經文加疏，再解說《注》義。又，說義妥當者，皆介紹之並加以評價，以糾正向來注疏家的弊害。如此，不受限於注疏家傳統所說的「疏不破注」之態度變得極為鮮明；這些地方可以見到劉寶楠已更進一步地接近近代的科學的研究法了吧！

以上，述及劉寶楠《論語正義》之基本立場，以及其展開論述方法之要點。接下來，筆者將就實例來加以檢討。

二、基本的立場和論述的展開

有關〈學而篇〉的「子曰：父在，觀其志；父沒，觀其行。三年無改於父之道，可謂孝矣」（第十一章），因篇幅所限，在此一方面將探討《正義》對前半部分的論述展開之跡；同時也試著看看《正義》的基本立場是如何表現？

【經文】子曰：父在，觀其志；父沒，觀其行。

【集解】孔曰：父在，子不得自專，故觀其志而已。父沒，乃觀其行。

《集解》解釋經文的「其志」「其行」為「子之志、行」。如後所述，解釋「其志、行」為子之志、行呢？或是解釋為父之志、行？與此處孔子所說之內容不符。也就是，如採用子之志、行，觀察子的志向和行動，是判斷「子」這一人物，論到的內容是「觀人」；若說的是父之志、行，則子觀察父的志向和行動且必須加以繼承，論到的內容變為「孝」。《集解》說，因為父親在世時，子不得有自由的行動，故觀其內在志向，說的是論「觀人」之類的觀點。

相對於此的《正義》，在此為了方便，將其條目化為(1)經文語譯、(2)鄭注解說、(3)注文解說三項來分析。

【正義】⑴經文語譯

1、在，《爾雅．釋詁》曰：「在，存也。」《說文》同。

2、觀，《說文》曰：「觀，諦視也。」《穀梁》隱五年《傳》曰：「常視曰視，非常曰觀。」

3、志，《毛詩．序》曰：「在心為志。」《廣雅．釋詁》曰：「志，意也。」

4、沒，《說文》曰：「歾，終也。」「歿」⑦、「歾」或從「𠬛」，今字作歿。《隸體小變》曰：「歿，沈也。」別一義，蓋假借也。

5、行，《禮記》曰：「行，猶事也。」

《正義》的解釋的態度，是從古文獻、古字書中去求出典根據，貫徹著實證主義和「實事求是」。附帶一提，以平易的解釋為人所知的朱子《集注》中，此部分只有一個「行，去聲」的音義，而沒有字句解釋。故可窺知《正義》的著述體例是一字一字的精密詳察及仔細體會斟酌的。

且，如上所述，其完全不對經文作解說，而是只有字詞解釋而已；因為肯定注文《集解》的解釋，所以如前面所舉「凡例」3「於《注》義之備者，則據《注》以解經」之例。本文同意如錢大昕所說的「孔子之言，論孝乎?論觀人乎?」分為「論孝」或「論觀人」的見解；而對《正義》是和《集解》「論觀人」的觀點大致上是持肯定之態度。然《正義》不將

「論孝」、「論觀人」當成是相對立的觀點，認為以判斷評價人之「論觀人」為前提，才可「論孝」，抱持著二者折衷的見解，這點在(3)注文解說的部分將詳述。

相對於此，不肯定《集解》的解釋的情況，則如4「（注義）略者，則依經以補《疏》」，在經文的字詞解釋上進而加上經文的解說。其例可見於〈學而篇〉「曾子曰：吾日三省吾身。為人謀而不忠乎，與朋友交而不信乎，傳不習乎。」（第四章）關於「傳不習乎」的部分。

《集解》此一部分的注為「言凡所傳之事，得無素不講習而傳之」，若從此訓釋經文，應變成「傳不習乎」。所謂「傳」，取自己傳給他人之義。

《正義》雖肯定其解釋而說「亦通」，卻說了不同的解釋。說所謂「傳」是「師有所傳於己也」，解釋為由師所傳之事；進而解說為「今曾子三省，既以忠信自勗，又以師之所傳，恐有不習」。若從此訓讀，則應變為「所傳不習乎」。以這樣的解釋為根據，《正義》舉《大戴禮記．曾子立事篇》的「君子既學之，患其不博也；既博之，患其不習也；既習之，患其不知也；既知之，患其不行也」之文章，作為「此正曾子以傳不習自省之證」。

迴避對《集解》注文的直接批判，以論述展開的方法來下是非的判斷。恭冕「凡例」的分析相當正確。

【正義】(2)鄭注解說

1、鄭注：孝子，父在無所自專，庶幾於其善道而已。此偽孔所襲。

2、《韓詩外傳》曰：「孔子曰：昔者周公事文王，行無專制，事無由己，可謂子矣。」是「父在子不得自專」也。

3、「庶幾於其善道」，謂但觀其志，有善道，無行事可見也。

以上1，《集解》引孔安國注，斷定為襲用鄭注者，劉寶楠明確地視其為偽視孔注。據藤川熊一郎《劉家の論語家學と論語正義（下）》的精確考究，此偽視孔注的態度始於段玉裁，大約為同時的劉台拱所提倡，台拱之說又為沈濤所繼承。而劉寶楠偽視孔注的見識，可以說又多借助於台拱、段玉裁、沈濤三人。此章中鄭注說的「父在無所自專」，因為與孔注的「父在，子不得自專」類似，故推定「此偽孔所襲」；諸如此類，以偽孔本於鄭注者，另外有十八條。又，偽孔所襲用的不只是鄭注，被視為襲用《論語》家的舊說之處有三條外，另被視為襲用《公羊傳》、《左氏傳》、《史記．孔子世家》之文則各有一條。這麼多當中皆是以類似的文章來推斷，都只不過是間接的論證；對於這些，由於偽孔所襲用的出處不詳，斷定作為偽孔的論證也可以舉出七條。如〈先進篇〉關於「以吾從大夫之後，不可徒行也」（第八章），孔注有「孔子時為大夫，言『從大夫之後，不可以徒行』，謙辭也。」對於此，《正義》曰：「案：顏子卒時，夫子久不居位，而《注》云『時為大夫，謙言從大夫之後』，顯然謬誤，其為偽託無疑。」即是一例。如此地以《論語》孔安國注為偽託的見識，藤川氏說「此學的信念，於孔注偽視的運動史上，發揚劉家的家學、段氏、陳氏、臧氏（臧庸）的《論語》學，及沈濤偽視孔注學等，遂得以達到一發展階梯」，是為清朝考證學之一大成果。⑧

2見於《韓詩外傳》所引周公的話，證明「父在，子不得自專」句，為實事求是的態度。

3發揮鄭注的後半，以「但觀其志，有善道，無行事可也」，很明顯地，鄭注是站在「論觀人」的觀點，認為孔注襲用於此。由於鄭注的正當性是清楚的，而孔注的觀點也是正當的，結果，孔注是屬於凡例3「注義備者」之類。

【正義】(3)注文解說

（一）朱子《或問》引范祖禹說

1、以人子於父在時，觀父之志而承順之。

2、父沒，則觀父之行而繼述之。

3、（劉寶楠見解）與鄭、孔注義異。

（二）錢大昕《潛研堂文集》

1、孔子之言，論孝乎？論觀人乎？

2、以經文「可謂孝矣」證之。其為論孝不論觀人，夫人而知之也。

3、既曰論孝，則以為觀父之志行是也。不論觀人，則以為觀人子之志行非也。

4、子之不孝者，好貨財，私妻子，父母之養且不顧，安能觀其志？朝死而夕忘之，安能觀其行？

5、禮曰：「視於無行，聽於無聲。」觀其志之謂也。又曰：「善繼人之志，善述人之事。」觀其行之謂也。

6、孟子論事親為大，以曾元之賢，僅得謂之養口體。則孔子之所謂養其志者，惟曾子之養志足以當之。如是而以孝許之，奚不可乎？

7、（寶楠的見解）極取范說。

（三）寶楠案

1、范說亦通

2、但論孝即是觀人。既觀其行，而知三年無改於父之道，故以孝許之。

3、鄭、孔義本不誤，故仍主鄭、孔而以范說附之。

以上，在（一）介紹了宋儒范祖禹之說。這不是以補足鄭注、孔注為目的。劉寶楠也評以「鄭、孔義異」，毋寧說其乃是與鄭、孔之注處於對立之說。鄭、孔注在評價某人物時，說「父在世時，子不得自由行動，故觀察其人的志向；父死之後，觀察其人的行動而評價之」，在此章中的解釋，判斷評價人物為「觀人」，以此為孔子所論的內容。相對於此，范祖禹解釋「其人是否能繼承父之志向與行動，父在世時伺察父之志向，父過世後則思實踐父之行動。以無論父生或死是否皆能繼承之來判斷」，亦即論其人物之「孝」。像這樣論「觀人」呢？論「孝」呢？其指出此一見解之不同，即為「鄭、孔義異」。

孔子無論是論「觀人」，或是論「孝」，以明確的形式來提起此問題，在於（二）介紹的錢大昕之說。說「孔子之言，論孝乎？論觀人乎？」明確地提出「論觀人」和「論孝」的觀點是不同的，然而，錢大昕是論「孝」的觀點。由於經文有明言「可謂孝矣」，故知孔子是論「孝」而不是論「觀人」是很明白的；因此，經文的「觀其志」、「觀其行」，即是「觀父之志行」，而不是「觀子之志行」。如果看看鄭、孔注和范說的關係，錢大昕必不是本於范說，但在論理上則是范說給予的啟發，所以劉寶楠也指出「極取范說」。錢大昕的這一結論，在經文上有「孝」之一字作為明證是甚明的解釋；但不只如此，大概也是考察世情，子之不孝者不顧父母之養，朝亡而夕忘之，由此而出發吧！這就是所謂的經世致用。然身為考證學者的錢大昕，卻不怠於求之於《禮記》「觀父之志、行」的具體事例。

在注文解說，引用了與鄭、孔對立的范說、錢說，然並不是不予以評價地網羅一切說法加以介紹。這是劉寶楠的折衷主義。⑨錢大昕斥退「論觀人」，而站在「論孝」的觀點。劉寶楠本來以鄭、孔之義為正確，然又說范說亦通（（三）—1）。在此可見其折衷主義。其論理正因為觀子之行，故可知其人是否為孝；因此，「論孝」和「觀人」的觀點是不離的。有關於學問的考證，積極地確保「以正向來注疏家墨守之失」的立場；若從思想的立場來看，是「觀人」或是「論孝」呢？劉寶楠自己並沒有積極的主張。清朝的考證學本來就是由經世致用的實用之學出發，然而從乾隆、嘉慶到了道光年間，其實用的範圍漸漸變狹隘，逐漸變質為有益於學問之學問。說得好聽是科學的研究精神，實則是墮於為學問而學問的目的；研究方法愈精緻，經世的一面則愈薄弱。劉寶楠的折衷主義也可以見到那樣的傾向。

且，劉寶楠由其折衷主義的立場，認可鄭、孔說和范說；卻以鄭、孔說為主而以范說為從。這是漢主宋從的態度。從「不欲分漢宋門戶之見」、「輯漢魏舊說，益以宋人長義」（《清史稿》）的立場，以取入宋儒之說的態度，企圖保持不拘泥於朱子學的客觀立場。然而如本章，在出現漢儒和宋儒見解對立的情況時，卻以漢學為主，宋學為從。這是劉寶楠折衷主義的特徵。

結論

以上，由劉恭冕之「凡例」中所顯現之劉寶楠《論語正義》的基本立場和論理的展開，以及其實際上是如何表現的？檢證關於〈學而篇〉「父在觀其志」章，最後來看看劉寶楠對朱子說的處理方式。

依藤川熊一郎〈劉家の論語家學と論語正義（上）〉所說，《論語正義》採用朱子說達二十二條。但是，那些並沒有全部被承認，其中也引用了評為「失之」啦！「其理非也」啦！等否定朱子說的部分；此外也包含了指出朱子《集注》本的誤字等部分。又在第二節取了如〈學而篇〉「父在觀其志」章的《或問》所引的范祖禹說，並不是直接引用朱子，也包含《或問》或《集注》所引的楊氏、洪氏說或者胡說等等。也包括見於〈八佾篇〉「射不主皮」章，雖然很明白地沒有提到朱子說，但是其論理的根底大概是依朱子說而來。也就是說，這二十二條無關於說義的是非，可以見受到朱子學的廣泛影響的結果。說二十二條之數，在清朝儒學者一百二十九家，一百七十九書的引用中，不用說是無法比較，卻明確地表示了「不欲分漢、宋門戶」，欲取「宋人長義」的姿態吧！

關於藤川氏所舉的二十二條，首先發現作為特徵的部分是，劉寶楠對於與經文內容相關之朱子說，或者《或問》、《集注》中所引之朱說，在很多情況下都加以是非的判斷。其中「義不通」、「更合於義」、「於義似較長」、「說頗近理」等，屬於「凡例」所說「若說義二三，於義得合者，悉為錄之，以正向來注疏家墨守之失」的體例最多；若試舉一例，則如〈先進篇〉「閔子騫侍側」章的「子樂」，「《朱子集注》云：『樂得英才而教育之。』又一義，亦通」之類。甚而積極地評價為「是也」、「其義甚允」。又加以反對的，也有否定地說「失之」、「其理非也」，其評價並不一樣。

無論如何，明示引用朱子或朱子所引的宋儒之說時，保持了「正向來注疏家墨守之失」的客觀立場，至少可以看到那樣的努力態度；而在「父在觀其志」章，評「范說亦通」的情況下，大概多少有點歪曲吧！

此章是在介紹宋儒的「論孝」觀點，劉寶楠引用了《朱子或問》的范祖禹說的地方，需要注意其說和朱子《集注》的關係。在此，限於參考，指出朱子《集注》如下的說法。

1. 父在，子不得自專，而志則可知。父沒，然後其行可見。
2. 故觀此足以知其人之善惡。
3. 然又必能三年無於改父之道，乃見其孝。
4. 不然，則所行雖善，亦不得爲孝矣。

因為父在世時，子不得有自己的意志去行動，故即使無法觀察其行動，然卻可見子之志向，因此觀察其志向；父死之後，因為子有自己行動的意志，故觀察其行動。說從這些地方可以見到人物的善惡，因為說「觀人」之法，所以與鄭、孔之注相重疊。然朱子進而以三年間無改父之道，以此來觀察子之行動，可辨識其子之孝，否則其他的行動即使是善的，也不得稱為孝。這裏，說「觀人」以「論孝」為本，劉寶楠的觀點（二—(3)—1）並沒有不可。也就是說，朱子也站在折衷「觀人」、「論孝」的立場，但劉寶楠並沒有介紹朱子。「論孝」的觀點介紹宋儒范祖禹，但折衷的觀點並沒有介紹朱子。在展開自說折衷的理論時，站在大略相同的觀點而沒有引用朱子說。

看看另一例，如前所舉〈學而篇〉的「吾日三省吾身」章的「傳不習乎」，《集解》以「傳」為「傳人」之意，解釋為「傳不習乎」。《正義》與此不同，說「傳，謂師有所傳於己也」，解釋為「所傳不習乎」，但沒有明示這樣的解釋根據。不過，朱子《集注》有「傳，謂受之於師」，一般認為《正義》是襲用於此。對朱子說積極地進行「亦通」或「失之」之類的判定，劉寶楠在展開自身的理論時，是不以朱子說為根據的。在此，可以看到他對朱子學的一種拘執，在表明「不欲分漢宋門戶」的客觀態度時，同時也不禁讓人感到從反朱子學出發的清朝考證學之侷限。

注釋

①至劉寶楠的曾孫劉文興有《清劉楚楨先生寶楠年譜》（臺灣商務印書館，新編中國名人年譜集成第十九輯，民國七十五（一九八六）年六月初版發行。以下略稱《年譜》）的著作，非常地精審。本論中關於劉家的記年依據此書，並示以西曆年。

②此乃依《年譜》。若據藤塚鄰：《論語總說》（弘文堂，昭和二十五（一九五〇）年五月十五日初版

發行）所說，則此說有誤，應是光緒（一八七五—一九一一）初年梓行（第三篇之二、〈論語徵と清儒〉，三三二—三三三頁）。

③根據《論語正義》劉恭冕後序、《年譜》附著述考「論語正義」所引陳立，及《清史列傳》卷六十九〈儒林傳下二〉等。

④劉恭冕撰：《論語正義補》之王頌蔚序說「寶應之劉，自端臨（台拱）、楚楨（寶楠）兩先生，至我友叔俛孝廉（恭冕），皆世學《論語》」，劉氏《論語》學為台拱、寶楠、恭冕三代之學。

⑤關於《集解》所引孔安國注為偽託的見解，詳後述。

⑥《論語總說》第三篇之二、〈論語徵と清儒〉，三二七—三三一頁。

⑦原文作「殹」，從《說文》改。

⑧〈劉家の論語家學と論語正義　下〉，《斯文》，第十四編第十一號（昭和七年十一月一日發行）所收。又此論文之〈上〉，收於《斯文》，第十四號第九編（昭和七年九月一日發行）；〈中〉收於第十四編第十一號（昭和七年十月一日發行）。

⑨《年譜》引陳立序曰：「其疏《論語》也，章句櫛比，疏通知遠。萃秦、漢以來，迄國朝先儒舊說，衷以己意，實事求是」，指出其折衷主義。

第四部

朝鮮、日本之部

第一章 李退溪《退溪全書》與《論語》

——朝鮮朱子學之一端

◎松川健二 著
◎金培懿 譯

前言

李退溪（一五〇一——一五七〇），名滉，字季浩、景浩，號退溪，亦號陶翁、退陶、溪叟等，諡號文純，生於朝鮮慶尚北道安東郡禮安縣溫溪洞。自十二歲從其叔父松齋學習《論語》之後，喜讀陶淵明詩、《小學》、《性理大全》，二十歲時因為鑽研《周易》而廢寢忘食，甚至還危害到健康。二十三歲時，首度遊於大學①，因而有機會接觸到《心經附註》；自此以還，《心經附註》遂成了李退溪一生愛不釋手的書。二十八歲時，退溪雖然通過了司馬考試，但卻無意功名。然而為克盡孝養母親之心，三十歲時，再度遊於大學；三十四歲時，文科及第，開始其仕宦之途。在承文院、弘文館等參與編纂有關外交、內政的各類文件，除擔任經延官、侍讀官之外，亦擔任司諫院、司憲府的工作；四十歲時，晉升為朝鮮唯一之國立大學成均館的司成（教授）。但是，乙巳士禍前後，退溪因為退隱意識強烈，四十六歲乃於故里退溪東巖，築建養真齋，進入其讀書生活。其後，屢次被任命為官，雖在不得已的情形下也曾擔任過郡守，但五十歲時即卜居退溪之西，修建了寒栖庵，以教育子弟。五十二歲時，奉召還京，翌年，就任成均館的大司成（校長），旋即因病辭任。之後，一直到退溪晚年，即使當局以要職召之，然為避免朋黨之爭，退溪長期未上京赴任。為諸生講義，侍經筵，於七十歲臘月時辭世。

學問方面的主要著作有：五十三歲寫成的〈天命圖說後序〉、五十六歲寫成的〈朱子書節要〉、五十八歲寫成的〈自省錄〉、五十九歲寫成的〈宋季元明理學通錄〉、〈答奇明彥論四端七情第一書〉、〈答奇明彥論四端七情第二書〉。六十歲時，陶山書院建成，六十四歲著有〈心無體用辯〉、六十六歲有〈心經後論〉、六十八歲有〈戊辰六條疏〉、〈聖學十圖〉等。現在，《增補退溪全書》中，收錄了《退溪先生文集內集》、《退溪先生文集別集》、《退溪先生文集續集》、《自省錄》、《四書釋義》、《啟蒙傳疑》、《宋季元明理學通錄本集》、《宋季元明理學通錄外集》、《退溪先生年譜》、《退陶先生言行通錄》、《退溪先生言行錄》、《退溪先生輓祭錄》、《陶山及門諸賢錄》、《嶠南賓興錄》、《退溪先生文集考證》、《陶山十二曲》、《三經釋義》、《李子粹語》等，計有超過百卷之資料。又，退溪之著書，在日本因為受到山崎闇齋一門之推崇，故多有和刻本者。

一、《心經》之繼承

關於二十三歲時，退溪首次接觸到《心經附註》，到六十六歲時，寫成〈心經後論〉一事，已如前述。《心經》乃宋真德秀（一一七八－一二三五）所著，為其加附注解的，則是明人程敏政（一四四五－？）。〈心經後論〉開頭如下寫道：

> 滉少時游學漢中，始見此書於逆旅，而求得之。雖中以病廢，而有晚悟難成之嘆，然而其初感發興起於此事者，此書之力也。故平生尊信此書，亦不在四子近思錄之下矣。

文章接著提出其對〈附註〉部分的疑問，關於此點，留待後文討論。無論如何，記載有關退溪信賴《心經》的資料，並不缺乏，以下引文便是其中一例。

先生自言，吾得《心經》而後始知心學之淵源、心法之精微。故吾平生信此書如神明，敬此書如嚴父。

此《心經》，首先自《書經》摘出「危微精一」等十六字，再由《詩》、《易》和《四書》、〈樂記〉等書中抽出三十則，附以後世儒者相關之言論以為注記，再附加周、程、范、朱四人各自的言論七則，合計三十七則，而構成《心經》一書。《論語》中則有「子絕四」章、「顏淵問仁」章、「仲弓問仁」章三則被援用。筆者在觀察退溪是如何處理《論語》的語言時，首先就從此三章著手。

就第一則的「子絕四」章，當退溪被問道：「絕四何者最害，何以謂誠意章事，而謂宜與四勿章通看耶」時，其如下答道：

四者如循環相爲終始，害則皆害，豈可指其一爲最害邪？通考以爲誠意章事者，當其起於意，而能絕之，則爲能誠其意，故云云。又能絕四，則爲克己，不能克己，安能絕四，故云與四勿章潛玩，其義皆精。

說「意、必、固、我」四者如循環，《集注》已有說過，退溪在此特意將「意」解為《大學》

的「誠意」，是在解釋此章時，加深其「心學」上的意義。相較於《集注》所謂：「蓋意必常在事前，固我常在事後」的解釋，退溪顯然很重視「意」。如此一來我們可以預期到：此種解釋與「四勿」章，亦即「顏淵問仁」章中的「克己」，有著相輔相成的雙重效果。

繼而筆者將就退溪對第二則「顏淵問仁」章的解釋來談。作為退溪對此章寄予厚望的資料，記有以下這則插曲。其乃退溪六十八歲那年九月，入侍進講程頤〈四箴〉時的事。退溪進講完畢時進言道：

> 四箴在顏子問爲仁章，孔門許多弟子訓仁處甚多，而惟顏子得聞此，朱子以爲聖門相授心法切要之言也。

蓋無論是「此章問答，乃傳授心法切要之言」，或是「惟顏子得聞之」，皆見於《論語集注》中，朱熹的「按語」。而程頤的〈四箴〉，是《心經》三十七則中的其中一則，退溪將之與「顏淵問仁」章一併加以推崇。而由此項資料可看出退溪對顏淵的傾心，以及其重視心的傾向。

關於對第三則「仲弓問仁」章的解釋，退溪在他五十七歲，答覆金惇敘的信中說道：

以出門如賓，承事如祭，恐爲心害，此說大誤。苟如此，從古聖賢，戰兢臨履，日夕惕若者，皆爲心害，而必如原壤夷俟，莊周滅禮，東坡打破這敬字，而後心得其養耶。

該則記載，亦收進〈自省錄〉中，退溪向以重視「敬」而為人所知。蓋原本三十七則《心經》

中，其中有一則就是朱熹的〈敬齋箴〉，因為其中便有「出門如賓，承事如祭」八個字，所

以對真德秀的《心經》而言，此篇「仲弓問仁」章，原本也就應該予以重視。

且說關於「仲弓問仁」章，古注、新注皆以「敬」字來解說。即便是心學傾向顯著的謝良佐也說：「但在存得如見大賓，如承大祭之心，便是識痛癢。」（《上蔡語錄》卷上）然雖如此，現在吾人則來看看，相反地想要除卻「敬」這一要素，亦即明代心學所作出的解釋例子。蓋原本將「敬」視為多餘者，就如吾人可以由王守仁的「以誠意為主，即不須添敬字」（《傳習錄》卷上，一二九）的話語中看出的，此對所謂心學而言，乃是一必然的傾向。王守仁解釋「仲弓問仁」章說：

如在邦無怨，在家無怨，亦只是自家不怨。如不怨天，不尤人之意。然家邦無怨於我，亦在其中。但所重不在此。

雖然所謂在家邦無怨亦被含括進來，但是重點則在自家不怨。陽明將之解釋成是與對象無關的，是自家自身「心」的問題。此種往心學方面的解釋傾向，再傳至焦竑時，其展開則如下文所述。

> 見大賓，承大祭，與施諸己而不願，此其心豈窮索而獲哉？吾所自有也。反而得之，則出門使民，與施諸人者，無之而非是，奚怨奚弗怨，何也？舍其心而外索，故施而不應斯怨，怨斯弃，是心也。吾之自有，猶食焉者之自飽也。何與於人，而冀人之應爲。知此者可以識仁，可以明學。（《焦氏筆乘．續集》，卷一）

由上述引文吾人可以得知，焦竑認為為仁不在於與他者的關係，而是將仁的意義內容，轉化成是自我本身應該知曉的事物。之前，退溪指出恐其皆為心害，此或許正可將之視為是退溪對陽明心學之理解。蓋退溪雖然重視心，但原本就與宋明所謂的心學，界線分明，其嚴峻區別自身之心學與宋明心學這點，吾人不可不知。

二、不違仁與求放心

在前面一節，筆者舉出《心經》中三則引用《論語》者，藉由考察退溪對它們之理解，而來闡明退溪重視心的傾向。在本節，筆者則試圖考察退溪對《論語》中，處理心這一問題之代表的「子曰回也」章，其所持態度為何？

首先，吾人且由可見於〈言行錄〉中的一則話語來看。某次，退溪回答門人李德引有關顏子不違仁的問題，而回答道：

或於三月之後，則未免一番間斷底意思。才間斷了，便更知之。此未達聖人才一間處。

此說只是繼承了《集注》圈外的尹焞的說法，接著，退溪被問到：「先生能免間斷否？」時，退溪對這個問題的回答，則可以充分看出退溪思想的真髓。退溪曰：

何敢道無間斷？吾於靜中莊敬之際，雖或免放，倒若宴飲酬酢之時，或不免弛放走作，此平日所以懍然戒懼者也。②

退溪是將「顏子不違仁」章，與《孟子》的「求放心」放在一起詮釋。以此來強迫自己持續保持緊張感，而持續緊張感則需要有強盛的意志力。退溪六十五歲時，回答其門人趙士敬說道：

程子曰，聖賢千言萬語，只是欲人將已放之心約之，使反復入身來，自能尋向上去，下學而上達也。觀程子此言，直以聖賢許多言語皆若以為求放心設。誠若是焉，此一事占地步不亦廣博而悠長乎？愚恐自大賢以下，皆不可謂無此事。顏子三月不違仁，當其覺違而復仁也，便似微有些此箇意思。其餘則日月至焉。當其未至之時，未知幾放而幾求，及其至也，或以日，或以月，則亦豈免求放心之節度乎？但其放也，其求也，各隨其人之才分學力，而有大小精粗逸近難易之不同耳。

又，在其最晚年的六十八歲十二月，在其上〈聖學十圖〉給第八宣祖王時，其在補說「心學圖」時也說：

臣竊以爲，求放心，淺言之，則固爲第一下手著腳處，就其深而極言之，瞬息之頃，一念少差，亦是放。顏子猶不能無違於三月之後，只不能無違斯涉於放，惟是顏子，纔差失，便能知之，纔知之，便不復萌作，亦爲求放心之類也。

透過以上二例，吾人可以得知：退溪徹頭尾地將〈顏子不違仁〉與〈求放心〉二章合而為一而來加以解釋。退溪在解釋求放心時，便如此將之往不違仁的方向來解釋。對退溪而言，不違仁，即與求放心同義。三十七則《心經》中，取自《孟子》中的便有十二則，因為特別取名叫《心經》，在十二則中本來就包含了「求放心」的「仁，人心也」章，而且，在取自朱熹作品中的三則裡，則又包含了〈求放心齋銘〉，由上述二例看來，此乃自年輕時便相當熟悉《心經》的退溪，在說明「求放心」時，如何援引了「不違仁」的例子。但是，另一方面，若從所謂朱子學對「子曰回也」章的解釋例子這一側面來看的話，主要有張載所謂的：在「三月不違」與「日月至」之間，有著內外、賓主之區隔。歷來諸家對該章的解釋，始終圍繞在所謂的內、外；賓、主之辨的情形下③，而退溪對此章的詮釋，可以稱得上是加進了另外的觀點。

在此，為了將退溪以為「不違仁」即是「求放心」的理解方式，更加凸顯出來，暫且先來看看「仁，人心也」章的前一章，也就是《心經》所採用的「牛山之木」章。此乃退溪六十六歲時，禹景善的提問。

明道先生曰，操則存，捨則亡，出入無時，莫知其鄉者，惟心之謂歟？此非聖人之言也。今按程子此說，大可疑。蓮坊以爲聖人之心，不待操而存，程子無乃見得聖人之心而言耶。蓮坊所云，亦未得契也。未知如何？

程顥之言④，見於《上蔡語錄》卷上，而《二程集．外書》卷十二亦有收錄。蓮坊指的是李球。對禹景善而言，即使說是為了保證心之本來性，但否定聖賢之言則嫌過度，蓋李球所謂的「心不待操而存」等這種判斷，都應加以指責非難。李退溪的回答是：

恐明道以出入二字爲疑而云，伊川謂亦以操舍而言，則其言乃無病，蓮坊說未穩。

程顥之言，見於《二程集》卷十五、卷十八、卷二十二，《心經》中則將之整理成所謂：「心豈有出入乎？亦以操舍言而已。操之之道，敬以直內而已」的形式，而加以採用。退溪所謂應將重點放在操捨，而不是放在出入的這種判斷，在以下的例文中，更加明確。退溪七十歲時，在回答許美叔的：「明道以出入無時，莫知其鄉，為非聖人之言，殊未詳。抑別有意乎？」這樣的發問時，其回答道：

明道以出入二字，爲眞有出入看，故以爲非聖言。伊川謂，心豈有出入？亦以操捨而爲言。於是其義洞然，而無可疑耳。

關於心的本來性，退溪本就有其自身明確的判斷。退溪在六十八歲回答趙起伯所謂：「心有出入何歟？」的問題時，如下回答說：

謝上蔡曰，心豈有出入？⑤遠近精粗之間，今有物，有形體者，則立其形體自有內外。心則一人之心，天地之心，充滿天地之間，安有出入之處。

惟誠如前面例文中所看到的一樣，蓋所謂「操」，其必要條件乃是：意志的緊張與此種緊張感的持續。而退溪此種重視操、存的思想，似乎是在其五十五歲前後時確立的。退溪五十六歲時，在答鄭子中的信中說：

所云操存省察勿上念之說，非謂學者常法爲然。只是心恙必如此，然後可安也。況此道理無間內外。凡致謹於外，乃所以涵養其中也。故孔門未嘗言心學，而心學在其中。滉當時無引喻之，人不知此理，徒長心恙，而遂全然放下了，坐失數十年光陰，是所悯恨。

這可說是退溪心學之宣言。此與本文第二條引文，亦即見於〈言行錄〉的「吾得《心經》而後始知心學之淵源、心法之精微」一語相比較時，吾人可以注意到：其所主張的「心學」之內容，更形鮮明。上述退溪所謂的心學，不外就是內外兼顧的心靈陶冶，退溪也就在此種思想架構內，而來理解「顏子不違仁」一事。

三、思與心得

蓋有關退溪是何等重視心之效能一事，已如前文所述。接下來，有關最能代表心之活動的「思」，吾人不妨再次回到「顏淵問仁」章來看看。此章後半，乃是有關「四勿」與「思」之關係的議論。關於「思」並未包含在「四勿」之內一事，朱熹早有以下之發言。

〈洪範〉五事，以思爲主。蓋不可見，而行乎四者之間也。然操存之漸，必自其可見者而爲之法，則切近明白，而易以持守，故五事之次，思最在後。而夫子於此，亦遍舉四勿，而不及夫思焉。蓋欲學者循其可見易守之法，以養其不可見不可係之心也。至於久而不懈，則表裡如一，而私意無所容矣。

所謂〈洪範〉五事，是指貌、言、視、聽、思。而退溪全盤繼承了此番論點，在答金而精《文集》卷二十九，十二頁）的信中，退溪除了援用了朱熹的這段話以外，尚言及應該「法朱子為師」，並規戒說不可「分內外為兩截」，又言：「事，以外為粗淺易做底；以內為微妙難及底功夫也」。退溪強調：「思」是活動於視聽言動之間的。

但是，對於將重點置於心之效能的退溪而言，在其以「思」為主要問題而來作思考時，我們可以看見退溪實有異於朱熹。以下，筆者將舉出退溪對《論語．為政篇》「學而不思」章的解釋，而來加以考察。退溪在六十八歲那年的十二月，其向皇帝進獻的〈聖學十圖〉中，附加了一篇可以稱之為序文的〈進聖學十圖劄〉，退溪於文中言道：

孔子曰：學而不思則罔，思而不學則殆，學也者，習其事而眞踐履之謂也。蓋聖門之學，不求諸心則昏而無得，故必思以通其微。不習其事，則危而不安。

故必學以踐其實，思與學交相發而互相益也。

今且讓我們進入上文所以寫成的過程中來看看。〈言行錄〉記載退溪在此年九月九日入侍，講義此章。

> 子曰，學而不思則罔，思而不學則殆。釋之者曰，不求諸心，故昏而無得；不習其事，故危而不安。爲學須要體驗於心，然後得之於己，眞實無雜也。盡通諸經，而無心得之實，則昏而無得；思之於心，而不能習熟，則殆而不安。

所謂「釋之者」，無非就是朱熹《論語集注》本注之文。朱熹被弟子問道：「不求諸心，故昏而無得，不習其事，故危而不安。」時，說道：

> 思與學字相對說。學這事，便思這事。人說這事合恁地做，自家不曾思量這道理是合如何，則惘然而已。罔，似今人說「罔兩」。既思得這事，若不去做這事，便不熟，則臬兀不安。

朱熹並且進而以學射為例來回答。又，朱熹在另外的場合，被問及：「學是學其事，思是思其理否?」一時，朱熹亦回答道：「思只是思所學事而已。學而不思便都罔了。」亦即，對朱熹而言，即使說是「求諸心」，也僅止於理解事情道理的程度。關於退溪在《論語集注》原文之外，添加了「故必思而通其微」、「故必學以踐其實」，以及若干文字，而作成的〈進聖學十圖劄〉一文，現姑且不論，但若將朱熹之回答，與雜揉了「體驗於心」、「心得之實」等主張的〈言行錄〉中所記載的文章加以比較時，我們很容易地便可以看出退溪所標榜的「心學」，其深刻化之軌跡。

四、克己與己欲立而立人

如上所述，主張藉由思索和體認而來確立自我的退溪，想來強烈觸動退溪心弦的，或恐是《論語》「古之學者為己」一章。〈言行錄〉中有以下兩則記載。

先生曰，爲己之學，以道理爲吾人之所當知，德行爲吾人之所當行，近裏著工，期在心得而躬行者是也。爲人之學，則不務心得躬行，而飾虛徇外，以求名取譽者是也。

先生曰，君子之學，爲己而已。所謂爲己者，即張敬夫所謂無所爲而然也。如深山茂林之中，有一蘭草終日薰香，而不自知其爲香，正合於君子爲己之義，宜深體之。

退溪一味以心得躬行為主旨，但自己卻非有意識而為之的解釋態度，在將之與《論語集注》中所採用的程頤所謂：「為己，欲得之於己也」的話相比較時，其強調純粹的意向，非常顯著。

但是，如此不懈怠於審視己身的退溪，如果終究也免不了要與社會有所交涉的話，其在自我陶冶的這一階段，當然也會強烈意識到己身與他者的關連。退溪六十八歲時，在進呈〈聖學十圖〉前所寫成的〈西銘考證講義〉中，有關「予茲藐焉」四字，退溪之解說如下：

予字及銘中九吾字，固擬人人稱自己之辭。然凡讀是書者，於此十字，勿徒認作橫渠之自我，亦勿讓與別人之謂我。皆當自任以爲己事看，方得。夫《西銘》本以狀仁之體，而必主自己爲言者，何也？昔夫子答子貢博施濟眾之問，而曰，仁者己欲立而立人，己欲達而達人，意與此同。蓋子貢不知就吾身親切處求仁，而求之太闊，遠無關涉，故夫子言此使其反之於身，而認得仁體最切實處。

……且予，吾，即我也。與子貢所謂，我不欲人之加諸我也，吾亦欲無加諸人之我字，吾字同皆公也。而子絕四，毋意，毋必，毋固，毋我之我字，私也。夫子所謂，己欲立而立人之己字，公也。而顏子克己復禮之己字，私也。數字之稱，本合爲一字，一字之間，一公一私，而天理人欲得失之分，不啻如霄壤之判，差毫釐而謬千里，尤不可以不審也。

《心經》中亦被採用的四絕中的「我」，與克己復禮的「己」，即為「私」，乃原本就是須要被加以克服的；相對於此，退溪說：〈公冶長篇〉的「我不欲人之加諸我也，吾亦欲無加諸人」的「我」、「吾」，〈雍也篇〉的「己欲立而立人，己欲達而達人」的「己」，則是「公」，此不可不嚴峻區別之。所謂自身主體無法確立時，就無法真正的尊重他人；將他者摒除在視線之外，就無法達到真正的自我完成的這個道理，以及退溪將利己之自我的「私」，與覺醒之自我的「公」，放在對立的位置這一觀點，應該大書特書。筆者以為此乃為了檢證自我，而完全活用《論語》話語的罕見例證。現若要從朱子學集團中，找出有關對比「克己復禮」與「己欲立而立人」的先行討論的話，也只能找出《朱子語類》卷三十三中，朱熹如下之言論。

孔子說仁，亦多有不同處。向顏子說，則以克己為仁。此處又以立人達人為仁。一自己上說，一自人上說。須於這裡看得一般，方可。

由吾人可以說：退溪思想之迫切，乃一層一層道破而得來的。

結語

退溪在六十六歲時，懷著對終生奉讀不已的《心經附註》的思索，寫成〈心經後論〉一事，在本文第一節開頭，已有陳述。在前文所援引的「故生平尊信此書，亦不在四子近思錄之下矣」之後，退溪繼而說道：

及其每讀至篇末也，又未嘗不致疑於其間。以爲吳氏之爲此說也，何見篁墩之取此條也，何意其無乃有欲率天下歸陸氏之意歟！

此即退溪長年省察下來而有的產物。吳氏指的是元人吳澄（草廬）。吳澄在其〈尊德性道問學齋記〉中，說：「如北溪之陳，雙峰之饒，則與彼記誦詞章之俗學相去者，何能以寸乎。

漢唐之儒無責，聖學大明於宋代，繼其後者如此，可嘆而已。」吳澄是一個所謂言語表達詳盡，主張尊德性的朱陸折衷論者。但退溪由明人程敏政（篁墩）在其自身所作之《心經附註》篇末，引用了吳澄此文一事，而指出程敏政乃拘泥於陸九淵（象山）者。退溪晚年的此番發言，在總括退溪心學時，有著決定性的意義。蓋退溪之學問，在所謂關心理氣論的同時，也對心的陶冶方面，寄予了相當大的關心，而其雖試圖深化心學，然終未脫卻朱子學之範圍。

總而言之，誠如前文所述，退溪之心性論、朱陸論，在接受、理解《論語》時，亦如實地反映出來。退溪以各種形態言及《論語》之文句者，超過三十處。而在這些相關論述中，本文之所以只處理了與自我省察有關的八則文句，此乃因筆者只選擇退溪在援引《論語》時，態度明確、主張相當明顯之文句，而導致的必然結果。而吾人由本文所舉的例子也可以發現：退溪之《論語》解釋，雖將《論語集注》往「心學」方向深化，但卻又與陸王之學特有的所謂心學式解釋，界線分明。

注釋

①誠如後述，退溪自己在〈心經後論〉（《退溪先生文集內集》，卷四十一，十一頁）中說：「滉少時遊學漢中，始見此書於逆旅而求得之。」此年究竟是何年？關於退溪學於大學之年，阿部吉雄在《日本朱子學と朝鮮》（東京大學出版會，一九六五年）中，以為是退溪三十三歲時之事。其根據，

阿部吉雄在《李退溪——との行動と思想》（評論社，一九七七年）中，如下說道：

> 此學於大學之年，柳西厓的《退溪年譜》中，舉出二十三歲和三十三歲兩條，但因退溪在贈給金河西的詩之後序中，寫有「癸巳秋西入泮宮……」等字，在二十三歲說無有確證的情況下，顯然是癸巳，亦即三十三歲時的事。又，此亦與門人金誠一抄錄退溪語，其中如下說到的一致。「少多疾病，自中司馬之後，殊無進取之意，惟以奉親養病爲心。爲仲兄敦勸，更作遊泮應舉之計。」
>
> 司馬考試合格乃戊子年春，即二十八歲時。……

現在，《增補退溪全書》所收的兩種年譜中，其中一種〈退溪先生年譜〉的二十三歲該條所謂：「是歲先生始遊大學」中，欄外可看到案語：「先生筆錄金河西贈詩後小序曰，癸巳秋西入泮宮云云，此條當在癸巳遊泮條下。」（今在另一種〈退陶先生言行通錄〉所收的〈年譜〉中則未見該記載）阿部吉雄或從此說。然筆者以為：阿部吉雄所指出的兩點，都無法在否定退溪曾於二十三歲遊學大學一事上，具有充分的說服力，而其將退溪接觸《心經附註》時，限定在退溪三十三歲時的根據，亦很薄弱。附帶一提的是：高橋進的《李退溪と敬の哲學》（東洋書院）也繼承了阿部吉雄的說法。但是，我綜合考慮了見於門人趙穆的〈言行總錄〉（〈退陶先生言行通錄〉卷一，又〈言行總錄〉亦載於〈陶山門賢錄〉卷首）中所謂「弱冠遊國庠，時經己卯之禍，士習日趨浮薄，見先生所為，人皆笑侮」這段記載（己卯之歲，退溪年十九），因為並不能否定退溪二十三歲時曾遊過大學，所以退溪極可能是在二十三歲時，第一次接觸到《心經附註》。李塇根在《增補退溪全書》中所寫的序文中，亦寫道：「二十三歲，訪大學，似自此時河西金麟厚相交甚親。」

②在〈退陶先生言行通錄〉中，則加進了「不喜赴人會飲之招」八個字。

③在《朱子語類》有關「子曰回也」章的三十七則中，與張載所謂內、外；賓、主之辨相關的，就超過二十則，《集註大全》中，也可看出此種傾向相當明顯。

④《上蔡語錄》上，可看到「明道先生曰：操則存，舍則亡，出入無時，非聖人之言也。心安得有出入乎?」在此，則是由「明道先生曰」，到「非聖人之言也」。又，此條引文原原本本地亦收錄在《二程外書》卷十二中，王孝魚所點校的中華書局版（一九八一年）《二程集》中，也以「心安得有出入乎」為程顥語。

⑤參照注④。

第二章 林羅山《春鑑抄》與《論語》——統治論的陳述

◎大野 出著
◎金培懿 譯

前言

林羅山（一五八三—一六五七）幼名菊松麿，元服戴冠儀式後，稱又三郎信勝，諱忠，字子信，號羅山，別號胡蝶洞、梅花村、夕顏巷、瓢巷、路陽等。慶長十二年（一六〇七）時奉家康之命削髮，法號道春。號羅山，此乃羅浮山人之簡稱，藤原惺窩基於宋人羅仲素於羅浮山讀《春秋》這一典故，故替羅山取了這個號。人稱羅山先生、羅浮先生，自稱羅山子、浮山、羅洞。

羅山，天正十一年（一五八三）八月生於京都，文祿四年（一五九五）十三歲時行元服戴冠儀式，爾後慶長十年（一六〇五）初謁家康以來，受幕府重用，歷仕家康、秀忠、家光、家綱四代，參與策畫幕府文教政策以及各種制度之立案。然而，就在元和二年（一六一六）到寬永元年（一六二四）的德川秀忠之時代，亦即羅山三十四歲到四十二歲之間，其出仕秀忠一事乃徒具形式，不太受到秀忠重用，對羅山而言，這是一段懷才不遇的時代。

羅山早以博覽強記而為人所知，其讀書不問古今，不限和漢，經書自不待言，自諸子百家乃至歷史、小說無不涉獵。又羅山亦是罕見的藏書家，據說其晚年時，藏書多達兩萬部。正保四年（一六四七）羅山將其藏書中的一千多部分傳與三男鵝峰（恕），複寫本七百多部則分傳與四男讀耕齋（靖）（長男、次男早夭），其餘大半藏書，為明曆三年（一六五七）一月十九日的江戶大火所燒毀。自大火隔天開始，羅山便臥病不起，同月二十三日辭世長眠，享年七十五歲。對羅山而言，藏書的燒毀，或許是種致命的打擊。①

蓋日本自室町時代後半以還，在四書的編成方面，便有《大學》、《中庸》採新注，《論語》、《孟子》採古注的傳統，即使在活字印刷盛行、印刷文化普及的江戶初期，也是按此傳統來編成四書，如此編成的四書也廣為人們所閱讀。②亦即，提及《論語》的話，便應該依據古注來閱讀之，這對江戶初期的知識份子而言，乃是一種常識。而持續固守此項傳統的，便是明經博士的清原家。

但是，羅山卻往上述的此項傳統裡，投進了一顆石頭。慶長八年（一六〇三）二十一歲的羅山，聚集町眾於京城，開筵講說朱子的《論語集注》，在《羅山先生年譜》慶長八年這條中，對當時的事況記載如下：

先生二十一歲，聚徒弟，開筵講《論語集註》，來聞者滿席。外史清原秀賢，忌其才而奏曰，自古無勅許則不能講書，廷臣猶然，況於俗士乎？請罪之。遂聞達大神君，大君莞爾曰：可謂講者之奇也，訴者其志隘。於是秀賢緘口。自是，先生講書不休，加訓點於四書章句集註，專以程朱之說爲主。信澄亦就先生學問，其名稍顯。

蓋講授經書明明不可以沒有朝廷勅許，羅山卻在沒有得到勅許的情況下，公然講說《論語》，此實不可原諒之事。當時，繼承明經博士，血統純正的英才清原秀賢，便向朝廷提出控訴。然朝廷無法裁決，遂將此項裁定委託內大臣家康。針對此事，家康認為羅山的講義並無關係，反而感嘆控訴者清原秀賢的行為過於偏狹。在獲得家康認可後的羅山，以此事件為契機，乃公然依據《論語集注》以講說《論語》。③

關於《羅山先生年譜》慶長八年的這條記載，很難說是一條全無粉飾的史實，但是這一條記載，卻絕對是標誌著日本《論語》注釋史上，由古注轉換成新注的象徵性事件。

羅山有關《論語》的著作，有《論語諺解》一書④。該書由〈學而篇〉到〈里仁篇〉為止，是以羅山的口授資料為底稿，由其三男鵝峰全部做整理。又其內容，基本上多是鋪陳《論語集注》，故很難由其中窺知羅山自身的思想。相對於此，筆者以下即將舉出的《春鑑抄》，雖非鋪陳《論語》之作，但羅山在論述其自身思想時，必要時便援用《論語》等言辭，而來構築已論。下節，筆者將以《春鑑抄》和《論語》為中心，以進行考察。

一、《春鑑抄》〈禮章〉中《論語》之引用

《春鑑抄》乃寬永六年（一六二九）寫成之假名抄。假名抄這類著作通常不著錄著者名，在由鵝峰所著的羅山著述目錄中，亦未有著錄《春鑑抄》之書名，但內閣文庫所藏的慶安元年本之刊書記載中，則載有「道春書　慶安元年大呂吉旦」，該書因而被視為是羅山代表性的假名抄之一。然書名《春鑑抄》之由來不詳。全書由〈五常〉、〈仁〉、〈義〉、〈禮〉、〈智〉、〈信〉六章構成。與《春鑑抄》同為羅山假名抄之代表著作之一的《三德抄》，書中所揭示的則是羅山對《大學》、《中庸》的理解，相對於此，《春鑑抄》中所揭示的，則是羅山對《論語》、《孟子》的理解。⑤

蓋《春鑑抄》中引用《論語》的頻率很高，除了〈五常〉章以外，〈仁〉、〈義〉、

〈禮〉、〈智〉、〈信〉五章中，引用《論語》經文者，合計共達四十八處。除引用《論語》本文之外，未引用《論語》經文，但卻只引用《論語集注》之文者，則有五處。

若就其引用《論語》經文之文句來看，《論語》二十篇中除了〈泰伯〉、〈鄉黨〉、〈先進〉、〈微子〉、〈子張〉以外，其他十五篇普遍被援用。⑥又，引用順序也頗恣意，並非以鋪陳《論語》為目的，而且羅山在開陳己論時，必要時還將《論語》中的言辭加以取捨或選擇。

羅山在《春鑑抄》中引用《論語》時，並不直接引用《論語》原文本身，也有一開始就只有和文解釋而已，但大多數的場合，都是連同引用自《論語》的原文，而以和文加以解釋。例如〈信〉章中引用〈學而篇〉的一段話時，便附以和文解釋如下：

> 《論語》有子曰：信近於義，言可復也。其意爲信即誠實也。與人約，則無有稍違，必踐其所約。義、宜也。如見風，則應風而操帆也。然若只欲固守信以求無誤，則反有所偏而至失信，不可不以信近義而行。初或覺有疑，然義終歸於信。⑦（原爲日文）

因此，即使無法理解《春鑑抄》中所引用的《論語》原文，只要依照以假名書寫而成的部分，也就可以理解以假名寫成的《春鑑抄》。又書中解釋《論語》原文的和文解釋，除了一部分例外以外⑧，大多數的場合都是基於《論語集注》而來。當然，亦有附加進羅山自己獨自的解釋或比喻的情形。

前文已提及《春鑑抄》乃由〈五常〉、〈仁〉、〈義〉、〈智〉、〈信〉等六章所構成，但此六章各自所占之篇幅，卻未必均衡，在份量的分配上，相差頗大⑨，〈禮〉章所占篇幅最多，約占全書的三分之一。

在此，不妨就來看看《春鑑抄》各章引用《論語》之頻率。《春鑑抄》全書共引用了四十八條《論語》之經文，但〈禮〉章中所引用的《論語》經文卻只有六處，可說是較少的章節。因為所占篇幅之多，高達全書三分之一的〈禮〉章，其引用《論語》經文之比例，卻僅止於全體的八分之一。

蓋《論語》中有關「禮」的記載，絕非少數。然而，為何羅山在討論「禮」時，卻不太引用《論語》呢？筆者在思考這個問題時，試圖舉出長久以來一直困擾著羅山的，所謂「孔老問答」這一問題，而來進行討論。

慶長九年（一六〇四），在寄予吉田玄之的信中⑩，羅山表示其對《禮記》及《史記》中所記載的「孔老問答」，亦即孔子問禮於老子的記述，懷抱強烈的質疑。確實，《禮記．曾子問》中，關於曾子所問的祖廟之「禮」，或是葬儀之禮，孔子是將老子親口所傳授的，原原本本傳授給曾子。又，《史記》〈孔子世家〉、〈老子傳〉中則記載說：孔子為了問禮於老子，因而趕赴周。對於《禮記》和《史記》的此種記載，羅山會抱持強烈懷疑，也是理所當然的。有關儒家所重視的五常之一的「禮」，孔子居然還得向老子詢問，當時羅山當然有其無法信服的理由。換言之，遑論儒家關於「禮」的思想，與《老子》中所說的，乃是正面對立的。針對孕含著如此重大問題的思想——「禮」，為何《禮記》或《史記》中，會記載孔子問禮於老子，慶長九年時的林羅山，並無法找出滿意的答案。

本來，對儒者羅山而言，「孔老問答」中包含著兩個重大的問題。其一，倘若孔子真向老子討教，則會產生在學問或思想上，老子皆在孔子之上的印象，這對羅山而言是一個非同小可的問題。其二，孔子向老子請教的內容，居然是攸關儒學思想根本極為重要的「禮」。

但是，在《春鑑抄》成書前的寬永三年（一六二六）的信中⑪，對於「孔老問答」這一問題，羅山有了某種解答。對於前文所說的「孔老問答」所孕含的第一個問題，羅山以為：

云聖人無常師，《左傳》有問官名於郯子事，亦問樂於萇弘，問琴事於師襄子。入大廟每事問時，廟守亦可謂一時之師也。……釋迦出家之初，有入檀特山，以仙人爲師，然彼仙人豈及於釋迦耶？故師未必優於弟子，弟子未必劣於師，異端如此，儒者亦如此，應有此義。（原爲日文）。

亦即無論是對任何人，皆能捨去自尊心而向其請教，這也是孔子優於常人的一面，即便是向老子請教，也不是說孔子就不及老子，羅山如是強調。羅山此種想法，亦可見於《春鑑抄》〈智〉章中，羅山說：

《中庸》云：舜其大智也與，舜好問而好察邇言。虞舜乃大智之人，故舜好問於人。縱令其爲低賤者所言，若爲善則用之，是以爲大智。今之時人，或覺問於人，則將遭人笑說無恥、無知，故不知者亦強爲知之之顏，而不問於人。云君子不恥下問者，即不以問於下位者爲恥，雖爲既知之事，然能問，即是智者也。云孔子入大廟每事問，則聖人如孔子者，亦祭魯之宗廟，與祭時，廟中諸事無不問，雖知亦問，禮也。（原爲日文）

再者，關於第二個問題，羅山則認為其原因在於「（老子）周之柱下之史也。守藏史之人，見廣而知物，應知禮」，羅山試圖將孔子問「禮」於老子的內容，限定在所謂周朝自古以來的陳規法制，此種有關禮法的知識範疇內。確實，《禮記．曾子問》中孔子口授自老子的「禮」之內容，若不是祖廟之「禮」，便是葬儀之禮，亦即禮法禮儀，亦即所謂有關形而下的「禮」知識。而且《史記》〈孔子世家〉、〈老子傳〉中，對於孔子問禮於老子的「禮」，並無提到其具體內容。因此也就有可能將孔子問「禮」於老子的「禮」之內容，限定在形而下的知識範疇內而來加以解釋。基於上述此種解釋，孔子所說的儒學思想之根本，亦即形而上的「禮」，就可避免受到老子的影響。孔子的「禮」思想，也就可以沒有瑕玼地獲得圓滿的解決。

現在讓我們再回到《春鑑抄．禮》章來討論的話，分為前半與後半兩部的〈禮〉章，在前半部的最後，如下總結說道：

> 至此所論者，皆爲禮儀、教養之事。此禮曰〈曲禮〉。《禮記》首篇，多載此禮。上記者，乃言禮中可見於目，可形於事者。

也就是說，〈禮〉章前半部，是有關禮儀等形而下之「禮」的具體記述，在繼前半部後半部中，則是由討論有關作為思想的「禮」所構成。

其實，〈禮〉章中六處援引自《論語》者，全部都在後半部。⑫亦即，羅山在討論作為思想的「禮」時，就援用《論語》中所說的；而有關形而下的「禮」的記載，則全不引用《論語》。

這也就是為什麼〈禮〉章即使占了《春鑑抄》全書三分之一，所占篇幅比例最多，但其援引自《論語》者，卻只占全部引用次數的八分之一，亦即六處而已的原因。

二、《春鑑抄》的統治論與《論語》

而《春鑑抄》對《論語》的引用，大致可分為談個人之修養者，以及開陳國家之統治論者。然筆者以為：羅山是將重點放在後者的統治論上。例如，羅山將〈仁〉章「唯仁者能好人、能惡人」（〈里仁篇〉），用於下文中。

> 周代聖人周公旦，以謀叛之罪誅兄弟管叔、蔡叔。《論語》有唯仁者能好人、能惡人。仁者，以其爲愛人者，故言能好人。又以其不愛惡人，故言能惡人。周公誅管叔、蔡叔，舜退四凶，孔子殺少正卯，以其能惡人也。（原爲日文）

這是羅山將《論語》「唯仁者能好人、能惡人」該句，限定用在統治論。在此，吾人可以窺知作為德川幕府政權代言的人林羅山之政治性意圖。也就是說，這是為了對德川政權的政敵，或是有可能成為政敵者，烙下「惡人」烙印時，可以將彼等罪不可赦的斷罪定讞加以正當合理化。「仁者」的統治者，不是應該對萬民深懷慈悲，而是要對可憎者採取斷然的態度，如此詮釋時，《論語》該節「唯仁者能好人、能惡人」，對羅山等統治論而言，是必要不可或缺之文獻。

又，對〈仁〉章「樊遲問仁，子曰：仁者先難而後獲，可謂仁矣」（〈雍也篇〉），羅山說明道：

> 所謂仁者，先能事君，辛勤勞苦，克盡忠節，而後受祿。不仁者，謂不能事君，而先欲受祿者。立功績而後始受祿於君。未立功績而受祿者，與飲食未付錢者同，故仁者不爲也。（原爲日文）

羅山將「仁者」限定成是事奉君主者，「先難」是指「能事君，辛勤勞苦，克盡忠節」，「後獲」則解釋成「受祿」。亦即，此處所說的「仁」，是指事奉君主者的「仁」。關於此點，吾人亦可以將之看成是羅山統治論中的一環。

而在《春鑑抄》與《論語》的關係中，最應該注意的，則是《論語．子路篇》中被引用的三句話，即「上好禮，則民莫敢不敬」、「上好義，則民莫敢不服」、「上好信，則民莫敢不用情」。以上三句，都在《春鑑抄》〈禮〉、〈義〉、〈信〉等各章結論之部分，各自被引用到。例如在〈禮〉章的結論部分，羅山說：

誠如上好禮則民莫敢不敬，在上者若能好禮法，則在下之萬民必能尊君。故禮者乃天理之節文，人事義理之規則。初雖以爲如物之表，然皆天理之所形，人依此禮，通天正行。以禮爲道之法度如此，故人不可不據此禮，以之爲貴而踐履之。（原爲日文）

羅山乃是就《論語》的「上好禮，則民莫敢不敬」，一面引用《論語集注》的說法，同時說明「禮」的重要性。

又，〈義〉章的結論部分，羅山也同樣說道：

《論語》中孔子亦言「上好義，則民莫敢不服」。君主能好義，則臣下萬民皆歸服，敬君如日月。（原爲日文）

以為《論語》「上好義，則民莫敢不服」一句中，總括了行「義」之必要性。

又，〈信〉章的結尾部分也寫道：

> 故言上好信，則民莫敢不用情也。君上若能好信，則臣下萬民亦必以誠擁戴。
> （原爲日文）

亦即，若吾人說道：《春鑑抄》中羅山的統治論，全匯集在《論語．子路篇》的「上好禮，則民莫敢不敬。上好義，則民莫敢不服。上好信，則民莫敢不用情」這部分，實亦不為過。基於《論語．子路篇》的這段話，羅山發現了作為立於民眾之上的統治者所必備的德目——「禮」、「義」、「信」之重要性。

然則，對於《論語．子路篇》該部分未有提到的「仁」、「智」，羅山於《春鑑抄》中，又表示了何種看法呢？首先，且讓我們來看看《春鑑抄．智》章最後的一句話。

> 若使君上有智而能治國，則國無不治。（原爲日文）

這一句話，顯然是《論語．子路篇》的「上好禮，則民莫敢不敬。上好義，則民莫敢不服。上好信，則民莫敢不用情」的延伸。或者吾人亦可以說：這是將《論語．子路篇》的這部分，由「禮」、「義」、「信」，擴大解釋到「智」，亦無不可。也就是說，對於「智」，羅山也是將之視為是立於民眾之上的統治者所必備的德目，進而去發現「智」的重要性。

那麼，接著是「仁」的情況，在〈仁〉章的結論部分，有著以下的記載。

《大學》言：「一家仁，一國興仁」，君上一人若能好仁道，則一國之人皆行仁道。故君上不可不知仁道。（原爲日文）

雖然羅山引用的是《大學》的經文，但羅山此番解釋，很明顯地，是受到了前述《論語．子路篇》該部分的統治論所牽引。對於「仁」，羅山也是將其視為與「禮」、「義」、「信」、「智」一樣，都是「在上者」、「人君」所應具備的德目，並藉之而來發現「仁」的重要性。當然，不限於統治者，「仁」乃是任何人都應該具備的德目，此在《春鑑抄》中也屢次被提及。但此並非什麼大不了的問題，因為在一般民眾當中，即使有不行「仁道」者，只要在上者，亦即統治者，一度行「仁道」的話，則國中之人將皆行「仁道」。自不待言地，此種統治觀不僅限於「仁」而已，還貫穿整部包含「禮」、「義」、「信」、「智」的《春鑑抄》。

結尾

本文首先在第一節中，考察了《春鑑抄．禮》章對《論語》的引用情形。〈禮〉章雖然占了《春鑑抄》全書三分之一的篇幅，而其對《論語》的引用，卻只有六處（占《春鑑抄》引用《論語》次數全數的八分之一）。筆者指出：此應與羅山對孔子問禮於老子的解釋有關。亦即，吾人可以發現，《春鑑抄・禮》章中的《論語》引用問題，與羅山對孔子問禮於老子的解釋之間，有著意想不到的相關關係。

又，接著在第二節中，筆者則討論到了《春鑑抄》的論述主旨、執筆意圖等，都總括在《論語・子路篇》的「上好禮，則民莫敢不敬。上好義，則民莫敢不服。上好信，則民莫敢不用情」中，羅山此種統治論，擴大解釋到連「仁」、「智」都包含在內的「五常」，並成為《春鑑抄》全書的思想支柱。

注釋

①林羅山的傳記研究，有崛勇雄的《林羅山（人物叢書）》（吉川弘文館，一九六四年刊）、宇野茂彥的《林羅山・（附）林鵝峰（叢書・日本の思想家）》（明德出版社，一九九二年刊）。本文亦皆參考之。

②請參考川瀨一馬：〈日本で論語がどのように讀まれたか〉（收入《大東急記念文庫文化講座講演錄・論語》，大東急記念文庫，一九七四年刊）。

③關於此事，《野槌》（林羅山，元和七年所作）中記載如下：

初，余《論語》看何晏《集解》、皇侃《疏》，自十七、八歲，始讀朱子《集注》，考《大全》，亦窺《程子遺書》、《性理大全》，爲朋友說《集注》之旨，時二十一歲也。歷十二年，而著深衣講說之。其時，亦有人云：於日本，初講書而不奏上，是爲罪也，國有法云云，然余不以之掛心，愈益讀誦，蓋此等事，欲語雕蟲篆刻之童子也。（原爲日文）

④藏於島原圖書館，松平文庫。

⑤請參考石田一良．金谷治：《藤原惺窩．林羅山（日本思想大系）》（岩波書店，一九七五年刊）。

⑥〈學而〉五處、〈為政〉二處、〈八佾〉二處、〈里仁〉四處、〈公冶長〉一處、〈雍也〉七處、〈述而〉一處、〈子罕〉二處、〈顏淵〉六處、〈子路〉三處、〈憲問〉七處、〈衛靈公〉二處、〈季氏〉一處、〈陽貨〉八處、〈堯曰〉一處。

⑦本文所引《春鑑抄》，係依據內閣文庫所藏之慶安元年本。文中標明是用常用漢字，並適當地補上標點和濁音記號。

⑧羅山將〈仁〉章「仁者樂山」之解釋，依據何晏「仁者樂如山之安固，自然不動而萬物生焉」之注文，解說為：「所謂仁者，樂山之安固，自然無為，而草木萬物生焉。」

⑨《春鑑抄》全書一三六九行中，各章所占比例：〈五常章〉五一行（三．七%）、〈仁章〉四〇行（二九．八%）、〈義章〉一七五行（一二．八%）、〈禮章〉四六〇行（三三．六%）、〈智章〉一四一行（一〇．三%）、〈信章〉一三四行（九．八%）。

⑩〈寄田玄之〉一信，收入《羅山林先生外集》卷第二。

⑪〈自江戶答叔勝狀〉一文，收入《羅山林先生外集》卷第十。引用之際，筆者補上標點和濁音記號。

⑫前半部中，也有援引到所謂「寢毋伏」、「寢不言」、「食不語」這類與《論語・鄉黨篇》類似的三句引文，但此並非羅山有意識地引用《論語》之文，而是將此三句引文誤認為《禮記・曲禮》之言，而加以援用。

第三章　伊藤仁齋《論語古義》

——古學派的道德說

◎伊東倫厚　著
◎金培懿　譯

前言

伊藤仁齋（一六二七—一七〇五）名維楨，字源佐，京都堀河人。[1]三十二歲時，始自號仁齋。伊藤家代代建居於泉州堺津，至其祖父輩時，為避「天正之亂」而遷至京都。

仁齋長子東涯所著〈先府君古學先生行狀〉（《古學先生文集》附刻）中，關於京都之伊藤家，其記載道：「廢著作家」。所謂「廢著」者，即買賣之意。由此可知伊藤家為商人之家。附帶一提的是：仁齋之母，乃連歌師里村紹巴之孫。又其母親之祖母，乃角倉了意之弟，亦即名醫吉田易安之女。

仁齋自始志於學，至年近三十的十幾年間，傾倒於程朱之學，專心鑽研。〈太極論〉、〈性善論〉、〈心學原論〉（《古學先生文集》卷二）等三代表作，便是其於該時期思索朱子學的思想結晶。

在完成上述三代表作後不久，受到精神病症的強烈煎熬，仁齋屏居煩悶度日，閱讀泛涉陽明學、佛教、老莊等方面書籍，然仍無法在既成的學問體系中求得精神上的安頓。三十六歲時，設立了同志會這一讀書研究會，事情於是有了轉機。仁齋自覺到為學之立場便在：孔孟之道，當不假後儒注解，直接就《論語》、《孟子》本文而來加以探究，進而仁齋更展開了其卑近、生生不息的道德之學。終其七十九年之生涯，經營私塾「古義堂」，竭力盡瘁於講義、著述。

仁齋生有五子，時人稱之為伊藤之五藏（原藏、重藏、正藏、平藏、才藏），五子皆以儒者揚名於世，特別是長子原藏（名長胤），亦即東涯（一六七〇～一七三六），學識冠絕，身當古義堂二代塾主，彰顯師父之學以外，更專心一意地整備古義之學。或許是得力於東涯克盡紹述得宜，仁齋與其私謚的古學先生之稱號，名實相符，除了被尊仰為所謂古學派（古義學派）之鼻祖之外，在京都，古義堂之學不僅號稱有著在某一時期壓倒其他學派的興隆，其學脈甚至還延續到了明治時代。

仁齋沒後，其著作經過東涯及仁齋門人綿密地整理、校訂，陸續刊行問世。②如《論語古義》、《孟子古義》、《大學定本》、《中庸發揮》、《語孟字義》、《童子問》、《古學先生文集》、《古學先生詩集》便是。今依照本論文之課題，僅止於就《論語古義》十卷來立論。該書上梓時間為仁齋沒後七年的正德二年，東涯在〈刊論語古義序〉文中，如下說道：

> 昔，吾先人夙志聖學，衽席經典，服膺遺訓，唯信夫子之爲曠古人之聖，此書之爲曠古無上之經。晝誦宵繹，參究訓傳，恍然自得，始覺後世之學，與古人異。齒未強壯，已艸此解。杜門卻掃，日授生徒，不復知世有聲利榮華之可羨。改竄補緝，向五十霜，稿凡五易，白首紛如。冀傳聖訓于後昆，託微志于汗青。

根據這段序文吾人可以推知以下二事，第一，雖然《論語古義》成書之正確年月，很難得知，但是《論語古義》之起草，最早應該是在同志會設立之前後。第二，吾人可以十分明確地察知仁齋終生致力推敲此書。因此，延寶元年（一六七三）京都遭大火之際，仁齋冒死救出的，就只有《論語古義》的草稿而已。《論語古義》之於仁齋，就如同《四書集注》之於朱子，乃仁齋傾畢生精力之著作。

該書體裁在每章《論語》本文之下，對於字義、語義施加注解，之後說明一章之主旨，必要時，更於其後配以「論曰」一詞起文之文章。在說明章旨及「論曰」之文中，仁齋不拘古注、新注，隨時展開其獨自的見解。蓋《語孟字義》中所概略提示，以及《童子問》中所詳細論述的有關仁齋思想、學說之大部分主張，多在排斥宋學式的思惟，欲直接闡明孔子之教。而此學問思想主張，稱之為是在注解《論語》的過程中所培養、樹立起來的，亦不為過。

一、最上至極宇宙第一書

大凡所謂儒者，沒有不尊崇孔子的道理，因此，尊重孔子之言行錄的《論語》亦屬理所當然。然話雖如此，像仁齋如此重視《論語》，而且熱烈讚美《論語》者，比例亦相當罕見。

在此，試舉《論語古義．總論．綱領》中的維楨，亦即仁齋之按語而來玩味之。③

《論語》一書，萬世道學之規矩準則也。其言至正至當，徹上徹下，增一字則有餘，減一字則不足，道至乎此而盡矣，學至乎此而極矣。猶天地之無窮，人在其中，而不知其大。通萬世而不變，準四海而不違，於乎大矣哉！

仁齋對《論語》的這番稱讚，饒富趣味的是：在〈大學非孔氏之遺書辨〉（《語孟字義》附錄）中，也有重覆相同的記載和措辭。④又，此段文詞敘述，乃出自寬文八年，仁齋四十二歲時，針對〈私議策問〉仁齋自身所提出的答案。

誠以《論語》一書，其詞平正，其理深穩，增一字則有剩，減一字則不足，天下之言，於是乎極矣。天下之理，於是乎盡矣。實宇宙第一書也。

在該段文詞敘述中，仁齋雖稱《論語》為宇宙第一書，但在《論語古義》的草稿中，該書每卷在「論語」一詞之上，皆冠以「最上至極宇宙第一」八個字。⑤這八個字中究竟孕含了仁齋何種心境，吾人其實可以從《論語古義．總論．綱領》以下的文辭中得知其想法。

夫子以前，雖教法略備，然學問未開，道德未明。直至夫子，然後道德學問，初發揮得盡矣。使萬世學者，知專由仁義而行。而種種鬼神卜筮之說，皆以義理斷之，不與道德相混。故謂學問自夫子始嶄新開闢可也。孟子引宰我、子貢、有若三子之語曰：賢於堯舜遠矣。又曰：自生民以來，未有盛於孔子也。蓋諸子嘗得親炙夫子，而知其實度越乎群聖人，而後措詞如此。愚斷以《論語》

爲最上至極宇宙第一書，爲此故也。而漢唐以來，人皆知六經之爲尊，而不知《論語》之爲最尊而高出於六經之上。或以《易》範爲祖，或以《學》《庸》爲先，不知《論語》一書，其明道立教，徹上徹下，無復餘蘊，非他經之可比也。夫子之道，所以終不大明於天下者，職此之由。愚賴天之靈，得發明千載不傳之學於《語》《孟》二書。故敢攄鄙見，不少隱諱，非臆說也。⑥

學問，更正確地說，成就道德的學問，乃始自孔子，這也是孔子所以凌駕群聖之原因。而《論語》不外就是滿載著如此偉大之聖人——孔子——之教者，因此乃斷言《論語》為最上至極宇宙第一書。以上便是仁齋所想要傳達的心情。

自西漢武帝以儒學為國教以來，《論語》便被視為是初學者必須學習的典籍，其後，隨著各個朝代的遞嬗，孔子的地位也隨之上升，其評價的提高也與之成正比，未曾降低過。雖然如此，誠如眾所皆知的，在《漢書．藝文志》中則不過是將《論語》與《孝經》、《爾雅》等書，當成六藝，亦即六經的附屬品而來看待罷了。即使是在所謂四書之學確立之後的宋元以還的朝代裡，就如同徵諸書目、提要或者《十三經注疏》中所列的經書次序，而可一目瞭然的：將《論語》置於五經以下的地位這一事實，並沒有任何改變。

然而，仁齋卻將《論語》一書之地位，高置於六經之上，此舉亦即確定了《論語》遠比六經各經來得有價值。《童子問》卷上第四章中，仁齋揭舉程子「《論語》、《孟子》既治，則六經不治可明。」（《程氏遺書》卷二十五）之言，讚揚此話為古今名言。⑦原來程子相當重視《論語》、《孟子》以及《禮記》中的〈大學〉、〈中庸〉兩篇一事，本為眾所皆知。但是，程子這句話，最多僅止於說：讀書當以《論語》、《孟子》為出發點而已，但並未主張宜置六經於《論》、《孟》二書之下。反論之，程子這句話本來就像陸象山所說的：「六經皆我心注腳」等話語一樣，其反面也不免讓人感覺到其將六經純粹視為聖人典籍的尊崇姿態。

這點姑且不論，對照《語孟字義》、《童子論》中的許多記載，與其說仁齋決無忽視五經，毋寧說我們無法否定，仁齋積極地認定五經各自有其特殊的意義與價值。然而，若讓仁齋自己來說的話，《論語》則是：「最尊貴而且高出六經之上」。置《論語》於六經之上，從傳統的經書觀而言，甚是本末倒置之事。也就是說，視《論語》為最上至極宇宙第一書的，除仁齋以外，無人可以想見。若借用前文所引述的東涯在〈刊論語古義序〉中的話，總而言之，仁齋乃：「唯信夫子之為曠古一人之聖，此書之為曠古無上之經。」

二、《論語》與《孟子》

仁齋無比尊崇《論語》一事，已如上節所言。另外，吾人亦不能忽視其亦特別重視《孟子》這點。對於《論》、《孟》二書，仁齋有其獨特的見解。由《語孟字義》、《童子問》、《孟子古義》等書中，雖然亦可反覆看見旨意相同之立言，但現在暫且將關注之焦點，聚焦於《論語古義．總論．綱領》中之論述。

> 欲學孔孟之道者，當知二書之所同，又知其所異也。則於孔孟之本指，自瞭然矣。蓋天下所尊者二，曰道，曰教。道者何？仁義是也；教者何？學問是也。《論語》專言教，而道在其中矣。孟子專言道，而教在其中矣。

《論語》專在論說「教」（學問），《孟子》則專在論述「道」（仁義），仁齋如此界定。由所謂「而道在其中」、「而教在其中」這種巧妙的語言轉換看來，就如我們先前已然察覺到的之外，在前面的這段發言中，仁齋視《論》、《孟》為兩相互補之物。

繼前述所言，首先針對《論語》（孔子），仁齋如下說明道：

道者充滿宇宙，貫徹古今，無處不在，無時不然，至矣。然不能使人自能趨於善。故聖人爲之明彝倫，倡仁義，教之詩書禮樂，以使人得爲聖爲賢，而能開萬世大平，皆教之功也。故夫子專言教，而道自在其中也。

仁齋視孔子為「教」（學問）之開拓者的這種見解，筆者在上一節中已經確認過。在此筆者寧可注意其以下有關《孟子》的說明。

而至於孟子時，聖遠道湮，異端蜂起，各道其道，莫能統一。故孟子爲之明揭示仁義兩者。而詔諸後世，猶晝夜之互行，寒暑之相代，無偏無倚，煥如日星，使人無所迷惑。七篇內，橫說豎說，其言若異，而無一非仁義之旨。而其所謂存養擴充，居仁由義之説，皆以教而言。故孟子專言道，而教在其中也。

該段話的論點是說：孟子因為生逢處士橫議、百家爭鳴的亂世，所以便揭舉了與孔子之教一致的仁義之道。此種孟子觀，在特別表彰孟子的這層意義上，誠如由朱子《孟子集注》序文中所引數條「韓子曰」的文句中亦可窺知的一樣，可以說是繼承了韓愈所謂聖人之道是由孔子再傳至孟子的看法。但是，將《論語》（孔子）與《孟子》（孟子）分別安排成教與道，倡導兩者為互補關係的，想來這當是仁齋之創見。

於是，仁齋作了以下之結論：

二書之言，如有所異，而實相爲用，此其所同也。此二書之要領，學問之標的。若於此欠理會，卒不能得孔孟之門庭。學者審諸。

但是，上述所謂以《論語》為教，《孟子》為道的想法背後，其實是仁齋對《中庸》開頭所謂性、道、教三者之關係的思索，此事由《論語古義．總論．綱領》中的另一條論述，便可知曉。該條論述由於也可說是明白揭示出〈陽貨篇〉「性相近，習相遠」章的解釋，所以文章略長，而雖然如此，筆者在此仍想將其全文揭舉出。

孟子刱倡性善之說，爲萬世道學之宗旨。而孔子不言之者，何哉？蓋人能從教，則隨其所志所勸，皆可以至於聖賢，而性之美惡不暇論焉。故雖無性善之說可矣。故曰：性相近也，習相遠也。夫自衆人至於堯舜，其間相去，奚翅千萬。而夫子謂之相近者，則孟子所謂人皆可以爲堯舜之意。故雖不言性善，而性善自在其中矣。謂夫子不言性善者非也。

乍見所謂「雖不言性善，而性善自在其中矣。謂夫子不言性善者非也」，雖似詭辯，然其本意乃在主張：孔子所謂的「性相近」，與孟子所謂的「人皆可以為堯舜」主旨相同。附帶一提的是，仁齋在對「性相近，習相遠」章的解釋中，也是同樣明言道：

孟子學孔子者也。其旨豈有異乎？其所謂性善者，即發明性相近之旨者也。（《論語古義》，卷之九）

孟子本以仁義爲其宗旨。而其所以發性善之說者，蓋爲自暴自棄者，立其標榜，使知所本耳。蓋道至尊，而教次之。而其盡道受教者，性之德也。若使人之性如雞犬之無智焉，則雖有善道，莫得而入。雖有善教，莫得而從也。惟其善，故能盡道受教，而之善也輕。此孟子所以爲自暴自棄者發性善之說。

「自暴自棄」一語，乃出自《孟子．離婁上》其中一章之語，指的是：在言行上特意不遵從仁義者。程子在解釋「唯上知與下愚不移」時，便將所謂的下愚，限定成自暴自棄者。⑧仁齋說孟子所以提倡性善，是為了自暴自棄者的論調，即是根據程子的這個想法。

而亦莫不以教爲要，何者？倘專任其性，而不學以充之，則衆人焉耳，愚人焉耳。其卒或爲桀紂而止。故曰：苟不充之，不足以事父母。又曰：苟失其養，無物不消。皆言性之不可恃也。專謂孟子倡性善之說，爲道學之宗旨者，後世學騖虛遠，視性甚高之所致，而非孟子之本旨也。

這段話是稍稍出人意表的表達，「性之不可恃」一語，此處之外，仁齋的著作中也出現好幾次。所謂性善，指的就只是性可以基於受教，而具備能夠受教的可能性。也就是說：即使存有善性，只要不施加教，就絕不可能有道德上的提昇，仁齋如此認為。在性、道、教三者相互牽扯拉距中，性乃不可恃之物，所以道與教才會被視為是重要的。又，前述引文，把說明擴充、存養的話當作教，這或許可以說是一符合前面所謂：「孟子專言道，而教在其中」的例子。

以上，是就仁齋所謂將專論述教的《論語》與專論述道的《孟子》，合二為一而予以尊重的想法，具體加以論述。只要是立足於此種想法，則將如以下仁齋所說的：

讀《論語》，而不讀《孟子》，則不知《論語》之言，自有頭柄。讀《孟子》，而不讀《論語》，則亦不知《孟子》之說，本有所據。（《孟子古義．總論》）

一樣，其強調必需合併兩書而讀之一事，亦為理所當然。但是，須要注意的是：雖然說以《孟子》為最上至極宇宙第一書《論語》之羽翼，這固然是仁齋的理解沒錯，但是關於這種思考過程，乃至其思惟結構之實質，《孟子》的分量往往比《論語》本身還大。仁齋以下之發言，偶爾洩露出其該方面的訊息。

> 論曰：七篇之書，《論語》之義疏也。故得《孟子》之意，而後可以曉《論語》之義，苟不本之於《孟子》，而徒欲從《論語》字面求其意義，則牽強不通，必至致誤。（《論語古義》卷之二，「人而不仁」章）

對於與《論語古義》體裁相同的《孟子古義》，安井小太郎在〈解題〉中如下說道：「仁齋稱《孟子》為《論語》注腳，其實是欲以《孟子》解《論語》，本《論語》解《孟子》也。」安井此種見解蓋屬卓見。

三、慈愛之德

就如三十二歲前後，著有〈仁說〉（《古學先生集》卷三），以「仁齋」為書齋名號一事所象徵的一樣，對仁齋而言，如何理解「仁」這件事，從一開始，便是學問最重要的課題。正因為如此，諸如「(仁者)聖門學問第一字」(《童子問》卷之上，三十四章)、「仁者，人道之大本，眾善之總要」(《童子問》卷之上，四十二章)、「仁者，道德之大本，學問之極致」(《童子問》卷之上，四十四章)，或者是「仁義為孔孟學問之宗旨」(《童子問》卷之中，六章)、「外仁義而無教」(《童子問》卷之下，二十八章)等等，其標舉仁或仁義的字句，不勝枚舉。

雖然如此，關於德目，重視仁或仁義這件事本身，只要是信奉孔子，或者是有志於孔孟之道，此乃當然之結果，因為這也就是所謂儒家之定見，但若只是如此，在此之上或許沒有探索的必要。然而，若對仁齋所理解的仁字實際意義仔細斟酌考慮的話，仁齋獨自的世界，似乎亦在此開陳開來。

透過《史記．仲尼弟子列傳》原憲條中所引《論語》的句子，吾人除了可以理解〈憲問篇〉首章「憲問恥，子曰：邦有道穀，邦無道恥也」，和「克伐怨欲不行焉，可以為仁矣」，這兩條問答的構造的同時，亦可知道「克伐怨欲不行焉，可以為仁矣」這句，乃是原憲所提之問句。在這節，筆者首先想舉出的《論語》句子，便是其後半部分的問答。亦即：

克伐怨欲不行焉，可以爲仁矣。子曰：可以爲難矣。仁則吾不知也。

首先讓我們來看看朱子與仁齋對這一段原文的解釋。

克、伐、怨、欲不行焉，可以爲仁矣。此亦原憲以其所能而問也。克，好勝。伐，自矜。怨，忿恨。欲，貪欲。子曰：可以爲難矣，仁則吾不知也。有是四者而能制之，使不得行，可謂難矣。仁則天理渾然，自無四者之累，不行不足以言之也。（《論語集注》）

此亦原憲以其所希望而問也。馬氏曰：克，好勝人。伐，自伐其功。怨，小忿。欲，貪欲。憲蓋以四者自不行爲仁，故爲問。言能制克伐怨欲，而使不行，則固人之所難爲矣。然至於以此爲仁，則吾不知也。蓋慈愛之德，能及物，無一毫殘忍之心，而後可以謂之仁矣。豈止無克伐怨欲之謂哉？（《論語古義》卷之七）

有關克、伐、怨、欲之字義，《集注》與《古義》的記述，幾乎重覆。只是，朱子認為原憲已經達到不會有克、伐、怨、欲的境地；仁齋則以為這只是原憲對自己的期許。若暫時將此前提上的差異擱置不理，試著對這兩種解釋加以訓讀的話，則兩者都讀作：

「克、伐、怨、欲の行なはれざるは、以て仁と爲おべきか。」子曰く、「以て難しと爲すべし。仁は則ち吾知りざるなり。」⑨

而且，兩人都將孔子的發言理解為：此四者不行，確實是一件困難的事，但即便如此，也還不是仁的階段。在這點上朱子、仁齋兩人看法一致。《集注》、《古義》的注解，就像這樣，表面上看似相似。但是，如果我們特別留意雙方注解中筆者畫線的部分，則情形便丕然一變。

朱子接著前面所引的句子，繼續說道：

程子曰：人而無克、伐、怨、欲，惟仁者能之。有之而能制其情使不行，斯亦難能也。謂之仁則未也。此聖人開示之深，惜乎憲之不能再問也。或曰四者不行，固不得爲仁矣。然亦豈非所謂克己之事，求仁之方乎？曰：克去己私以復乎禮，則私欲不留，而天理之本然者得矣。若但制而不行，則是未有拔去病根之意，而容其潛藏隱伏於胷中也。豈克己求仁之謂哉？學者察於二者之間，則其所以求仁之功，益親切而無滲漏矣。

程子的這段話，就像是在鋪陳說明先前筆者畫上旁線，朱子自己的話語「仁則天理渾然，自無四者之累」一樣。推察程、朱話語之含意，我們可以知道：得天理之本然，達到己私人欲皆無的狀態，這才叫作仁。正因為如此，所以根絕克、伐、怨、欲，只是類似克制的狀態，與仁的狀態是相當懸殊的。

另一方面，仁齋也繼續說道：

> 論曰：心一也。仁則爲溫和慈良，不仁則爲克伐怨欲，在其所存如何耳？故知德者，務用力於仁，而不強事防閑。知德之可尊，而欲之不足惡也。不知德者，徒惡欲之累其心，而專用力於克治，殊不知茍脩其德，則其欲自退聽。徒惡欲之累己，而強欲無之，則併其良知良能，斲喪遏絕，不復得存。是不可不知也。若後世無欲主靜之說者，實虛無寂滅之學，而非孔門爲仁之旨矣。

上面的論說，自不待言地，當然是在仔細申論說明前面筆者畫有旁線的句子「蓋慈愛之德，能及物，無一毫殘忍之心，而後可以謂之仁矣」的，實際上，這同時不外乎亦是在反駁上述程、朱的說法，此乃相當明顯之事。想來，圍繞可以說是孔門教義之關鍵詞彙的「仁」字之理解，仁齋的說法，與朱子的解釋是以雙重的形態，背道而馳。

第一，對仁齋而言，所謂的仁，是溫和慈良這種極普通的感情，也就是說仁是基於所謂慈愛這類的人情而成立的道德，既非天理，亦非「愛之理」（〈學而篇〉第二章朱注）。為了慎重起見，附帶提及的是：不承認有所謂未發之性與已發之情，乃至不承認所謂有本然之性與氣質之性之區分的仁齋，例如就如同可以在：

夫仁，愛而已矣。（《論語古義》卷之七「憲問・君子而不仁者有矣」章）

問：仁畢竟止於愛歟？曰：畢竟止於愛。（《童子問》，卷之上，四十五章）

等立論中明白看出的，仁齋毫無忌憚地，將程朱認為不過是七情之一的「愛」，論定為「仁」。有關這點，在此由於篇幅所限，筆者並不加以引述。但在《童子問》卷之上三十九章中，仁齋強調所謂：作為五達道（君臣、父子、夫婦、昆弟、朋友）之原理的義、親、別、敘、信，只有以愛貫串時才會落實的旨趣。

第二、若借用前面引述中的說法，仁齋對朱子所指出的以欲累心，所謂強事防閑，專用力於克治的無欲主靜之說，是相當排斥，而且仁齋並不認此乃是孔門之宗旨。此種主張，在《論語古義》中其他對《論語》字句的解釋文辭中，也可以一再看見。例如，〈里仁篇〉「子曰，惟仁者能好人，能惡人」一章的解釋中說：

仁者，以愛爲心，故好惡得當而不失。……論曰：宋儒以仁爲理，故以好惡當理解之，即明鏡止水之意也。蓋以無情視仁，無欲解仁，而不知仁之爲德，雖有淺深大小之差，而未有不自愛人之心出者也。故唯仁愛之人，而後能好惡得當，而不至於有刻薄褊私之弊。《書》曰：罪疑惟輕，功疑惟重。此仁者所以能好惡人。（《論語古義》，卷之二）

上文中的宋儒以……等等，是根據該章朱注所謂「蓋無私心，然後好惡當於理」而來的。又〈里仁篇〉另一章「子曰，苟志於仁矣，無惡也」的注裏說：

言心之所向，纔在於仁，則自無爲人所惡也。……論曰：宋儒之學，持論過高，嫌乎恤人之怨惡爲枉道。故解無惡，以爲無爲惡之事，此非聖人之意。（《論語古義》，卷之二）

在此筆者再作解釋，或許稍嫌多餘，然因為該章的朱注中有「其心誠在於仁，則必無為惡之事矣」，所以「無惡也」三字應該訓讀為「惡無きなり」（心中無惡）。但是，仁齋方面，卻將之訓為「惡まるる無きなり」（無被憎惡）。

前文所舉出的三條仁齋的論點中，關於宋儒不允許有一絲人欲之私存在的嚴格主義之道德，仁齋指出說其「有刻薄褊私之弊」這點，應無需細說詳陳。但是，附帶一提的是：在仁齋此種主張的根底，存在著積極肯定人情、人欲的信念。前文所援引的《論語古義》之注解，也已經觸及了「欲之不足惡」，而要找到如實吐露此種信念的言語，並不必大費周章。仁齋有言：

人情者，天下古今之所同然。五常百行，皆由是而出。豈外人情，而別有所謂天理者哉？苟於人情不合，則藉令能爲天下之所難爲，實豺狼之心，不可行也。但在禮以節之，義以裁之耳。（《論語古義》，卷之七，〈葉公語孔子曰〉章）

苟有禮義以裁之，則情即是道，欲即是義，何惡之有？苟無禮義以裁之，而特欲斷愛滅欲，則是矯枉過直，藹然至情一齊絕滅，將亡形骸塞耳目而後止。（《童子問》卷之中，十章）

閱讀了上述引文，吾人不僅可以再一次認識到：仁齋將仁說成是慈愛之德的見解，是與宋儒相對峙的，此乃基於其大方肯定人情、人欲的人性觀這點；同時也不禁令人想到：展開與仁齋相當類似的人性觀之思想家——戴震（一七二三～一七七七），其在禹域中國活躍的時期，要在仁齋之後經過半個世紀以上這點。

四、忠信之修為

若將話題限於道德方面，而來談透過注解《論語》，仁齋所體悟到的，那麼與上節中我們所看到的一般，亦即將仁規定為慈愛之德所並列的，則不得不舉出相當於所謂求仁之方法的修為。

> 仁義禮智，謂之道德，人道之本也。忠信敬恕，謂之修爲，所以求至夫道德也。故語道德，則以仁爲宗。論修爲，必以忠信爲要。（《論語古義》，卷之一，「詩三百」章）

對始終於慈愛之德——仁——的體會，因為實踐忠信，而成為可能。此番論點，首先在〈里仁篇〉的「參乎，吾道一以貫之」章中，開展出來。

蓋忠以盡己，則接人必實，而無欺詐之念。恕以忖人，則待物寬宥，而無刻薄之弊。既忠且恕，則可以至於仁矣。豈復有他岐之可惑者乎哉！（《論語古義》，卷之二）

文中的「刻薄之弊」，指的當然是宋儒否定人欲的立場。仁齋繼續說道：

論曰：聖人之道，不過彝倫綱常之間，而濟人爲大。故曾子以忠恕，發揮夫子一以貫之之旨。嗚呼！傳聖人之道，而告之後學，其旨明且盡矣。夫子嘗答樊遲問仁，曰：與人忠。子貢問曰：有一言而可以終身行之者乎？夫子唯曰：其恕乎。孟子亦曰：強恕而行，求仁無近焉。可見忠恕二者，乃求仁之至要，而聖學之所成始成終者也。蓋忠恕所以一貫之也，非以忠恕訓一貫也。先儒以爲，夫子之心，一理渾然，而泛應曲當。惟曾子有見於此，而非學者之所能與知也。故借學者忠恕之目，以曉一貫之旨，豈然乎哉！（《論語古義》卷之二）

「先儒以為」以下之言論，乃概括了該章原本《集注》所謂：

夫子之一理渾然而泛應曲當，譬則天地之至誠無息，而萬物各得其所也。自此之外，固無餘法，而亦無待於推矣。曾子有見於此而難言之，故借學者盡己、推己之目以著明之。

的這番解說。將曾子「夫子之道，忠恕而已矣」這話，照字面來解釋的仁齋，當然也注意到〈學而篇〉所記載的曾子之話語：

吾日三省吾身。爲人謀而不忠乎？與朋友交而不信乎？傳不習乎？

仁齋注解說：

蓋斯三者，皆爲人不苟之事。曾子以此自省其身，則古人所以修身者，專以愛人爲本。故其所自省者，亦在爲人。而非如後世之學，以絕外誘屏思慮，爲省身之要也。可從而知矣。

論曰：古者道德盛，而議論平。故其修己治人之間，專言孝弟忠信，而未嘗有高遠微妙之說也。聖人既沒，道德始衰。道德始衰，而議論始高。及乎其愈衰也，則議論愈高，而去道德愈益甚矣！人唯知悅議論之高，而不知其實去道德益遠也。佛老之說，後儒之學是已。蓋天地之道，存于人，人之道莫切於孝弟忠信。故孝弟忠信，足以盡人道矣。（《論語古義》，卷之一）

在上述引文中，孝悌與忠信一樣，被認為是修為的德目。關於仁齋的此種想法，限於篇幅，在此無法多方援引，但筆者在此且具體披露仁齋對〈學而篇〉第二章的「孝弟也者，其為仁之本與」的注解。

忠信一語，可見於〈述而篇〉的：

子以四教，文、行、忠、信。

仁齋果然沒忘記要對之下一評斷。

此孔之家法也。文以致知，行以踐善，忠以盡己，信以應物。蓋萬世學問之程式也。學者當謹守之，而不得輒變其法也。

論曰：四教，以忠信爲歸宿之地。即主忠信之意。蓋非忠信，則道無以明矣，德無以成矣。禮者，忠信之推。敬者，忠信之發。乃人道之所以立，而萬事之所以成也。凡學者不可不以忠信爲主也。而後之諸儒，別各立宗旨，以爲學問之主意者，何哉？（《論語古義》，卷之四）

又，如〈學而篇〉的：

主忠信，無友不如己者。

在忠信一語出現的場合，仁齋也同樣地展開其一家之言。

忠信，學問之本。故學必以忠信爲主。……

論曰：主忠信，孔門學問之定法。苟不主忠信，則外似而內實僞，言是而心反非，難與並爲仁者有矣。色取仁，行違者，有矣。後儒徒知持敬，而不以主忠信爲要，亦獨何哉！（《論語古義》，卷之一）

蓋所謂無欲、主靜、持靜這種宋儒所主張的求仁之工夫，就仁齋而言，是與虛無寂滅的佛教無異。以下所舉之引文，恰好可用來反覆咀嚼仁齋的此種主張。

宋儒說《論語》，專以仁義爲理，而不知爲德之名。以忠信爲用，而不爲緊要之功。甚者至於以《論語》爲未足，而旁求之他書，或假釋老之說，以資其言說。其不得罪於孔門者，殆鮮矣。（《論語古義．總論．綱領》）

結語

以上，本文對仁齋尊崇《論語》為最上至極宇宙第一書的同時，還特別重視《孟子》的立場，稍作流覽之後，亦探討了仁齋以仁為慈愛之德，再者是以忠信為求仁之修為的說法。

若將仁齋之學問比喻作冰山，則筆者行筆至此之論述，亦不過是冰山之一角罷了。而且，《論語古義》中，除本文所舉出之問題點以外，還有許多仁齋獨特的解釋。儘管如此，仁齋以《論語》（乃至《論語》、《孟子》）本文為最大之依據，企圖樹立道德之學，並基於如此建構出來的己說，再進一步來解釋《論語》。這種始於《論語》，終於《論語》的仁齋學問的這一層面，透過本文，或許姑且可以得知。

注釋

①有關伊藤仁齋之生涯、著書、思想、學說等詳細情形，可參考拙著《伊藤仁齋（附）伊藤東涯》（《叢書日本の思想家》一〇，明德出版社）。

②仁齋之著作，除了贗刻本的《語孟字義》以外，其生前並未刊行過任何一本著作。

③《論語古義》原文之引用，乃依據《日本名家四書註釋全書・論語部・壹》本。又，本文中以訓讀之形式介紹仁齋之文時，未必採用仁齋學派通用的訓讀法。例如有將「……スルトキニハ、則チ……」改為「……スレバ，則チ……」，將「……ヲ以テ……ト為ス」改為「……ヲ以テ……ト為ス」等情形。

④《語孟字義》原文之引用，乃依據日本思想大系《伊藤仁齋・伊藤東涯》中所收錄，清水茂校注《語孟字義》。

⑤刊本中，此八字被刪除。關於此問題，參照木村英一：《伊藤仁齋集》（日本の思想11　筑摩書房）三一六頁注①，及三二四頁注②。

⑥以上的文辭和同旨的論說，見於《童子問》卷之上第四章、第五章。又《童子問》的引用，根據《日本古典文學大系・近世思想家文集》所收的清水茂校注《童子問》。

⑦此程子之言，在《論語古義・總論・綱領》中也被引用。

⑧具體的情況，參照本書次章的拙稿：〈荻生徂徠《論語徵》〉第三節。

⑨「可以為仁矣」，嚴格上也不知「應以為仁」及不應訓為平敘的形式，但此句是疑問句是不變的。

第四章 荻生徂徠《論語徵》

──古學派之人性論

◎伊東倫厚 著
◎金培懿 譯

前言

荻生徂徠（一六六六－一七二八）名雙松，字茂卿，通稱總右衛門，徂徠為其號。因為本姓稱物部，所以其便非常中國式地，自稱為物徂徠或物茂卿。又因為曾寓居於茅場町，故號蘐園。

即便在少年、青年時代，貧窮不得志時，徂徠也是奮勉地閱讀大量的漢籍，而且更進一步學習中國話，而後樹立其主張必需直讀直解漢文的一家之言。其同訓異義字典之名著──《譯文筌蹄》──的大部分內容，皆有賴此時期的學問積累。當然，徂徠於該時期所修習的儒學，照例也像當時的人士一樣，自不待言的，就是宋學，亦即程朱之學。

徂徠三十一歲時，受遇於當時的要臣柳澤保明（吉保），之後，偶爾得以謁見第五代將軍綱吉，俸祿也增加至五百石。

徂徠中年時，受到仁齋古義學很大的刺激，因為曾經接觸過標榜古文辭之明人李攀龍、王世貞等人之詩文，並以此為契機，漸漸地加深其在方法論上的自覺，終於在思想、文藝兩方面，樹立了號稱蘐園學派或者是古文辭學派的獨家學風。

作為元祿、享保年間之碩儒，徂徠與京都古義堂第二代堂主伊藤東涯，各踞東西兩方，享有聲望。實際上，徂徠本身，或許是由於立場不同，以及其為人所使然，徂徠不僅相當注意東涯的存在，而且還對其抱持著相當強烈的對抗意識。而徂徠重視經世濟民的思想，後由太宰春台繼承；至於其振興古文辭詩文的思想，則由服部南郭繼承。

徂徠在思想方面的著作，若將之更嚴密地限定於經學方面來說的話，便是《辨道》、《辨名》、《論語徵》這三本代表其晚年定論的著書。仁齋的《語孟字義》，可以說是規定儒學重要術語概念的集子，其體裁乃仿效朱子門人陳淳（號北溪）的《性理字義》，同時也是表明其反對朱子學立場的著作。至於《辨道》、《辨名》，其體裁乃仿效《語孟字義》，反朱子學之外，更鮮明地揭舉出徂徠反仁齋學的旗幟。

原本，徂徠有關經學方面的主要著作，分別都是在為了駁斥仁齋著作的意圖下而完成的，而這個事實很容易被看穿。正是因為仁齋著有《大學定本》、《中庸發揮》，所以徂徠執筆寫成《大學解》、《中庸解》。同樣地，徂徠的《論語徵》，無論是翻開哪一頁，也都可以馬上瞭解到的便是：《論語徵》無非是為對抗仁齋的《論語古義》而寫成的。《辨道》、《辨名》草寫完成時，為享保二年（一七一七），徂徠五十二歲時。《論語徵》之執筆，也在此時開始，而即使草稿完成後，也是一再修改推敲。到《論語徵》一書刊行，已是徂徠死後三十年的元文五年（一七四〇）。

徂徠於《辨道》、《辨名》中，宣言其樹立了自身獨立的儒學，而由《論語徵》各處，也可重覆看到二《辨》中的論述。所以說：《論語徵》是徂徠藉著注解《論語》的形式，而來開陳自身儒學立場的著作，此種說法應該沒什麼問題。也因為如此，所以在理解《論語徵》本文時，偶爾會遇見偏頗之解釋。

雖然如此，《論語徵》一書，確實也滿載著前人未發、充滿魅力的解釋，關於這點，爾後由其成為劉寶楠、俞樾等清儒注目之焦點這一事實，為其確立了雄辯的證據。①《論語徵》之所以能成為一級的《論語》注解書，想來是因為徂徠除了具有敏銳的語言感覺之外，就如同由該書序文中亦可窺見的，還因為徂徠保有極客觀的《論語》觀，以及其由尊重古文辭（古言）的立場，獨自引導出實證主義式的語言觀。②

一、作爲宗門之爭的性善說

宛若在印證子貢所謂：「夫子之文章，可得而聞也。夫子之言性與天道，不可得而聞也」的發言似的，《論語》全書，孔子言及「性」的篇章，除「子曰：性相近也，習相遠也」這章，勉強再加上一章的話，也就限於「子曰，唯上知與下愚不移」這章。這件事暗示了：自孟子、荀子以還所展開的性論，在孔子的時代，還未達到醞釀完成的階段。

關於徂徠對人性的理解，以及其對先儒性說批判性的見解，在《論語徵》壬對〈陽貨篇〉上述兩章的注解中，披露無遺。③

「性相近也」章的注解說：

> 性者，性質也。人之性質，初不甚相遠，及所習殊，而後賢不肖之相去，遂致遼遠也已。

開頭的「性者，性質也」，可代換成徂徠自身的其他語言，即：

性者，生之質也。宋儒之所謂氣質者，是也。（《辨名》下，〈性情才〉第一則）

此概念規定，實沿襲自仁齋的性說（如《語孟字義．性》第一條）。亦即，徂徠與仁齋一樣，不承認有所謂本然之性的存在。

孔安國曰：君子慎所習，得之矣。然孔子之心，實在勸學，如生而知之者，上也；學而知之者，次也；困而學之，又其次也。困而不學，民斯爲下矣。正與此章相發焉。上即上知，下即下愚，學知困學，乃指常人，故習誠有善惡。而孔子之意，專謂及學而爲君子，而後其賢知才能，與鄉人相遠已，未嘗以善惡言之也。如十室之邑，必有忠信如丘者，焉不如丘之好學也（5-28）。亦同意。

為了慎重起見，這裡所謂的「正與此章相發」的此章——「生而知之」章中，徂徠理解如下：

生而知之者上也，即孟子曰，堯舜性之也。（《孟子》，〈盡心．上〉）上謂上智也。學而知之者，次也。困而學之，又其次也。孔安國曰：困謂有所不通，如孟子困於心衡於慮之困。仁齋曰：事勢窮蹙，以困於心，不知措辭者也，是豈可以事勢言哉？以常語困窮相連，故作窮蹙解，非矣。如困倦困頓，皆謂力窮也，己之智力窮竭，而後知不可不學，是謂困而學之也。困而不學，民斯爲下矣。下謂下愚也。言民之所以爲下也，非謂民有四等，是爲下也。後儒多不知民字，古者學爲士，進於民焉。民之不學，其常也。故君子不以其不學而棄之矣。故曰可使由之，不可使知之，（〈泰伯〉）孔子此言，謂除上智與下愚之外，皆不可不學也。子思《中庸》三知，與此殊義，朱子一之。非矣。蓋人有四等，而子思三之，故知非此章之意也。（《論語徵》辛）

以上引文所述，特別是對「困而不學，民斯為下矣」的解釋，一看便可知道這是非常特異的，詳情且留待後述。但相對於學者為士，民則是不學的，說得更極端的話，則是沒有學這一能力的人，亦即，下愚就成了民，此種論調，可說是徂徠一家之言。

又，所謂「（民）可使由之，不可使知之」，對徂徠而言，其意思乃是：智慧不足之民，即使可使其遵從先王之教，但卻無法使其知曉先王教之所以（《論語徵》丁）。

又，「十室之邑」章的解釋（《論語徵》丙），其實也是基於邢昺疏中所引衛瓘的句讀，而有的獨特解釋，但在此則忍痛割愛。此姑且不論，在「性相近也」章，徂徠反覆強調此章是為勸學而有的發言，絕非所謂論性之言。

亦不過於韓愈詩，所謂欲知學之力，賢愚同一初。兩家各生子，提孩巧相如。少長聚嬉戲，不殊同隊魚。三十骨骼成，乃一龍一豬耳。（《韓昌黎集》卷六，〈符讀書城南〉）《後漢書．黨錮傳》引此而曰：言者惡之本同，而遷染之塗異也。可見漢儒相傳之說已。自孟子有性善之言，而儒者論性，聚訟萬古，遂以爲孔子論性之言，而不知爲勸學之言也。

對朱子學的人性論，乃至道德說而言，其最大的根據，自不待言地，無非就是孟子的性善說，這點在仁齋學來說，亦完全相同。但就徂徠的立場來說的話，像朱子、仁齋如此相信孟子之言者，簡直就是荒謬。

蓋孔子沒而老莊興，專倡自然，而以先王之道爲僞，故孟子發性善以抗之，孟子之學，有時乎，失孔氏之舊。故荀子又發性惡以抗之，皆爭宗門者也。宋儒不知之，以本然氣質斷之，殊不知古之言性，皆謂性質，何本然之有？仁齋先生辨之者是矣。然仁齋又以爲孔子孟子其旨不殊焉，其言曰，人之性質，剛柔昏明，雖有不同，然而至於其有四端，則未嘗不同，譬之水焉，雖有甘苦清濁之異，然其就下則一也。故夫子以爲相近，而孟子專以爲性善，（《論語古義》卷九，〈性相近也章〉）可謂善解孟子者已，然孔子之意，不在性而在習，孟子則主仁義內外之說，豈一哉？且孔子以上知下愚不移，而孟子則人皆可以爲堯舜，（《孟子》，〈告子．下〉）則孟子亦豈非以理言之邪？大氐孟子之言，皆與外人爭者，豈可合諸孔子哉？

二、性非聖人所先

《論語徵》對上面所引證的「性相近也」章，以及其後所舉出的「唯上知與下愚不移」章的論述，實出自《辨名》。今亦舉出其一部分之文辭，便可進一步瞭解徂徠的真正意思。④

祇如告子杞柳之喻，其說甚美。湍水之喻，亦言人之性善移。孟子乃極言折之，以立內外之說。是其好辯之甚，遂基宋儒之謬焉。其與荀子性惡，皆立門戶之說，言一端而遺一端者也。子雲「善惡混」（《法言》，〈修身篇〉），退之「性有三品」（《韓昌黎集》，卷十一，〈原性〉），豈悖理哉？至於蘇子瞻「無善惡」（《蘇軾文集》，卷四，〈揚雄論〉），則佛氏之意矣。歐陽子謂「性非聖人所先」（《歐陽文忠公集》，卷四十七，〈答李詡〉第二書），卓見哉！（《辨名》下，〈性情才〉第二則）

孟子所發之言，乃與外人相爭之言，是立門戶之言。錯看了這點，原封不動地相信孟子所言，並以之來理解《論語》或《六經》，這不過就是誤解了孟子。徂徠這種一貫的主張，在《辨道》中也可看到如下的說法。

夫以言服人者，未能服人者矣。蓋教者施於信我者焉。先王之民，信先王者也。孔子門人，信孔子者也。故其教得入焉。孟子則欲使不信我之人由我言而信我也，是戰國游說之事，非教人之道矣。予故曰：思孟者與外人爭者也。後儒輒欲以其與外人爭者言施諸學者，可謂不知類已。

與之相同的孟子觀，均可見於二《辨》和《論語徵》各處。徂徠此種孟子觀，可以說是為了批判朱子學，更是為了批判仁齋學而準備的。在指出言語說服力有其界限時，徂徠搬出了信仰先王這個不可欠缺的條件，這可說是徂徠學說中一流的理論。結果，徂徠不以孟子（及子思）為亞聖，將其視為與荀子等人同樣，都是戰國時代的一位說客罷了。如此一來，《孟子》（及《中庸》）便非經書，而被看作是子書。這完全打破了程朱學所確立的四書，或者說完全打破了道統觀。

徂徠的此種態度，若從現在研究中國思想史的觀點來看的話，其方向可說是合理的。主要從名分論和體制論等側面，而來反駁孟子言論的例子，中國自是不在話下，在日本也並非特別稀少。但是，身為儒者的同時，對於孟子存在的本身，亦即孟子的出身來歷，要求從這一基礎來重新看待孟子的學者，或恐只限於徂徠及其門下的太宰春台。

告子的無善無不善之說、揚雄的善惡混同說、韓愈的三品說，這三者在內容或意圖上，本來就不可同等看待。然而，其並不會像性善說一樣，直接理所當然地把性作為道德根據，就這層意義而言，三者則又是同類。又，三者中不論是哪一個，都可說是非常適用日常的現實生活，亦即都是非常單純而且常識性的人性論。

對於認定性乃具有特別高妙之意義的這種說法，提出其異議，而單單只是將性解為「性質」，乃至「生之質」（原為董仲舒之語），而且就立足於重視所謂中人之學習、努力這一立場的徂徠而言，這三種人性說之間，也不覺得有什麼大相逕庭之感。正因如此，就如我們可以在前述所引《辨名》中的論述裡看到的一樣，對上述三種人性說，徂徠一樣支持。

其實，徂徠的真心話，還是像他在前文所引《辨名》中的論述裡所認可的一樣，是以歐陽修「性非聖人所先」這一發言，正確記載的話，原文應是「夫性非學者所急，聖人所罕言」（《歐陽文忠公集》，卷四十七，〈答李詡〉第二書），而來為自己代言，除此之外，無需補充⑤。

三、上知、下愚與中人

接下來，我們來看看一般往往將之與「性相近也」章，放在一起討論，也就是緊接在該章後面的「唯上知與下愚不移」章，徂徠又是如何理解的？

> 下愚謂民也。下愚之人不能移，則以爲民，而不升諸士也。孔子曰，民可使由之，不可使知之（〈泰伯〉），以學習所不能移也。初非惡其愚焉，又唯言其愚不可學耳，未嘗以善惡言之矣，何則，以知愚言之，而不以賢不肖言之也。

徂徠以所謂的下愚為民，並以之與士嚴格區別的見解，與前文所引徂徠對「生而知之」章中

「困而不學，民斯為下矣」的解釋，相互呼應。

但是，「唯上知與下愚不移」章，朱注則以「程子曰」的形式，如下說道：

人性本善，有不可移者何？語其性則皆善也，語其才則有下愚之不移。所謂下愚有二焉：自暴自棄也。人苟以善自治，則無不可移，雖昏愚之至，皆可漸磨而進也。惟自暴者拒之以不信，自棄者絕之以不爲，雖聖人與居，不能化而入也，仲尼之所謂下愚也。然其質非必昏且愚也，往往強戾而才力有過人者，商辛是也。聖人以其自絕於善，謂之下愚。

在性善的大前提之下，程子將下愚所以不移的理由，歸咎於孟子所謂的自暴自棄，針對程子此種說法，徂徠嚴厲地加以反駁。

如程子以自暴自棄論下愚，大失孔子之意焉。蓋自有孟子性善之說，而學者以善惡見之，遂曰習有善惡，而至於以下愚爲桀紂之徒焉。又自孟子好辨，而學者率以言語爲教，務欲以言語化人，一如浮屠，至有不可得而化者，則以下愚目之矣。又其意謂聖人可學而至焉，氣質可變而盡焉，以此立說，則至此章而

> 窮矣。故遂以自暴自棄目下愚，其心謂下愚不移，非氣質之罪也。其心之罪也。是皆坐其不知先王之道，又不知古之教法，故失孔子當時之意耳。

從徂徠的思想結構來看的話，程子以下愚來充當所謂自暴自棄者的說法，照例是為了展開其一家之言的人性論而有的產物，只不過是一種彌補方法，到底不能認同。《論語徵》繼續論述道：

> 蓋移云者，非移性之謂矣。移亦性也，不移亦性也，故曰上知與下愚不移，言其性殊也。中人可上可下，亦言其性殊也。不知者則謂性可得而移焉，夫性豈可移乎？學以養之，養而後其材成，成則有殊於前，是謂之移，又謂之變，其材之成也，性之成也。故書曰，習與性成，非性之移也。學者察諸。

上面所謂「中人可上可下……」等立論，當然是根據《論語．雍也篇》的「中人以上，可以語上也。中人以下，不可以語上也」而來，為了慎重起見，今將徂徠對該句的解釋，引述如下：

王肅曰：上謂上知之所知也，兩舉中人，以其可上可下，盡矣。道莫有上下，故今此所謂上，乃謂上智所知也。（《論語徵》丙）

然而前一段引文中所謂「移亦性也，不移亦性也」的此種表現，似乎過分簡略，乍見之下，本意並不明確。本來，只要反覆回味截至目前為止，本文所引述的徂徠之論述，理當已經可以大致了解。在此，再對照以下《辨名》之記述，便可清楚了當。⑥

人之性萬品，剛柔輕重，遲疾動靜，不可得而變矣。然皆以善移爲其性，習善則善，習惡則惡，故聖人率人之性以建教，俾學以習之，及其成德也。剛柔輕重，遲疾動靜，亦各隨其性殊，唯下愚不移。（8—9）故曰民可使由之，不可使知之。故氣質不可變，聖人不可至。（《辨名・性情才》的一則）

至此，吾人可以充分看出，徂徠認為：凡人類，若有所謂可以移變的素質，亦即若有中人，則應該也有所謂不可移的素質，亦即也會有上知及下愚。這也就是「移亦性也，不移亦性也」這兩句話的本來主旨。又，徂徠所以會試著言及如同前文所引《論語徵》壬中所說的「學以養之，養而後其材成」，或是「其材之成也，性之成也」等此類巧妙說法，這表示對徂徠而言，性與才，幾乎是意義相同的。而認為性、才同義，其實便是徂徠承襲仁齋所斷定的「才，性之能也」（《語孟字義》卷上，〈才〉）這個定義而來的。⑦

總而言之，徂徠就是像《漢書・古今人表》，或是韓愈〈原性〉般，將人大致定為上、中、下三等人品，區分人類的資質，成為生而知之的上知；學而知之、困而知之的中人；和不學之的下愚三個種類。並在這樣的區分上，畫上界線，嚴加區分，上知始終是上知；中人始終是中人；下愚始終僅止於下愚。上知即是聖人，不能學以至聖人。在這層意義上，隔絕了上知與中人。又，其所謂下愚即是民，與其說是不學，毋寧說是不具有學的資質。因此，中人與下愚相懸殊。

結語

上知與中人、下愚，所以必需嚴峻區別，其真正的意圖，其實在指出中人學習的重要性。有關這點，徵諸本文舉證至此徂徠相關的言論，便可明瞭。那麼，在此便附帶言及「學」在徂徠思想架構中的意義，以作為本文之結束。

《論語・述而篇》有「志於道，據於德，依於仁，遊於藝」一章，（7－6）徂徠解釋此章說道：

學也者，學先王之道也。學先王之道者，志於先王之道得諸己以行世也。先王之道大矣哉！發育萬物，峻極于天，（據《中庸》之文而來）豈一旦所能得乎？故曰志於道，德者，己之德也。德人人殊，各以其性所近而成焉。虞書九德，周官六德，可以見已。易大傳曰：繼之者善，成之者性，是之謂也。據者，如據地而作，據城而戰也。我性之德，守而不失，可以進取，故曰據於德。依者，違之反，不相違離也。如聲依永，謂絲竹之聲，與歌詠相上下不相離，亦此意。仁者，長人安民之德。先王之道爲安民設之，故其道主仁，然仁有所不及也。於是衆德以輔之，是先王之道所以爲美矣。雖然，所主在仁。故凡道之在行者，始於孝弟，推而達諸天下，一皆以生之成之長之養之之心行之，而不與此心相離，是謂之依於仁。（《論語徵》丁）

學的對象，除先王之道以外無他。而這所謂先王之道，具體而言，指的便是《詩》、《書》、《禮》、《樂》，或者是《六經》，無非是為了「（長人）安民」之物。此種主張，徂徠在他處也反覆強調。而作為最大之德的仁，徂徠也將之規定為「（長人）安民」之德，此乃徂徠一貫之主張。

所謂「安民」，換言之即是治人。對徂徠而言，言學的目的與意義，始終都在治人，亦無不可。由此種學問觀所直接導引出來的，便是有關嚴峻區別士與民、乃至君子與小人的論調，例如《論語徵》乙，〈里仁篇〉「子曰，士志於道」章，徂徠說⑧：

君子從大體，小人從小體，故士志於先王之道，其心在安民。細民以營生爲事，其心在溫飽。故恥惡衣惡食者，無志者也。（《論語徵》乙，〈士志於道〉（4—9）章）

又，在「子曰，君子喻於義」章則說：

君子者，在上之人也。雖在下而有在上之德，亦謂之君子。小人者，細民也。雖在上而有細民之心，亦謂之小人。義者，詩書所載先王之古義也。……君子者奉天職者也。理其財，使民安其生焉，是先王之道之義也。故凡言義者，雖不與利對言，然莫不歸於安民之仁者，爲是故也。故義者士君子之所務，利者民之所務，故喻人之道，於君子則以義，於小人則以利。（《論語徵》乙，〈君子喻於義〉（4—16）章）

該處士（君子）與民（小人）的區分，便等於前文吾人所看到的中人與下愚的區分，有關這點，應該已無需再作說明。從理論上來說，中人之中只有學者才能成為士，所以可不是說：士就是中人。但是，將之換說成是民的下愚階層之上，穩固地安置了中人這一階層的這種想法，是與當時嚴格區別士與民，亦即士與農、工、商的身分階級制社會相稱，這點乃理所當然之事。再說，就身居幕府權力中心近旁的徂徠而言，懷抱、提倡此種想法，也是相當自然的。

注釋

①關於此點，請參照藤塚鄰：《論語總說》第三篇〈物徂徠著論語徵の清朝經師に及ぼせる影響〉。

②本文以下將專門舉出徂徠在《論語徵》中，有關人性問題的論述，至於從各個方面詳細論述徂徠注解《論語》的各項特質者，則可參考山下龍二：《朱子と反朱子學》第四章，第一節〈荻生徂徠の論語解釋〉一文。

③《論語徵》原文之引用，係依據《日本名家四書註釋全書．論語部．五》所收之《論語徵》。

④此處所引《辨名》中之說法，幾乎與《辨道》第十三則所說者重覆。又《辨道》、《辨名》原文之引用，係依據叢書《日本思想大系．荻生徂徠》中所收，西田太一郎所校注之《辨道》、《辨名》。

⑤《辨道》第十三則中，徂徠強調說：「言性自老莊始，聖人之道所無也」。

⑥該處所舉《辨名》中之論說，乃承襲《論衡‧本性篇》中之記載：「夫中人之性，在所習焉，習善為善，習惡而為惡也。至於極善極惡，非復在習。故孔子曰：『惟上智與下愚不移。』」而來。

⑦請參照《辨明》下，〈性情才〉第七則。

⑧與之旨趣相同的，在《論語徵》甲，「學而時習之」章、乙「君子懷德」章、與己「棘子成曰」章中，亦皆有所論述。

論語思想史　年表

◎西川徹　著
◎金培懿　譯

凡例

○人名原則上按照出生年次之順序記載，卒年則載於括弧內，有關《論語》之著作一併記載。

○生卒年主要係依照《歷代名人年里碑傳總表》（姜亮夫纂定，陶秋英校，香港中華書局，一九六五年版）。

○本書所討論之人物或書名，以粗黑體表示出。又，當初原本計劃加以討論，後因篇幅所限而不得不割愛之人物、書名，則附以「※」記號。又，不只是書名，未獨立刊行之文獻，亦以「《》」記號標示。

西漢

紀元前

一七六　董仲舒（～一〇四）　《春秋繁露》

一三六　基於董仲舒之「對策」，設置五經博士，並定儒學為國教。文帝設置《論語》博士。（趙岐〈孟子題辭〉）

司馬遷（子長　一四五～八六）　《史記》

五三　**楊雄**（子雲～後一八）　**《法言》**

張禹校定《論語》。

六　包咸（子良～六五）　《論語包氏章句》

東漢

紀元後

二七　**王充**（仲任～九一）　**《論衡》**

七九　馬　融（季長～一六六）　《論語馬氏訓說》　訓詁學興盛，讖緯學亦流行。

一〇〇　許慎（三〇～一二四）《說文解字》成書。

一二七　鄭　玄（康成～二〇〇）　《論語鄭氏注》※

一四八　荀　悅（仲予～二〇九）　《申鑒》

一六六　黨錮之獄興。

	一七五	靈帝設置石經於大學門外。（熹平石經）
		陳　群（長文～二三六）《論語陳氏義說》　老莊隱逸思想流行，清談之風興起。
	一九〇	**何　晏**（平叔～二四九）**《論語集解》**
	一九五	王　肅（子雍～二五六）《論語王氏義說》
三國	二二六	**王　弼**（輔嗣～二四九）**《論語釋疑》**
晉		繆　播（宣則）　《論語旨序》
		欒　肇　《論語欒氏釋疑》
		李　充（宏度）　《論語李氏集注》
	三一四	孫　綽（興公～三七一）　《論語孫氏集解》
	三三九	范　寧（武子～四〇一）　《論語范氏注》
	三九〇	顧　歡（景怡～四五三）　《論語顧氏注》
南北朝	四八八	**皇　侃**（～五四五）　**《論語集解義疏》**　北魏寇謙之出，創立道教。深受佛教之影響。
隋		劉　炫（光伯）　《論語注疏解經》
	五五六	陸德明（元朗～六二七）　《經典釋文》　約從此時開始到宋代，禪宗

漸次興盛。

五八四　王通（仲淹～六一八）《文中子中說》※

唐

六三〇　太宗下詔，令顏師古等校定五經。

六四〇　孔穎達、顏師古等撰定《五經正義》。

七六八　韓　愈（退之～八二四）《論語筆解》〈原道〉〈原性〉

七七二　李　翺（習之～八四一）《論語筆解》

八〇一　杜祐（君卿七三五～八一二）《通典》完成。

八三七　文宗創立石經《論語》。（開成石經）

八四五　武宗禁止道教以外之宗教，鎮壓佛教。官方採行文治主義，確立官僚制度，科舉制度擴展施行。

五代

九三二　邢　昺（叔明～一〇一〇）《論語注疏解經》※

李昉等編成《太平廣記》、《太平御覽》、《文苑英華》。

北宋

一〇〇〇　真宗下詔，令邢昺等校定《論語義疏》。

一〇一三　《冊府元龜》成書。

一〇一七　周敦頤（茂叔～一〇七三）《通書》

一〇二〇　張　載（子厚～一〇七七）《橫渠論語說》《正蒙》

一〇二一　王安石（介甫～一〇八六）《臨川先生文集》
一〇二六　宋綬向仁宗進獻《論語要言》。
一〇三二　**程　顥**（伯淳～一〇八五）**《二程遺書》**
一〇三三　**程　頤**（正叔～一一〇七）**《二程遺書》**《程氏論語解》
一〇三六　蘇　軾（子瞻～一一〇一）《蘇氏論語解》《經進東坡文集事略》
一〇三九　蘇　轍（子由～一一一二）《論語拾遺》
一〇四〇　呂大臨（與叔～一〇八六）《呂氏論語解》
一〇四一　范祖禹（淳甫～一〇九八）《范氏論語解》
一〇五〇　**謝良佐**（顯道～一一〇三）**《謝顯道論語解》**
一〇五三　**陳祥道**（用之～一〇九三）**《論語全解》**
　　　　　游　酢（定夫～一一二三）《論語雜解》
　　　　　楊　時（中立～一一三五）《楊氏論語解》
一〇六九　王安石進行變法改制。於是新、舊兩黨之爭興。
一〇八六　呂公著、范祖禹等進獻《論語要語》。
一〇九二　**張九成**（子韶～一一五九）**《論語百篇詩》**
一〇九八　胡　寅（明仲～一一五六）《論語詳說》

南宋

一一〇五　胡　宏（仁仲～一一六一）　《胡宏集》
　　　　　鄭汝諧（舜舉）　《論語意原》
一一三三　張　栻（敬夫～一一八〇）　《癸巳論語解》
一一三七　尹　焞（彥明一〇七一～一一四二）　進獻《論語解》。
一一三九　陸九淵（子靜～一一九二）　《陸象山全集》
　　　　　戴　溪（肖望？～一二一五）　《石鼓論語答問》
一一四〇　楊　簡（敬仲～一二二五）　《慈湖先生遺書》
一一五三　陳　淳（安卿～一二一七）　《北溪字義》
一一七二　朱熹《論語精義》《孟子精義》成書。
一一七五　鵝湖之會。朱熹（元晦一一三〇～一二〇〇）、陸九淵透過呂祖謙斡旋，於鵝湖進行論辯。
一一七七　朱熹《論語集注》《孟子集注》《論語或問》成書。
一一七八　真德秀（景元～一二三五）　《四書集編》
一一八九　朱熹《大學章句》《中庸章句》
一二一三　黃　震（東發～一二八〇）　《黃氏日抄》
一二一五　趙順孫（和仲～一二七六）　《四書纂疏》　儒、佛、道三教合一論流行。

一二二三　王應麟（伯厚～一二九六）《困學紀聞》

一二三〇　**陳天祥**（吉甫～一三一六）**《論語辨疑》**

一二三二　金履祥（吉甫～一三〇三）《論語集註考證》

一二四九　吳　澄（幼清～一三三三）《吳文正集》

一二五〇　胡炳文（仲虎～一三三三）《四書通》

一二五二　陳　櫟（壽翁～一三三四）《四書發明》

一二七〇　許　謙（益之～一三三七）《讀論語叢說》

元

一三〇三　倪士毅（仲強～一三四八）《四書輯釋》

一三〇七　馬端臨（貴與一二五四～？）《文獻通考》成書。

一三一五　科舉考試採用朱子學之解釋。朱子學被認定為官學。

明

一三九一　吳與弼（子傳～一四六九）《日錄》《吳康齋集》

一四〇八　《永樂大典》成書。

一四一五　胡廣等編成《五經大全》《四書大全》《性理大全》。

一四二八　陳獻章（公甫～一五〇〇）《陳白沙集》

一四三四　胡居仁（叔心～一四八四）《居業錄》

一四五三　蔡　清（介夫～一五〇八）《四書蒙引》

一四五七　董　澐（蘿石～一五三三）《從吾道人語錄》

一四六五　羅欽順（允升～一五四七）《困知記》

一四七二　王守仁（伯安～一五二八）《傳習錄》

一四七四　王廷相（子衡～一五四四）《王氏家藏集》

一四八三　王　艮（汝止～一五四〇）《王心齋全集》　科舉考試增考八股文。

一四八七　聶　豹（文蔚～一五六三）《雙江聶先生文集》

一四九〇　吳廷翰（嵩伯～一五五八）《吳廷翰集》

一四九七　陳　建（廷肇～一五六七）《學蔀通辨》

一四九八　王　畿（汝中～一五八二）《王龍溪語錄》

一五〇一　**【朝鮮】李滉**（退溪～一五七〇）**《退溪全書》**

一五〇四　羅洪先（達夫～一五六四）《念庵羅先生集》

一五一一　候一元（舜舉～一五八五）《二谷山人集》

一五一四　李攀龍（于鱗～一五七〇）《滄溟先生文集》

一五一五　羅汝芳（維德～一五八八）《近溪子集》

一五一七　**林兆恩**（懋勛～一五九八）**《四書標摘正義》**

一五二四　耿定向（天台～一五九六）《耿天台先生文集》

一五二七　**李　贄**（卓吾～一六〇二）**《李溫陵集》**《焚書》《藏書》

一五二九　李　材（孟誠～一六〇七）《觀我堂稿》

湛若水（元明～一五六〇）《甘泉文錄》《甘泉文集》

一五三三　袁　黃（坤儀～一六〇六）《四書刪正》

一五三六　呂　坤（新吾～一六一八）《呻吟語》

一五四〇　焦　竑（弱侯～一六二〇）《焦氏筆乘》

一五四七　楊起元（復所～一五九九）《楊復所集》

一五五〇　顧憲成（叔時～一六一二）《涇皋藏稿》

一五五一　鄒元標（爾瞻～一六二四）《願學集》

一五六五　孫慎行（聞斯～一六三六）《困思抄》

一五七八　劉宗周（起東～一六四五）《劉子全書》

王肯堂（宇泰　一五八九進士）《論語義府》

一五八三　**【日本】林羅山**（～一六五七）**《春鑑抄》**

一五九七　張　岱（宗子～一六八五）《四書遇》

一五九九　蕅益智旭（～一六五五）《論語點睛》※

一六一〇　黃宗羲（餘姚～一六九五）《明儒學案》
一六一一　陸世儀（道威～一六七二）《思辨錄輯要》
一六一三　顧炎武（寧人～一六八二）《日知錄》
一六一九　王夫之（薑齋～一六九二）《讀四書大全說》
一六二三　毛奇齡（大可～一七一六）《論語稽求篇》
一六二七　李顒（中孚～一七〇五）《四書反身錄》
【日本】伊藤仁齋（～一七〇五）《論語古義》
一六二九　呂留良（莊生～一六八三）《論語講義》※
一六三〇　陸隴其（稼書～一六九二）《四書講義困勉錄》
葛寅亮（水鑑一六〇一進士）《四書湖南講》
一六三五　顏元（易直～一七〇四）《顏元集》※
一六四二　李光地（晉卿～一七一八）《讀論語劄記》
一六五九　李塨（剛主～一七三三）《論語傳注》
一六六一　何焯（屺瞻～一七二二）《義門讀書記》
一六六三「文字獄」興。
一六六六【日本】荻生徂徠（～一七二八）《論語徵》

清

一六九一　程廷祚（啟生～一七六七）《論語說》
一六九七　惠棟（定宇～一七五八）《九經古義》
一七〇六　牛運震（階平～一七五八）《論語隨筆》
　　　　　翟灝（晴江？～一七八八）《四書考異》
一七一三　李光地等編成《御纂朱子全書》。
一七二三　戴震（東原～一七七七）《孟子字義疏證》※
一七二五　程瑤田（易疇～一八一四）《論學小記》　由雍正（世宗）期到乾隆（高宗）、嘉慶（仁宗）期，考證學興盛。
一七二八　錢大昕（曉徵～一八〇四）《十駕齋養新錄》
一七三二　【日本】中井履軒（一八一七）《論語逢源》
一七三四　【日本】皆川淇園（～一八〇七）《論語繹解》
一七四三　【日本】龜井南冥（～一八一四）《論語語由》
一七五〇　【日本】徂徠門下之根本伯修，校定足利學校所藏之皇侃《論語義疏》，並將之刊行。
一七六三　**焦循**（里堂～一八二〇）**《論語通釋》**《孟子正義》
一七六四　阮元（伯元～一八四九）《揅經室集》

一七七六 劉逢祿（申受～一八二九）《論語述何》
宋翔鳳（于庭～一八六〇）《論語說義》
一七八二 紀昀等編成《四庫全書》。
一七八九 黃式三（薇香～一八六二）《論語後案》
一七九一 劉寶楠（楚楨～一八五五）《論語正義》
一七九五 王念孫（懷祖 一七四四～一八三二）《廣雅疏證》
一七九九 【日本】安井息軒（～一八七六）《論語集說》
一八〇七 段玉裁（若膺 一七三五～一八一五）《說文解字注》
一八二一 俞 樾（蔭甫～一九〇六）《論語平議》

*譯者按：本條未按生年排列，按體例應加入生年，以免讀者誤解。

跋

◎伊東倫厚 著
◎金培懿 譯

本書編者，北海道大學文學部教授松川健二先生，其早期業績之一，乃與同志共同翻譯了《明代思想史》（容肇祖著），教授因有心闡明明代思想，而踏出了其研究中國哲學之第一步。

其後，先生雖然先後發表了有關王廷相、方孝孺、劉基等明代思想家之論著，但是先生逐漸地亦以宋代思想家為其研究對象，終至同時關心宋、明學者和文人是如何接受道家思想，以及受到道家何種影響這一問題。而十二年前刊行問世的《宋明の思想詩》一書，即是該方面之研究成果，關於此事仍教人記憶猶新。在此，筆者暫且不作說明。而不以「思想史」，而是以「思想詩」為名整理成書這點，向吾人暗示了這之間有著先生獨自的為學方法論。

然而，就從先生推出這獨特的專著時開始，先生似乎又對究明朱子《論語》解釋之真相，深感興趣。爾後，不只是宋明儒者之《論語》解釋，甚至是古注，舉凡清儒抑或日本邦儒之注解，先生擴展其視野，以各家是如何解釋《論語》各章，乃至活用之這一問題為主題，多次於研討會上進行口頭發表，而且逐步地整理成論文（附帶一提的是：在目前該階段先生已發表了十四篇相關論著）。幾年前所出版的《哲學としての論語十五章》，則如實表現出先生在該方面的關心和研究方法。

這十多年來，先生在大學部、研究所的「中國哲學演習」這一門課程上，一貫地都是講授朱子的《語類》、《或問》、《精義》等。而在研究《論語》各章時，先生運用指摘出潛藏在諸多注解中的思想背景和時代潮流，或是解釋剖析存在諸多注解之間的思想方面承襲、影響甚至是反彈的實際情形等方法，其所涉獵的文獻汗牛充棟，但先生卻以毫釐不差之敏銳辨識眼力，自在處理，傾其精魄於此研究工作而至於今日。

先生此種學問經營，不知不覺間大大刺激了北海道中國哲學會的伙伴。亦即，出現了有人在與自己研究範圍相近的領域裡，對有關《論語》字句的解釋，乃至其承襲、影響等問題進行思考。結果，不論是在日本中國學會大學，抑或是在北海道中國哲學會的例行集會或大會上，出現了以此種論題為發表題目的發表者，或是有人在學術雜誌上發表了此種議題的論文。

平成元年（一九八九）春天，在某次聯歡會的宴席上，並非是誰的特別提議，但卻有了這樣的建言：「包含了為慶祝平成四年（一九九二）松川健二先生還曆的心意在內，先生之知己、同儕、學生們，不妨嘗試寫有關《論語》解釋史的論文，並將之集結成一冊紀念論文集」。

對任何事情都較謹慎客氣的松川先生，當時堅決辭謝，但是因為眾人同聲說道：「如果以此種企畫為契機，來鼓勵年輕人研究的話，可說是好事一樁」，先生才因此諒解。立刻，「《論語》之解釋史——《論語》如何被閱讀至今——」（臨時題目）編輯委員會馬上成立，事務室則設置在北海道大學的中國哲學研究室。

關於全書如何構成，以及各篇論文該由誰擔任執筆這兩點，先生好幾次反覆立案、修正，精心策劃。先生細心考慮的一面，除了對需要參考特殊資料才比較好的執筆者，提供其自己的收藏品、微卷資料以外，其對年輕研究者，也常常給予有關方法論或文獻使用上的建言。

而在此，筆者絕對應該附上一句說明的便是：有關接下所謂事務室長這個重責大任的北海道大學文學部副教授—佐藤錬太郎先生的努力。佐藤先生不論是就各項連絡、執筆要項原案的編成、催稿和校稿、以及電腦原稿的保存等各項雜務，其用心本自不待言，繼而，與汲古書院坂本健彥社長商談出版事宜，甚至連向文部省申請「科學研究費出版助成金」，也都由其一手承辦。對於佐藤先生，真不知該說是勇猛奮鬥，還是該說是三頭六臂才好，但執筆者全員都認為：若沒有佐藤先生的盡心盡力，則本書便無法如此順利刊行。

當初，或者說是中途的編書構想，本來也想將以鄭玄、邢昺、王通、呂留良、戴震等為代表的學者、思想家，各自另立一章，但終究未能實現。結果編者和身為編輯者、執筆者的我，也都深切體認到這只是研究有關《論語》之解釋、承繼、影響等問題的第一步。雖然如此，以筆者之愚見，關於後人對《論語》之注解、引用，能將此種多彩、複雜的世界之展開，加以具體表現出來的，此書堪稱嚆矢。

無論如何，基於各項原因，而未能在編者還曆紀念時出版的此書，卻在編者退休前，能在幾乎接近原案的狀態下集結成冊出版，則是編輯者、執筆者一同不勝欣慰之事。筆者親臨松川先生雅教已二十年，當然，也未嘗沒有其他人知悉松川先生之為人和學問，只是，因為筆者受命輔助本書之編輯，立足於此種立場上，筆者遂記載了編者研究特色的某些片面，以及本書產生之經緯，以為本書跋文。

平成五年（一九九三）十月二十四日

伊東倫厚謹誌

《論語》章別索引

凡例

1、本索引乃提供本書各論文主要論述篇章檢索之用，然並非完整的章別索引，凡附帶引用而被提及的篇章則省略之。

2、冠於章的區分、句讀及篇名、章名之號碼，從哈佛燕京學社《論語引得》。

3、章的表示是指開頭的第一句。

4、章的右方之數字，為本書所示之頁碼。

1 學而篇

2 為政篇

3 八佾篇

4 里仁篇

5 公冶長篇

6 雍也篇

7 述而篇

8 泰伯篇

9 子罕篇

10　鄉黨篇

11 先進篇

12　顏淵篇

13 子路篇

14 憲問篇

15 衛靈公篇

16 季氏篇

17 陽貨篇

18 微子篇

19 子張篇

20 堯曰篇

執筆者介紹

◎金培懿　譯

①現職　②主要著書、論文等　按五十音順序，敬稱省略。

伊東倫厚　一九四三年生　①北海道大學文學部教授　②《孟子——その行動と思想——》（評論社，一九七三）、《伊藤仁齋〈附〉伊藤東涯》（明德出版社，一九八三）、〈學易一得〉（北海道中國哲學會《中國哲學》第二十號，一九九一）。

石本裕之　一九五八年生　①旭川工業高等專門學校副教授　②〈《莊子》における儒家批判〉（《中國哲學》第十五號，一九八六）、〈段階的作文活動を取り入れた漢文授業の工夫〉（《新しい漢文教育》第七號，一九八八）、〈《莊子》中の孔子說話の類型について〉（《中國哲學》第十九號，一九九〇）。

小幡敏行　一九五八年生　①東京學藝大學教育學部兼任講師　②譯李學勤著《中國古代漢字學の第一步》（凱風社，一九九〇）、〈《韓非子・難勢篇》の構成について〉（《中國

哲學》第十七號，一九八八）、〈女書をめぐる若干の問題について〉（三省堂《文化言語學——その提言と建設——》，一九九二）。

大野出 一九六一年生 ①筑波大學大學院哲學・思想研究科研究生 ②〈林羅山の《老子口義》受容〉（《日本思想史學》第二十三號，一九九一）、〈石田梅岩と老莊思想〉（《日本思想史學》第二十四號，一九九二）、〈《田舍莊子》の思想的背景〉（《中國—社會と文化—》第八號，一九九三年）。

鬼丸紀 一九五四年生 ①北海道札幌開成高等學校教師 ②〈王充の養生論〉（《中國哲學》第九號，一九八〇）、〈《管子》四篇における養生說について〉（《日本中國學會報》第三十五集，一九八三）、〈暴巫考——雨乞いに關する一考察——〉（《中國哲學》第十號，一九八一）。

金原泰介 一九六八年生 ①北海道大學大學院文學研究科研究生 ②〈東塾讀書記卷一譯注〉、〈東塾讀書記卷二譯注（上）（下）〉（合譯，《中國哲學》第二十、二十一、二十二號，一九九一、九二、九三）、〈毛奇齡《論語稽求篇》に關する一考察〉（《中國哲學》第二十一號，一九九二）。

佐藤錬太郎 一九五三年生 ①北海道大學文學部副教授 ②〈明末の經世論と朱子學——萬曆中期における朱子學への批判と擁護——〉（《朱子學的思惟》，汲古書院，一九九九〇）、〈《碧巖錄》への文獻學的アプローチ〉（《印度哲學佛教學》第五號，一九九〇）、〈李卓吾と紫柏達觀の死をめぐって〉（《山根幸夫教授退休記念　明代史論叢》，汲古書院，一九九〇）。

芝木邦夫　一九三三年生　①北海道旭川北高等學校教師　②〈歐陽修の史學思想〉（《加賀博士退官記念　中國文史哲學論集》，講談社，一九七九）、〈歐陽修の思想的基盤——五代史記論贊をめぐって——〉（《竹內照夫博士古稀記念　中國學論文集》，同刊行會，一九八一）。

末岡實　一九四八年生　①エリス女學院大學文學部副教授　②〈唐代《道統說》小考〉（《北海道大學文學部紀要》三十六之一，一九八八）、〈韓愈《性情三品說》小考〉（《東洋文化》第七十號，一九九〇）。

名畑嘉則　一九六三年生　①北海道大學文學部講師　②〈司馬光《潛虛》について〉（《日本中國學會報》第四十一集，一九八九）、〈東塾讀書記卷一譯注〉、〈東塾讀書記卷二譯注（上）（下）〉（合譯，《中國哲學》第二十、二十一、二十二號，一九九一、九二、九三）。

西川徹　一九六七年生　①北海道大學大學院文學研究科研究生　②〈東塾讀書記卷一譯注〉、〈東塾讀書記卷二譯注（上）（下）〉（合譯，《中國哲學》第二十、二十一、二十二號，一九九一、九二、九三）。

福田忍　一九六三年生　①富士通株式會社勤務　②《法言索引》（合編，東豐書店，一九九二）、〈皇侃《論語義疏》と朱熹《論語集注》〉（《中國哲學》第十八號，一九八九）。

松川健二　一九三二年生　①北海道大學文學部教授　②《宋明の思想詩》（北海道大學圖書刊行會，一九八二）、《哲學としての論語　十五章》（響文社，一九九三年改訂版）、〈《論語》〈顏淵問仁〉章について〉（《中國哲學》第二十二號，一九九三）。

水上雅晴　一九六三年生　①北海道大學文學部研究生　②〈詁經精舍と乾嘉の學術〉（《中國哲學》第二十二號，一九九三）。

宮本勝　一九三九年生　①北海道教育大學教育學部旭川校教授　②〈劉向——中國目錄學の鼻祖——〉（《中國思想史　上》，ぺりかん社，一九八七）、〈詩經說話《蔡人之妻》について〉（《詩經研究》第十三號，一九八九）、〈婦人の信義について——《列女傳》の女性たち——〉（《山下龍二教授退官記念　中國學論集》，研文社，一九九〇）。

室谷邦行　一九四六年生　①北海道工業大學教養部副教授　②〈《老子》の循環思想と「大」の論理〉（《日本中國學會報》第三十五集，一九八三）、〈荀子の「天人の分」論と莊子の問題〉（《中國哲學》第十六號，一九八七）、〈「自然」概念の成立について〉（《日本中國學會報》第四十集，一九八八）。

山際明利　一九六一年生　①苫小牧工業高等專門學校講師　②〈張載《正蒙》に見られる循環の思想〉（《中國哲學》第十八號，一九八九）、〈張載の孟子說——心性論を中心として——〉（《中國哲學》第二十二號，一九九三）。

弥和順　一九五九年生　①名古屋大學文學部助教　②〈趙岐とその學問——《孟子》所引の《詩》句に對する注釋を中心として——〉（《中國哲學》第十四號，一九八五）、〈《鹽鐵論》に見える人物評價と引用句をめぐって〉（《山下龍二教授退官記念　中國學論集》，研文社，一九九〇）、〈揚雄《法言》における人物評論〉（《中國古典研究》第三十八號，早稻田大學中國古典研究會，一九九三）。

譯者簡介

林慶彰 一九四八年生，台灣台南縣人。東吳大學中國文學研究所碩士班、博士班畢業。國家文學博士。專研經學、圖書文獻學和日本漢學。曾任東吳大學中國文學系講師、副教授，日本九州大學文學部訪問研究員。現任中央研究院中國文哲研究所研究員，台北大學古典文獻學研究所、東吳大學中國文學系兼任教授。著有《豐坊與姚士粦》、《明代考據學研究》、《明代經學研究論集》、《清初群經辨偽學》、《清代經學研究論集》、《圖書文獻學研究論集》、《學術論文寫作指引》、《讀書報告寫作指引》（合著）等十種。編有《經學研究論著目錄》（一—三編）、《屈萬里先生文存》（合編）、《朱子學研究書目》、《日本研究經學論著目錄》、《日本儒學研究書目》（合編）、《乾嘉學術研究論著目錄》、《經學研究論叢》（一—十二輯）、《國際漢學論叢》（一—二輯）、《姚際恆著作集》、《中國經學史論文選集》、《五十年來的經學研究》、《近現代新編叢書述論》、《通志堂經解研究論集》（合編）等四十餘種。譯有《近代日本漢學家》、《經學史》（合譯）、《論語思想史》（合譯）等。另撰有學術論文二百餘篇。

陳靜慧 一九六四年生，台灣南投縣人。台灣師範大學國文學系學士，日本九州大學文學部中國學碩士。著有《莊子哲學中の自然觀》。譯有日本漢學論文多篇。

金培懿 一九六八年生，台灣台南市人。東吳大學中國文學系學士、日本九州大學文學部中國學碩士、博士。專研經學和日本儒學。曾任雲林科技大學漢學資料整理研究所助理教授，現任中正大學中國文學系助理教授。著有《日本儒學史における原典回歸思想の成立》、《江戶古學派における論語注釋史の研究》，編有《日本儒學研究書目》（合編）等。譯有專書《論語思想史》（合譯），經學論文十餘篇。另撰有學術論文二十多篇。

楊　菁 一九六九年生，台灣台中縣人。東吳大學中國文學系學士、碩士、博士。現任彰化師範大學國文學系助理教授。著有《劉寶楠論語正義研究》、《李光地與清初理學》。點校有《翼教叢編》、《蘇輿詩文集》。譯有專書《論語思想史》（合譯），經學論文多篇。另撰有學術論文十餘篇。

國家圖書館出版品預行編目資料

論語思想史／松川健二編；林慶彰等合譯. -- 初版. -- 臺北市：萬卷樓, 2006[民 95]

面；　　公分

ISBN 957－739－559－7 (平裝)

1. 論語－研究與考訂

121.227　　　　95002191

論語思想史

編　　者：松川健二
合　　譯：林慶彰、金培懿、陳靜慧、楊菁
發 行 人：許素真
出 版 者：萬卷樓圖書股份有限公司
臺北市羅斯福路二段 41 號 6 樓之 3
電話(02)23216565・23952992
傳真(02)23944113
劃撥帳號 15624015
出版登記證：新聞局局版臺業字第 5655 號
網　　址：http://www.wanjuan.com.tw
E－mail：wanjuan@tpts5.seed.net.tw
承印廠商：晟齊實業有限公司
定　　價：600 元
出版日期：2006 年 2 月初版

ISBN 957－739－559－7